Meilir Page-Jones

Praktisches DV-Projektmanagement

Meilir Page-Jones

Praktisches DV-Projektmanagement

Grundlagen und Strategien
Regeln, Ratschläge und Praxisbeispiele

Übersetzt aus dem Englischen von
Manfred Schumacher

HANSER

Carl Hanser Verlag München Wien

Titel der englischen Originalausgabe:
"Practical Project Management, Restoring Quality to DP Projekts and Systems" by Meilir Page-Jones

Die Deutsche Bibliothek – CIP-Einheitsaufnahme

Page-Jones, Meilir:
Praktisches DV-Projektmanagement : Grundlagen und Strategien ; Regeln, Ratschläge und Praxisbeispiele / Meilir Page-Jones. Übers. aus dem Engl. von Manfred Schumacher. – München ; Wien : Hanser, 1991
Einheitssacht.: Practical project management <dt.>
ISBN 3-446-16239-9

Umschlagkonzeption: Hans Peter Willberg
Druck und Bindung: Ludwig Auer GmbH, Donauwörth
Printed in Germany

Vorwort

Dem Projektmanagement wurde nur selten die Aufmerksamkeit zuteil, die ihm eigentlich zukommt. Dies gilt insbesondere für den Bereich der Datenverarbeitung, in dem technologische Gesichtspunkte eindeutig tonangebend waren: Hersteller gegen Hersteller, Entwicklungssprache gegen Entwicklungssprache, Mainframe gegen Mikrorechner, Betriebssystem gegen Betriebssystem - dies waren die "Aufhänger" in der bisherigen Geschichte der Datenverarbeitung, und wer kennt nicht ihre Protagonisten - die Pioniere vom Schlage eines Konrad Zuse, John von Neumann bis hin zu Bill Gates, Peter Norton oder Steven Jobs -, die auch für die DV-Enthusiasten von morgen Vorbildcharakter haben werden.

Dabei sollte man aber auch nicht den "einfachen" Projektleiter vergessen, der ohne Überschreitung seines Budgetrahmens fristgemäß das benötigte Programm liefert, mit dem der Benutzer zudem noch vollends zufrieden ist.

In diesem Buch wird sein Arbeitsgebiet sachlich und aus den unterschiedlichsten Blickwinkeln beleuchtet. *Praktisches DV-Projektmanagement* von Meilir Page-Jones handelt von Projektleitern und einem Problem, das seit den Anfängen der Datenverarbeitung anzutreffen ist - nämlich die Projektorganisation und -durchführung der Softwareentwicklung. Hierbei geht es naturgemäß auch um die Personen, die sich - zumindest in absehbarer Zukunft - mit den immer komplexeren technischen Aspekten der Softwareentwicklung beschäftigen müssen.

Womöglich liegt einer der Gründe, warum sich das Projektmanagement bereits so lange als großes Problem darstellt, darin, daß sich die Antworten darauf in der Theorie zwar einfach formulieren und nachvollziehen, in der Praxis jedoch nur unter den allergrößten Schwierigkeiten implementieren und umsetzen lassen. Alles was für ein erfolgreiches Projektmanagement vonnöten ist, sind einige Pläne, Zielsetzungen, ein gewisses Maß an Übereinstimmung, eine Reihe von guten Mitarbeitern und ein wenig Zeit. Das hört sich zwar alles recht einfach an, ist bei einem konkreten Projekt aber alles andere als ein Kinderspiel. Manchmal kann man sich wirklich fragen, ob in der DNS die genetischen Informationen, die für rationales Planen und Räsonieren verantwortlich sind, bewußt weggelassen wurden, um das Leben - insbesondere das des Projektleiters - abwechslungsreicher zu gestalten, wenn nämlich bei der Projektabwicklung ein Fehlschlag auf den anderen folgt.

Wirklich aufregend im Leben eines Projektleiters ist jedoch das Gefühl, ein Projekt erfolgreich abgeschlossen zu haben. Dieses Buch wurde geschrieben, damit dem Leser ein solches Erfolgserlebnis möglichst oft beschert wird. *Praktisches DV-Projektmanagement* enthält viele einfache Regeln, die dem Projektleiter bei seiner beruflichen Arbeit von Nutzen sind. Darüber hinaus - und ungleich wichtiger - enthält es viele Vorschläge, wie sich diese Regeln in einer hochgradig wettbewerbs- und fortschrittsorientierten Geschäftswelt erfolgversprechend umsetzen lassen.

Unabhängig davon, welcher Hersteller oder welches Betriebssystem im Kampf um Marktanteile die Oberhand behält - die in *Praktisches DV-Projektmanagement* getroffenen Schlußfolgerungen behalten auch künftig ihre Gültigkeit.

April 1985
Sydney, Australien

Rob Thomsett

Einleitung

Im bisherigen Verlauf der Elektronischen Datenverarbeitung hatte man sehr oft mit technischen Problemen zu kämpfen. So wurden beispielsweise immer wieder die Schwierigkeiten unterschätzt, die sich bei der Entwicklung von hochleistungsfähigen Softwaresystemen einstellen. Mittlerweile scheint man nun allerdings gegen die schwerwiegendsten technischen Probleme gewappnet zu sein.

Während technische Probleme allmählich an Bedeutung verlieren, gewinnen andere Probleme die Oberhand. An erster Stelle ist hier ein unzureichendes Management zu nennen: Ein einzelner inkompetenter Manager bringt unter Umständen sehr schnell die Produktivität vieler Fachleute zum Erliegen.

Als DV-Berater sind mir im Laufe meiner Tätigkeit viele kommerzielle Datenverarbeitungsanlagen, gute und schlechte, unter die Augen gekommen, und ich hatte mit zahlreichen DV-Leitern - auch hier gute und schlechte - zu tun. Allzu oft mußte ich feststellen, daß diese Führungskräfte sich vergeblich durch unendlich schwierige Projekte hindurchkämpften, mit unmöglichen Terminfristen zu ringen hatten oder den Benutzern wenig geeignete Systeme lieferten, die einen gewaltigen Wartungsaufwand erforderlich machten.

Wie sieht es mit Ihrer eigenen DV-Anlage aus? Wie oft hat sich Ihre Geschäftsleitung für Rationalisierungsmaßnahmen entschieden und Ihre Abteilung im Zuge dieser Überlegungen wichtiger Ressourcen beraubt? Wie oft haben bei Ihnen Benutzer Projekte angefordert, die in keinster Weise den tatsächlichen Bedürfnissen Ihres Unternehmens entsprachen? Wie oft wurden handfeste, langfristige Vorteile auf dem Altar kurzfristiger Rentabilitätsaspekte geopfert? Wie oft haben Ihre Kollegen wegen irgendwelcher Zwänge Projektstatusberichte, Zeitpläne oder Projektprüfungen geschönt, um so vor der Unternehmensleitung "gut" dazustehen? Ist demzufolge das Ansehen, das Sie "oben" genießen, in Ihrer DV-Abteilung wichtiger geworden als die Tatsache, daß Sie Ihre Aufgabe richtig erledigen? Falls Sie die vorherigen Fragen mit "häufig" und die letzte mit "Ja" beantworten, sind Sie in einer DV-Abteilung beschäftigt, in der oberflächliche Gesichtspunkte wichtiger zu sein scheinen als die nüchterne und sachgemäße Erledigung anfallender Aufgaben.

Unsere Branche - die DV-Branche - hat in alle Bereiche der Wirtschaft Eingang gefunden. Die Qualität der DV-Abteilung eines Unternehmens färbt auf die Qualität des Gesamtunternehmens ab. Dies unabhängig davon, in welcher Branche das Unternehmen tätig ist. Ist die betreffende DV-Anlage klein, so hält das oberflächliche Erscheinungsbild nicht lange dem prüfenden Blick des Betrachters stand und läßt sehr schnell die wahren Zusammenhänge erkennen. Dann sind umfassende Veränderungen an der Zeit, damit sich der desolate Zustand der betrieblichen DV-Abteilung nicht negativ auf das Gesamtunternehmen auswirkt.

Praktisches DV-Projektmanagement ist kein abstraktes oder theoretisches Buch. Ebensowenig soll hiermit versucht werden, eine weitere Softwaretechnik an den Mann oder an die Frau zu bringen. Es soll teilweise als Anklage gegen die tagtäglichen Praktiken vieler DV-Abteilungen verstanden werden. In mancher Hinsicht soll es aber auch einen Prozeß in Gang setzen - nämlich die Bemühung um und die Erreichung einer besseren Managementqualität. Vorbild hierbei sollte das in technischer Hinsicht bereits Erreichte sein.

Zuweilen möchte man geradezu verzweifeln, wenn man sieht, wie unzulängliche Managementmethoden sich nach dem Motto "Wir haben es immer so gemacht und werden es bis in alle Ewigkeit so machen" von Führungskraft zu Führungskraft "vererben". Ich erinnere mich noch gut daran, was mir der Leiter einer großen DV-Anlage einmal sagte: "Das, was Sie über Qualität sagen, ist ja durchaus richtig, wir haben hier für Qualität aber keine Zeit, weil wir zu viel Zeit für die Wartung überholter Systeme benötigen, die vor über zehn Jahren entwickelt wurden". Bei Äußerungen wie diesen habe ich manchmal das Gefühl, daß der Kampf für eine verbesserte Managementqualität dem Kampf des Ritters von der traurigen Gestalt gegen Windmühlenflügel gleichkommt. Die Datenverarbeitung kann jedoch nur dann voranschreiten, wenn wir unsere Bemühungen um ein effizientes Management in allen Bereichen unvermindert fortsetzen.

Aufbau des Buches

Praktisches DV-Projektmanagement besteht aus drei Abschnitten. Teil I stellt das tatsächliche Aufgabengebiet der DV-Abteilung vor: nämlich zum Erfolg des Gesamtunternehmens beizutragen. Hier wird gezeigt, welche besondere Bedeutung man dem kosteneffizienten Einsatz der begrenzten Ressourcen der DV-Abteilung beimessen muß. Ebenso soll veranschaulicht werden, wie wichtig die Koordination der Aktivitäten von DV-Abteilung und Unternehmensleitung sind, um die Geschäftssituation mit Hilfe integrierter DV-Projekte zu verbessern.

In Teil II wird auf das eigentliche Projekt selbst eingegangen. Hier werden Probleme aufgezeigt, die sich aus einer unzureichenden Projektverwaltung, unrealistischen bzw. unanfechtbaren Projektfristen, fehlenden Projektstandards, unzureichenden Berichtsmethoden, unproduktiven Meetings und unzulänglichen Projektprüfungen ergeben. Obwohl jeder dieser Schwachpunkte allein möglicherweise belanglos ist, bedeuten sie zusammengenommen den Mißerfolg des Projekts. Auf lange Sicht heißt dies auch, daß die DV-Abteilung im Unternehmen an Einfluß- und Mitwirkungsmöglichkeiten einbüßt.

In Teil III kommen Probleme hinsichtlich der Personalverwaltung innerhalb einer DV-Abteilung zur Sprache. Hier werden die Fragen behandelt, wie sich die Effizienz der Mitarbeiter durch besondere Rekrutierungs- und Schulungsmaßnahmen und durch Vermeidung von dem Arbeitsklima abträglichen Entlassungen und unzufriedenstellenden Arbeitsbedingungen verbessern läßt. Eine wichtige in diesem Abschnitt getroffene Feststellung ist, daß sich die Arbeitssituation nur durch eine positive Einstellung der eigenen Aufgabe und den Kollegen gegenüber verbessern läßt.

Auch wenn ich davon überzeugt bin, daß wir alle zur Verbesserung des Management-Standards beitragen können, glaube ich nicht, daß sich das Management jemals perfektionieren läßt. Die Welt im allgemeinen und die DV-Branche im besonderen unterliegen der ständigen Veränderung. Probleme ändern sich, werden hinfällig, um neuen Problemen Platz zu machen. Alte Probleme treten erneut auf die Tagesordnung. Probate Problemlösungen führen wiederum zu neuen Problemen. Die Ungründlichkeit des menschlichen Geistes und Schaffens macht auch den ausgefeiltesten Plänen immer wieder einen Strich durch die Rechnung. Wie der englische Staatsmann Benjamin Disraeli dies treffend zur englischen Irlandpolitik des damaligen Premiers Gladstone feststellte: "Immer gerade dann, wenn Mr. Gladstone die irische Frage verstanden hat, ändert sich die irische Frage auch schon wieder."

Zu einem guten Management gehört ein stets wachsamer Blick für die sich permanent ändernden Hindernisse und Schwierigkeiten. Nichtsdestoweniger bin ich davon überzeugt, daß jeder Manager versuchen sollte, seine Möglichkeiten zu perfektionieren. Es darf überhaupt keine andere Zielsetzung geben. Denn jede andere Möglichkeit führt unweigerlich zu Qualitätseinbußen und zum Mißerfolg.

Glauben Sie nur nicht, daß das Ziel, Ihren Benutzern und Ihrem Unternehmen hochqualitative Dienstleistungen bereitstellen zu können, zu hoch gegriffen ist. Mit einer solchen resignativen Anschauung ist Ihrer DV-Abteilung der Weg in die Mittelmäßigkeit vorprogrammiert. Nutzen Sie statt dessen jede Gelegenheit, um der Qualität zum Sieg zu verhelfen. Es lohnt sich!

April 1985
Federal Way, Washington

M.P. J.

Inhaltsverzeichnis

Teil I

Datenverarbeitung als Garant der Unternehmensproduktivität

Benutzer. Allein das Wort genügt bereits, um viele DV-Manager und Systemanalytiker an den Rand eines cholerischen Anfalls zu bringen und vielen Designern und Programmierern ein resignatives Schulterzucken zu entlocken. Nichtsdestoweniger sind es die Benutzer oder vielmehr das von den Benutzern eines Unternehmens abgewickelte Kerngeschäft, dem die DV-Abteilung ihre Existenzberechtigung verdankt. Warum gestalten sich die Beziehungen zwischen den Benutzer- und DV-Abteilungen so frostig? Warum haben es DV-Projekte, auch die sogenannten "erfolgreichen", nicht vermocht, die optimalen Voraussetzungen für das operative Geschäft eines Unternehmens bereitzustellen?

In Kapitel 4 wird auf diese Diskrepanz zwischen den eigentlich benötigten und den tatsächlich bereitgestellten Diensten eingegangen. In Kapitel 1 werden die Merkmale eines wirklich erfolgreichen Projekts umrissen und Kriterien zur Festlegung von Projektprioritäten und zur Bestimmung der wichtigsten Projektphasen bei minimalen zeitlichen oder finanziellen Ressourcen vorgestellt. In Kapitel 2 werden die Methoden zur Kalkulation der Ressourcenkosten und des Nutzens beschrieben und auch die damit verbundenen Schwierigkeiten behandelt.

In Kapitel 3 wird gezeigt, wie auch erfolgreiche Projekte, die voneinander isoliert konzipiert und durchgeführt werden, langfristig den Nutzen der DV-Abteilung für das Unternehmen schmälern können. Im letzten Abschnitt dieses Kapitels wird ein vierstufiges Modell zur Projektabwicklung vorgestellt, mit dessen Hilfe sich nicht nur für das eigentliche Kerngeschäft des Unternehmens nutzbringende Projekte realisieren lassen, sondern auch der drohenden Ineffizienz der betrieblichen DV-Abteilung vorgebeugt wird.

1

Durchführung kosteneffizienter Projekte

Dieses Buch beginnt mit einer verblüffenden Feststellung: Ein Projekt kann bereits vor seinem Beginn zum Scheitern verurteilt sein. Sie werden sich sicher fragen, wie dies gemeint ist? Die Antwort liegt in der Definition des Begriffs *Scheitern*: Ein DV-Projekt ist zum Scheitern verurteilt, falls es keine spürbare Kostenersparnis im Bereich des betrieblichen Kerngeschäfts mit sich bringt.

In seinem Buch *The Politics of Projects* kommt Block zu demselben Ergebnis, wenn er feststellt: "Benutzer wollen keine Projekte, sie wollen Systeme." [Block, 1983]. Schön und gut, aber warum sollte man diese Beobachtung nicht konsequent fortführen und folgern: Benutzer wollen keine Systeme, sie wollen vielmehr kosteneffiziente Unternehmenslösungen. Im vorliegenden Kapitel wird genau dieser Frage nachgegangen, nämlich wann ein Projekt kosteneffizient ist.

1.1 Drei Beurteilungskriterien für den Projekterfolg

Viele Unternehmen leiten DV-Projekte sehr unsystematisch und aus äußerst uneinsichtigen Gründen in die Wege. So kommt ein Projekt beispielsweise oft aus einer euphorischen Momententscheidung heraus zustande ("Was halten Sie davon, wenn wir unsere unternehmensinternen Abrechnungsverfahren automatisieren?"). Oft verdankt ein Projekt auch der lieben Bequemlichkeit seinen Ursprung: "In Ordnung, Herr Meier, Sie fragen nun bereits zum 39sten Mal nach, ob wir das BLABLA-Projekt durchführen können. Ich denke, ich sollte nun einfach deshalb zustimmen, um Sie Quälgeist endlich loszuwerden." Ein drittes Projekt erblickt womöglich aufgrund der besonderen innerbetrieblichen Entscheidungsstrukturen das Licht der Welt: "Ich habe den Chef der Produktionsabteilung und einige seiner Mitarbeiter getroffen, die sich allesamt für ein Projekt über ein Produktionsplanungssystem ausgesprochen haben. Ich treffe morgen Dr. Schmidt-Lüding, um sein endgültiges Einverständnis einzuholen." Gerade im letzteren Fall hat es den Anschein, daß dieses Projekt eher aus Profilierungsgründen einer bestimmten Person denn aus in der Sache begründeten Erwägungen durchgeführt wird.

Auf der anderen Seite kommt es aber auch oft vor, daß Projekte aus sachlich fundierten Gründen durchgeführt werden, dabei jedoch in einem kompletten Mißerfolg enden. Hierbei kommt es natürlich zu keinem spektakulären Eklat, sondern die Projekte bringen nach ihrer Fertigstellung einfach weniger Nutzen, als sie gekostet haben. Der Grund dafür, daß sich die Projektkosten nicht wie gewünscht amortisieren, liegt gewöhnlich darin, daß man zu Projektbeginn versäumte, drei wichtige Kalkulationen aufzustellen: die Projektkosten, der aus dem Projekt zu erzielende Nutzen und die zur Projektabwicklung verfügbaren Ressourcen. Diese drei Aspekte lassen sich graphisch in Form eines Dreiecks darstellen (siehe Bild 1.1). Damit ein Projekt kosteneffizient und akzeptabel ist, muß dessen Nutzen die investierten Kosten überwiegen, und es darf keine Kosten nach sich ziehen, die die Möglichkeiten der verfügbaren Ressourcen übersteigen.

Aus diesem Grund muß jede Seite des Dreiecks - Nutzen gegen Kosten, Ressourcen gegen Kosten und Nutzen gegen Ressourcen - vor der Durchführung eines Projekts analysiert werden. Da diese Beurteilungsschemata für den Projekterfolg überaus wichtig sind, werden sie in den folgenden Abschnitten ausführlich behandelt.

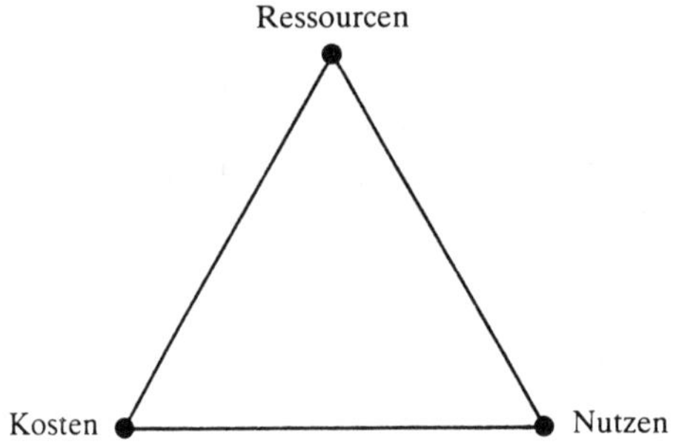

Bild 1.1 *Das magische Dreieck Kosten-Nutzen-Ressourcen.*

1.1.1 Nutzen gegen Kosten

Die folgende Situation, die sich in einem Restaurant ereignen könnte, soll das Verhältnis zwischen Nutzen und Kosten veranschaulichen: Setzen Sie sich zu jemandem an den Tisch, der ein großes Glas Bier vor sich stehen hat. Legen Sie einen Bierdeckel über sein Glas, und wetten Sie mit ihm um eine Mark, daß Sie das Bier austrinken können, ohne den Bierdeckel zu entfernen oder in irgendeiner Art und Weise zu bewegen. Die meisten Leute werden nach einiger Überlegung einer solchen Wette zustimmen.

Nehmen Sie nun den Bierdeckel vom Glas, trinken Sie das Glas aus, sagen Sie, daß Sie sich geirrt haben, und drücken Sie dem anderen eine Mark in die Hand. Wo können Sie schon sonst mal ein großes Glas Bier für eine Mark trinken!

Der Fehler, den Ihr Wettpartner begeht, besteht immer darin, daß er keine Kosten-Nutzen-Analyse der Wette durchführt. Wenn er die Wette verliert, ist er um eine Mark ärmer. Gewinnt er, hat er eine Mark mehr, dafür verliert er ein Glas Bier, das im Restaurant etwa 3,50 DM kostet. Das beste, was er in diesem Fall tun kann, ist, die Wette überhaupt nicht anzunehmen.

Hieraus läßt sich schon ersehen, wie überaus wichtig es beim Projektmanagement ist, den Projektnutzen gegenüber den zu veranschlagenden Projektkosten abzuwägen. Falls der Nutzen die Kosten nur unwesentlich überwiegt, ist Ihr Unternehmen besser beraten, das Geld in ein anderes Projekt zu stecken beziehungsweise in anderer Form anzulegen. Obwohl dieses Beurteilungsschema überaus vernünftig ist, muß man doch oft überrascht feststellen, daß sowohl DV-Projektleiter als auch Benutzer bei ihrer Beschäftigung mit den Kosten den Nutzenaspekt gänzlich vernachlässigen. Aber wer wollte sie hierfür schon tadeln? Ein Großteil der Fachliteratur über die Kalkulation von DV-Projekten beschäftigt sich nahezu ausschließlich mit der Kostenseite. Kosten sind der hauptsächliche Streitpunkt zwischen DV-Projektleitern und Benutzern. Wen wundert es da, daß die Projektleiter den Unwillen der Benutzer zu spüren bekommen, wenn sie diesen nichts anderes vorsetzen als Kosten: Analysekosten, Hardwarekosten, Betriebskosten, Kostenüberhänge und so weiter und so fort. Schon nach kurzer Zeit entsteht beim Benutzer der Eindruck, daß ein Projekt nur Kosten und keinen Nutzen mit sich bringt.

Der Projektnutzen läßt sich in vier Kategorien unterteilen: zum einen Umsatzzuwachs (beispielsweise bei Produktion fehlerhafter Waren; diese müßten ansonsten an Kunden "verramscht" werden, die für minderwertige Waren weniger bezahlen); zum zweiten Verringerung der Geschäftskosten (beispielsweise durch Schaffung eines elektronischen Kommunikationssystems, mit dessen Hilfe ein Unternehmen seine Niederlassungen in eine Region mit niedrigen Mietpreisen verlegen kann); zum dritten Verbesserung des Kundendienstes (beispielsweise dadurch, daß eine Bank ihren Kunden die Möglichkeit gibt, rund um die Uhr Geld abzuheben oder die Kontostände abzufragen); viertens, um bestimmten Verpflichtungen nachzukommen (wenn eine Bank beispielsweise aufgrund einer staatlichen Verfügung Informationen zu jedem Sparguthaben eines Ausländers ohne festen Wohnsitz, das einen bestimmten Betrag übersteigt, an eine Behörde weitergeben muß).

Insgesamt läßt sich somit feststellen, daß das Projekt die Wettbewerbsfähigkeit des Unternehmens erhöht. Natürlich läßt sich diese gesteigerte Wettbewerbsfähigkeit nicht so einfach in bestimmten DM-Beträgen quantifizieren (siehe Kapitel 2). Statt ständig auf den Kosten herumzureiten, sollten Sie als DV-Projektleiter entgegen dem herkömmlichen Verfahren zusammen mit dem Anwender ein festes Zahlengerüst erarbeiten, das eine Vorstellung von dem zu erwartenden Nutzen vermittelt. Zumindest sollte jeder Nutzaspekt möglichst detailliert aufgeführt und die Zahlen später zur Berechnung des Gesamtnutzens herangezogen werden.

1.1.2 Ressourcen gegen Kosten

Die zweite zu berücksichtigende Seite des Dreiecks betrifft den Aspekt Ressourcen in Relation zu den Kosten. Wie groß der zu erwartende Projektnutzen auch immer ist - falls der Benutzer sich das Projekt nicht leisten kann, sollte er auf jeden Fall die Finger davon lassen. Auch wenn ein Unternehmen nicht über die erforderlichen Mitarbeiter verfügt, die das Projekt durchführen können, muß man die Projektdurchführung entweder extern in Auftrag geben oder das Projekt ad acta legen.

Natürlich kommt es im wirklichen Leben zu weitaus komplexeren Situationen, als dies idealtypische Fallbeispiele verdeutlichen können. Beim Anwender stehen in der Regel bestimmte Budgets zur Verfügung, und falls die Dringlichkeit eines Projektes erkannt wird, lassen sich oft weitere Geldmittel freimachen. Und Sie als DV-Leiter haben gewöhnlich mehrere Mitarbeiter verfügbar und können im Regelfall zusätzliche Fachkräfte beschäftigen, falls Sie dies zwingend rechtfertigen können. Ob Ihnen dieser Nachweis gelingt, hängt von der dritten Seite des Dreiecks ab, dem Faktor Nutzen in Relation zu den Ressourcen.

1.1.3 Nutzen gegen Ressourcen

Fast jedem von uns geht es so, daß er mehr Möglichkeiten zur Geldausgabe als Geld zur Verfügung hat. Anwender unterscheiden sich diesbezüglich in keinster Weise von anderen Personengruppen. Sie verfügen über begrenzte Geldmittel oder Kapital und über eingeschränkte Möglichkeiten, eine Kapitalverbesserung ihres Unternehmens in Angriff zu nehmen.

Da kein Unternehmen über uneingeschränkte Ressourcen verfügt, müssen diese sorgsam auf die verschiedenen Projekte aufgeteilt werden, damit sich im Verhältnis zu den Kosten der größtmögliche Gesamtnutzen erzielen läßt. Folglich sollte ein Projekt nur dann in die Wege geleitet werden, falls es eine gute Kapitalinvestition der Unternehmensressourcen verspricht.

Tabelle 1.1
Kosten-/Nutzenvergleich für fünf Projekte

	Projektname				
	A	B	C	D	E
Nutzen (in Mio DM)	20	70	40	60	300
Kosten (in Mio DM)	24	30	20	24	100

Ein einfaches Beispiel zum Verhältnis von Kosten, Nutzen und Ressourcen soll die vorherigen Ausführungen veranschaulichen. Gesetzt den Fall, Sie haben Kosten und Nutzen der in Tabelle 1.1 vorgestellten fünf Projekte analysiert. Welches dieser Projekte würden Sie durchführen? Zunächst einmal können Sie - noch ohne Berücksichtigung des Ressourcenaspektes - Projekt A ausklammern, da es nicht kosteneffizient ist. Falls Sie nur 20 Mio DM zur Verfügung haben, könnten Sie sich nur für Projekt C entscheiden. Wie sieht es aber aus, wenn Sie 30 Mio DM bereitstellen können? Projekt B bringt einen absoluten Gewinn von 40 Mio DM, verglichen mit den 36 Mio DM von Projekt D. Projekt D wirft aber eine Kapitalrendite von 2,5 zu 1, verglichen mit der Kapitalrendite von 2,3 zu 1 des Projekts B ab. Bei der Wahl zwischen B und D müßte im Hinblick auf die endgültige Entscheidung idealerweise auch die Meinung der Buchhaltungsabteilung, der Finanzexperten und der Geschäftsleitung berücksichtigt werden.

Was ist mit Projekt E, dem vielversprechendsten Projekt mit einem Nutzen von 200 Mio DM und einer Kapitalrendite von 3 zu 1? Projekt E verspricht einen beachtlichen Gewinn, sofern der Benutzer sich das Projekt leisten kann. Auch wenn er dazu außerstande ist, kann er das Projekt in kleinere, kostengerechtere Teile aufstückeln, wobei er womöglich den Gewinn eines Projektteils zur Finanzierung anderer Projektphasen heranzieht. Die Aufteilung eines Projekts in mehrere Teile, die nicht in Relation zur Gewinnerwartung für das betriebliche Kerngeschäft steht, wird als *Detaillierung* bezeichnet. Hierauf wird im weiteren Verlauf dieses Kapitels eingegangen.

1.2 Detaillierung von Kosten, Nutzen und Ressourcen

Bislang wurde nur auf Projekte als Ganzes eingegangen, von denen jedes bestimmte Kosten aufwirft und einen bestimmten Nutzen bringt. Falls jedes Projekt als Lösung für ein bestimmtes Geschäftsproblem gedacht wäre, hätte diese Unterteilung durchaus ihre Berechtigung. In der Realität haben die meisten mittleren bis größeren Projekte jedoch den Zweck, mehrere Geschäftsprobleme auf einmal zu lösen. So dient ein Projekt beispielsweise dem Zweck, bei einem im Fertigungs- und Vertriebsbereich tätigen Unternehmen den Auftragseingang zu beschleunigen, flexibler auf Produktionserfordernisse zu reagieren und den Inventarbestand besser auf die jeweilige Auftragslage abzustimmen.

Jeder Projektteil, jedes anvisierte Problem, hat seinen eigenen Nutzenaspekt, wirft eigene Kosten auf und erfordert eigens dafür abgestellte Ressourcen. Aus vier Gründen ist es notwendig, daß diese Kosten, Nutzen und Ressourcen für jeden Projektteil möglichst detailliert analysiert werden. Zum einen als Entscheidungshilfe, welcher Projektteil zur Ausführung gelangt; zweitens in welcher Reihenfolge die Projektteile abgewickelt werden (sofern Sie eine Entwicklungsmethode verwenden, die eine schrittweise Implementation zuläßt)[1]; drittens als Entscheidungshilfe dafür, welche Projektteile bei knappen Ressourcen verschoben oder gestrichen werden sollen; und schließlich zur Kalkulation der Gesamtkosten und -nutzen des Projekts.

1 Als "schrittweise Implementation" bezeichnet man die Systemimplementation in mehreren Arbeitsschritten.

Diese vier Gründe werden eher verständlich, wenn man sich die detaillierten Posten und Nutzaspekte eines Projektes vor Augen führt. Als Projektbeispiel soll in diesem Fall ein automatisiertes System für ein im Fertigungs- und Vertriebssektor tätiges Unternehmen dienen. Das System besteht aus fünf wichtigen Teilsystemen: Produktionsplanung, Auftragseingang, Inventarverwaltung, Managementinformation und Rechnungswesen. Jedes zu entwickelnde Teilsystem verschlingt einen bestimmten Teil der Gesamtentwicklungskosten (siehe Bild 1.2). Spezielle Kosten, beispielsweise Kosten für die Problemdefinition und vollständige Analyse, beziehen sich auf das Gesamtprojekt und lassen sich nur schwer einzelnen Teilprojekten zuordnen. So wirkt sich beispielsweise die Entwicklungsverzögerung oder der Wegfall eines bestimmten Teilsystems nicht auf die als P gekennzeichneten Kosten aus. [2]

Der Nutzen, den jedes Subsystem im Laufe seines Lebenszyklus abwirft, verändert sich mit der Zeit. So läßt sich beispielsweise den Kurven in Bild 1.3 entnehmen, daß das Geschäft in den ersten fünf Betriebsjahren umfangmäßig zunimmt und die Belastungen gleichmäßig geringer werden. Folglich steigen die Kurven 1, 2 und 4 mit zunehmender Geschäftsentwicklung. Die Kurve drei weist einen anfänglichen einmaligen Nutzen, beispielsweise durch Reduzierung des Inventarbestands, aus, wenn der Inventarbestand an die Auftragslage angeglichen wird. Später legt Kurve 3 noch einmal bei wachsender Geschäftsentwicklung zu.

Auch Kurve 5 weist einen anfänglichen einmaligen Nutzen während des ersten Jahres aus; dies aufgrund des verbesserten Managements und der Einforderung ausstehender Verbindlichkeiten. Kurve 5 fällt anschließend mit (den angenommenen) sinkenden Zinsen, um danach allmählich wieder im Zeichen der verbesserten Geschäftsentwicklung zu steigen. Kurve 4 verdeutlicht den großen Nutzen, der sich aus der umgehenden Analyse der vom System über drei Jahre fortgeführten Statistiken erzielen läßt. Diese Statistiken ermöglichen der Geschäftsleitung beispielsweise die Ausarbeitung einer effektiveren Marketingstrategie, Erschließung neuer Märkte und Verbesserung der Dienstleistungen für vorhandene Kundenstämme.

---

2 Zu einer vorsichtigen (konservativen) Projektabwicklung gehört, daß die Analysephase vor dem Beginn der Design- oder Programmierphase abgeschlossen ist. Radikalere (progressive) Entwicklungsansätze befürworten den Beginn der Designphase vor dem Abschluß der Analysephase. Der Prozentsatz von P ist bei der vorsichtigen Abwicklung größer als bei einem radikaleren Entwicklungsansatz, da bei dem vorsichtigen Ansatz unabhängig davon, welches Teilsystem implementiert wird, immer eine vollständige Analyse- und Designphase vorgeschaltet wird. Die konservative und progressive Projektabwicklung werden in den Kapiteln 6, 7 und 8 behandelt.

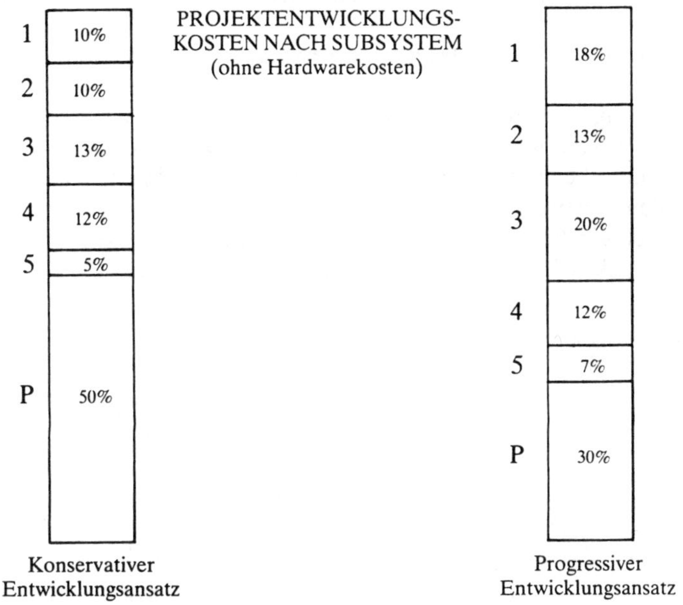

Schlüssel
1 Subsystem für Produktionsplanung
2 Subsystem für Auftragseingang
3 Subsystem für Inventarverwaltung
4 Subsystem für Managementinformation
5 Subsystem für Rechnungswesen
p Nicht zuordenbare Projektkosten

Bild 1.2 *Systemkosten.*

Anhand dieses Beispiels soll im folgenden jeder der vier Gründe, der für eine Detaillierung spricht, näher beleuchtet werden.

1.2.1 Welche Projektteile werden durchgeführt

Auch wenn ein Gesamtprojekt der Erwartung nach mehr Gewinn abwirft als Kosten verursacht, heißt das noch nicht, daß dies auch für jeden einzelnen Projektteil gilt. Die Projektteile, die keinen wesentlichen Nutzen versprechen, werden entweder ad acta gelegt oder zumindest auf unbestimmte Zeit verschoben. Hierfür kommen auch jene Projektteile in Frage, deren Nutzen in etwa den Kosten gleichkommt, die jedoch einen Großteil der nur unzureichend vorhandenen Ressourcen verschlingen. Sie sollten womöglich erst dann in Angriff genommen werden, wenn mehr Ressourcen bereitstehen.

So ist das derzeit im Unternehmen verwendete manuelle Berechnungsverfahren womöglich so einfach und die Verwaltung der Außenstände so problemlos, daß sich die Durchführung von Projekt 5 in Bild 1.2 und 1.3 möglicherweise nicht lohnt. Hier kostet Projekt 5 womöglich mehr, als es einbringt. Diese Detaillierung und die damit verbundene Entscheidung ist gewöhnlich zu Projektbeginn nicht möglich, sondern man muß damit gewöhnlich bis zum Vorliegen erster Analyseergebnisse warten, wenn man sich ein besseres Bild von der endgültigen Projektstruktur machen kann. Auf diesen Aspekt wird auch in den Kapiteln 2 und 3 eingegangen.

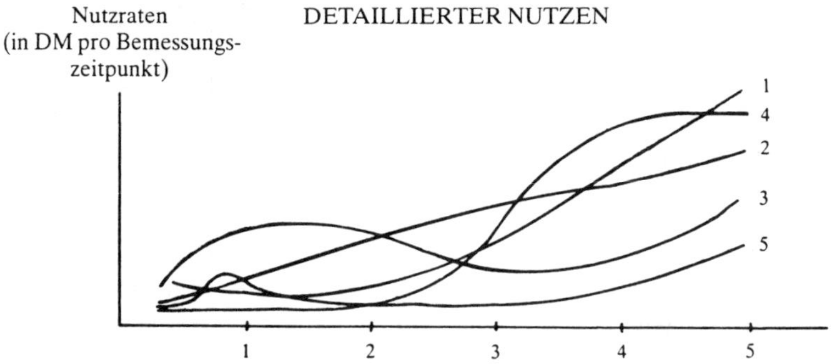

Bild 1.3 *Kurven zum Systemnutzen.*

Es gibt drei Fälle, in denen man - unabhängig vom Kosten-/Nutzenverhältnis oder den verfügbaren Ressourcen - von der Annullierung eines Teilprojektes absieht. Der erste hat unternehmensinterne, der zweite technische und der dritte strategische Gründe. Im ersten Fall fordert der Neffe des Vorstandsvorsitzenden beispielsweise, daß das von ihm entwickelte Tennisprogramm als Teil eines Inventar-Subsystems zur Geschicklichkeitsprüfung von Mitarbeitern implementiert wird. Dem Kosten-/Nutzenaspekt kommt in diesem Fall natürlich nur eine untergeordnete Bedeutung zu. Wenn sich in einem Unternehmen nämlich solche informellen Strukturen breitmachen können, verliert die DV-Abteilung ihren professionellen Anstrich und wird zum willigen Erfüllungsgehilfen von in Personen und nicht in der Sache begründeten Entscheidungen.

Als Beispiel für den zweiten Fall ist denkbar, daß das Lagerhaltungs-Subsystem zwecks Online-Anbindung umfassend von manuellen Datensätzen auf in einer Datenbank gespeicherte Datensätze umgerüstet werden muß. Für sich allein betrachtet, bringt der im Rahmen des Projekts erforderliche Umrüstprozeß nur einen geringen Nutzen, beispielsweise die Aufdeckung von Fehlern in alten Datensätzen, verursacht dafür aber hauptsächlich Kosten. Da das Subsystem jedoch ohne diese Konvertierung nutzlos ist, wird wohl keiner auf die Idee kommen, das Projekt ohne diese Konvertierung durchzuführen.

Der dritte Fall berührt die Unternehmensstrategie. So entscheiden Sie sich möglicherweise für die Implementation aller Buchhaltungs-Subsysteme auf einmal, obwohl einige davon weniger nutzbringend als einige Produktions-Subsysteme sind. Indem diese Entscheidung direkt am Anfang getroffen wird, läßt sich ein integrierter Strategieplan entwickeln, der sich das Sachwissen der betrieblichen Buchhaltung voll zunutze macht und die Buchhaltungsabteilung nicht mit einem Mischmasch von alten und neuen Systemen konfrontiert. In Kapitel 4 kommt die strategische Planung im Bereich der Geschäftsleitung zur Sprache.

1.2.2 Festlegung der Reihenfolge der Systemimplementation

Welche Subsysteme sollte man im vorliegenden Beispiel zuerst implementieren, sofern man sich für die schrittweise Implementation entscheidet? Nach Bild 1.3 zu urteilen, entscheidet man sich womöglich für das Lagerbestands-Subsystem, da dieses frühzeitig großen Gewinn verspricht. Bei diesem Verfahren gibt es jedoch einen technischen Haken: Wie läßt sich Inventar zuweisen, falls innerhalb des Systems keine Daten darüber vorliegen, für welche Aufträge man eigentlich Lagermaterial bestellen soll. Aus diesem Grund ist Subsystem 3 nur dann nützlich, sofern wenigstens ein Teil von Subsystem 2 zuerst implementiert wird. Hierbei sollte auch bedacht werden, daß Subsystem 3 eine umfangreiche Datenumwandlung erforderlich macht, bevor es überhaupt nutzbringend eingesetzt werden kann.

Bei der schrittweisen Implementation ergeben sich unendlich viele Arbeitsschritte hinsichtlich der Installation von Systemkomponenten. Leider (oder womöglich auch glücklicherweise) erweisen sich viele davon in der Praxis kaum als nützlich. Die beste Methode, einen praktikablen schrittweisen Implementationsplan aufzustellen, besteht darin, Kosten, Nutzen und Ressourcen festzulegen und Teile des Gesamtsystems auszuwählen, die den folgenden drei Kriterien genügen: im Vergleich zu den Kosten wesentliche Vorteile bringen, hinsichtlich der derzeit verfügbaren Ressourcen Kosten verursachen und sich drittens technisch miteinander in Einklang bringen lassen. Zur Beurteilung des dritten Gesichtspunktes kann eine Graphik wie z.B. eine strukturierte Analyse verwendet werden, um die Beziehungsmuster zwischen den verschiedenen Teilen eines jeden Subsystems zu veranschaulichen.[3] In Verbindung mit der Projektdetaillierung und der Graphik kann eine Implementationsstrategie gewählt werden, die frühzeitig einen maximalen Nutzen bringt und auch in technischer Hinsicht durchführbar ist.

3 Natürlich kann hier nicht detailliert auf diese Entwicklungstechniken eingegangen werden. Weitere Informationen zur schrittweisen Implementation finden sich bei [Yourdon und Constantine, 1978]. Eine ausgezeichnete Behandlung der strukturierten Analyse findet sich bei [De Marco, 1978; Gane und Sarson, 1977; McMenamin und Palmer, 1984].

Bei Bild 1.2 entscheidet man sich beispielsweise für die Implementation des Produktionsplanungs-Subsystems an erster Stelle nebst einem Teil des Management-Informationssubsystems, das womöglich auch in irgendeiner Art und Weise mit dem Fertigungsbereich zu schaffen hat. Anschließend wird dann eventuell ein Teil des Subsystems 2, der größte Teil von Subsystem 3, ein weiterer Teil des Subsystems 4 usw. implementiert.

1.2.3 Was tun bei knappen Ressourcen

In Unternehmen werden zuweilen Projekte im Glauben begonnen, daß man über ein ausreichendes Finanzpolster verfügt. Mitten im Projekt muß man dann allerdings feststellen, daß die Finanzsituation keinesfalls so rosig ist, wie man ursprünglich angenommen hat. Diese Feststellung führt bei der Geschäftsleitung gewöhnlich zu überstürzten Reaktionen. Hierbei kommt es dann häufig vor, daß Projekte im Zeichen der allgemeinen Panikstimmung "abgewürgt" werden.

Bewahren Sie als DV-Leiter während einer solchen Budgetkrise Ihres Unternehmens einen kühlen Kopf, wenn Sie merken, daß Ihrem Projekt wegen fehlender Geldmittel das frühzeitige Aus droht. Nehmen Sie sich statt dessen Ihre Liste mit den nach einzelnen Aspekten unterteilten Ressourcen zur Hand und überdenken Sie, welche Projektteile bis zu einer besseren Finanzsituation verschoben werden können. In der Regel können die folgenden Subsysteme verschoben werden, sofern eine Verschiebung überhaupt aus technischen Erwägungen möglich ist:

- Kostspielige Subsysteme (obwohl diese oft den größten Nutzen bringen). In schlechten Zeiten allerdings, in denen man den Gürtel enger schnallen muß, spielen solche Gesichtspunkte keine Rolle.
- Subsysteme mit geringem Nutzen (beispielsweise Subsystem 5, das wahrscheinlich schon nach der Analysephase gestrichen wird).
- Subsysteme, die keinen sofortigen Nutzen bringen (solange sich infolge Verschiebung der Implementation des Subsystems dessen Nutzen nicht noch zusätzlich verzögert). Die zeitweise Verschiebung des Subsystems 1 hat beispielsweise keine großen Auswirkungen. Wird jedoch die Erhebung der statistischen Daten in den Subsystemen 2, 3, 4 oder sogar 5 nach hinten verschoben, so verzögert sich womöglich auch der Nutzen, den das Subsystem 1 schließlich bringen dürfte, da für die Entscheidungen der Geschäftsleitung über mehrere Jahre gesammelte Informationen unbedingt nötig sind.
- Subsysteme, deren Wert sich nicht bereits frühzeitig drastisch verringert.

Auch die folgenden Subsysteme eignen sich für eine Verschiebung:

- Der Berichterstellung statt der Datenerfassung dienende Subsysteme, da sich Daten stets erfassen lassen, ohne daß auch gleichzeitig Berichte erstellt werden.

Hingegen können keine Berichte verfaßt werden, ohne daß die entsprechenden Daten hierzu vorliegen.

- Verfahrens- statt informationsspezifischer Systembestandteile (das heißt Programmcode statt der Datenbank). Verfahrensspezifische Bestandteile sind gewöhnlich nicht so sehr mit anderen Komponenten verknüpft wie informationsspezifische und können einem System später leichter hinzugefügt werden.
- Informationsspezifische Objekte mit wenigen Aufgabenstellungen statt solchen mit vielen. Wenig sinnvoll ist so beispielsweise die Verwendung eines Systems, das ständig durch eine interne Kennung auf Kunden Bezug nimmt, bei dem jedoch alle tatsächlichen Kundeninformationen auf manuellen Karteikarten gesammelt werden, die entsprechend der internen Kennung sortiert sind.

Die Verschiebung oder Annullierung von Subsystemen zieht wiederum Kosten nach sich. So muß beispielsweise ein ad acta gelegter Projektteil weitaus gründlicher und genauer dokumentiert werden, da das Projektteam sich womöglich aus anderen Mitarbeitern zusammensetzt, wenn jener Projektteil später wieder aufgegriffen wird.

1.2.4 Schätzung von Gesamtkosten und -nutzen

Der vierte Grund für die Aufteilung eines Projekts in Teilprojekte besteht darin, daß sich hierdurch Kosten und Nutzen genauer schätzen lassen. Auf diesen Aspekt der Schätzung von Ressourcen, Kosten und Nutzen wird ausführlich in Kapitel 2 eingegangen.

1.3 Zusammenfassung

Ein DV-Projekt ist nur dann von Erfolg gekrönt, wenn das entwickelte System nicht nur in technischer Hinsicht erstklassig ist, sondern dem Unternehmen auch eine kosteneffiziente Verbesserung bringt. Um kosteneffizient und praktikabel zu sein, muß das Projekt Vorteile bringen, die seine Kosten übertreffen, und darf zudem keine Kosten mit sich bringen, die die verfügbaren Ressourcen übersteigen.

Vorteile bringt ein Projekt einem Unternehmen dadurch, daß es entweder ein bestimmtes Geschäftsproblem löst oder eine besondere Marktchance eröffnet. Der Nutzen unterteilt sich in vier Kategorien: Steigerung des Geschäftsumsatzes, Minderung der Geschäftskosten, Verbesserung des Kundendienstes, Lösung eines speziellen Unternehmensproblems. Kurzum läßt sich ein Vorteil als Verbesserung der Wettbewerbsfähigkeit eines Unternehmens bezeichnen.

Um die Kosteneffizienz eines Projektes beurteilen zu können, müssen die Benutzer die Kosten, Nutzen und Ressourcen eines jeden Projektteils separat analysieren. Dieses Verfahren ist aus vier Gründen erforderlich: zur Entscheidung darüber, welche Projektteile durchgeführt werden; zur Festlegung der Reihenfolge, in der die Systemteile auf dem Wege der schrittweisen Implementation realisiert werden; zur Bestimmung, welche Projektteile gestrichen bzw. verschoben werden, falls die verfügbaren Finanzmittel überraschenderweise nicht ausreichen; um Kosten und Nutzen eines Projektes besser und genauer schätzen zu können.

Kapitel 1: Ratschläge für die Anwendung

1. Gesetzt den Fall, Sie haben ein recht altes Auto, das laufend eine Panne hat und Ihnen dadurch nicht nur viele Umstände, sondern auch hohe Unterhaltungskosten verursacht. Ihre Projektaufgabe besteht nun darin, nach Methoden zu suchen, wie Sie Ihre Transportsituation entweder durch Mehreinnahmen, Kostenminderung, verbesserten Service oder eine Lösung für ein bestimmtes Problem verbessern können. Hierbei soll vorausgesetzt werden, daß Sie Ihren Wagen für die Anfahrt zu Ihrer Arbeitsstelle verwenden.

   Bei dieser Aufgabe sollten Sie sich überlegen, welche Unterschiede zwischen den folgenden Einstellungen bestehen: einmal zur Aufwendung Ihres eigenen Geldes für den Anfahrtsweg zur Arbeit und zum anderen Veranschlagung von Ressourcen Ihres Arbeitsgebers für Rechner. Worin liegen die Gründe für diese unterschiedlichen Einstellungen?

2. Erstellen Sie eine Liste der in Ihrem Unternehmen vorhandenen Systeme. Für jedes System sollten Sie die folgenden Aspekte vermerken:

   - Den Nutzen, den das System dem Unternehmen eigentlich bringen sollte.
   - Den Nutzen, den es nach Ihrer Meinung tatsächlich gebracht hat.
   - War das System Ihrer Meinung nach erfolgreich? Falls nein,
   - war es schon zum Scheitern verurteilt, bevor es noch begonnen wurde. Hierbei sollten Sie sich besonders auf solche Systeme konzentrieren, die die Arbeit von vier Angestellten durch fünf Computerarbeitsplätze ersetzen.

2

Aufwandsschätzung bezüglich Ressourcen, Kosten und Nutzen

Die derzeitigen Schätzverfahren in der DV-Branche sind alles andere als überwältigend. Bild 2.1 soll Ihnen eine Vorstellung davon geben, wie zuverlässig sogenannte DV-Projektaufwandsschätzungen gemeinhin sind.

Natürlich soll hier nicht der Eindruck vermittelt werden, daß man Projektschätzungen unbedingt ganz links auf der Rangskala ansiedeln müßte. Wäre dem so, so könnte man nicht mehr von Aufwandsschätzung sprechen. Allerdings sollten sich die Resultate mehr in Richtung Skalamitte bewegen - irgendwo zwischen den Rubriken *bloße Vermutung* und *Zufallszahlen*.

Da bereits viele Bücher zum Thema *Projektaufwandsschätzung* geschrieben wurden, braucht hier nicht detailliert auf diesen Aspekt eingegangen zu werden. Wohl aber soll in diesem Kapitel ein kurzer Überblick über den Themenbereich DV-Aufwandsschätzung gegeben werden, wobei auch Bezug auf Quellen genommen wird, die geeignete Methoden zur Projektaufwandsschätzung aufzeigen. Zunächst wird die einfachste zu schätzende Einheit behandelt, nämlich die Ressourcen, und abschließend wird auf den am schwersten zu schätzenden Bereich, den Nutzenaspekt, eingegangen. Dazwischen liegt der Bereich Kosten.

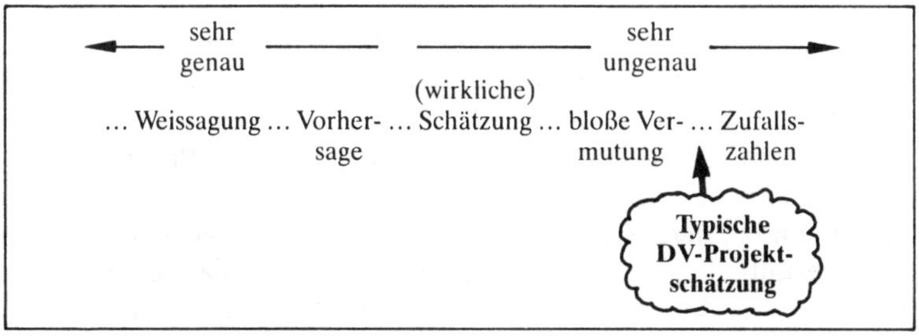

Bild 2.1 *Genauigkeitsbereiche bei Schätzverfahren.*

2.1 Schätzung der Ressourcen

Das Schätzen von Ressourcen erscheint auf den ersten Blick als recht unproblematisch. "Immerhin", so dürfte ein Projektleiter argumentieren, "kenne ich die mir zur Verfügung stehenden Projektmittel, ich kenne die mir zugeteilten Mitarbeiter, kenne die Kommunikationsmöglichkeiten mit den Benutzern. Folglich kenne ich auch die mir verfügbaren Ressourcen recht genau."

Fraglich ist hierbei allerdings, ob diese Ressourcen auch verfügbar sind, wenn man sie braucht.

Das Gegenwärtige läßt sich leicht "vorhersagen". Schwierig ist es demgegenüber, zutreffende Prognosen über künftige Entwicklungen zu treffen. Im Verlauf des Projektes gestalten sich die verfügbaren Ressourcen womöglich anders, als es anfänglich den Anschein hatte. Macht man sich beispielsweise an den Entwurf der Datenbank, dann steht der wichtigste Datenbankentwickler, auf den man sich eigentlich bei dieser Aufgabe verlassen hat, womöglich bereits auf der Lohnliste eines anderen Unternehmens. In diesem Fall müßte man sich bei dem Personalvorgesetzten der Datenbankgruppe nach einem Ersatz umschauen. Dieser kann dem Wunsch nur dann umgehend nachkommen, wenn ein Entwickler - entweder ganz oder teilweise - von einem anderen Projekt freigestellt werden kann.

Hieran dürfte schon deutlich werden, daß die Abwägung der Ressourcen im Hinblick auf die künftige Projektentwicklung problematisch ist. Stets muß man die Möglichkeit einkalkulieren, daß eine oder mehrere Ressourcen im weiteren Projektverlauf wegfallen. Folglich sollten Sie sich stets die Frage stellen: Was passiert, falls ein anderes Projekt sich zeitlich verzögert und eine bestimmte Ressource aus diesem Grund nicht rechtzeitig zur Verfügung steht? Wie sehen die Dinge aus, wenn das Budget um 20 % gekürzt wird, welche Projektteile können in diesem Fall gestrichen werden?

2.2 Schätzung der Kosten

Die Schätzung der Kosten eines DV-Projekts ähnelt der Wettervorhersage: Jedermann spricht darüber, keiner kann aber etwas daran ändern. In Seminaren, die ich früher durchführte, tauchten immer wieder Fragen zur Kostenschätzung auf. Dies unabhängig davon, ob es ein Seminar über Analyse, Design, Programmierung oder Management war. Solche Fragen versuchte ich dann immer mit Hilfe eines Algorithmus zu beantworten, der, so meine Hoffnung, einen überzeugenden Eindruck von Gelehrsamkeit vermittelte: "Schauen Sie sich das Strukturdiagramm Ihres Systems an, berücksichtigen Sie die Komplexität eines jeden Moduls, und multiplizieren Sie dies mit dem Faktor Alpha. Betrachten Sie anschließend die Komplexität einer jeden Schnittstelle, und multiplizieren Sie diese mit dem Faktor Beta. Addieren Sie alle

Zahlen, multiplizieren Sie das Ergebnis mit 1,25, und geben Sie sicherheitshalber lieber noch eine Woche zu."

Bevor ein Seminarteilnehmer die Frage stellen konnte, was die Faktoren Alpha und Beta bedeuteten, bekamen sie von mir hastig zur Antwort, daß ich unbedingt mein Flugzeug erreichen müßte, ich sammelte flugs meine Unterlagen zusammen und machte mich schleunigst aus dem Raum. Der Eindruck, der bei den Seminarteilnehmern zurückblieb, läßt sich mit dem eines Menschen vergleichen, der nach Delphi gereist ist, um die Antwort auf die Frage nach der absoluten Schätzmethode zu finden, jedoch feststellen muß, daß die Orakelpriesterin gerade unpäßlich ist.

Worin liegt der Grund, daß eine realistische Schätzung der DV-Projektkosten nur schwer möglich ist? Warum läßt allein die Erwähnung dieses leidigen Themas gestandene Manager erschaudern, und warum schlägt es erfahrene Dozenten in die Flucht? Zwei Gründe hierfür lassen sich anführen. Zum einen wird versäumt, alle Aufgaben des Projekts zu spezifizieren. Zum zweiten werden die spezifizierten Aufgaben mangels zuverlässiger historischer Daten nur mangelhaft kalkuliert. Im folgenden wird auf diese beiden Gesichtspunkte näher eingegangen.

2.2.1 Unzulängliche Spezifikation der Projektaufgaben

Lassen sich die Projektgesamtkosten im voraus veranschlagen, wenn man vom eigentlichen Projekt nur dessen Bezeichnung kennt? Die Antwort ist ein klares und unmißverständliches Nein. Nichtsdestoweniger nehmen viele DV-Leiter für umfangreiche monolithische Projekte eine solche Vorabschätzung mit Hilfe verschiedener mehr oder minder fundierter Methoden in Angriff. Im folgenden wird ein recht häufig gebrauchtes Verfahren vorgestellt: Konfrontieren Sie den Benutzer mit einem großen als Projektkosten zu veranschlagenden Betrag. Fällt die Reaktion zu heftig aus, werden sukzessiv kleinere Beträge zur Sprache gebracht. Als Kostenvoranschlag für das beabsichtigte Projekt wird dann die erste Summe veranschlagt, bei der sich die Reaktion des Benutzers im Rahmen des Erträglichen hält. Eine solche Kostenbemessungstechnik läßt sich als Kostenvoranschlag knapp unterhalb der Schmerzgrenze bezeichnen. Hierbei kommt es jedoch gewöhnlich zu unrealistisch niedrigen Kostenschätzungen und folglich zu vielen unbezahlten Überstunden der Mitglieder der Projektgruppe.

Für eine realistische Kostenschätzung ist es unabdingbar, das Gesamtprojekt in seine verschiedenen Teilaufgaben zu unterteilen. Der wesentliche Vorteil dieses Verfahrens ist, daß sich hierbei Aufgaben ausmachen lassen, die ansonsten unberücksichtigt bleiben. Hier schließt sich aber die Frage an: Wie kann man zu Projektbeginn wissen, welche Aufgaben künftig auf einen zukommen werden? So auch der Einwand eines Managers: "Zu diesem Zeitpunkt eine gesicherte Schätzung abzugeben, ist genauso, als wenn man in einem Restaurant nach der Rechnung fragen würde, bevor man das Essen bestellt hat."

Der Einwand des Managers war natürlich berechtigt. Bevor man in die Analysephase des Projekts einsteigt, weiß man natürlich nicht mit hundertprozentiger Sicherheit, welche geschäftsspezifischen Probleme des Benutzers gelöst beziehungsweise welche Marktchancen realisiert werden müssen. Ebensowenig weiß man zu diesem Zeitpunkt, wie die Probleme gelöst und die Marktchancen realisiert werden sollen.

Folglich verspricht eine Schätzung zu Projektbeginn nur eine minimale Genauigkeit. Andererseits wird der Benutzer aber auch nicht bis zum Projektende auf eine dann möglicherweise hundertprozentig genaue Schätzung warten wollen. Hier sollte man einen Kompromißweg einschlagen: Zunächst sollte eine vorläufige Kleinanalyse durchgeführt werden, für die arbeitsmäßig nicht mehr als zwei Mann-Monate erforderlich sind und die die wahrscheinlich anfallenden Aufgaben veranschlagt, die zur Projektabwicklung nach Maßgabe der derzeit vorliegenden Erkenntnisse und Berechnungen erforderlich sind. Der aus dieser Kurzanalyse resultierende Kostenvoranschlag ist zwar recht ungenau, schafft jedoch eine Vergleichsmöglichkeit mit den für das Projekt bereitgestellten Ressourcen. Das heißt, aus diesem Kostenvoranschlag läßt sich ersehen, ob das Projekt letztendlich womöglich zu viele Ressourcen verschlingt oder ob der Nutzen im Vergleich zu den zu veranschlagenden Kosten zu gering ist bzw. nur unwesentlich über den Projektkosten liegt.

Falls das Ergebnis der Kurzanalyse für eine Projektdurchführung spricht, kann eine umfassende Analyse durchgeführt und eine zweite Kosten-/Nutzenrechnung aufgestellt werden. Die hieraus resultierenden Schätzwerte sind weitaus genauer, da man nunmehr über deutlich umfangreichere projektrelevante Informationen verfügt. Bieten sich zur Implementation von Lösungen für die Geschäftsprobleme des Anwenders unterschiedliche Möglichkeiten an, sollten für jede Möglichkeit die Aufgaben und Zusatzkosten einzeln aufgeführt und analysiert werden. Sprechen die Ergebnisse der Kurzanalyse gegen eine Projektdurchführung, so müssen die Eckdaten des Projekts womöglich geändert werden. Anschließend kann dann eine neue Kurzanalyse durchgeführt werden. Womöglich läßt man das Projekt aber auch völlig fallen.

Man sollte sich immer der Tatsache bewußt sein, daß eine gute Aufwandsschätzung viel Zeit, Arbeit, Detailkenntnisse und folglich auch Aufwand bedeutet. Bei jedem ernsthaften DV-Projekt ist eine quer über den Daumen gepeilte Kosten-/Nutzenrechnung genausoviel wert, wie das, was man dafür investiert - nämlich nichts!

2.2.2 Unzureichende Analyse der spezifizierten Aufgaben

Wie akribisch ein Projekt auch immer in seine verschiedenen Aufgaben unterteilt und wie gering die Zahl der übersehenen Aufgaben auch immer sein mag, das Ganze ist wertlos, falls es Ihnen nicht gelingt, für jede Aufgabe einen realistischen Kostenfaktor zu veranschlagen. Die Kosten einer bestimmten Aufgabe lassen sich am besten bemessen, indem man die Kosten zugrunde legt, die eine im Unternehmen früher bereits durchgeführte identische Aufgabe nach sich zog. Leider können nur die wenigsten Projektleiter auf diese Möglichkeit zurückgreifen. Auch wenn ähnliche Programme (beispielsweise zur Dateiaktualisierung) bereits zigmal im Unternehmen entwickelt wurden, ist die Veranschlagung der Kosten für das letzte Dateiaktualisierungsprogramm genauso schwierig wie für das erste, da für die vielen Projekte zur Dateiaktualisierung einfach keine Informationen vorliegen. Um mit George Santayana zu reden, müssen Unternehmen, die ihre früheren Projekte nicht dokumentieren, immer wieder dieselben schlechten Schätzverfahren und Projektmehrkosten in Kauf nehmen.

Für diesen chronischen Mangel an Projektinformationen in den meisten Unternehmen scheint es primär sechs Gründe zu geben. Diese lassen sich wie folgt umschreiben:

"Als DV-Manager muß man immer damit rechnen, daß ein Projekt 'in die Hose geht', und da ist es doch ganz klar, daß man sich keine Unterlagen wünscht, aus denen die eigene Inkompetenz womöglich ersichtlich wird."

Diese Aussage, einem fiktiven Manager in den Mund gelegt, zeugt von einem sehr schlechten Betriebsklima in einem Unternehmen. Auf diesen Aspekt kommen wir in Kapitel 15 zu sprechen.

"Jedermann weiß, daß ein Tätigkeitsbericht bei uns eine reine Farce ist. In unserem 'Tätigkeitsbericht' kommen nur die Aufgaben vor, für die gerade ein Budget vorhanden ist."

Auf dieses Problem unzulänglicher Tätigkeitsberichte wird in Kapitel 9 eingegangen.

"Ich kann einfach keinen Sinn in der Aufzeichnung von Projektinformationen erkennen. Jedes Projekt ist unterschiedlich."

Natürlich ist jedes Projekt anders, wenn jedoch ein Projekt in detaillierte Teilaufgaben unterteilt wird - und hierbei hilft eine Dokumentation vorheriger Projekte -, kann man unschwer erkennen, daß sich die meisten DV-Projekte aus nahezu identischen Aufgabenmustern zusammensetzen.

"Mir ist noch nie untergekommen, daß ein Projektleiter Informationen aus vorherigen Projekten heranzieht, warum sollte man sich also die Mühe machen, Projekte zu dokumentieren?"

Dieses Argument erinnert an eine Anekdote aus Weinbergs *Rethinking Systems Analysis and Design*: Eine Eisenbahngesellschaft in den USA erhielt ein Gesuch von den Bürgern einer Kleinstadt, wonach ein Eilzug jeden Nachmittag um 14.30 Uhr am Bahnhof dieser Kleinstadt anhalten sollte. Die Antwort der Eisenbahngesellschaft lautete: "Da bislang noch niemand bei ihnen um 14.30 Uhr am Bahnhof auf einen Zug gewartet hat, gehen wir davon aus, daß kein Bedarf für einen zusätzlichen Halt des Eilzugs besteht. Der Bitte kann somit nicht entsprochen werden." [Weinberg, 1982].

"Meine Leute haben keine Zeit, um Projektinformationen zu sammeln" und: "Niemand in diesem Unternehmen verfügt über ein ausreichendes statistisches Fachwissen, um die gesammelten Informationen sinnvoll zu verwenden."

Diese beiden einleuchtenden Argumente lassen sich am besten mit Hilfe des von DeMarco in *Controlling Software Projects* gemachten Vorschlags entkräften. Die Quintessenz der Argumentation DeMarcos ist, daß eine unzureichende Projektanalyse auf eine mangelhafte Informationslage zurückzuführen ist.[1] DeMarco schlägt die Schaffung einer Analysegruppe vor, deren Mitglieder sich durch die folgenden Eigenschaften auszeichnen:

- Sie haben Erfahrungen bezüglich Berechnungs- und Schätzverfahren und haben ihre Fähigkeiten bereits in etlichen anderen Projekten unter Beweis gestellt.
- Sie unterstehen weder dem Projektleiter noch den Projektentwicklern.
- Sie sind frei von irgendwelchen Anweisungen oder sonstigen Einflußfaktoren und können folglich beurteilen, wie sich die Dinge entwickeln werden, nicht wie sie sich entwickeln sollen.
- Sie sind sowohl in Beurteilungen von erst anlaufenden Projekten als auch in Aufwandsschätzungen von bereits laufenden Projekten involviert. Dieser personellen und sachlichen Verflechtung liegt die Vorstellung zugrunde, daß sie ein praxisrelevanteres Analyseinstrumentarium entwickeln können, weil sie am eigenen Beispiel erfahren, welche Berechnungsverfahren für ein relevantes Schätzmodell erforderlich sind.

Eine solche Analysegruppe, die sich statistischer Berechnungsverfahren bedient, könnte viele Schwierigkeiten vermeiden, die einem herkömmlichen Schätzverfahren entgegenstehen, würde aber auch gleichzeitig neue Schwierigkeiten mit sich bringen. Natürlich ist eine solche Analysegruppe eine kostspielige Angelegenheit. Auch würde sie keine sofortigen Ergebnisse zeitigen. Zudem weiß auch DeMarco keine Antworten darauf, wie man einigen Problemen im Zusammenhang mit einer solchen Analysegruppe wirksam begegnen könnte. Hierzu zählt beispielsweise das Problem, wie sich die Aufgaben zwischen Projektmanager und Analysegruppe zur Zufriedenheit aller verteilen lassen oder wie sich die Kompetenzen zwischen dem Leiter der Analysegruppe und dem Projektleiter aufteilen lassen. Hier könnte jedoch ein Schema zur Kompetenzverteilung, wie es in Kapitel 5 angesprochen wird, Abhilfe schaffen. Die Analysegruppe unterstände demgemäß dem Personalvorgesetzten und das Projektteam, wie gewöhnlich, dem Fachvorgesetzten.

Trotz der Schwierigkeiten bei der Schaffung und Durchführung einer solchen Analysegruppe sind die Nachteile, die eine solche Gruppe mit sich bringt, verglichen mit den unangenehmen Begleiterscheinungen der heutzutage durchgeführten DV-Projekte infolge chronisch mangelhafter Berechnungs- und Schätzergebnisse, relativ gering. Hierbei sind noch jene Projekte unberücksichtigt, die eigentlich nicht hätten durchgeführt werden dürfen, da sie entweder höhere Kosten als Nutzen verursachten oder die verfügbaren Ressourcen übermäßig beanspruchten.

Wer beabsichtigt, in seinem Unternehmen eine empirisch fundierte Projektverwaltung und Kostenrechnung durchzuführen, muß gelegentlich mit unangenehmen

1 Bei [DeMarco, 1982] finden sich auch etliche andere Vorschläge zur Projektkontrolle. Dieses Buch eignet sich nicht nur hervorragend für DV-Projektleiter, sondern enthält auch besonders zweckdienliche Informationen für Anwender. Ein weiteres ausgezeichnetes Buch zur Methode der DV-Projektkostenabschätzung ist [Boehm, 1981].

Überraschungen rechnen. Es gibt aber nur diese Wahl: Entweder werden einem schon frühzeitig die Augen geöffnet, oder man erlebt später einen gänzlichen Fehlschlag.

2.3 Schätzung des Nutzens

Am Anfang dieses Kapitels wurde bereits ausgeführt, daß die Berechnung des Projektnutzens für den Anwender am schwierigsten ist. Dies nicht nur deshalb, weil man bei der Nutzenanalyse mit denselben Schwierigkeiten wie bei der Aufwandsschätzung von Ressourcen und Kosten zu kämpfen hat, sondern auch deshalb, weil zusätzliche Schwierigkeiten auftreten.[2] Auf diese Schwierigkeiten soll in den folgenden Abschnitten näher eingegangen werden.

Da die Nutzenanalyse eng mit den jeweiligen Geschäftsaktivitäten des Anwenders verflochten ist, sollte ein DV-Projektleiter eine solche Nutzenanalyse für das Unternehmen des Anwenders nur unter tätiger Mithilfe von im operativen Geschäft des Anwenders erfahrenen Mitarbeitern durchführen. Den Nutzen eines Projekts für ein Unternehmen kann man nur dann beurteilen, wenn man als Projektleiter das operative Geschäft des Anwenders, für den ein Projekt erstellt werden soll, in allen Facetten versteht (mehr hierzu in den Kapiteln 3 und 4). Die Marktchancen, die sich beispielsweise im Bereich der Stahlindustrie bieten, sind völlige andere als solche, die sich für Versicherungsgesellschaften auftun.

Eine weitere Schwierigkeit bei der Berechnung des Projektnutzens ergibt sich aus den vielen unvorhersehbaren externen Faktoren, die auf das Projekt einwirken. In Bild 1.3 wurde die Nutzenkurve des Abrechnungssubsystems vorgestellt. Diese Kurve basierte auf Annahmen über künftige Veränderungen der Zinssätze - Faktoren, die noch deutlich schwieriger abzuschätzen sind als DV-Projekte. Allgemein läßt sich feststellen, daß der aus einem Projekt erwartete Nutzen von den äußeren Rahmenbedingungen abhängt, die für die jeweilige Branche des Anwenders und dessen Geschäftsaktivitäten gelten. Ließen sich diese Rahmenbedingungen über einen Zeitraum von mehreren Jahren hinweg genau festmachen, so könnten Sie sich als Projektleiter wahrscheinlich einen noch größeren Namen machen als seinerzeit Nostradamus.

Eine dritte Schwierigkeit bei der Abwägung des Projektnutzens besteht darin, daß die Gewinne, die aus den unterschiedlichen Projektkomponenten erzielt werden sollen, sich gegenseitig beeinflussen. Eine nach Subsystemen untergliederte Nutzenanalyse (bzw. der zu lösenden Probleme) hat oft einen künstlichen Charakter. Wird so beispielsweise in Bild 1.3 vorausgesetzt, daß eine erhöhte Umsatzentwicklung als ein Vorteil des Management-Informationssubsystems angesehen werden kann, so vermehrt dieser Vorteil auch den Nutzen des Auftragseingangs-Subsystems. Trotz solcher Wechselbeziehungen besteht Ihre Aufgabe jedoch darin, den relativen Nutzen

2 Eine gute Einführung zu diesem Thema gibt (Mishan, 1982). Eine sehr detaillierte Studie zur Kosten- und Nutzen-Berechnung von Rechnersystemen bietet [Gotlieb, 1985].

eines jeden Subsystems zu spezifizieren und eine vernünftige Vorstellung vom Absolutnutzen des jeweiligen Subsystems zu präsentieren. Wie bei jedem anderen Schätzverfahren, sollten Sie auch hier die Annahmen, auf denen die Beurteilung gründet, festhalten, damit Sie später Ihre Beurteilung revidieren können, falls sich die ursprünglichen Annahmen ändern.

Eine letzte Schwierigkeit, die der Nutzenanalyse entgegensteht, rührt daher, daß sich der aus einer Innovation gezogene Nutzen nicht aufgrund von vorhandenen Daten vorhersagen läßt. Wer sollte denn schon mit Gewißheit voraussagen können, welche Auswirkungen die Einführung einer neuen Technologie in einem Unternehmen hat? Das folgende Beispiel veranschaulicht die bizarren und unvorhersehbaren Probleme, zu denen es infolge einer völligen Unterschätzung der Verbesserung des Kundendienstes kommen kann.

Vor einigen Jahren entschied sich eine Bank zur Hebung ihres Kundendienstes dadurch, daß sie als erste Bank der Region Bankomaten installieren wollte, die Tag und Nacht betriebsbereit waren. Diese Bankomaten boten dem Kunden einfache Serviceleistungen (beispielsweise das Abheben von Geld oder Zahlungsüberweisungen zur Abzahlung einer Hypothek), die er rund um die Uhr in Anspruch nehmen konnte. Die Bankomaten fanden einen derart großen Anklang, daß die Bank in kürzester Zeit zahlreiche Neukunden verzeichnen konnte. Das Ergebnis war, daß das Bankpersonal an den Schaltern dem übermäßigen Andrang nicht mehr gewachsen war. Auch das Leistungsvermögen der Kundendienstabteilung der Bank sank rapide. Ein weiteres Problem ergab sich durch die schnell wachsende Kriminalitätsrate im Umfeld der Bank. So wurden viele Kunden in oder außerhalb der Bank überfallen, die in der Bank ein zunehmend lukratives Betätigungsfeld erkannt hatten.

Das sprunghafte Ansteigen der Kundenzahl wurde auch für das System selbst zu einem Problem. An Wochenenden bildeten sich lange Schlangen von ungeduldigen, mürrischen Menschen an den Bankomaten, und die Stimmung der Kunden wurde auch durch die an Wochentagen längeren Antwortzeiten der Maschinen nicht gerade verbessert. Folglich wurden neue Projekte zur Behebung dieser Probleme einschließlich Installation zusätzlicher Bankomaten, Sicherheitssysteme und CPUs sowie personelle Aufstockung in mehreren Abteilungen der Bank erforderlich. Dieses Beispiel zeigt, daß alle Lösungen neue Probleme mit sich bringen und daß alle neuen Systeme bereits vorhandene Systeme in Mitleidenschaft ziehen. Im vorliegenden Fall waren die Probleme und Beeinträchtigungen vorhandenen DV-Equipments wesentlich gravierender, als dies jemand hätte vorhersagen können, da man sich vorher keine Gedanken darüber gemacht hatte, wie man die Folgen des Projektnutzens in den Griff bekommen könnte.

2.4 Zusammenfassung

Die Aufwandsschätzung ist eine überaus schwierige Angelegenheit, da hierzu eine Vorhersage über zukünftige Ereignisse und Entwicklungen erforderlich ist. Allerdings ist die Aufwandsschätzung der verfügbaren Projektressourcen einfacher als das Schätzen von Projektkosten, was wiederum einfacher als das Schätzen des Projektnutzens fällt. Dies hat seinen Grund darin, daß die für ein Projekt verfügbaren Ressourcen zu Projektbeginn gewöhnlich ziemlich genau bekannt sind und sich erst mit der Zeit anders als erwartet entwickeln. Einer der Hauptgründe für die Schwierigkeit der Projektkostenschätzung liegt darin, daß in den meisten Unternehmen nur wenige Informationen über die nach bestimmten Faktoren unterteilten Kosten vorheriger Projekte aufgezeichnet werden.

Der Projektnutzen wird durch zahlreiche Faktoren beeinflußt, die sich zu Projektbeginn nahezu unmöglich bestimmen lassen, so daß das Schätzen des Projektnutzens schon eine Kunst für sich ist. Aber auch wenn solche Schätzungen des Projektnutzens recht ungenau sind und auf vielen Mutmaßungen basieren, sind solche Schätzungen und deren Aufzeichnung (in schriftlicher Form oder auf Datenträgern) für den Projekterfolg absolut wesentlich. Ohne vorliegende Schätzung des Projektnutzens fehlt eine wichtige Seite des magischen Dreiecks Kosten-Nutzen-Ressourcen. Sie und Ihre Benutzer gehen das Risiko ein, sich auf zweifelhafte subjektive Urteile verlassen zu müssen und womöglich den Verlockungen und falschen Versprechungen eines neuen Rechnersystems zu erliegen.

Kapitel 2: Ratschläge für die Anwendung

1. Kosten und Nutzen eines Projekts lassen sich nicht genau schätzen. Sie lassen sich demgegenüber nur in einen Bereich einordnen, wie das folgende Beispiel belegt. Der Einfachheit halber wird hier angenommen, daß das Projekt nur ein Problem lösen soll.

   In Beispiel 1 verspricht das Projekt eine hohe Rentabilität, da der Nutzen die Kosten bei weitem übersteigt. Allerdings besteht ein kleines, nicht von der Hand zu weisendes Risiko, daß der Nutzen geringer als die Projektkosten ausfällt.

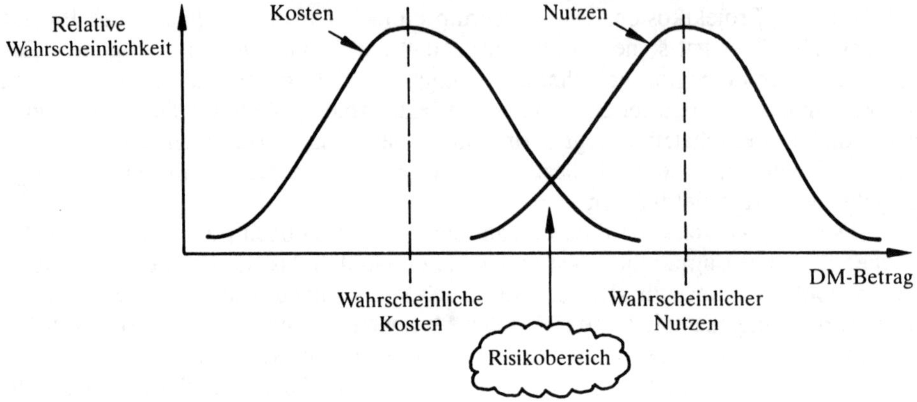

Beispiel 1

In Beispiel 2 ist eine geringere Rentabilität zu erwarten, allerdings ist das Risiko eines Geldverlustes nahezu gleich Null. Welches der beiden Projekte sollte Ihr Unternehmen in Angriff nehmen? Es gibt allerdings keine absolut richtige Antwort auf diese Frage, in Ihrer Antwort sollten Sie jedoch diese Schätzbereiche mit der Finanzstrategie Ihres Unternehmens in Verbindung setzen.

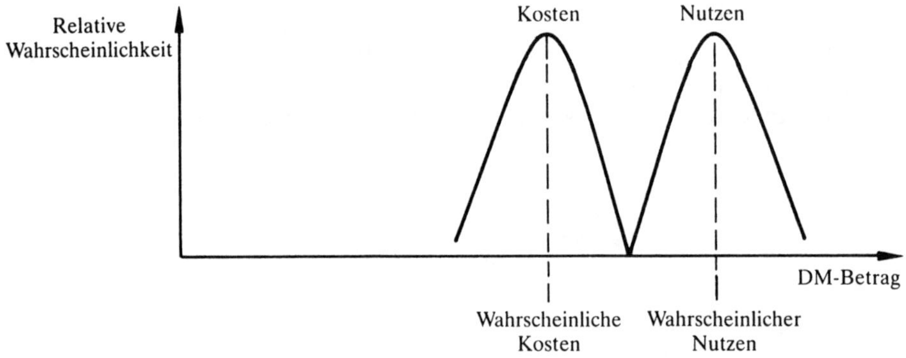

Beispiel 2

3

Wie werden aus erfolgreichen Projekten erfolgreiche Systeme

Auch wenn Kosten, Ressourcen und Nutzen von DV-Projekten sorgfältig bemessen wurden, werden doch immer wieder zwei Fehler am Beginn von DV-Projekten begangen: Zunächst einmal werden Projekte unabhängig voneinander betrachtet und durchgeführt. Als Folge davon läßt sich ein Mangel an technischer Kohärenz zwischen den entwickelten Systemen feststellen. Zudem fällt es schwer, die geschätzten Kosten und Nutzen von Projekten zu vergleichen, was für eine zweckmäßige Aufteilung der verfügbaren Ressourcen auf die einzelnen Projekte besonders wichtig ist.

Das zweite Problem rührt daher, daß Projekte oft ein eng begrenztes Problem innerhalb des operativen Geschäfts eines Unternehmens beheben sollen und kein umfassendes Verständnis des Gesamtgeschäftsablaufs oder der Strategie der Geschäftsleitung erfordern. Als Folge davon lassen sich die Ziele von DV und Kerngeschäft nur schwer miteinander in Einklang bringen. Das Ergebnis sind DV-Applikationen, die nicht auf die grundlegende Geschäftsstrategie des Unternehmens ausgerichtet sind, eine Überbetonung des Aspekts "Effizienzsteigerung des Tagesgeschäfts" statt umfassender und auch kreativer Änderung allgemeiner Geschäftsabläufe, schließlich auch eine mangelhafte Unterstützung der Geschäftsleitung im Informationssektor.

In diesem Kapitel wird auf die Folgen der gebräuchlichsten Fehler beim Projektmanagement eingegangen, in Kapitel 4 wird dann untersucht, wie sich diese Fehler durch Schaffung einer Sondergruppe, die sich mit den Ablauf- und Strategiemustern des operativen Geschäfts eines Unternehmens beschäftigt, vermeiden lassen. Zur weiteren Lektüre zu diesem und dem nächsten Kapitel bieten sich an [Nolan, 1979] und [Cortada, 1984].

3.1 Mangel an technischer Kohärenz

Werden DV-Projekte getrennt voneinander statt als Teil der Gesamtorganisation durchgeführt, sind die Systeme, die als Ergebnis dieser Projekte das Licht der Welt erblicken, in technischer Hinsicht womöglich inkompatibel. So verwenden unterschiedliche Systeme beispielsweise inkompatible Hardwareeinheiten oder basieren auf verschiedenen Softwaretechniken, wodurch die spätere Softwarewartung zu einer verwirrenden und recht mühseligen Angelegenheit wird. Womöglich gelangen auch inkompatible Datenbanktechniken zur Anwendung, so daß die gemeinsame Nutzung von Daten durch Systeme oder die Integration örtlicher Datenbanken sehr schwierig, wenn nicht gar unmöglich ist. Eventuell werden auch Daten oder prozeduraler Programmcode über mehrere Systeme dupliziert. Traurig, aber wahr - diese Inkonsistenzen sind in vielen DV-Abteilungen nicht die Ausnahme, sondern vielmehr die Regel. Viele DV-Abteilungen verfügen noch nicht einmal über wirkliche Systeme. Was sie statt dessen aufweisen, ist ein Sammelsurium von unzureichenden Programmen und Dateien, die während der sechziger und siebziger Jahre aufgrund der vielen, nicht aufeinander abgestimmten Verarbeitungsbedürfnisse nacheinander entstanden. Diese "Systeme" wurden nie sorgfältig geplant, sondern erschienen eher wildwuchsartig auf der Bildfläche. Heutzutage müssen sich viele DV-Abteilungen mit einem wahren Mischmasch aus Hardware und Software mit völlig unterschiedlichem Design und Programmiertechniken, Dokumentationsformen, Programmiersprachen, Dateistrukturen und Betriebsmethoden auseinandersetzen. Zudem kam es in den Jahren, in denen die Systempflege noch willkürlich erfolgte, zu Auswüchsen, die die im vorherigen beschriebenen Probleme noch vergrößerten.

DV-Abteilungen kommen mit solchen Konglomeraten aus Hardware und Software naturgemäß nur schwer zu Rande und geraten oft in die allergrößten Schwierigkeiten bei dem Versuch, ihre Dienstleistungspalette im Hinblick auf das operative Geschäft ihres Unternehmens zu verbessern. Hier sollen nur einige der Schwierigkeiten beschrieben werden, mit denen eine DV-Abteilung zu kämpfen hatte.

Die "Spielautomaten GmbH"[1] verfügte über drei Systeme: das Auftragseingangssystem für Kundenbestellungen, das Kunden-Servicesystem und das Transportsystem. Die ersten beiden Systeme waren Mitte der siebziger Jahre vom Stapelverarbeitungs- auf den Online-Betrieb (allerdings nicht auf den Datenbankbetrieb) umgestellt worden. Das Transportsystem (ein komplexes System zur Verwaltung der Einsatzplanung, Beladung, Streckenplanung, Wartung usw. der firmeneigenen Lastwagen) war ein Stapelverarbeitungssystem, das bereits Ende der sechziger Jahre entwikkelt, jedoch erst kürzlich um ein Online-Frontend zur Datenerfassung erweitert wurde.

Bei allen drei Systemen gab es das Problem, daß sie dieselben Informationen über Kunden benötigten (beispielsweise Namen, Adressen und Telefonnummern). Folglich waren die Informationen zu bestimmten Kunden dreifach verfügbar, wie aus Bild 3.1 ersichtlich ist. Diesem Problem versuchte man teilweise dadurch zu begegnen, daß die Kundendaten sowohl in das Kunden-Servicesystem als auch in das Auftragseingangssystem eingebunden wurden (siehe Bild 3.2).

---

1 Alle Firmenbeispiele wurden den Gegebenheiten des deutschsprachigen Kulturraums angepaßt, basieren jedoch auf tatsächlichen Erfahrungen.

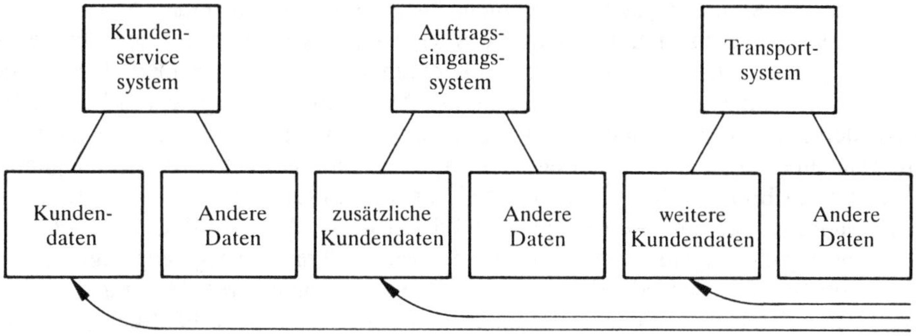

Bild 3.1 *Dreifach redundante Kundendaten.*

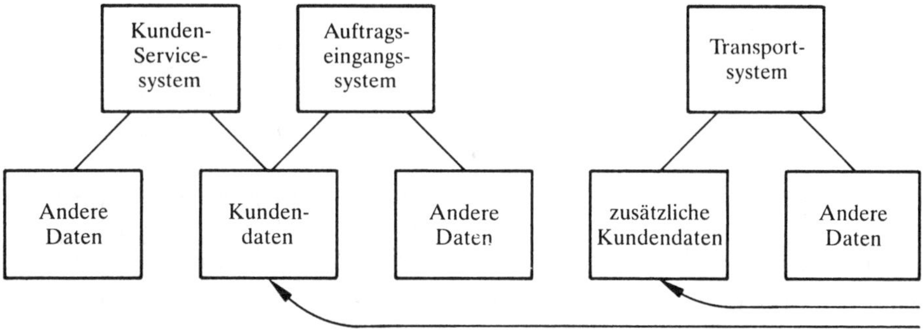

Bild 3.2 *Zweifach redundante Kundendaten.*

Da aktualisierte Kundendaten jedoch gelegentlich auf mysteriöse Art und Weise "verschwanden" oder durcheinandergerieten, wurden keine weiteren Versuche zur Verminderung der Redundanz unternommen. Bei einer Überprüfung stellte sich heraus, daß besagte Probleme daher rührten, daß es keine Dateisperrmöglichkeiten und zudem einige Programmfehler gab. Das Redundanzproblem wurde - ebenso wie die Inkonsistenzen - ziemlich widerspruchslos hingenommen. So konnte es durchaus vorkommen, daß im Kunden-Servicesystem bzw. Auftragseingangssystem für einen Kunden eine ganz andere Telefonnummer als im Transportsystem vorlag. Auf meine Frage, wie man denn wüßte, welche der Telefonnummern die richtige sei, antwortete man mir: "Nun, wir rufen den Kunden einfach an und fragen ihn!".

Schwerwiegender als das Problem der Datenredundanz war jedoch, daß es dieser DV-Abteilung nicht möglich war, sinnvolle Wechselbeziehungen zwischen den verschiedenen Systemen in die Wege zu leiten. So wünschten sich die Mitarbeiter beispielsweise immer wieder eine Möglichkeit, dem Kunden bei der Auftragsannahme ein wahrscheinliches Lieferdatum mitteilen zu können. Ihnen stand weder - über das Kundenauftragssystem - die aktuelle Terminplanung der Transportwagen zur Verfügung, noch konnte das Transportsystem auf Informationen zur Auftragslage zugreifen, um so den Einsatz der Wagen sinnvoller planen zu können.

Die DV-Manager des Unternehmens entschieden sich für eine Modernisierung des Transportsystems. Hierbei wurde das Transportsystem voll auf den Online-Betrieb umgestellt, ansonsten in seiner Funktionalität aber nicht verändert. Um die Benutzer zufriedenzustellen, erweiterten die DV-Mitarbeiter im Zuge der erforderlichen Veränderungen die vorhandenen DV-Systeme um einige grundlegende Mechanismen zur Datenübertragung zwischen dem Transportsystem und dem Auftragseingangssystem, wie in Bild 3.3 dargestellt. Hierbei handelte es sich um eine Datei im Transportsystem, in der eine Reihe von Bestelldaten gespeichert wurden, eine Datei im Auftragseingangssystem, in der etliche Angaben zur Transportlage abgelegt wurden, einen Job (Job X), der jede Nacht zwecks Datenübertragung vom Auftragseingangssystem zum Transportsystem ausgeführt wurde, und einen noch häufiger ausgeführten Job (Job Y), der Daten vom Transportsystem in das Auftragseingangssystem übertrug.

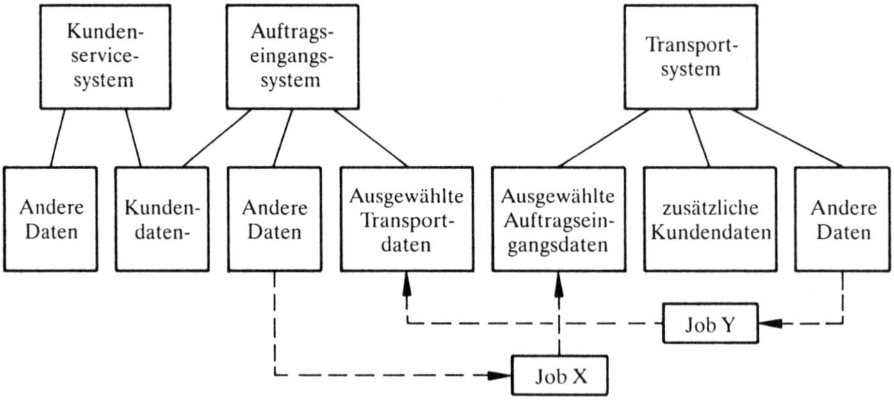

Bild 3.3 Datentransfer zwischen zwei Systemen.

Diese Lösung stellte zwar die Benutzer zufrieden, mich konnte sie jedoch nicht sonderlich beeindrucken. Die neue Software erhöhte die Redundanz und Komplexität der Systeme, lieferte dem Auftragseingangssystem aber nicht rechtzeitig die erforderlichen Daten zur Auslieferungssituation. Als DV-Berater in diesem Unternehmen schlug ich vor, daß man nicht weiterhin nur geringfügige Veränderungen an den Systemen vornehmen, sondern statt dessen eine umfassende Informationsanalyse des Gesamtunternehmens durchführen und anschließend integrierte Softwareprogramme auf der Basis einer oder mehrerer Datenbanken entwickeln sollte. Die Mitglieder der Unternehmensleitung waren jedoch nur schwer davon zu überzeugen.

"So was können wir uns unmöglich leisten!", so die am häufigsten zu hörende Antwort.

"Das einzige, was Sie sich nicht leisten können, ist, so weiterzumachen wie bisher", bekamen sie von mir zu hören. "Jedes weitere Mann-Jahr, das Sie für die Entwicklung eines neuen Systems oder Programms für Ihre DV-Abteilung investieren, ist herausgeworfenes Geld - Geld, das in die Entwicklung von Software fließt, die Sie schließlich doch durch andere Produkte ersetzen müssen."

Der Leiter der DV-Abteilung konnte sich schließlich für meine Argumentation erwärmen, und auch die Geschäftsleitung billigte nach anfänglichem Widerstand eine Gesamtanalyse der betrieblichen Informationsbedürfnisse. Recht verblüffend gestaltete sich eine der ersten Schlußfolgerungen dieser Analyse. Es sei billiger, so die Analyse, in einem oder zwei Fällen das Computersystem wegen mangelnder Flexibilität und horrender Wartungskosten ganz ad acta zu legen und durch ein manuelles (!) Systems zu ersetzen!

3.2 Schwierigkeit beim Vergleich der Schätzungen für separate Projekte

Mögliche Projekte werden gewöhnlich über eine Dauer von mehreren Jahren beurteilt. Wie läßt sich dabei jedoch zum gegenwärtigen Zeitpunkt die Amortisation eines Projekts mit der eines Projektes vergleichen, das erst in drei oder vier Jahren durchgeführt werden soll? Solch ein Vergleich kann naturgemäß nicht ohne eine Vorstellung darüber erfolgen, welche Projekte künftig womöglich benötigt werden. Und aus diesem Grund fehlt es dann später an ausreichenden Ressourcen, wenn sich auf einmal ein weitaus geeigneteres Projekt anbietet. Zudem kann, wie bereits in Kapitel 2 deutlich wurde, eine gültige Schätzung der Projektkosten und -nutzen erst dann erfolgen, nachdem die Projektanalyse zumindest teilweise durchgeführt wurde. Wie lassen sich folglich die geschätzten Kosten und Nutzen verschiedener Projekte miteinander vergleichen, um eine Beurteilungsgrundlage dafür zu finden, mit welchen Projekten man beginnen soll, sofern man nicht alle Projekte gleichzeitig in Angriff nehmen will?

Lösen läßt sich dieses Problem nur, wenn man sich ein umfassendes Verständnis der Geschäftsabläufe des Unternehmens verschafft, statt sein Augenmerk nur auf ein individuelles Projekt zu richten. Unter einer solchen globalen Blickrichtung wird verstanden: ein Verständnis der Geschäftsabläufe des Unternehmens, der Strategien der Geschäftsleitung im Hinblick auf das operative Geschäft und der Informationsbedürfnisse des Managements. Darauf aufbauend werden mehrere Geschäftsbereiche gleichzeitig analysiert. Bereiche, die nicht sonderlich erfolgversprechend sind, können in groben Zügen untersucht werden. Andere Geschäftsbereiche hingegen erfordern eine tiefergehende Untersuchung der Problemstellungen und Möglichkeiten in bezug auf das Kerngeschäft, um so zu besseren Schätzwerten hinsichtlich Kosten und Nutzen der verschiedenen Alternativen zu gelangen. Zu guter Letzt werden dann die verfügbaren Unternehmensressourcen eingesetzt, um kosteneffiziente Projekte in die Wege zu leiten, die die ausgemachten Vorteile realisieren können.

Ein generelles Verständnis der Geschäftsabläufe des betreffenden Unternehmens - quasi als solider Bezugsrahmen von Projekten - kommt Ihnen auch deshalb zugute, weil Sie so besser auf Änderungen der verfügbaren Ressourcen reagieren können. Budgetkürzungen sollten keine absolute Alptraumvision sein, denn wenn DV-Leitern die Geschäftsprioritäten bekannt sind, können sie die verfügbaren Ressourcen unter den Projekten angemessen umverteilen. Diese Möglichkeit trägt insbesondere in Unternehmen mit Matrixorganisation zur allgemeinen Beruhigung der Gemüter bei, wenn mehrere Projekte um die Bewilligung spärlicher Ressourcen konkurrieren. Wie man sich ein umfassendes Verständnis der Geschäftsabläufe eines Unternehmens verschafft, wird in Kapitel 4 gezeigt.

3.3 Mangelhafte Zielabstimmung zwischen betrieblicher DV und operativem Geschäft

In nahezu jedem Unternehmen sind es die Benutzer, die ein mögliches Projekt an die DV-Abteilung herantragen. Dies erfolgt gewöhnlich über eine Führungskraft (gewöhnlich aus dem Bereich Buchhaltung oder Fertigung), die schriftlich oder mündlich bei einem Meeting zu einem Problem oder zu einer Geschäftsoption Stellung nimmt, die sich ihrer Meinung nach mit Hilfe von DV besser in Angriff nehmen läßt. Diese Anregung von Benutzerseite wird dann gewöhnlich von der Geschäftsleitung oder speziell beauftragten Mitarbeitern beurteilt, wobei zunächst die zu erwartenden Kosten und Nutzen des beabsichtigten Projekts bestimmt und anschließend mit denen anderer Projekte, die ebenfalls anstehen, verglichen werden. Abschließend werden die Kosten und Nutzen aller Projekte mit den verfügbaren Ressourcen verglichen.

Wohl lassen sich über Anregungen von Benutzern sinnvolle Projekte ausmachen, jedoch kann ein Projekt nur dann in Angriff genommen werden, wenn der Benutzer auch einen entsprechenden Vorschlag einreicht. Fehlt folglich die Anregung des Benutzers, so gibt es auch kein Projekt - auch dann nicht, wenn das Projekt dem Unternehmen einen beachtlichen Nutzen bringen würde. Es lassen sich verschiedene Gründe dafür anführen, warum Benutzer keine Vorschläge für möglicherweise sehr gewinnträchtige Projekte einreichen. Hierzu können Desinteresse an den gesamtunternehmerischen Zielen, mangelnde Vorstellungskraft, schlechte Erfahrungen mit der DV-Abteilung, die Angst vor dem Verlust der Entscheidungskompetenz am eigenen Arbeitsplatz bzw. in der Abteilung oder die innere Abneigung gegenüber Computern zählen.

Aber auch bei einem im Ansatz geeigneten Benutzervorschlag stellt man möglicherweise im weiteren Verlauf fest, daß er dem Unternehmen nicht den erwarteten Nutzen bringt. Der folgende Auszug aus Wigander *et.al.* gibt ein anschauliches Beispiel dafür, wie ein unabhängig von anderen Projekten durchgeführtes Projekt mit eng begrenzter Zielsetzung an den wirklichen Problemen des Unternehmens vorbei realisiert wurde [Wigander *et al.*, 1984]:

Ein Großunternehmen verzeichnete einen dermaßen starken Anstieg der Auftragseingänge, daß die Kapazität des vorhandenen Auftragverarbeitungssystems nicht ausreichte. Nachdem man die übliche Projektstudie zur Wirtschaftlichkeit durchgeführt hatte, wurden über 40.000 Mann-Stunden in ein neues Informationssystem gesteckt, das die Kapazität steigern sollte. Während der Implementation des neuen Systems wurde eine separate Studie über die Auslieferungszeiten des Unternehmens durchgeführt. Als Ergebnis der Studie kam zutage, daß durchschnittlich 70 Tage zwischen der Vorbereitung von Packzetteln und dem Auslieferungszeitpunkt lagen. Eine Teilauslieferung mit separater Rechnungsstellung konnte den Kundendienst verbessern, der augenscheinliche Anstieg der Auftragseingänge war jedoch tatsächlich auf noch nicht erledigte Aufträge zurückzuführen, die verladen, in Rechnung gestellt und separat ausgeliefert werden mußten. Das neue Informationssystem und die gesteigerte Rechnerkapazität konnten dem tatsächlichen Problem im organisatorischen Bereich nicht zu Leibe rücken - einem Problem, das aus einem ungenügend koordinierten Materialfluß bei der Fertigung herrührte.

In diesem Fall führte eine Rentabilitätsstudie, die sich nur mit einem Teil des operativen Geschäfts beschäftigte, zu gewaltigen Ausgaben, ohne daß dadurch die Geschäftsprobleme gelöst werden konnten. Das entwickelte System berührte somit nicht die Wurzel des eigentlichen Problems.

Daneben bekunden einige Benutzer auch ein ausgesprochenes Interesse an der Durchführung von Projekten in ihren Abteilungen und reichen dementsprechend übermäßig viele Vorschläge ein. Auch hierfür lassen sich mehrere Gründe anführen: Solche Benutzer haben entweder eine ausgesprochene Vorliebe für moderne Technologie, wollen durch solche Projekte innerhalb des Unternehmens auf sich aufmerksam machen oder ihre Handlungsspielräume innerhalb des Unternehmens verteidigen bzw. weiter ausbauen. Auch wenn solche Projektvorschläge nicht gänzlich aus der Luft gegriffen sind, so sind die Projektziele im Regelfall doch allzusehr mit den Interessen der Initiatoren verknüpft. Aus derartigen Projektvorschlägen läßt sich so auch kaum ein zutreffendes Gesamtbild über die Informationsbedürfnisse eines Unternehmens gewinnen. Vielmehr handelt es sich hierbei um sehr eng begrenzte Lösungsvorschläge für recht unbedeutende Probleme. Viele DV-Leiter reagieren auf solche Vorschläge oft allzu bereitwillig und leiten ohne die erforderliche Prüfung Projekte in die Wege, die nur den jeweiligen Benutzern, die sie anregten, und ihren zuweilen doch recht fragwürdigen Zielsetzungen förderlich sind.

Ungleiche Gewichtung hinsichtlich Projektvergabe und -abwicklung etwa dergestalt, daß manche Abteilungen zu viele und andere wiederum zu wenige oder unzweckmäßige Projekte zugesprochen bekommen, läßt sich auf eine mangelhafte integrierte Datenverarbeitungsstrategie im Hinblick auf die Bedürfnisse des Gesamtunternehmens zurückführen. Projektvorschläge von Benutzerseite können oft verborgene Geschäftsmöglichkeiten aufdecken, mit denen sich die Unternehmenssituation verbessern läßt, sind für sich genommen jedoch nur Teillösungen im Rahmen der betrieblichen DV und können keinesfalls das umfassende Verständnis des Gesamtgeschäfts, dessen Probleme und Möglichkeiten, ersetzen.

3.3.1 Zu wenige DV-Applikationen zur Unterstützung der Unternehmensstrategie

In idealtypischer Weise sollen DV-Projekte einem Unternehmen bei der Erreichung seiner Geschäftsziele helfen. Zumindest sollen Projekte der Geschäftsleitung aber Informationen darüber an die Hand geben, wie gut ihre Unternehmensstrategie funktioniert. Nichtsdestoweniger ist mir zumindest ein Unternehmen bekannt, dessen ausgesprochenes Ziel zwar die Steigerung seiner Marktanteile war, das jedoch weder über Rechnersysteme zur Erreichung dieses Systems noch über Systeme verfügte, die der Geschäftsleitung unmittelbar nützliche Informationen über die bislang gemachten Fortschritte im Hinblick auf die Erreichung des gesetzten Ziels an die Hand gaben.

Der DV-Abteilung wird oft vorgeworfen, daß sie zu wenige effiziente Systeme bereitstellt, die der Förderung der Geschäftsstrategie eines Unternehmens dienen. So muß sie sich den Vorwurf gefallen lassen, daß sie kein wirkliches Verständnis für die tatsächlichen operativen Bedürfnisse des Unternehmens aufbringt. Allerdings sind nicht nur viele DV-Mitarbeiter unzureichend über diese operativen Bedürfnisse informiert, sondern auch ebensoviele Benutzer. Hierfür gibt es zwei eng zusammenhängende Gründe: Zum einen ist die unzureichende Perspektive auf Benutzerseite zu nennen; zum anderen muß die unzureichende Kommunikation zwischen der Geschäftsleitung und den Fachabteilungen veranschlagt werden.

Obwohl die meisten Benutzer genau darüber im Bilde sind, wie sie ihre Aufgaben zu erledigen haben, wissen einige augenscheinlich nicht, welche Zielsetzungen man mit ihrer Tätigkeit verbindet. Und nur die allerwenigsten werden sich je die Frage stellen, warum sie eigentlich tun, was sie tagtäglich an ihrem Arbeitsplatz verrichten - das heißt, zu welchen allgemeinen Geschäftszielen sie mit ihrer Arbeit beitragen. Hierfür kann man sie aber nicht wirklich verantwortlich machen. Sie sind viel zu sehr mit ihrem alltäglichen Aufgabenbereich beschäftigt, als daß sie noch Zeit für solche Fragestellungen hätten. Und womöglich würde auch ihre Arbeitsleistung absinken, falls sie sich zu sehr mit derartigen Fragen beschäftigen würden.

Hinzu kommt, daß die Geschäftsleitung in vielen Unternehmen ihre globalen Geschäftsstrategien nicht an die Leiter der Fachabteilungen weitergibt. Dies kann dazu führen, daß ein Abteilungsleiter, der ein kosteneffizientes Projekt zur Rationalisierung seiner Abteilung in die Wege leitet, nach einem Jahr erfährt, daß seine Abteilung abgeschafft wird und ihm ein neuer Aufgabenbereich zugewiesen wird.

3.3.2 Die Vorliebe für Projekte, die keine wirklichen Geschäftsvorteile bringen

Da der derzeitige Stand der Informationstechnologie Unternehmen die Möglichkeit gibt, ihre Geschäftsaktivitäten anders als mit traditionellen Methoden zu organisieren, muß sich jedes Unternehmen sorgfältig mit der Frage beschäften, auf welche Art und Weise moderne Computersysteme seine Geschäftsabläufe verbessern können. Damit keine lukrativen Möglichkeiten übersehen werden und qualitative statt rein quantitativer Verbesserungen des operativen Geschäfts möglich sind, benötigen die Verantwortlichen ein umfassendes Verständnis der eigenen Dienstleistungspalette, bevor sie sich tiefgreifend mit Fragen der Umstellung auf EDV beschäftigen können.

Zur Verdeutlichung dieses Gesichtspunktes soll ein einfaches, aber anschauliches Beispiel angeführt werden, das zeigt, wie ein größerer Krankenversicherungsträger eine Geschäftschance verpaßte. Mein Krankenversicherungsbeitrag belief sich auf 162,80 DM, versehentlich überwies ich der Krankenversicherung per Scheck aber nur 159,50 DM. Einige Tage später erreichte mich eine Zahlungsaufforderung. Dieser schenkte ich aber keine Beachtung, da mein Scheck ja bereits unterwegs war. Wiederum einige Tage später erreichte mich ein Vordruck, in dem man mich darüber in Kenntnis setzte, daß mein Deckungsschutz zur Krankenversicherung abgelaufen war. Bei meinem Anruf teilte mir ein Sachbearbeiter mit, daß der Gesellschaft kein Fehler unterlaufen wäre, sondern ich einfach meinen Beitrag nicht entrichtet hätte.

Darauf stornierte ich den ersten Scheck und schickte einen weiteren Scheck, der sich diesmal auf die exakte Summe von 162,80 DM belief, mit einem Begleitbrief, da mir der eigentliche Vordruck der Versicherung abhanden gekommen war. Die Zahlungsstornierung des ersten Schecks kostete mich 5 DM. Am darauffolgenden Tag erhielt ich von der Krankenversicherung den Scheck über den falschen Betrag, auf dem der Vermerk "unzureichender Zahlungsbetrag" aufgedruckt war. Hier glaubte ich nun, daß die ganze Sache zu einem Abschluß gekommen war, nachdem sie mich 5 DM, eine Briefmarke und eine ganze Stunde für leidige Korrespondenz gekostet hatte. Dies war allerdings nicht der Fall. Obwohl die Versicherung meinen Scheck einlöste, annulierte sie meine Police und benachrichtigte mich in der darauffolgenden Woche, daß ich keinen Deckungsschutz mehr hätte.

Also mußte die Versicherung noch mal angerufen werden! Nach mehreren vergeblichen Versuchen, die Sache ins Reine zu bringen, konnte ich schließlich in Erfahrung bringen, was passiert war: Da ich für meinen zweiten Scheck nicht den Originalvordruck verwendet hatte, wurde der Vorgang an den Sachbearbeiter für Ausnahmefälle weitergeleitet. Obwohl der Scheck eingelöst wurde, dauerte es eine Woche, bevor der Betrag intern bei der Versicherung meiner Versicherungsnummer zugeordnet wurde. Der Mitarbeiter in der Auskunftsabteilung, den ich am Telefon hatte, versicherte mir jedoch, daß meine Versicherungspolice wieder aktiviert würde.

Nachdem man mir den Deckungsschutz wieder zuerkannt hatte, kam es zu einer zwar kuriosen, für mich aber doch profitablen Situation. Zum einen wurde ich im DV-System des Krankenversicherers als versichert geführt, und folglich wurden auch meine laufenden Arztrechnungen anstandslos beglichen, daneben wurde ich aber auch gleichzeitig als Nichtmitglied geführt, was dazu führte, daß mir nie mehr ein Zahlungsbeleg für fällige Mitgliedsbeiträge zugestellt wurde.

Vorfälle wie diese tragen gewöhnlich in der Regenbogenpresse zur allgemeinen Erheiterung der Leserschaft bei, lassen sich jedoch in den seltensten Fällen direkt auf Fehler im Rechnersystem zurückführen. Statt dessen rühren sie von Vorgängen her, die bereits viele Jahre zurückliegen, als man noch manuell zu Werke ging. Der Computer kommt hier nur gerade als Sündenbock recht, um die liebgewonnenen alten Organisationsstrukturen gegenüber der modernen Technologie ins rechte Licht zu rükken.

Wie geht bei einem Versicherungsunternehmen beispielsweise die manuelle Arbeit gewöhnlich vonstatten. Das Unternehmen bietet Versicherungen für mehrere Sparten an: beispielsweise Hausratversicherungen, Kfz-Versicherungen, Haftpflichtversicherungen, Berufsunfähigkeitsversicherungen und Krankenversicherungen. Jede Sparte wird von einer anderen Abteilung abgewickelt. Zudem wird jeder Aufgabenbereich innerhalb einer Sparte von einer bestimmten Gruppe von Sachbearbeitern erledigt, wobei eine Gruppe neue Policen betreut, eine weitere Rechnungsforderungen, eine dritte Ansprüche usw. Das Tätigkeitsfeld eines jeden Sachbearbeiters setzt sich aus Aufgaben zusammen (z.B. Überprüfung, ob ein Formular vollständig ausgefüllt wurde), die tagtäglich unzählige Male ausgeführt werden. Da sich die meisten Sachbearbeiter streng an die ihnen vorgegebenen Tätigkeitsmuster halten müssen, werden Ausnahmefälle von einer speziell dafür geschaffenen Abteilung abgewickelt. Das Schaubild in Bild 3.4 veranschaulicht dieses Organisationsmuster.

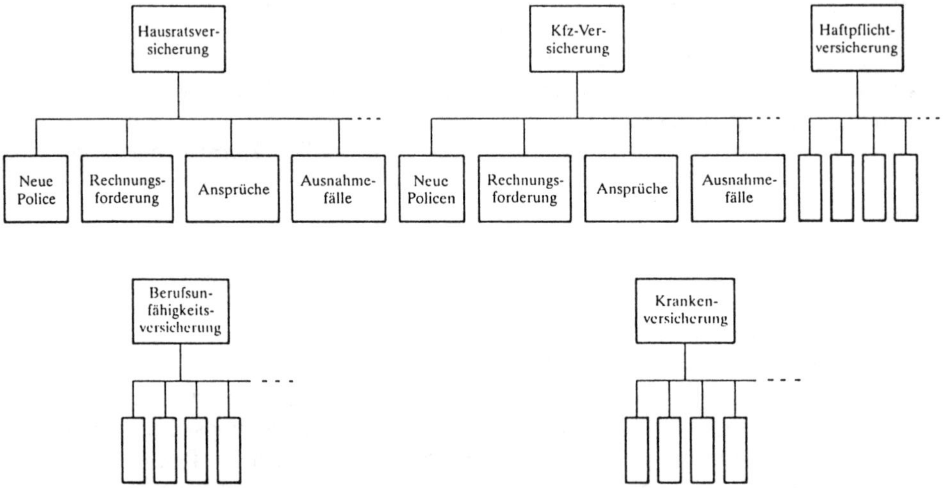

Bild 3.4 Organisationsmuster einer typischen Versicherungsgesellschaft.

Diese Arbeitsorganisation nach Fließbandmanier führt zu folgender Situation. Aus der Sicht des Versicherers wird die menschliche Arbeitskraft durchaus effizient eingesetzt. Von meiner Warte als Versicherungsnehmer aus wird das Ganze hingegen zu einem schlechten Kundendienst. Kein Beschäftigter der Versicherung kennt mich persönlich, ebensowenig werde ich in der Versicherung als Person mit individuellen Versicherungsbedürfnissen und -problemen geführt. Statt dessen kommt jeder Sachbearbeiter der Versicherung nur mit einem kleinen Mosaiksteinchen des Gesamtbildes

des jeweiligen Versicherten in Berührung (beispielsweise meiner Zahlung für die Kfz-Versicherung).

Die negativen Folgen eines solchen Organisationsmusters vervielfältigen sich noch durch die zahlreichen Sparten, in denen das Versicherungsunternehmen Dienste anbietet und mit denen sich die Sachbearbeiter folglich abgeben müssen. In jeder Abteilung werde ich als Kunde separat geführt, und folglich erhalte ich auch etwa fünf verschiedene Zahlungsaufforderungen für verschiedene Versicherungsleistungen. Genausogut könnte ich die fünf Versicherungsverträge auch mit verschiedenen Versicherungen abschließen, wobei ich mich jeweils für die Versicherung mit den günstigsten Gebührensätzen entscheide. Was die Verfahrensweise der Abteilung innerhalb der Versicherung anbetrifft, so könnte sie im vorliegenden Beispiel auch ebensogut mit fünf verschiedenen Versicherungsnehmern zu tun haben. In Bild 3.5 wird die fragmentierte Kundenverwaltung dieses Versicherungsunternehmens veranschaulicht.

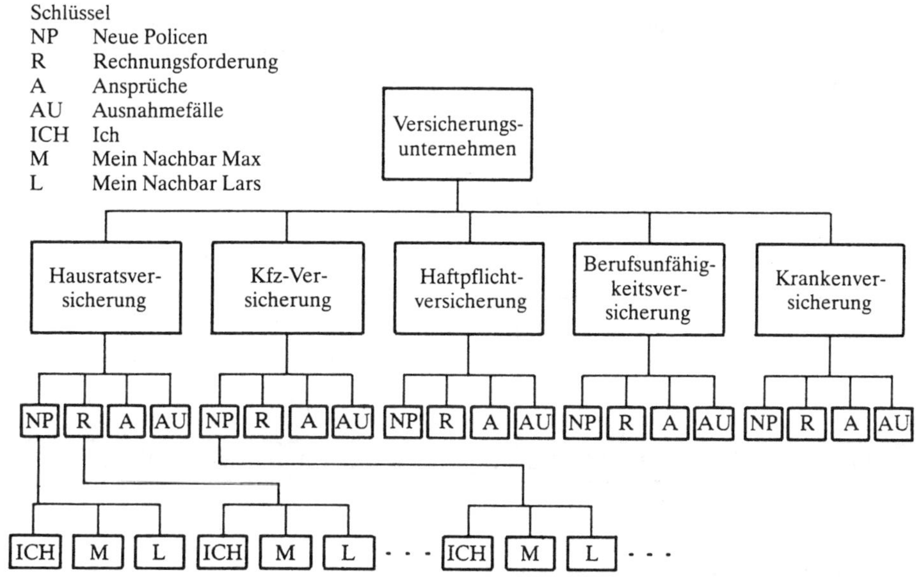

Bild 3.5 Wie sieht die Versicherungsgesellschaft ihre Kunden.

Das Schaubild in Bild 3.6 soll demgegenüber zeigen, wie ich mir die Organisation einer Versicherung vorstelle, bei der ich verschiedene Policen abgeschlossen habe. Am oberen Ende des Diagramms findet sich meine Versicherungsnummer. Nach unten gliedert sich die Versicherung immer mehr in die verschiedenen Sparten auf.

Das im vorherigen vorgestellte Versicherungsunternehmen hat eine gute Chance zur Verbesserung seines Kundendienstes während der Übergangsphase vom herkömmlichen manuellen Organisationsmuster zum neuen DV-gestützten Betrieb verpaßt, da man auf verantwortlicher Seite nicht zur gesamtheitlichen Analyse des Unternehmens in der Lage war. Das ursprüngliche manuelle Verfahrensmuster erlaubte den Sachbearbeitern nicht eine Behandlung der Versicherungsnehmer als Gesamtpersonen und ermöglichte ebensowenig eine Arbeitseffizienz, die eine Fließbandabfertigung verspricht. Ein Computersystem hingegen kann nach Typ sortierte Transaktionen gemäß Fließbandmanier verarbeiten und sorgt zudem mittels zugrundeliegender Datenbanktechnologie für ein individuelles Kundenprofil. Datenbanken waren zwar in den Anfängen der DV nicht sehr zweckmäßig, eine solche Ausrede läßt sich heutzutage aber nicht mehr vertreten.

Bedauerlicherweise machen sich aber nur wenige Unternehmen die Vorteile zunutze, die sich ihnen infolge der Flexibilität von Rechnern bieten: nämlich zur Verbesserung des betrieblichen Kerngeschäfts. Solche Verbesserungen kommen womöglich nicht nur den Kunden, sondern auch den Angestellten des Unternehmens zugute. Statt zehn Mitarbeitern, von denen jeder dieselben Aufgaben für 1.000 Kunden erledigt, ist es so möglich, daß ein Mitarbeiter beispielsweise alle Transaktionen für 20 Kunden abwickelt. Auf diese Weise bietet sich den Mitarbeitern ein weitaus interessanteres und umfassenderes Aufgabenfeld, und zudem können sie ein Verständnis für die umfassenden Bedürfnisse von Menschen, ihren Kunden, entwickeln.[2]

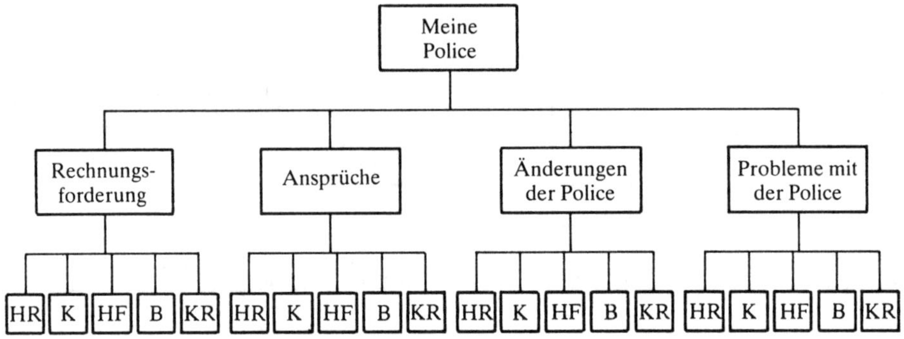

Schlüssel
HR Hausratsversicherung
K Kfz-Versicherung
HF Haftpflichtversicherung
B Berufsunfähigkeitsversicherung
KR Krankenversicherung

Bild 3.6 Wie der Versicherungsnehmer seine Police sieht.

2 Natürlich handelt es sich hierbei nur um ein idealtypisches Organisationsmuster. Ein konkretes Unternehmen, das seine Geschäftsaktivitäten nach diesem Muster organisieren würde, wäre zu komplex und würde umfassende vorbereitende Planungsanalysen erfordern. Im Beispiel wird der Übergang von einem spezialisierten Arbeitsmuster zu einem allgemeineren Tätigkeitsmuster vorgestellt. Auf diesen Aspekt wird in Kapitel 5 detailliert eingegangen.

3.3.3 Mangelnde Unterstützung der Geschäftsleitung

Ein Unternehmen (DV-Abteilung ausgenommen) hat zwei grundlegende Aufgabenbereiche: strategische (Geschäftsleitung) und operative (zur Ausführung der tagtäglich anfallenden Geschäftsabläufe). In Bild 3.7 werden die zwischen beiden Bereichen und mit der DV-Abteilung bestehenden Interaktionsmuster vorgestellt.

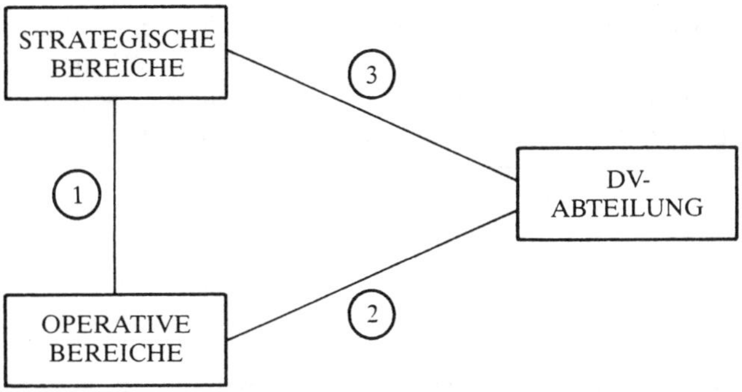

Bild 3.7 *Die abteilungsspezifischen Interaktionsmuster in einem Unternehmen.*

Die erste Kommunikationsschiene - die zwischen dem strategischen und operativen Bereich - ist in den meisten Unternehmen recht stark ausgeprägt, obwohl die Geschäftsleitung in vielen Unternehmen anderen Unternehmensbereichen Geschäftsstrategien nur spärlich zugänglich macht. Die zweite Kommunikationsschiene ist die übliche zwischen DV-Abteilung und Benutzern. In den Anfängen der DV nur schwach ausgeprägt, ist dieses Kommunikationsschema in den vergangenen Jahren deutlich stärker hervorgetreten, da die meisten DV-Abteilungen sich heutzutage besser als in der Vergangenheit um die Belange der Anwender kümmern. Der Grund hierfür liegt zum einem im Einsatz fortschrittlicher Methoden zur Analyse und Systementwicklung und zum anderen darin, daß dem Informationsbedürfnis des Benutzers heutzutage ein höherer Stellenwert beigemessen wird.

Wie sieht es jedoch mit der Kommunikation zwischen den für die Unternehmensstrategie verantwortlichen Führungskräften und der DV-Abteilung aus, der mit der Zahl 3 gekennzeichneten Linie? In den meisten Unternehmen existiert diese Kommunikationsschiene überhaupt nicht. Daran ändert auch die Tatsache nichts, daß der Leiter der DV-Abteilung gewöhnlich an ein Mitglied der Geschäftsleitung, womöglich den Leiter des Rechnungswesens, berichtet. In vielen Unternehmen ist die Geschäftsleitung für das DV-Personal mehr oder weniger sakrosankt, und auch die Verantwortlichen aus den oberen Chefetagen suchen nicht unbedingt den Kontakt mit den "Soft- und Hardwerkern" ihres Unternehmens.

Eine solche Situation bietet natürlich nicht die besten Voraussetzungen für ein gutes Arbeitsklima zwischen der Führungsspitze und der DV-Abteilung in einem Unternehmen. Mehr zu verlieren infolge dieses schlechten Betriebsklimas hat die Geschäftsleitung, da sie sich auf diese Weise der erforderlichen Unterstützung für ihre Geschäftsstrategien beraubt. Strategische Planung innerhalb der modernen Geschäftswelt erfordert die umfassende Beurteilung gewaltiger Informationsbestände und auch Antworten auf solch schwierige Fragen wie "Wie groß ist unser Marktanteil?" - "Wie oft erfolgt bei uns ein Lagerumschlag?" - "Welche geographisch bzw. saisonal bedingten Schwankungen verzeichnen unsere Profitmargen?" - "Welche unserer Produkte lassen sich am besten verkaufen?" - "Wie heißen unsere besten Kunden?" - "Wie stehen wir im Vergleich zu unseren Wettbewerbern da?" Indem man eine Antwort auf diese und ähnliche Fragen weiß, tauchen weitere Fragen zur Strategie auf: "Ist für unser Unternehmen ein Wachstum durch Steigerung unserer Zielgröße oder durch Verbesserung der Marktpenetration besser?" - "In welchen Branchen sollten wir neue Produkte auf den Markt bringen?" - "Sollten wir vorrangig unseren Umsatz erhöhen oder unsere Kosten senken?"

Wer könnte besser die für strategische Entscheidungen dieser Art erforderlichen Informationen bereitstellen als die DV-Abteilung des Unternehmens? Leider macht das betriebliche Management in vielen Unternehmen genauso weiter wie bisher, ohne sich die umfassenden, in den DV-Datenbanken gesammelten Informationsbestände zur Planung und Ausführung solider Geschäftsstrategien zunutze zu machen.

3.4 Zusammenfassung

Aus erfolgreichen DV-Projekten werden nicht notwendigerweise ebenso erfolgreiche DV-Systeme. DV-Projekte werden gewöhnlich recht wahllos beurteilt, ohne daß die Wechselbeziehungen zu anderen Projekten berücksichtigt werden, und zudem basieren sie häufig auf dem begrenzten Verständnis einer Einzelperson von den Geschäftsabläufen des Unternehmens. Dies hat zu den folgenden Problemen und verpaßten Geschäftschancen geführt: Die Systeme weisen eine mangelhafte technische Kohärenz auf, Projektkosten und -nutzen lassen sich nur schwierig miteinander vergleichen, die Datenverarbeitung und der Rechnereinsatz werden ungleich oder von den sachlichen Anforderungen her falsch auf das Unternehmen verteilt, die Ablaufeffizienz wird unter Vernachlässigung tatsächlicher Änderungen im Geschäftsablauf über Gebühr betont, und der Geschäftsleitung eines Unternehmens wird nur in den seltensten Fällen die erforderliche Unterstützung für die Entscheidungsfindung zuteil.

Um diesen Schwierigkeiten aus dem Weg zu gehen, ist ein umfassendes Verständnis der Geschäftsabläufe eines Unternehmens erforderlich, bevor man bestimmte Projekte zur Verbesserung der Geschäftssituation in Angriff nehmen kann. Im nächsten Kapitel wird gezeigt, wie man sich ein solches Verständnis verschaffen kann.

Kapitel 3: Ratschläge für die Anwendung

1. Führen Sie sich die in Ihrem Unternehmen eingesetzten Systeme wie auch die derzeit durchgeführten Projekte vor Augen. Welche Systeme werden womöglich künftig integriert werden müssen? Welche Schwierigkeiten würden solche Integrationsmaßnahmen nach sich ziehen?
2. Werden in Ihrem Unternehmen Daten mehrfach geführt? Falls ja, kommt es hierdurch zu irgendwelchen Problemen?
3. Wird einigen Abteilungen Ihres Unternehmens mehr DV-Unterstützung als anderen zuteil? Ist dies sachlich gerechtfertigt? Falls nicht, welche Gründe gibt es ansonsten für diese ungleichmäßige Zuteilung?
4. Versuchen Sie die in Ihrem Unternehmen eingesetzten DV-Systeme in die folgenden Kategorien einzuordnen: Systeme, die die Betriebseffizienz erhöhten, Systeme, die die Ablaufmuster des betrieblichen Kerngeschäfts veränderten, Systeme, die die Geschäftsleitung bei der Entscheidungsfindung wirklich unterstützen. Sind genügend Systeme vorhanden, die sich den letzten beiden Kategorien zuzuordnen lassen? Falls nicht, welche Geschäftsgelegenheiten wurden bislang nicht genutzt?

4

Integration von DV-Applikationen in die Gesamtstrategie eines Unternehmens

Wie bereits in Kapitel 3 ausgeführt, führen DV-Projekte, die ohne einen zugrundeliegenden Gesamtplan als unzusammenhängende Projektteile abgewickelt werden, zu einem organisatorischen Chaos und zur mangelhaften Realisierung der Unternehmensziele. Wie jedoch läßt sich ein solcher Plan auf der Grundlage des betrieblichen Gesamtgeschäfts entwickeln? In diesem Kapitel wird eine vierstufige Methode zur Entwicklung und Umsetzung eines koordinierten unternehmensübergreifenden DV-Strategieplans vorgestellt. Hierzu gehören:

- Schaffung einer Strategiegruppe, die über umfassende Kenntnisse bezüglich des operativen Geschäfts verfügt.
- Erlangung - über diese Gruppe - eines Verständnisses vom betrieblichen Kerngeschäft und insbesondere dessen Informationsbedürfnissen unter drei wesentlichen Gesichtspunkten: extern, strategisch und operativ.
- Ausarbeitung einer an den technologischen Aspekten orientierten Strategie zur Verbesserung des betrieblichen Kerngeschäfts.
- Organisation und Abwicklung von Projekten, die diese Strategie verwirklichen sollen.

Indem man nach diesen vier Schritten vorgeht, können Projekte abgewickelt werden, die dem operativen Geschäft eines Unternehmens förderlich sind und auch mittelmäßige DV-Projekte besonders nutzbringend für das Unternehmen werden lassen.

4.1 Schaffung einer Strategiegruppe

Der Strategiegruppe kommt die Aufgabe zu, ein umfassendes Bild des betrieblichen Gesamtgeschäfts zu entwerfen und Methoden aufzuzeigen, mit deren Hilfe die Informationstechnologie nutzbringend im Hinblick auf eine erfolgreiche Unternehmensstrategie eingesetzt werden kann. Die Strategiegruppe setzt sich idealtypisch aus Vertretern sowohl der DV-Abteilung (wegen deren Fachwissen im analytischen und informationstechnologischen Bereich) als auch aus Anwendern zusammen (wegen deren Erfahrung hinsichtlich der Geschäftsabläufe). Diese Mischung ist auch aus psychologischen Gründen ratsam, da Dialogbereitschaft, gegenseitiger Respekt und eine entspannte Atmosphäre zwischen DV-Abteilung und den Fachabteilungen für den Projekterfolg von ausschlaggebender Bedeutung sind. Wichtiger noch als die Expertise der Mitglieder der Strategiegruppe ist deren Fähigkeit, sich aus verschiedenen Teilaspekten einen Gesamtüberblick über das Kerngeschäft des Unternehmens zu verschaffen.

Eine solche Strategiegruppe könnte idealerweise aus sechs Mitgliedern bestehen und sich entsprechend der Aufteilung in Tabelle 4.1 zusammensetzen. Die anfänglich abgestellten Gruppenmitglieder erarbeiten eine Studie zum Gesamtgeschäft des Unternehmens nach Maßgabe des im folgenden Abschnitt vorgestellten Verfahrens. Im Anschluß daran werden kleinere Strategiegruppen zwecks Analyse betrieblicher Teilbereiche gebildet, die sich detaillierter mit den jeweiligen Geschäftsabläufen befassen.

Tabelle 4.1 Personelle Zusammensetzung der Strategiegruppe

Benutzer	**DV**
Mitglied der Geschäftsleitung	DV-Leiter
Assistent der Geschäftsleitung	Chefanalytiker
Angestellter/Arbeiter	Analytiker
	(oder womöglich ein externer Unternehmensberater)

4.2 Kenntnis des betrieblichen Kerngeschäfts

Zur Analyse des betrieblichen Kerngeschäfts verwendet die Strategiegruppe verschiedene Methoden, mit deren Hilfe sich die drei Hauptstrategiebereiche - externe, strategische und operative Aktivitäten - untersuchen lassen. Da diese drei Bereiche sich jedoch zum Teil überschneiden und bestimmte gemeinsame Aktivitäten aufweisen, können einige der Techniken für alle Teilbereiche verwendet werden. In Bild 4.1 werden die drei zu untersuchenden Bereiche vorgestellt und ihr jeweiliger Aktionsradius im Hinblick auf das Gesamtunternehmen beleuchtet.

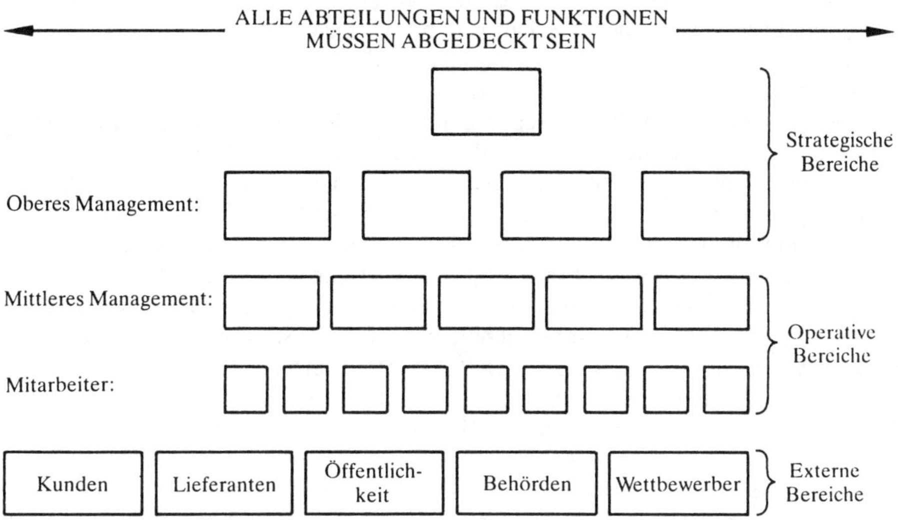

Bild 4.1 *Geschäftsbereiche.*

4.2.1 Der externe Aspekt

Hierzu zählen außerhalb des Unternehmens angesiedelte Rahmenbedingungen wie beispielsweise Kunden, Distributoren und Hersteller. Indem die Strategiegruppe die Unternehmenssituation unter diesem externen Blickpunkt, beispielsweise aus der Sicht des Kunden, beleuchtet, kann sie wesentlich mehr über die Situation des Unternehmens in Erfahrung bringen, als dies unter rein internem Gesichtspunkt, beispielsweise durch Auflistung der Produktpalette, möglich wäre. Nicht von ungefähr heißt es so schön, ein gut geführtes Unternehmen verhält sich so, als ob es genau wüßte, aus welchen Quellen seine Einnahmen fließen.

Eine solche externe Betrachtungsweise ist alles andere als einfach, da man sich einen Kunden nicht einfach herauspicken kann, den man dann näher befragt. Nichtsdestoweniger muß sich die Strategiegruppe jedoch ein genaues Bild davon machen können, welche Vorstellungen einen Kunden zum Kauf eines Produkts des Unternehmens statt eines Konkurrenzprodukts veranlassen. Der Kunde ist es nämlich, der maßgeblich den Erfolg bzw. Mißerfolg des Unternehmens bestimmt, und aus diesem Grund ist ein Verständnis des Kundenstandpunktes für die Geschäftsleitung von großer Bedeutung, kann sie doch nur so eine effiziente Geschäftsstrategie entwickeln. Eine unter externem Gesichtspunkt durchgeführte Analyse lenkt womöglich den Blick auf bislang nicht genutzte Märkte oder auf eine Gefährdung der eigenen Marktposition durch Wettbewerber. Vor allen Dingen kann hierdurch jedoch ein tatsächliches Bild des operativen Geschäfts entworfen werden.

Wie läßt sich beispielsweise das Geschäft eines Schallplattenherstellers charakterisieren? Ihre Antwort lautet Schallplatten? Falls dem so wäre, ließe sich das Geschäftsziel eines Schallplattenherstellers dergestalt umreißen, daß er die weltweit besten und billigsten Schallplatten produzieren will. Aber gerade zu dem Zeitpunkt, da man sich in dem Unternehmen wegen der hohen Qualität der eigenen Produkte gegenseitig beglückwünschen will, muß das Unternehmen womöglich wegen der plötzlichen Popularität von Videospielen Konkurs anmelden. Eine vom Unternehmen in Auftrag gegebene Marktanalyse dürfte offenlegen, daß 80 % des Geschäfts auf den Unterhaltungsbereich mit Schwerpunkt "Jugendliche" ausgerichtet ist. Mit dieser Information könnte das Unternehmen dann ein wachsames Auge auf die Wettbewerber werfen, die den Versuch unternehmen, Jugendlichen im Freizeitbereich statt Schallplatten alternative Produkte schmackhaft zu machen. So könnte das Unternehmen beispielsweise ein Videospiel auf CD-Basis entwickeln, bei dem der Benutzer den Ausgang des Spiels selbst beeinflussen kann, und so wirksam als Wettbewerber um die Gunst des Jugendlichen und dessen "Budget" in Erscheinung treten.

Eine solche externe Betrachtungsweise verschafft man sich entweder durch Verkaufs- und Marketinginformationen, die man unternehmensintern zusammenträgt, oder man versucht sich auf eine andere Art und Weise in die Situation des Kunden hineinzudenken. Die beste Verfahrensweise der Strategiegruppe wäre, selbst in die Rolle des Kunden zu schlüpfen: indem sie die Farbe des Unternehmens A kauft, in den Hotels des Unternehmens B logiert, die Autos des Unternehmens C mietet, ein Bankkonto bei dem Unternehmen D eröffnet usw. Nur so läßt sich eine genaue und effiziente Geschäftsstrategie entwickeln.

4.2.2 Der strategische Aspekt

Jedes Mitglied der Geschäftsleitung eines Unternehmens sollte ständig die folgenden drei Fragen im Hinterkopf haben: Was ist unser eigentliches Kerngeschäft? Wie könnte unser Kerngeschäft aussehen? Wie sollte unser Kerngeschäft beschaffen sein? Wie diese Fragen beantwortet werden, entscheidet darüber, mit welcher Geschäftsstrategie man im Unternehmen den Schritt in die Zukunft zu gehen gedenkt.[1] Die zweite Aufgabe der Strategiegruppe besteht darin, sich ein Verständnis von der Geschäftsstrategie zu verschaffen, weil hierdurch jene Bereiche des Unternehmens hervortreten, die einer sorgfältigen Analyse zugänglich sind.

Womöglich verfügt die Geschäftsleitung über gar keine Strategie. In diesem Fall kann die Strategiegruppe, das Einverständnis des Managements vorausgesetzt, an der Entwicklung einer solchen Strategie mitarbeiten.

Da eine klar umrissene Geschäftsstrategie für den Unternehmenserfolg von überragender Bedeutung ist, soll an dieser Stelle kurz darauf eingegangen werden,

---

1 Da eine vollständige Behandlung der Geschäftsstrategie den Rahmen dieses Buches sprengen würde, empfiehlt sich zur weiteren Lektüre das Buch von [Porter, 1980].

wie eine solche Strategie entwickelt werden kann. Zunächst einmal muß sich die Unternehmensleitung über die möglichen Geschäftsziele Klarheit verschaffen. Hierzu gehört beispielsweise die Klärung der Frage, ob man wachsenden Marktanteilen oder der Diversifizierung der Produktpalette den Vorzug geben will.

Als nächstes müssen die für den Erfolg des Unternehmens kritischen Faktoren bestimmt werden, das heißt diejenigen Geschäftsbereiche, deren Effizienz zur Realisierung der Unternehmensziele unabdingbar ist.[2] Dieser Schritt ist nicht einfach. In den seltensten Fällen herrscht bei der Geschäftsleitung eines Unternehmens nämlich Einverständnis darüber, welche Faktoren als kritisch für den Unternehmenserfolg zu gelten haben. Glücklicherweise gibt es jedoch einige wissenschaftliche Methoden, um diese erfolgskritischen Faktoren wie auch die für das Unternehmen zweckmäßigsten Ziele auszumachen. Eine dieser Methoden besteht im Einsatz von Statistiken zur Geschäftssituation von Wettbewerbern. Bis vor kurzem war der Zugriff auf solche detaillierten Informationen über Wettbewerber nahezu unmöglich und grenzte beinahe schon an Industriespionage. In der Zwischenzeit haben sich aber mehrere Unternehmen herausgebildet, die solche Statistiken sammeln und interessierten Kreisen zugänglich machen (etwa Marktforschungsunternehmen; im Bereich der EDV ist hier zum Beispiel die IDC zu nennen).

Nachdem man alle Informationen, die für die eigene Branche wichtig sind, gesammelt hat, kann die Geschäftsleitung vorhandene Schwachstellen ausmachen, für den künftigen Unternehmenserfolg kritische Faktoren bestimmen und auch die künftige Marschroute des operativen Geschäfts festlegen. Hierbei kann sie von der Strategiegruppe unterstützt werden, indem diese Informationen sammelt, Führungskräfte befragt und auch als Vermittlungsinstanz bei Diskussionen innerhalb der Geschäftsleitung fungiert, um so eine Übereinstimmung hinsichtlich wichtiger Ziele zu erreichen.

Falls die DV-Abteilung des Unternehmens bislang versäumte, die für das Unternehmen relevanten Statistiken zu archivieren, so könnte eine der ersten Aufgaben der Strategiegruppe in der Entwicklung eines Projekts bestehen, das für die künftige Aufzeichnung solcher Statistiken Sorge trägt. Dies auch dann, wenn das Projekt separat von anderen Projektaktivitäten durchgeführt werden muß. Später besteht eine der wichtigsten Phasen der Projektabwicklung dann darin, ein permanentes Management-Berichtssystem bezüglich der für den Unternehmenserfolg kritischen Faktoren zu realisieren (natürlich muß dieses System in die anderen Systeme integriert werden).

Dieser Systemtyp, manchmal auch als EIS (*Executive Information System*) bezeichnet, wird von modernen, wettbewerbsorientierten Unternehmen zunehmend als wesentliche IT-Applikation erkannt. Ein EIS enthält gewöhnlich mehrere Tools zur Entscheidungsunterstützung und Datenanalyse und wird von der Geschäftsleitung zur Beurteilung der Zielerfüllung in bezug auf erfolgsrelevante kritische Faktoren, zur Beurteilung der Fortschritte, die hinsichtlich der betrieblichen Ziele erreicht wurden,

---

2 Siehe den hervorragenden Artikel von Rockart zur Untersuchung der für den Erfolg ausschlaggebenden Faktoren wie auch den Überblick über die Vor- und Nachteile einer Untersuchung des Gesamtgeschäfts [Rockart, 1979].

und zur Entwicklung künftiger Zielrichtungen, Strategien und kritischer Erfolgsfaktoren eingesetzt.

4.2.3 Der operative Aspekt

Das dritte Untersuchungsfeld der Strategiegruppe ist das operative Geschäft des Unternehmens, die DV-Abteilung eingeschlossen. In diesem Bereich lassen sich zumindest vier Methoden zur Informationssammlung aufführen: Interview, Ausführung im Rahmen des Kerngeschäfts anfallender Aufgaben, Durchführung einer Datenfluß- und Informationsanalyse. Bei den letzten beiden Methoden handelt es sich gleichzeitig um methodische Dokumentationstechniken. Auch wenn diese Techniken in diesem Abschnitt vorgestellt werden, soll das nicht heißen, daß Sie sie nicht ebenso in anderen Bereichen einsetzen können. So bietet sich der Einsatz der Interviewtechnik beispielsweise in allen Gebieten an.

Eine der besten Möglichkeiten, sich einen Überblick über ein Unternehmen zu verschaffen, bietet eine als Top-down-/Bottom-up-Interviewtechnik bezeichnete Methode.[3] Diese Methode legt die Reihenfolge fest, in der die Mitarbeiter eines Unternehmens befragt werden. Anhand eines Personalplans des Unternehmens oder der Abteilungen, die befragt werden sollen, werden die Beschäftigten in absteigender Reihenfolge von der Geschäftsleitung bis zu den niederen Chargen interviewt. Durch diese Reihenfolge beabsichtigt man die Fragen zu finden, die man den Mitarbeitern der nächstniedrigeren Ebene stellen muß. Im Anschluß daran wird jeder noch einmal, diesmal aber in umgekehrter Reihenfolge befragt. An diese Bottom-up-Befragung wird die Erwartung geknüpft, daß man die bei der Befragung der unteren Beschäftigungsebenen gemachten Erfahrungen in die Befragung der Führungskräfte bis hinauf zu den Mitgliedern der Geschäftsleitung einbringen kann und die möglicherweise unterschiedlichen und konfliktären Anschauungen der Mitarbeiter der unteren Ebenen in eine einheitliche Strategie einmünden lassen kann.

Natürlich wird es der Strategiegruppe unmöglich sein, jeden im Unternehmen Beschäftigten zu befragen. Von daher sollte die Strategiegruppe so verfahren, daß sie das gesamte, für das operative Geschäft verantwortliche Management und ausgewählte Mitarbeiter auf niedrigeren Positionen interviewt. Wie bereits an früherer Stelle in diesem Kapitel erwähnt, können aus der Strategiegruppe gebildete Einsatzgruppen später detailliertere Befragungen im Unternehmen durchführen.

Man versteht keine Tätigkeit besser als die, die man selbst einmal ausführt. Analysten, die so verfahren, erlangen ein umfassendes Verständnis des jeweiligen Tätigkeitsfelds und der Ablaufmuster eines speziellen Aufgabenbereichs. Hierbei stößt man des öfteren auch auf jene Ausnahmesituationen, die der Gesprächspartner

3 Näheres zur Top-down/Bottom-up-Interviewtechnik wie auch zu den vorgegebenen Fragen siehe [Donaldson, 1978, 52ff]. Interessante Überlegungen und ein umfangreiches Verweismaterial zur als "aggressive Befragung" bezeichneten Interviewpraxis bietet auch [Giegold, 1982].

im Interview oft unerwähnt läßt, die jedoch für die Analyse von besonderer Wichtigkeit sind.

Weinberg bezeichnet diese Methode als eine Art von anthropologischem Analyseansatz [Weinberg, 1982]. Allerdings gibt er auch zu bedenken, daß ein zu ausgedehnter Praxisbezug den Analysten so sehr dem Benutzer, dessen Arbeitssituation er nachvollzieht, annähert, daß er seine objektive Distanz einbüßt.

Die Untersuchung des innerhalb des Unternehmens zu verzeichnenden Datenflusses ist das Kernstück jener Analysetechnik, die auch als *strukturierte Analyse* bezeichnet wird.[4] Die strukturierte Analyse bietet mehrere Vorteile bezüglich der Untersuchung der betrieblichen Geschäftsabläufe: Zum einen läßt sich mit der strukturierten Analyse jedes System systematisch untersuchen, sei es automatisch oder manuell, einfach oder komplex, da das Untersuchungsfeld in einzelne Bestandteile untergliedert wird. Jeder Bestandteil wird durch Datenflußdiagramme dargestellt, wodurch sich das System sehr gut abbilden und veranschaulichen läßt.

Der Begriff *Informationsanalyse* soll hier als Sammelbegriff für geringfügig verschiedene Methoden zur Informationssammlung bezüglich tatsächlicher Objekte, deren Merkmale und Wechselbeziehungen, verwendet werden. Diese Methoden beinhalten die Modellierung nach dem Muster Entity-Relationship, die Informationsmodellierung und Bachman-Diagramme. Die Informationsanalyse ergänzt die strukturierte Analyse, da, vereinfacht ausgedrückt, die erstere die invarianten Merkmale von Daten, auf die Prozesse einwirken, abbildet, wohingegen letzteres Modell die zwischen Prozessen ausgetauschten Daten abbildet. Die Informationsanalyse stellt ein ausgezeichnetes Werkzeug dar, um sehr schnell ein fundiertes Verständnis der informationstechnologischen Voraussetzungen eines Unternehmens zu erlangen. Sie eignet sich ebenso zur Feststellung, über welche Informationen ein Unternehmen verfügt, welche Informationen für die Durchführung des operativen Geschäftes und die Entscheidungsfindung erforderlich sind, wie die Unternehmensstrategien aussehen, wie sich die diesbezüglichen Informationen gewinnen lassen und wie die Informationsressourcen des Unternehmens genutzt werden können.[5]

4 Siehe [DeMarco, 1978] oder [Gane und Sarson, 1977], die eine gute Einführung zur strukturierten Analyse bieten.

5 Eine ausführliche Behandlung der Informationsanalyse findet sich bei [Flavin, 1981; Synnott und Gruber, 1981; Martin, 1982b]. Die letztgenannte Quelle ist eine von vielen Studien Martins zu Datenbanken und Informationsmanagement. Bei dieser Untersuchung geht es um den planmäßigen Informationseinsatz zur Unterstützung des betrieblichen Geschäftsablaufs, und es werden neben anderen Themenbereichen die von IBM entwickelte *Business Systems Planning Methodology* behandelt.

4.3 Entwicklung einer an technologischen Gesichtspunkten orientierten Strategie

Nachdem sich die Strategiegruppe ein umfassendes Verständnis des betrieblichen Geschäfts nach Maßgabe der drei Betrachtungsweisen verschafft hat, müssen die Mitglieder der Gruppe in einem dritten Schritt eine Strategie entwickeln, wie sich das Geschäft mit Hilfe moderner Technologien verbessern läßt. Neben den Mitgliedern der Strategiegruppe sollten an dieser Aufgabe auch die Geschäftsleitung und die Führungskräfte der DV-Abteilung mitwirken. Hierbei läßt sich eine effiziente Strategie nach den folgenden drei Gesichtspunkten untergliedern: Es müssen die für die Projekte verfügbaren Ressourcen aufgezeigt werden. Daneben muß der spezielle Projektnutzen (infolge erhöhter Umsätze, reduzierter Kosten, verbesserten Kundenservices oder Lösung unumgänglicher Probleme) aufgezeigt werden. Drittens müssen die Projektkosten geschätzt werden, die zur Realisierung des Nutzens aufgewendet werden müssen.

Wie bereits in den Kapiteln 2 und 3 angesprochen, werden die Ressourcen, Nutzen und Kosten eines jeden möglichen Projektes miteinander verglichen. Falls ein Projekt einen signifikanten Nutzen im Vergleich zu den zu veranschlagenden Kosten verspricht, sollten die Schätzergebnisse des Projekts mit zusätzlichen Analysemethoden verfeinert werden. Solche tieferschürfenden Analyseverfahren (Feinanalyse) setzen dort an, wo die Grobanalyse der Strategiegruppe aufhört.

Im folgenden soll noch einmal auf den Aspekt des Projektnutzens eingegangen werden, da sich der Projektnutzen nur schätzen läßt, sofern man ein gesichertes und umfassendes Verständnis der betrieblichen Geschäftsaktivitäten erlangt hat. Von den vielen möglichen Methoden zur Schätzung des möglichen Nutzens sollen im folgenden drei repräsentativ vorgestellt werden: die Analyse des monetären Flusses, der Erwerb von Branchenkenntnissen und das Brainstorming.

4.3.1 Die Analyse des monetären Flusses

Eine Untersuchung über den Geldfluß in einem Unternehmen - wieviel wird für was und zu welchem Zweck ausgegeben - kann wichtige Einblicke bieten, da sich Möglichkeiten zur Kostenreduzierung sehr wahrscheinlich in jenen Geschäftsbereichen finden lassen, die gewaltige Geldsummen verschlingen. Dieses Analyseverfahren kann sich im praktischen Einsatz aber auch als recht enttäuschend erweisen. So stellte einer meiner Kollegen nur allzu richtig fest: "Sobald man anfängt, sich für das Budget anderer Leute zu interessieren, nehmen sie eine deutliche Abwehrhaltung ein. Eine Führungskraft, deren Budget einer Betrachtung unterzogen werden soll, reagiert auf eine von vier möglichen Arten: Entweder legt sie ihre Ausgaben nicht offen und weicht Fragen aus, wird grantig oder lamentiert und macht alle möglichen Leute für ihre Ausgaben verantwortlich."

So kann es gelegentlich vorkommen, daß man die Kanäle, in die das Geld fließt, in einer Fachabteilung, bei der die entsprechenden Fragen auf wenig Gegenliebe stoßen, einfach nicht aufdecken kann. Eine einfache Faustregel bei der Schätzung dieser Ausgaben einer Fachabteilung besteht darin, die mit jeder Aufgabe betrauten Beschäftigten zu zählen und den Geldbetrag zu berechnen, der für jede Aufgabe entsprechend der Anzahl der Beschäftigten aufgewendet werden muß.

Obwohl große Ausgabeposten bezüglich einer Kostensenkung an erster Stelle stehen, können sich auch in Geschäftsbereichen mit niedrigen Ausgaben Verbesserungsmöglichkeiten auftun. Falls das Unternehmen beispielsweise nur wenig Geld für die Erfolgskontrolle seiner Werbemaßnahmen ausgibt, so sind die für Werbung ausgegebenen Beträge womöglich eine reine Geldverschwendung, und es werden dadurch vielleicht Möglichkeiten vertan, die eigenen Produkte in neue Märkte abzusetzen (und folglich die Umsatzziffern zu steigern). Aus diesem Grund kann sich ein automatisches oder manuelles System zur Erfolgskontrolle von Werbemaßnahmen womöglich dadurch für das Unternehmen als nützlich erweisen, daß es sowohl zur Kostensenkung als auch zur Umsatzsteigerung beiträgt.

4.3.2 Erwerb von Branchenkenntnissen

Branchenkenntnisse kann man sich über unterschiedliche Quellen aneignen, beispielsweise Fachzeitschriften und Konferenzen, um so Lösungsmöglichkeiten für anstehende Probleme zu finden oder um neue Geschäftsmöglichkeiten zu entdecken. Von besonderer Wichtigkeit in diesem Zusammenhang sind Konferenzen, auf denen die Auswirkungen moderner Technologien für die eigene Branche vorgestellt werden.

Einige Beratungsunternehmen haben sich auch auf aktuelle Branchentrends spezialisiert; ihre Namen und Adressen werden von vielen größeren Computerherstellern geführt (obwohl diese Beratungsunternehmen nicht notwendigerweise mit den jeweiligen Herstellern in Verbindung stehen). Durch eine Anfrage bei Ihrem Computerhersteller sollten Sie in Erfahrung bringen, ob er solche Informationen zu in Ihrer Branche tätigen Beratungsunternehmen hat.

4.3.3 Brainstorming

Zwischen Kreativität und Wahnsinn gibt es nur eine sehr feine Trennlinie. Viele kreative Einfälle erblicken nur deshalb nicht das Licht der Welt, weil sie vorschnell als undurchführbar abgetan werden. Mit dem Brainstorming verbindet sich die Zielsetzung, dem freien, ungehinderten Fluß von Ideen Vorschub zu leisten - sowohl gute als auch schlechte -, indem die kritische Instanz im menschlichen Bewußtsein, dessen Zensur viele der Ideen ansonsten nicht passieren würden, zum Schweigen verurteilt wird [DeBono, 1970; Ackoff, 1978].

Die Strategiegruppe kann auf diese Methode des Brainstorming zurückgreifen, um so Geschäftsprobleme und -möglichkeiten auszuloten. Eine Richtschnur, an der man sich beim Brainstorming orientieren sollte, ist das gänzlich unorthodoxe Denken - das heißt, Gedankensprünge sind eher am Platz als die logisch-deduktive Entwicklung von Gedanken. Eine zweite Regel besteht darin, die Vorschläge von anderen konstruktiv in die eigenen Gedanken einzubeziehen, statt Unzulänglichkeiten in den Vorschlägen anderer zu suchen. Werden diese Regeln befolgt, können bei einem solchen Brainstorm-Meeting zahlreiche unkonventionelle Vorschläge auf den Tisch kommen. Auch wenn sich das Gros dieser Vorschläge im nachhinein als undurchführbar erweist, bleiben doch ein oder zwei übrig, die sich sowohl durch Originalität als auch durch die erforderliche Praxisnähe auszeichnen.

Um das Ergebnis eines solchen kreativen Brainstorm-Meetings zu veranschaulichen, soll hier gezeigt werden, wie es einem Unternehmen mit Hilfe seines Computersystems gelang, die Kunden an die eigenen Produkte zu binden, ohne ihnen das Gefühl der Abhängigkeit zu vermitteln. Ein Hersteller medizinischer Gerätschaften, hier als Metropolis Medical Co. bezeichnet, belieferte Krankenhäuser mit medizinischen Ausrüstungsgegenständen. Jede Woche besuchte ein Vertriebsbeauftragter von Metropolis die Krankenhäuser, nahm ihre Bestellungen entgegen und gab diese zwecks Bearbeitung der Lieferung weiter. Ergab sich ein Problem (beispielsweise bei einem fehlerhaften Eintrag im Bestellformular durch den Verkäufer oder Nichtvorrätigkeit des bestellten Artikels), setzte sich der Metropolis-Mitarbeiter mit dem Verkäufer in Verbindung, der in dem Krankenhaus den Auftrag entgegengenommen hatte. Die meisten Probleme waren schon nach wenigen Telefongesprächen aus der Welt geschafft. Wenige Tage später erhielt das Krankenhaus die bestellten Gegenstände, die dort den vorhandenen Beständen hinzugefügt wurden.

Bisher ist an der Geschichte nichts Außergewöhnliches - eine ganz gewöhnliche Lieferfirma mit ebenso gewöhnlichen Kunden und Problemen. Manchmal kam es jedoch vor, daß der Vertriebsbeauftragte im Krankenhaus keinen Verantwortlichen vorfand, der Bestellungen in Auftrag gab, oder das Krankenhaus benötigte sofort einen Gegenstand und mußte ihn dann telefonisch bestellen. In seltenen Fällen kam es auch vor, daß ein Vertriebsbeauftragter eine Bestellung verlor, so daß das Krankenhaus die gewünschten Ausrüstungsgegenstände bei einem anderen Lieferanten bestellen mußte.

Nach einiger Zeit beschaffte sich Metropolis Medical ein rechnergestütztes Auftragseingangs- und Inventarsystem und rüstete jeden Kunden aufgrund eines während einer Brainstorm-Sitzung gemachten Vorschlags mit einem Rechnerterminal aus, das direkt mit dem System verbunden war. Des weiteren garantierte Metropolis eine Auslieferung innerhalb von 24 Stunden für alle Aufträge, die vom Krankenhaus über das Metropolis-Rechnerterminal eingegeben wurden.

Dies hatte für die Krankenhäuser unter anderem den Vorteil, daß sie die Inventarbestandsliste von Metropolis nach dem für ihre Zwecke geeignetsten, preisgünstigsten oder neuesten Produkt durchsuchen und anschließend nach Bedarf bei kurzer Lieferzeit in Auftrag geben konnten. Falls ein Krankenhaus nur Produkte von Metropolis bestellte, konnte es jederzeit seinen genauen Bestand über eine Systemfunktion abfragen. Hierdurch und wegen der schnelleren Lieferung konnten die Krankenhäuser ihren Inventarbestand verringern. Ein weiterer Vorzug bestand darin, daß keine

Bestellungen mehr abhanden kamen bzw. dem Krankenhauspersonal durch die Vertretergespräche dringend anderweitig benötigte Zeit verlorenging.

Der Vorteil für die Metropolis-Vertreter bestand darin, daß sie sich nicht mehr als "Klinkenputzer" betätigen mußten, sondern sich voll und ganz auf den Vertrieb konzentrieren konnten. Die Vorzüge für Metropolis insgesamt bestanden darin, daß durch das eingeführte System zahlreiche Arbeitsplätze eingespart, die Produktivität der Vertriebsbeauftragten erhöht und die Krankenhäuser vollständig auf die Produkte von Metropolis eingeschworen werden konnten. Kein Krankenhaus wollte das veraltete manuelle System eines anderen Lieferanten einsetzen, noch ein anderes System und andere Terminals verwenden oder seinen Inventarbestand aus den Produkten unterschiedlicher Lieferanten zusammenstellen. Durch dieses System, das dem Kunden die erforderlichen Daten frei Haus lieferte, verschaffte sich Metropolis einen gewaltigen Wettbewerbsvorteil.

Bevor nun auf den letzten Schritt - Implementation des DV-Plans - eingegangen wird, soll der bisherige Prozeß kurz resümiert werden: Die Geschäftsleitung kennt das operative Geschäft und hat auch Vorstellungen darüber, wie es aussehen sollte und könnte. Sie hat mehrere Zielsetzungen entwickelt, denen entsprechend die betrieblichen Aktivitäten gesteuert werden, und verfügt zudem über eine Geschäftsstrategie, die der Zielerfüllung dient. Die Geschäftsleitung hat mehrere erfolgsrelevante Faktoren ausgemacht, die für die erfolgreiche Durchführung der Strategie wesentlich sind. Die Strategiegruppe hat sich in der Zwischenzeit ein Bild von den prozeduralen, informationsmäßigen und finanziellen Strukturmustern des Unternehmens verschafft - in dokumentierter Form - und eine auf den technischen Gesichtspunkt ausgerichtete Strategie zur Verbesserung des Geschäfts entwickelt.

4.4 Projektabwicklung zur erfolgreicher Umsetzung der Strategie

Der vierte und letzte Schritt bei der Implementation eines koordinierten unternehmensweiten DV-Plans besteht in der Organisation und Abwicklung von Projekten, die an der im dritten Schritt entwickelten Strategie ausgerichtet sind. Die Geschäftsleitung wählt zunächst zusammen mit Führungskräften der DV-Abteilung und der Strategiegruppe DV-Projekte aus, die dem Kerngeschäft des Unternehmens förderlich sind, und stellt anschließend einen Zeitplan für die einzelnen Projekte auf. Für jedes Projekt nominiert die Geschäftsleitung zudem einen *Projektkoordinator*, der als Bindeglied zwischen dem DV-Projekt und dem Unternehmen fungiert und die auf das operative Geschäft des Unternehmens gerichteten Projektzielsetzungen im Auge behält. Der für die technische Projektdurchführung Verantwortliche wird demgegenüber als *Projektleiter* bezeichnet.

Der Projektkoordinator ist für die erfolgreiche Umsetzung der mit dem Projekt verbundenen Zielsetzungen verantwortlich und muß den Projekterfolg auch wirklich wollen. Für einen solchen Posten ist niemand geeignet, der beispielsweise kurz vor der Pensionierung steht und halbherzig an ein solches Unternehmen herangeht. Eine solche Person kann keinesfalls die erforderlichen Führungsqualitäten entwickeln, sie bleibt während der ganzen Projektphase ein unbeschriebenes Blatt, und ihre Worte haben bei niemandem Gewicht. Falls der Anwender, bei dem ein Projekt ansteht, keinen Mitarbeiter abstellen kann, der die erforderliche Zeit, Autorität und Tatkraft mitbringt, so dürfte auch die DV-Abteilung das DV-Projekt nur halbherzig unterstützen.

Der Projektkoordinator muß allen Benutzern bekannt sein und von allen respektiert werden, die durch das Projekt in irgendeiner Weise in Mitleidenschaft gezogen werden. Am besten wäre es, falls es sich hierbei um einen unmittelbaren Vorgesetzten der Benutzer handelt, ob diese nun Abteilungsleiter oder Mitarbeiter in der Datenerfassung sind. Je weitreichender die Auswirkungen eines Projekts sind, um so höher muß auch der Akzeptanzgrad der Benutzer sein.

Indem DV-Projekte in das Unternehmensgeschäft und die Geschäftsstrategie der Unternehmensleitung integriert werden und indem über den Projektkoordinator eine Bindung zwischen Projekt und Benutzern hergestellt wird, lassen sich die DV-Aktivitäten mit den organisatorischen Abläufen des eigentlichen Kerngeschäfts in Einklang bringen. Statt eine eher exotische Einrichtung innerhalb der Unternehmenskultur zu sein, kann die betriebliche DV-Abteilung so eine allgemein anerkannte und unverzichtbare Hilfestellung bei der erfolgreichen Umsetzung der von der Geschäftsleitung anvisierten Unternehmensstrategien bieten.

4.5 Mögliche Probleme bei der Schaffung einer Strategiegruppe

Obwohl eine Strategiegruppe die betriebliche DV-Abteilung bei der Bereitstellung von Dienstleistungen für das Unternehmen unterstützen kann, ist die Schaffung und Unterhaltung einer Strategiegruppe nicht ganz unproblematisch. Im folgenden werden drei mögliche Problemfelder aufgeführt.

Ein Problem ergibt sich aus der allgemein verbreiteten Befürchtung, daß es sich bei einer solchen Strategiegruppe um eine Art von Eliteeinheit mit geheimen, undurchsichtigen Zielsetzungen handelt. Veränderungen und auch schon Gerüchte, Veränderungen betreffend, führen oft zu Aufregungen innerhalb der Belegschaft eines Unternehmens. Die Möglichkeit, daß in einem Unternehmen auf DV umgestellt wird, ruft noch tiefergreifende Befürchtungen hinsichtlich eines möglichen Arbeitsplatzverlustes hervor, was zuweilen bis an einen Generalstreik der Belegschaft heranreicht, die befürchtet, von einem digitalen Behemoth[6] ersetzt zu werden. Es ist die Aufgabe der Geschäftsleitung, solchen verständlichen Bedenken entgegenzuwirken. Hierzu trägt auch eine Haltung der Strategiegruppe bei, die durch Aspekte wie Offenheit, Ehrlichkeit, Einfühlungsvermögen und Kollegialität geprägt ist.

Zudem gibt es keinen Grund, warum die Zusammensetzung der Strategiegruppe nicht geändert werden sollte. Indem abwechselnd mehrere Mitarbeiter aus den unteren Unternehmensebenen in der Strategiegruppe mitwirken können oder Untergruppen gebildet werden, die sich mit einem bestimmten Geschäftsbereich befassen, wird die Überzeugung genährt, daß die Strategiegruppe auch wirklich alle Interessen im Unternehmen vertritt. Gerade an dieser Stelle sollten Sie sich noch einmal vor Augen führen, daß es weder die Aufgabe der Strategiegruppe ist, betriebliche Probleme zu lösen, noch neue Probleme zu schaffen.

Ein zweites mögliches Problemfeld ergibt sich daraus, daß die Geschäftsleitung womöglich nicht zur Mitwirkung bei der Entwicklung einer zweckmäßigen DV-Strategie, die in das betriebliche Kerngeschäft integriert ist, bereit ist. Falls die Geschäftsleitung sich der Unterstützung bei der strategischen DV-Planung versperrt, kann auch die Strategiegruppe ihre Zielsetzungen nicht realisieren, und die DV-Abteilung bleibt mehr oder weniger ein betriebliches Anhängsel, das unsystematische und unzusammenhänge Projekte mit voneinander abweichenden und belanglosen Zielsetzungen durchführt.

Die Geschäftsleitung behindert die Arbeit der Strategiegruppe zuweilen auch auf subtilere Art und Weise als durch mangelnde Kooperationsbereitschaft. So kann die Geschäftsleitung beispielsweise nach außen hin die Zielsetzungen der Strategiegruppe unterstützen, schiebt die Strategiegruppe gleichzeitig aber auf ein betriebliches Nebengleis, indem ihr die Befugnisse versagt werden, die zur Untersuchung des operativen Geschäfts unabdingbar sind. Natürlich ist der Wunsch der Geheimhaltung allzu verständlich, er kann jedoch auch als Vorwand dafür dienen, egoistische Zielsetzungen in Ruhe verfolgen zu können. Auf diese Weise in ihren Aktivitäten behindert, wird die Strategiegruppe zu einer reinen Beschäftigungstherapie für qualifizierte Mitarbeiter.

Die Geschäftsleitung kann die Zielsetzungen der Strategiegruppe auch dadurch unterlaufen, daß sie sich auf das cäsarische Prinzip des *divide et impere* besinnt. Hierbei billigt sie womöglich stillschweigend die Aktivitäten anderer betrieblicher Gruppen, die versuchen, einen Keil zwischen die in der Strategiegruppe tätigen Mitarbeiter zu treiben, und so einen Meinungs- und Entscheidungsprozeß von Anbeginn an zu untergraben.

Falls die Geschäftsleitung eines Unternehmens aber beständig - entweder offen oder verdeckt - verhindert, daß die Datenverarbeitung im erforderlichen Maß im Unternehmen Einzug hält, sollten sich die Teilhaber des Unternehmens die berechtigte Frage stellen, ob sie a) ein modernes, fortschrittliches Unternehmen haben wol-

6 Behemoth, das im Buch Hiob erwähnte Landungeheuer, wurde von Thomas Hobbes, einem englischen Philosophen des 17. Jahrhunderts, in die politische Theorie eingeführt. Dies anläßlich der Beschreibung der Gefahren des englischen Parlamentarismus im Zeichen der Bürgerkriegswirren.

len und b) ob eine solche unternehmerische Ausrichtung mit der derzeitigen Führungsmannschaft möglich ist?

Eine dritte Schwierigkeit, die dem sinnvollen Einsatz der Strategiegruppe entgegensteht, besteht in dem Widerstand, den man im Unternehmen allgemein der Vorstellung entgegenbringt, daß die DV-Abteilung ein oder zwei Jahre mehr oder weniger zur Untätigkeit verdammt wird. Obwohl ich dies durchaus nachvollziehen kann, ständen viele Unternehmen weitaus besser da, wenn die Beschäftigten in ihren DV-Abteilungen in den vergangenen zehn Jahren Karten gespielt hätten, statt die veralteten Systeme zu betreiben, die den Geschäftsablauf eher behindern als fördern.

Als ich einmal dem Leiter einer DV-Abteilung empfahl, daß seine Mitarbeiter weitere Projekte erst durchführen sollten, wenn es einen Plan gäbe, wie sich die DV in das Gesamtgeschäft integrieren ließe, machte ich ihm die folgenden Vorschläge: "Sie können Ihren Tätigkeits- und Einflußbereich vergrößern, weil Sie umfassende Schulungen durchführen und auch Ihre DV-Abteilung organisatorisch verändern müssen. Neben den Mitarbeitern aus Ihrer Abteilung, die in der Strategiegruppe mitwirken, können andere zudem an prototypischen Projekten mitwirken, die sich mit der Einführung moderner Hardware- und Softwaretechnologien in Ihrem Unternehmen befassen. In zwei Jahren haben Sie womöglich spitzenmäßige Projektteams auf die Beine gestellt, mit denen sich eine neue langfristige betriebliche DV-Strategie implementieren läßt!" Der DV-Leiter war von meinen Ausführungen alles andere als angetan.

Dieser DV-Leiter und seine Anschauung verdeutlichen sehr gut die allgemein mangelhafte Bereitschaft in betrieblichen DV-Abteilungen, ein ausreichendes Bewußtsein für die Belange der Anwender und das betriebliche Kerngeschäft aufzubringen. Ein solcher DV-Leiter stellt eine ernsthafte Gefahr dar. Er muß seiner Funktion enthoben werden, bevor die betriebliche DV-Abteilung zu einem Schattendasein innerhalb des Unternehmens verdammt wird. Auch wenn der DV-Leiter recht mit seiner Einschätzung hätte, daß ein zweijähriger Ausfall der betrieblichen DV nicht machbar ist, gibt es ohne den Dialog zwischen DV-Abteilung und Geschäftsleitung niemanden, der darüber entscheiden könnte, wie lange ein solcher Ausfall eigentlich akzeptabel ist. Zudem ist eine Dialogsituation nur zwischen Partnern möglich, die vernünftigen Argumenten gegenüber aufgeschlossen sind, und nicht zwischen zwei Gruppierungen, die sich seit Jahren gegenseitig mit Mißtrauen begegnen.

Zugegebenermaßen besteht ein Nachteil darin, ein oder zwei Jahre in eine Gesamtstudie des Unternehmensgeschäft zu investieren. So kann sich die Geschäftssituation während des Untersuchungszeitraumes deutlich ändern, wodurch ein Großteil der von der Strategiegruppe erarbeiteten Informationen hinfällig wird. Diese Gefahr ist aber eher in neu etablierten Unternehmen mit raschen Expansionstendenzen gegeben als in schon lange bestehenden Unternehmen mit festen Organisationsstrukturen. Der mögliche Wandel läßt sich aber nicht allein als Entschuldigung dafür anführen, daß man auf eine solche Planungsphase verzichtet. Man muß sich unbedingt ein umfassendes Bild des Unternehmens zusammen mit einem entsprechenden Informationsmodell verschaffen, da die Veränderungen, die der Untersuchung der betrieblichen Geschäftsabläufe entgegenstehen, schon in wenigen Jahren ein DV-Chaos heraufbeschwören, das weder überblickbar noch kontrollierbar ist.

Es läßt sich jedoch ein vernünftiger Kompromiß zwischen dem verständlichen Wunsch nach frühzeitigen Ergebnissen einerseits und einer eher langwierigen strategischen Planungsphase andererseits finden. Dieser Kompromiß ist allerdings nur dann möglich, wenn vor Abschluß der Planungsphase bereits Projekte in solchen Bereichen in die Wege geleitet werden, die besonders erfolgversprechend sind. Hierbei besteht allerdings das Risiko, daß die Systeme im Lichte späterer Erkenntnisse modifiziert werden müssen. Gerade im Hinblick auf das Betriebsklima überwiegt der Vorteil, daß augenscheinlich etwas passiert, das mögliche Risiko. Ich stimme mit McMenamin und Palmer überein, die eine Projektdurchführung innerhalb der ersten 18 bis 24 Monate der Planungsphase befürworten, um dadurch zu verdeutlichen, daß im Unternehmen wirklich etwas bewegt wird [McMenamin und Palmer, 1984].

4.6 Zusammenfassung

Von allergrößter Wichtigkeit ist es, sich ein umfassendes Bild sowohl von den Strategien als auch Ablaufmustern des Unternehmens zu verschaffen, bevor man sich an die eigentlichen DV-Projekte heranwagt. Gerade in der heutigen Zeit, in der die Technologie alle Bereiche eines Unternehmens durchdringt, sollte das Verständnis des betrieblichen Kerngeschäfts nicht nur den dafür verantwortlichen Mitarbeitern vorbehalten sein. Aus diesem Grund wird hier vorgeschlagen, daß im Unternehmen eine Strategiegruppe geschaffen wird, die sich sowohl aus DV- als auch sonstigen Mitarbeitern des Unternehmens zusammensetzt.

Diese Strategiegruppe verschafft sich zunächst ein umfassendes Bild des betrieblichen Kerngeschäfts und insbesondere der erforderlichen Informationsbedürfnisse. Dies geschieht aus drei unterschiedlichen Blickwinkeln: extern, strategisch und operativ. Anschließend bemüht sie sich zusammen mit der Geschäftsleitung und den Verantwortlichen der DV-Abteilung um eine Strategie zur Verbesserung des Unternehmensgeschäfts mittels moderner Technologien. Die Beteiligten einigen sich abschließend auf einen Zeitplan für die Abwicklung der DV-Projekte, um so die Umsetzung der Strategie auf eine systematische, integrative und dauerhafte Art und Weise zu gewährleisten.

Der hier beschriebenen Methode der Entwicklung und Implementation einer unternehmensweiten Strategie zur Verbesserung des operativen Geschäfts stehen jedoch einige mögliche Problemfelder entgegen. Zu diesen zählen die mangelnde Kooperationsbereitschaft der betrieblichen DV-Leitung oder der Geschäftsleitung bezüglich der Zusammenarbeit mit der Strategiegruppe, Befürchtungen, die die Belegschaft der Strategiegruppe entgegenbringt, oder auch die mangelnde Bereitschaft, den Projektstart bis zum Abschluß der Planungsphase zu verschieben.

Nichtsdestoweniger dürfte die Kompromißbereitschaft und der Wunsch, künftige Probleme abzuwenden und Möglichkeiten zum Vorteil des Unternehmens besser nutzen zu können, zur Überwindung der meisten Probleme beitragen. Nur so kann eine Strategiegruppe, abgehoben von den tagtäglichen betrieblichen Reibereien, erfolgreich ihrer Aufgabe nachgehen und eine objektive Strategie entwickeln, die mit Hilfe moderner Technologie die Geschäftssituation eines Unternehmens wirklich verbessern kann.

Wer frühzeitig gewarnt ist, ist auch gewappnet: Es muß eine Strategie für die Projektabwicklung gefunden werden, die den Zielen des Gesamtunternehmens entgegenkommt, so daß die betriebliche DV-Abteilung nicht länger mit unvereinbaren Benutzerwünschen konfrontiert wird. Ebenso entfällt die in periodischen Zeitabständen fällige Neuinstallation von Systemen, die den Benutzern neue Lern- und Arbeitsmuster auferlegt, ansonsten aber keine dauerhaften Vorteile mit sich bringt. Schließlich müssen sich die DV-Verantwortlichen in einem Unternehmen auch nicht länger mit den Forderungen von Benutzern herumärgern, die sich auf die folgende Formel bringen lassen: "Wir wissen zwar nicht, welche Systeme wir brauchen, beschaffen Sie uns aber die richtigen, und dies preisgünstig und wenn irgend möglich noch gestern!"

Kapitel 4: Ratschläge für die Anwendung

1. Wen aus der DV-Abteilung in Ihrem Unternehmen könnten Sie sich als geeignetes Mitglied einer Strategiegruppe vorstellen? Wen würden Sie aus Ihrem Unternehmen insgesamt dafür auswählen?
2. Worin besteht Ihrer Meinung nach das Geschäft Ihres Unternehmens? Wie könnte es aussehen? Wie sollte es aussehen?
3. Welche erfolgsrelevanten Faktoren würden Sie für Ihr Unternehmen ausmachen? Sind dies Ihre eigenen Vorstellungen, oder wurden diese Faktoren von Ihrer Geschäftsleitung in irgendeiner Art und Weise festgehalten?
4. Welche Informationen sind zur Performance-Messung in den Bereichen erforderlich, die Sie in der dritten Frage als erfolgsrelevante Faktoren aufgeführt haben? Welche in Ihrem Unternehmen vorhandenen Datenbanken liefern Ihnen diese Informationen?
5. Bilden Sie eine Brainstorming-Gruppe, die spezielle Ideen liefern soll, wie sich die Unternehmensstrategie mit Hilfe von Informationssystemen unterstützen läßt. Hinweis: Sehen Sie sich hierzu noch einmal das Beispiel in Abschnitt 4.3 an.

Teil II

Das DV-Projekt

Projekte sind die Stolpersteine, über die Projektleiter den Anwender von seiner derzeitigen zu einer verbesserten Situation zu bringen versuchen. Einige dieser Stolpersteine sind allerdings schlüpfrig und gefährlich. Zahlreiche Projektleiter sind auch bereits an solchen Stolpersteinen zu Fall gekommen, was für sie und den Anwender zu einer äußerst unangenehmen Situation geführt hat.

Die sieben Kapitel von Teil II sollen dazu dienen, dem Projektleiter einen sicheren Leitfaden durch ein Projekt zu bieten - von der Organisation der DV-Abteilung über die Mitarbeiterauswahl bis zur Projektprüfung. Zunächst wird die Frage der Organisation behandelt. In Kapitel 5 wird gezeigt, warum ein Organisationsmuster erforderlich ist, und es werden alternative Strukturmodelle vorgestellt. Anschließend wird ein organisatorisches Kompetenzverteilungsmuster vorgestellt, das sowohl DV-Projekte unterstützen als auch dazu eingesetzt werden kann, die menschliche Arbeitskraft in einer innovativen Branche zielgerichtet und sinnvoll einzusetzen. Obwohl noch unausgereift, gibt diese Struktur nichtsdestoweniger den organisatorischen Rahmen vor, der in den restlichen Themenbereichen dieses Buches zugrundegelegt wird. In Kapitel 6 wird untersucht, welche Faktoren sich für ein effizientes Projektmanagement veranschlagen lassen, und es werden Management-Aspekte vor Augen geführt, denen für DV-Abteilungen eine besondere Bedeutung zukommt.

In Kapitel 7 wird mit einer geradezu ehrwürdigen Vorstellung gebrochen: Hier wird nichts Geringeres versucht, als der Vorstellung vom starren Projekttermin, der für viele Projektmanager eine "heilige Kuh" ist, den Garaus zu machen. Statt dessen werden Vorschläge unterbreitet, wie sich eine Terminplanung für Projekte finden läßt, die nicht das Gesamtprojekt gefährdet. Im darauffolgenden Kapitel soll die

Frage beantwortet werden, warum man in der DV-Abteilung gewöhnlich Standards so ablehnend gegenübersteht.

In Kapitel 9 werden dann Methoden erörtert, mit deren Hilfe sich die Aufgaben, die auf Projektmitgliedern lasten, leichter bewältigen lassen. Hierzu zählen die Berichterstellung zu Projektzeitplan und Status. In Kapitel 10 wird dann auf die Durchführung von Meetings eingegangen, da in vielen Unternehmen Meetings äußerst schlecht vorbereitet, ebenso schlecht durchgeführt werden und aus diesem Grund unproduktiv sind - kurzum: reine Zeitverschwendung. In Kapitel 11 wird auf ein weiteres herkömmliches Verfahren eingegangen, das sich ebenfalls oft als Zeitverschwendung erweist: die Projektprüfung, wobei die Zielsetzungen von periodischen Projektprüfungen wie auch jene der oft vernachlässigten Projektprüfungen nach Durchführung der Projekte veranschaulicht werden sollen.

5

Organisation der DV-Abteilung

Damit ein Unternehmen seinem Geschäft nachgehen kann, bedarf es einer besonderen Organisationsstruktur. Diese Struktur richtet sich danach, wie sich der betriebliche Geschäftsablauf in einzelne Aufgabenbereiche untergliedert und wie diese Aufgabenbereiche von der Geschäftsleitung im Hinblick auf profitable Ergebnisse koordiniert werden.

5.1 Die Notwendigkeit der Organisation

Der Begriff *Organisation*, wie er in diesem Kapitel verwendet wird, bezieht sich auf die Struktur der Komponenten eines Unternehmens oder einer Abteilung.

Obwohl ein solches Organisationsmuster den betrieblichen Arbeitsaufwand vergrößert und etliche Unternehmensressourcen beansprucht, muß ein Geschäft aus den folgenden beiden komplementären Gründen unbedingt organisiert werden: Zum einen ist der Aufwand, der zur erfolgreichen Umsetzung der Geschäftsziele erforderlich ist, deutlich zu umfangreich oder erfordert zu viele spezielle Fähigkeiten, als daß er von einem einzigen Menschen oder einer Maschine zu bewerkstelligen wäre. Folglich muß die betriebliche Arbeit in unterschiedliche Aufgaben unterteilt werden. Dies soll hier als *Arbeitsanalyse*, das heißt Unterteilung der anfallenden Arbeit in Aufgabenbereiche, bezeichnet werden. Zum zweiten muß die anfallende Arbeit, nachdem sie in Aufgabenbereiche unterteilt wurde, koordiniert werden, damit die anvisierten Geschäftsziele realisiert werden können. Dies soll hier als *Arbeitssynthese*, das heißt Bündelung der Aufgabenbereiche zu einem sinnvollen Arbeitsmuster, bezeichnet werden. Aus der Analyse der Arbeit und der Synthese der Aufgabenbereiche ergibt sich eine besondere Organisationsstruktur.[1]

Eine aus Menschen bestehende Organisation weist sowohl *formelle* als auch *informelle* Strukturen auf. Die formale Organisation erfüllt einzig den Zweck, die Ge-

1 Diese Feststellung entspricht sinngemäß der Aussage von [Mintzberg, 1979], dem nach Wissen des Autors umfassendsten und in methodologischer und empirischer Hinsicht hervorragenden Buch über Organisationsstrukturen.

schäftsziele zu realisieren, und entspricht im wesentlichen der jeweiligen Organisationsform: der Organisation, wie sie sich in den Strukturplänen des Unternehmens widerspiegelt, mit durch Stellenbeschreibungen und Zielen vorgegebenen Positionen. Die informelle Organisation eines Unternehmens entspricht der formalen Organisation, wie sie sich in den tagtäglichen Arbeitsstrukturen durch die Mitarbeiter eines Unternehmens herausbildet. Dies ist eine Struktur, die ein breites Spektrum von rein geschäftsmäßigen Erfordernissen und Tätigkeitsmustern bis zu persönlichen Freundschaften, Verpflichtungen und Animositäten abdeckt, die das soziale Beziehungsnetz einer Gemeinschaft von Menschen abstecken. Einige Komponenten dieser informellen Organisationsstruktur finden sich nie auf einem formalen Personalstrukturplan eines Unternehmens. Hierzu zählen beispielsweise ein Telefongespräch zwischen einem Programmierer und einem Benutzer, bei dem es um eine bestimmte Feldlänge geht, oder eine Diskussion zwischen dem Leiter des Rechnungswesens und dem DV-Leiter über Datensicherheit auf dem Golfplatz.

In diesem Kapitel werden zunächst einige der wesentlichen Probleme behandelt, die den betrieblichen DV-Abteilungen Schwierigkeiten bereiten und sich größtenteils auf mangelhafte Organisationsstrukturen zurückführen lassen. Im Anschluß daran werden einige unterschiedliche Organisationsstrukturen vorgestellt. Daran anschließend wird eine zweckmäßige Organisationsstruktur einer DV-Abteilung vorgestellt, die mehrere Projekte gleichzeitig durchführen muß und überdies auch nicht die Schulung und Fortbildung ihrer Mitarbeiter vernachlässigt. Dieses Organisationsmodell mit all seinen Vor- und Nachteilen ist der Ausgangspunkt für die sich daran anschließende Erörterung der Struktur der betrieblichen DV-Abteilung.

5.2 Allgemeine Probleme infolge mangelhafter Organisation der DV-Abteilung

Alle Organisationsstrukturen bringen Probleme mit sich. Allein durch die Unterteilung und Koordination von Arbeit kommt es an den Schnittstellen zwischen den einzelnen Tätigkeitsbereichen zu Kommunikationsproblemen. Bei einem Unternehmen oder einer Abteilung bringen aber einige Strukturen weniger Probleme als andere mit sich.

Mit den Schwachpunkten in einem gut organisierten Unternehmen läßt sich leben. Ein schlechtes Organisationsmuster mindert jedoch die Produktivität und wirkt sich auch negativ auf die Arbeitsmoral der Beschäftigten aus. In den folgenden Abschnitten werden acht organisatorische Probleme angesprochen, die in DV-Abteilungen auftreten.

5.2.1 Ein zu umfangreiches Aufgabenfeld

Bei der Unterteilung der Arbeit in Aufgabenbereiche und anschließende Parzellierung in Einzelaufgaben kann es vorkommen, daß zu viele Aufgabenbereiche zu einer Einzelaufgabe zusammengefaßt werden, die unmöglich von einer einzigen Person bewältigt werden kann. Eine solche Aufgabe ist in bezug auf die diversen Fähigkeiten, die vorausgesetzt werden müssen, zu komplex: bezüglich der Persönlichkeit, die zur Aufgabenbewältigung erforderlich ist; bezüglich der Fähigkeiten, die zur Erledigung benötigt werden; schließlich auch bezüglich des Arbeitsaufwands, der veranschlagt werden muß [Giegold, 1982]. Vorstellbar ist auch, daß die Aufgabe ein umfassendes Wissen im Bankwesen, Kenntnisse über die Informationsmodellierung, stochastische Rechenmodelle, Telekommunikations-Hardware und auch Graphikverarbeitung erfordert. Ebenso denkbar wäre in diesem Zusammenhang, daß einem mit einer bestimmten Aufgabe betrauten Mitarbeiter abverlangt wird, sich dafür jeden Tag 12 Stunden beruflich zu engagieren.

Eine Aufgabe kann zu umfangreich sein, weil sie entweder aus zu vielen Teilaufgaben besteht oder weil jede Teilaufgabe zu umfangreich ist. Auf eine solche zu umfangreiche Aufgabe bin ich während meiner beruflichen Tätigkeit in einem Unternehmen gestoßen, in dem der Leiter des Rechenzentrums seit 12 Jahren seinen Posten bekleidete. Während dieser Zeit ereigneten sich keine nennenswerten organisatorischen Veränderungen in seinem unmittelbaren Umfeld, obwohl sich sein Verantwortungsbereich ständig vergrößerte. Dies deshalb, weil mit den neuen technologischen Konzepten Rechnernetzwerke, Satellitenkommunikation und Datensicherheit zusätzliche Aufgaben anfielen und weil sich die Anzahl der Terminals, CPUs und unterschiedlicher Rechnertypen ständig vergrößerte. Zwar nahm auch die Mitarbeiterzahl im Rechenzentrum zu, dem Leiter des Rechenzentrums fiel es aber immer schwerer, die anfallenden Aufgaben zu bewältigen, obwohl er oft auf über 80 Arbeitsstunden in der Woche kam. Das hatte zur Folge, daß er unausgeglichen und unzugänglich wurde und seine Arbeitsleistung sank. Das Unternehmen gab ihm den Laufpaß.

Der nächste Rechenzentrumsleiter blieb sechs Monate und der darauffolgende auch nicht wesentlich länger. Zu diesem Zeitpunkt kam man in dem Unternehmen zu der Erkenntnis, daß der Rechenzentrumsleiter durch Schaffung einer weiteren Stelle mit gleichem Aufgabenbereich entlastet werden mußte. Auf diese Weise wurde das Aufgabenprofil des Rechenzentrumsleiters auf ein erträgliches Maß reduziert und die Funktionstüchtigkeit des Rechenzentrumsbetriebs wiederhergestellt.

Es gibt zwei wesentliche Gründe für einen zu umfangreichen, nicht bewältigbaren Job. Der erste läßt sich, wie im vorherigen Beispiel gezeigt, aus dem im Laufe der Zeit wachsenden Aufgabenbereich erklären. Der zweite rührt daher, daß irgendwann einmal eine Stelle geschaffen wurde, die speziell auf die besonderen Fähigkeiten einer Person zugeschnitten war. Nachdem diese Person das Unternehmen verlassen hat, ist niemand mehr da, der diese Stelle bekleiden könnte.

5.2.2 Die unterqualifizierte Aufgabe

Das andere Extrem neben der zu komplexen Aufgabe ist ein Aufgabengebiet, das die mit dieser Aufgabe betraute Person nicht auslastet. Ein Beispiel für eine solche Aufgabe ist ein in Vollzeit beschäftigter Programmierer mit langjähriger Berufserfahrung, der den ganzen Tag nichts anderes zu tun hat, als bei einem Entwicklungsprojekt die COBOL COPYLIB zu warten. Die Unterbeschäftigung sticht in diesem Fall noch mehr ins Auge, wenn eine zweite Person mit der Pflege des projekteigenen Data-Dictionary betraut wird.

Eine solche unterqualifizierte Aufgabe kann deshalb zum Problem werden, weil der Stelleninhaber zunehmend gelangweilt und demoralisiert seine Arbeit ausführt und schließlich entweder frustriert kündigt oder sich mit anderen unproduktiven Tätigkeiten neben seinem ihm zugewiesenen Job beschäftigt.

Ein zweites Problem besteht darin, daß unterqualifizierte Aufgaben ineffizient sind. Wird ein Aufgabengebiet in zu viele Einzelaufgaben unterteilt, die zahlreichen Personen zugewiesen werden, so wächst auch der Bedarf an Kommunikations- und Koordinationsmustern innerhalb des Unternehmens. Wer sorgt etwa im obigen Beispiel für die Konformität von COPYLIB und Data-Dictionary? Auf welche Weise teilt der mit der Pflege des Data-Dictionary betraute Mitarbeiter dem für die Wartung von COPYLIB Verantwortlichen entsprechende Änderungen mit? Mittels Memos oder informellen Meetings? Wer schlichtet Meinungsverschiedenheiten zwischen beiden Mitarbeitern? Lohnt sich der für die Koordination erforderliche Aufwand? Da sich der Aufwand in diesem Beispiel gewiß nicht lohnt, würde die Zusammenlegung beider Teilaufgaben - Pflege des Data-Dictionary und COPYLIB - gewiß eine Verbesserung darstellen.

5.2.3 Zu viele Führungsebenen

Zu viele Führungsebenen sind ein Sonderfall von unterqualifizierten Aufgabenbereichen. Hierzu kommt es, wenn kleine Aufgabengebiete innerhalb der Unternehmensstruktur vertikal statt horizontal zugeteilt werden. Einer der Gründe hierfür kann ein Personalüberhang im mittleren Managementbereich sein. Hierbei werden entweder inkompetente Mitarbeiter auf belanglose Posten abgeschoben, oder es kommt zu diesem Personalüberhang, weil aufgrund von schlechter Planung der Aufgabenverteilung zusätzliche, eigentlich unnötige Koordinationsinstanzen erforderlich werden, die diese Aufgabenbereiche zu einem zweckmäßigen Arbeitsmuster koordinieren.

Zu viele Führungsebenen führen zu Ineffizienz, da sich ein undurchsichtiges Beziehungsnetz von Kommunikationsmustern herausbildet. Es kommt zu unzähligen Meetings, bei denen Dutzende von Teilnehmern ausführlich solche gewichtigen Themen wie die Art des Schlosses, das man an der Rechenzentrumstür anbringen will, diskutieren. Unzählige Zustimmungen müssen eingeholt werden, damit auch nur die einfachsten Entscheidungen gefällt werden können, und alle Führungskräfte müssen konsultiert werden - wenn auch nur aus dem Grund, daß keiner das Gefühl hat, übergangen worden zu sein -, bevor etwas in die Wege geleitet werden kann. Eine Führungshierarchie mit winzigen Aufgabenbereichen und Kompetenzen mag für einen Bürokraten das höchste der Gefühle sein, für einen Mann bzw. eine Frau der Tat ist es aber eher die Hölle.

5.2.4 Eine nivellierte Führungsstruktur

Viele Führungskräfte innerhalb einer Abteilung glauben, daß sie an jeder die Abteilung betreffenden Entscheidung, so trivial sie auch sein mag, beteiligt sein müssen, weil ansonsten die Abteilung zusammenbricht. Dieser Glaube führt zu einer allzu nivellierten Führungsstruktur: im Extremfall der Chef auf der einen Seite und die Untergebenen auf der anderen Seite. Obwohl auf dem betrieblichen Stellenbeschreibungsplan eine subalterne Führungskraft vermerkt sein mag, gibt es dieses mittlere Management in der Realität nicht, wenn die Geschäftsleitung ihn an keiner Entscheidung teilhaben läßt.

Eine zu nivellierte Führungsstruktur ist ein klassisches Beispiel für ein allzu schnelles Wachstum eines Unternehmens von einer kleinen zu einer großen Organisationsform. Viele DV-Abteilungen, die noch vor zehn Jahren ein Einmannbetrieb waren, zeigen diese Erscheinung. So kann ich mich beispielsweise an einen DV-Leiter erinnern, der bei jeder in seiner Abteilung anfallenden Entscheidung gefragt werden wollte - ob es nun um den Betriebsausflug oder um die Farbe des Schnellhefters ging, in dem die Programmlistings abgeheftet werden sollten. Vor 15 Jahren, als er einer von drei in der Abteilung Beschäftigten war, war dies womöglich durchaus sinnvoll. Nunmehr jedoch, nachdem die Abteilung auf mehr als 80 Mitarbeiter angewachsen war, konnte er sich einfach keinen Führungsstil angewöhnen, wonach bestimmte Befugnisse delegiert werden. Wenn sich Abteilungsleiter dermaßen mit Nebensächlichkeiten beschäftigen, daß sie keine wichtigen Entscheidungen mehr treffen können, die in ihren eigentlichen Verantwortungsbereich fallen, leidet darunter das Gesamtunternehmen.

5.2.5 Trennung zwischen Kompetenz und Verantwortung

Wer über Verantwortung, aber über keine Kompetenz verfügt, hat zwar einen Tätigkeitsbereich, jedoch nicht das erforderliche Rüstzeug, um seine Aufgabe erfolgreich ausführen zu können. Das Gegenstück hiervon ist Kompetenz ohne Verantwortung. Das folgende Beispiel soll zeigen, welche nachteiligen Auswirkungen hieraus erwachsen können.

Man hatte mich beauftragt, der mangelhaften Produktivität der betrieblichen DV im Unternehmen zuleibe zu rücken. Hierbei stellte sich heraus, daß es hauptsächlich deshalb zu besagtem Produktivitätsdefizit kam, weil die Mitarbeiter der DV-Abteilung ständig von einem Projekt abgezogen und einem anderen Projekt zugeteilt wurden. Diese Umgruppierungsmaßnahmen wurden von einem Projekt-Lenkungsausschuß veranlaßt, der seine Aufgabe allein darin sah, alle möglichen Projekte gutzuheißen. Warum auch nicht? Diese Mitarbeiter hatten dazu die Befugnis, brauchten aber nicht die Verantwortung dafür zu tragen, daß sie wahllos Projekte iniziierten. Ausbaden mußten dies die Mitarbeiter der DV-Abteilung, an die immer unmöglichere Anforderungen herangetragen wurden.

Hätte ich diesem Projekt-Lenkungsausschuß angehört, hätte ich mich womöglich genauso wie die anderen Gruppenmitglieder verhalten und wäre den Weg des geringsten Widerstandes gegangen. Wer verärgert denn schon die Benutzer in seinem Unternehmen mit Studien über die Wirtschaftlichkeit von Projekten, wenn es noch andere Mitarbeiter im Unternehmen gibt, auf die man das Problem mühelos abwälzen kann - nämlich die Mitarbeiter in der DV-Abteilung. Der Fehler lag in diesem Fall nicht beim Projekt-Lenkungsausschuß, sondern in der mangelhaften Organisationsstruktur des Unternehmens, bei der Kompetenz und Verantwortung voneinander getrennt waren.

Anschließend wurde der Kompetenz- und Verantwortungsbereich des Projekt-Lenkungsausschusses neu abgesteckt und Kompetenz und Verantwortung miteinander in Einklang gebracht, was mit großem Aufwand verbunden war. Die neue Zielsetzung der Gruppe bestand dann darin, die Bedürfnisse der Benutzer zu ermitteln und Überlegungen anzustellen, wie man diesen mit begrenzten Ressourcen am besten nachkommen konnte. Zusätzlich wurden zwei hochrangige Mitglieder der Geschäftsleitung und der Leiter der DV-Abteilung in diese Gruppe berufen. Zum ersten Mal seit ihrem Bestehen mußten die Mitglieder der Gruppe Entscheidungen über Prioritäten und Zeitpläne wie auch über die Berechnung von Kosten, Nutzen und Ressourcen anstellen. In der DV-Abteilung wurde eine Führungskraft mit der Koordination der Anforderungen betraut, die unterschiedliche Projekte an die verfügbaren Ressourcen stellten. Infolge dieser organisatorischen Veränderungen konnten die DV-Spezialisten zum ersten Mal kontinuierlich an einem Projekt arbeiten, ohne zwischendrin zu einem neuen Projekt abberufen zu werden.

5.2.6 Ineffiziente Verteilung von Know-how

Falls jeder Beschäftigte der DV-Abteilung über alles ein wenig Bescheid wissen muß, um seine Aufgabe ausführen zu können, kann sich niemand ein tieferes Spezialwissen aneignen, und demzufolge werden womöglich nur wenige Aufgaben zufriedenstellend gelöst. Dies gilt insbesondere in Anbetracht der rasanten technologischen Entwicklungs- und Spezialisierungstendenzen im Bereich der DV.

Falls beispielsweise jede Projektgruppe im Unternehmen ihre eigene Hardware auswählen muß, geht sehr viel Zeit verloren, da ein Mitarbeiter mit der Auswahl der Hardware betraut werden muß. Zudem kann auf die einmal eingeholten Informationen später nicht zurückgegriffen werden, da diese womöglich bereits überholt sind, wenn erneut eine Entscheidung für eine bestimmte Hardware ansteht. Gibt es jedoch eine speziell für Hardwarebeschaffung abgestellte Gruppe, die sich permanent auf dem Laufenden hält und zur Beratung anderer Projektgruppen ins Leben gerufen wurde, können andere Projekteinheiten bei Bedarf auf das Wissen dieser Gruppe zurückgreifen.

Wenn hier von der Spezialisierung einer Organisationseinheit die Rede ist, so ist damit nicht notwendigerweise die Spezialisierung von Personen gemeint. Eine Person kann durchaus zwei Positionen innehaben, wobei sie ihre Arbeitskraft gleichmäßig auf beide Tätigkeitsfelder aufteilt. Alternativ dazu kann ein Mitarbeiter auch mehrere Spezialgruppen - etwa im Zwei- oder Dreijahresrhythmus - durchlaufen. Genauso kann er natürlich auch eine Position, in der er sich besonders bewährt hat, unbegrenzt bekleiden.

5.2.7 Organisatorische Hypochondrie

Einige Abteilungen haben für jedes kleinste Manko ein Standardrezept: "Wir müssen umstrukturieren." Einer solchen Umstrukturierung liegen aber dieselben Gesetzmäßigkeiten wie einem größeren operativen Eingriff zugrunde: Sie empfiehlt sich nicht für eine gewöhnliche Erkältung. Eine Umstrukturierung ist schwierig, bedeutet einen gewaltigen Einschnitt in den Produktionsablauf wie auch in persönliche Beziehungsmuster, die sich über Jahre herausgebildet haben, und bringt unvorhersehbare Ergebnisse mit sich - unabhängig davon, wie gut eine solche Umstrukturierung vorbereitet wird.

Es sind gewöhnlich zwei Probleme, die Abteilungen mit Hilfe einer Umstrukturierung - meistens vergebens - zu lösen versuchen: die aus früheren Jahren mitgeschleppten Schwierigkeiten eines Unternehmens und unsachgemäße personelle Besetzung. Wie bereits zuvor erwähnt, kommt es in allen Unternehmen zu Problemen allein aus dem einfachen Grund, weil Arbeit, die in einzelne Aufgabenbereiche unterteilt wird, koordiniert werden muß. Hieraus ergeben sich Kommunikationsstrukturen, die mit der Zeit womöglich unüberschaubar bzw. abgekappt werden, und eine Vielzahl von Entscheidungsstellen, die die Effizienz und Reaktionsfähigkeit auf bestimmte Gegebenheiten vermindern. Solange diese Probleme nicht allzu gravierend werden, muß sich eine Abteilung damit abfinden, damit der normale Betriebsfluß gewährleistet bleibt. Nichtsdestoweniger scheinen viele Abteilungen davon überzeugt zu sein, daß man mit der nächsten Umstrukturierung das organisatorische Nonplusultra schaffen kann. Sie probieren eine hierarchische Struktur aus, und wenn dies zu Problemen führt, wird dieselbe Struktur wieder angewandt, diesmal nur mit einer Umbesetzung der Personen auf andere Posten. Wenn sich auch dieses Verfahren nicht bewährt, bedient man sich einer Matrixstruktur, die ebenfalls zu keinem Idealzustand führt. So wird auch dieses Modell wieder ad acta gelegt und etwas anderes versucht.

Zuweilen versucht eine Abteilung ihre Probleme auch dann durch Umstrukturierung zu lösen, wenn die anstehenden Probleme nicht durch eine schlechte Organisation hervorgerufen werden. So kann ich mich z.B. an eine DV-Abteilung erinnern, die den beiden Problemen *niedrige Softwareproduktivität* und *verspätete Lieferung unzweckmäßiger Systeme* dadurch entgegenzuwirken versuchte, daß sie zweimal im Jahr die ganze Abteilung umstrukturierte und gelegentlich etliche Leute entließ. Die eigentlichen Gründe für ihre Probleme lagen aber darin, daß man sich in der Abteilung antiquierter Analysemethoden, steinzeitlicher Programmierpraktiken und mittelalterlicher Verwaltungsmethoden bediente. Die permanente Umstrukturierung der Abteilung lief somit am eigentlichen Problem vorbei. Beseitigt wurden die Probleme demzufolge auch erst mit der Einführung moderner Softwareentwicklungstechniken.

Falls Sie eine Stelle mit einer ungeeigneten Person besetzen, ist es weitaus besser, den Fehler zuzugeben und dieser Person ein anderes Aufgabengebiet zuzuweisen. Allerdings ist man in einem solchen Fall oft geneigt, das Aufgabenfeld dieser Person einzuengen oder Umstrukturierungsmaßnahmen im Umfeld dieser Stelle durchzuführen, damit man nicht den bei der Stellenbesetzung begangenen Fehler eingestehen muß. Das folgende Beispiel soll Ihnen dieses Verhaltensmuster verdeutlichen. Ich war in einer DV-Abteilung tätig, die das in Bild 5.1 dargestellte Organisationsmuster aufwies.

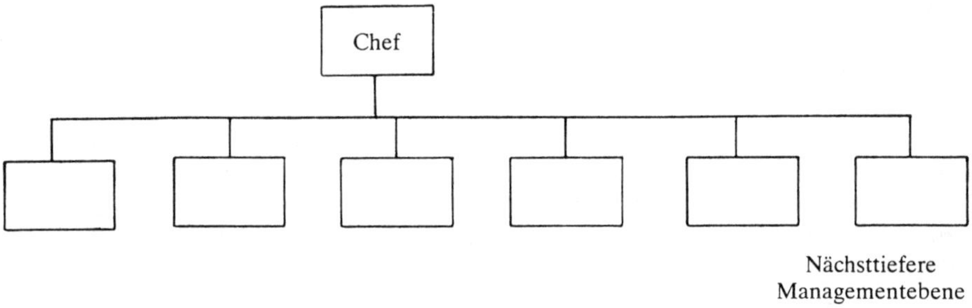

Bild 5.1 Organisationsmuster der DV-Anlage.

Als der zum DV-Leiter Ernannte schon nach einigen Monaten deutlich unter Beweis stellte, daß er für diese Aufgabe nicht geeignet war, stellte die Geschäftsleitung eine weitere Führungskraft ein, deren Aufgabenbereich nicht klar umrissen war (siehe Bild 5.2). Nachdem auch dies nicht den gewünschten Erfolg brachte, kam die Geschäftsleitung zu dem Schluß, daß noch weiterreichende Veränderungen vorgenommen werden mußten, und folglich wurde ein Mitarbeiter der nächstfolgenden Führungsebene befördert (siehe Bild 5.3). Im Anschluß daran kam es zu einer erneuten Umstrukturierung mit dem in Bild 5.4 gezeigten Ergebnis.

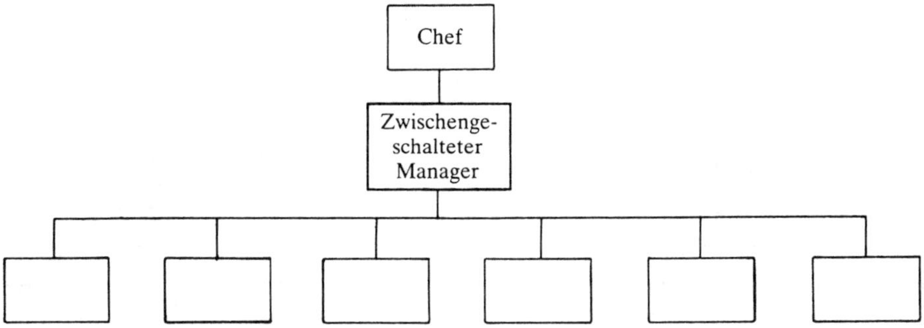

Bild 5.2 *Geänderte Organisation der DV-Abteilung.*

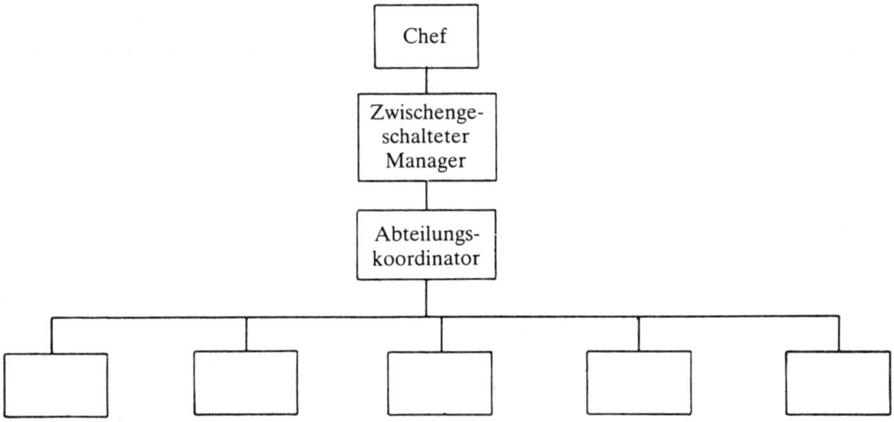

Bild 5.3 *Organisationsmuster der DV-Abteilung mit mehr dazwischen geschalteten Führungsebenen.*

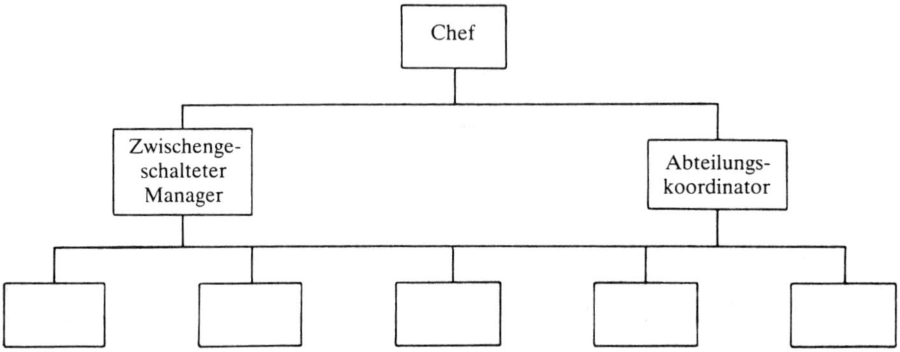

Bild 5.4 *Dieselbe DV-Abteilung mit einer unterschiedlichen Organisation.*

Während der acht Monate, in denen man die unterschiedlichen Organisationsmuster ausprobierte, kam es zu keiner spürbaren Verbesserung. Als ich das Unternehmen einen Monat später verließ, versuchte die Geschäftsleitung immer noch erfolglos, die Probleme durch Umstrukturierungsmaßnahmen in den Griff zu bekommen.

5.2.8 Überhandnehmende Intrigen

Wenn es in einer DV-Abteilung zu viele Intrigen gibt, so ist dies ein eindeutiges Zeichen für eine unzulängliche formale Organisation. Natürlich gibt es in einer Abteilung auch noch andere Gründe für Intrigen: So konnte ich beispielsweise die Erfahrung machen, daß die Intrige ein beliebtes Zufluchtsmittel für inkompetente Mitarbeiter ist. In einigen DV-Abteilungen gibt es aber so viele Intriganten mit beinahe schon machiavellistischen Ausmaßen, daß man wohl nicht pauschalisierend feststellen kann, daß keiner der Beschäftigten über genügend Fähigkeiten verfügt.

Zu solchen Intrigen kommt es in einer Abteilung dann, wenn die formale Organisation entweder nicht straff genug ist oder sich nicht in die Praxis umsetzen läßt. In diesem Fall werden die informellen Organisationsmuster dermaßen von sozialen und persönlichen Faktoren überlagert, daß das operative Geschäft darunter leidet. Des weiteren bilden sich möglicherweise Grüppchen von Beschäftigten, von denen jede ihre eigenen sozialen und geschäftlichen Ziele verfolgt. Diese Zielsetzungen (die nur selten offen zutage treten) wirken sich eher nachteilig auf die Abteilung insgesamt aus.

Einige Beschäftigte, die keiner dieser sozialen Gruppierungen angehören, fühlen sich womöglich mit der Zeit fehl am Platze und verlieren so die Bindung an ihre Abteilung. Da sie auf diese Art und Weise in eine Außenseiterrolle innerhalb des sozialen Beziehungsnetzes der Abteilung gedrängt werden, sondern sie sich immer mehr von den anderen Mitarbeitern der Abteilung ab. Abteilungen mit solchen heterogenen Beziehungsmustern ihrer Beschäftigten versuchen diesem Problem gewöhnlich dadurch zu begegnen, daß sie gewaltige Summen zur Verbesserung des Betriebsklimas ausgeben. Auch dies ist nur in den seltensten Fällen von Erfolg gekrönt. Der einzige Weg, diese Mißstimmung innerhalb der Abteilung zu beseitigen, besteht in der Schaffung eines soliden formalen Strukturmusters mit einer klaren abteilungsspezifischen Zielsetzung. So kann die Zielsetzung der DV-Abteilung eines Stahlunternehmens womöglich darin bestehen, das Geschäft dieses Stahlunternehmens zu verbessern. Diese Zielsetzung wird anschließend - je nach den in der Abteilung verfügbaren Aufgabenbereichen - in spezielle Teilziele unterteilt. Die Teilziele sollten detailliert genug umrissen werden, damit jeder genau für sich feststellen kann, in welcher Weise er zur Realisierung der Abteilungsziele beiträgt.

Ein solides Organisationsmuster bietet aber noch keine Gewähr dafür, daß es in einer Abteilung forthin zu keinen Problemen mehr kommt. Querelen und Intrigen werden nach wie vor an der Tagesordnung sein. Diese stellen sich unweigerlich immer dann ein, wenn mehrere Menschen in einer Abteilung beschäftigt sind. Jedoch lassen sich solche Intrigen in einer Abteilung mit einem straffen formalen Organisationsmuster in Grenzen halten, so daß sie nicht den reibungslosen Arbeitsablauf beeinträchtigen. Auf diesen Aspekt wird auch in Kapitel 15 eingegangen.

5.3 Organisatorische Alternativen

Es gibt viele mögliche Arten, wie sich die Arbeit aufteilen läßt, und noch weitaus mehr Möglichkeiten, die einzelnen Aufgabenbereiche zu koordinieren. Zur Veranschaulichung dieses Gesichtspunktes soll nun ein vereinfachtes Organisationsmuster eines Automobilherstellers vorgestellt werden. Die Vierrad GmbH beschäftigt 50 Mitarbeiter und hat sich das bescheidene Ziel gesetzt, 50 Autos pro Woche zu fertigen. Zufälligerweise bedarf es zur Produktion eines Autos auch genau 50 Arbeitsgänge. Welche Organisationsform würde sich für die Vierrad GmbH eignen? Es gibt zwei mögliche Alternativen: Entweder produziert jeder Mitarbeiter in einer Woche genau ein Auto, indem er alle 50 Arbeitsschritte für das Auto selbst ausführt, oder jeder Mitarbeiter führt ein und denselben Arbeitsgang für alle 50 Autos aus.

Die erste Möglichkeit soll hier als *generalisierte Organisationsform* bezeichnet werden. Sie zeichnet sich durch folgende Merkmale aus: Die Arbeit gibt jedem Mitarbeiter die innere Befriedigung, ein Auto von Anfang bis Ende selbst herzustellen. Der Fertigungsprozeß ist relativ ineffizient, da jeder Arbeiter seine eigenen Werkzeuge haben muß und beim Wechsel zwischen den einzelnen Arbeitsschritten sehr viel Zeit verlorengeht. Jeder Arbeiter muß zudem alle 50 Fertigungsschritte beherrschen, und bei den Endprodukten können fertigungsspezifische Unterschiede zutage treten.

Beim zweiten Organisationsmuster, das hier als *spezialisierter Arbeitsstil* bezeichnet werden soll, verläuft der Fertigungsprozeß relativ effizient, die Arbeit ist jedoch recht monoton, da die Arbeiter nicht verschiedene Fertigungsschritte vollziehen können. Zudem wird nur ein statt der 50 Werkzeugsätze gebraucht. Jeder Arbeiter braucht nur für einen Montageschritt angelernt zu werden, und die in Fließbandmanier ausgeführte Arbeit bietet ausreichend Gelegenheit zur Verbesserung der für diese Montagetätigkeit benötigten Fähigkeiten. Die Endprodukte sind in fertigungstechnischer Hinsicht mehr oder weniger identisch. Bei Produktionsbeginn ist der 50ste Arbeiter während der ersten 49 Arbeitsschritte unbeschäftigt, und das gegenteilige Problem ergibt sich auch am Ende eines Produktionslaufs. Diesem Problem kommt in solchen Unternehmen nur eine geringfügige Bedeutung zu, in denen sich der Produktionslauf über mehrere Wochen oder Monate erstreckt oder Arbeitern zwischenzeitlich andere Aufgaben zugewiesen werden können.

Die Geschäftsleitung der Vierrad GmbH muß sich auch mit Fragen der Koordination bzw. Steuerung der in einzelne Arbeitsschritte unterteilten Arbeit beschäftigen. Bei der generalisierten Organisationsform ist nur wenig Koordination erforderlich. Eine Führungskraft muß dafür Sorge tragen, daß die Endprodukte sich fertigungstechnisch entsprechen, und - sofern dies nicht der Fall ist - muß er den Fertigungsprozeß dergestalt ändern, daß bei der künftigen Produktion das gewünschte Resultat erzielt wird. Falls es in der Fertigungshalle beispielsweise zu wenige Schweißgeräte oder Lackiermaschinen gibt, muß sich jemand um die Verteilung der entsprechenden Werkzeuge kümmern, damit sichergestellt ist, daß sie für alle Arbeiter auch verfügbar sind. Die Koordination ist bei dieser Organisationsform im Grunde dadurch gegeben, daß alle Aufgabenbereiche, die zur Herstellung eines Automobils erforderlich sind, in einer einzigen Tätigkeit zusammengefaßt sind, die von einer Person durchgeführt wird.

Die spezialisierte Organisationsform erfordert umfassendere und schwerer zu realisierende Koordinationsmuster als die generalisierte. Um dies zu verdeutlichen, wird im folgenden noch einmal auf das Beispiel der Vierrad GmbH zurückgegriffen. Gesetzt den Fall, zur Ausführung eines jeden der 50 Fertigungsschritte muß eine unterschiedliche Zeitdauer veranschlagt werden. Zudem soll vorausgesetzt werden, daß sich die Unternehmensführung das Ziel gesetzt hat, 200 Autos pro Woche mit einer Belegschaft von 200 Mitarbeitern zu fertigen. Der generalisierte Organisationsstil bleibt im Grunde unverändert, da sich das bisherige Fertigungsmuster praktisch nur um den Faktor 4 vergrößert. Bei der Fließbandproduktion gemäß spezialisierter Organisationsform führen mehrere Mitarbeiter jetzt den gleichen Arbeitsschritt aus und nicht mehr wie früher einen pro Person.

Bei einer solchen Fertigung nach Fließbandmanier sind zwei Koordinationsmuster erforderlich. Das eine ist *Synchronisation*: Jeder Fertigungsschritt muß mit der entsprechenden Geschwindigkeit ausgeführt werden, damit Engpässe auf der Fertigungsstraße vermieden werden. Der zweite Gesichtspunkt betrifft den Aspekt *Integration*: Hier muß beispielsweise sichergestellt sein, daß die von verschiedenen Mitarbeitern verarbeiteten Dichtungsringe identisch sind und zu dem von einem weiteren Mitarbeiter gefertigten Motorblock passen. Unter den Integrationsaspekt fällt auch, eine Lösung zu finden, wenn Dichtungsringe und Motorblöcke nicht aufeinander abgestimmt sind. Der diesbezügliche Koordinationsaufwand läßt sich reduzieren, indem die *Standardisierung* verbessert wird - beispielsweise dadurch, daß man genaue Normen und Produktspezifikationen vorgibt, denen alle gefertigten Teile entsprechen müssen. Dort, wo derartige Standardisierungsmaßnahmen möglich sind (beispielsweise in einem gut durchdachten und wiederholbaren Fertigungsprozeß), reduziert sich die erforderliche Koordination auf die Beseitigung von kleineren Pannen im Produktionsablauf.

5.4 Organisatorische Komplexität und die Theorie von Mintzberg

Das obige Beispiel sollte unter anderem verdeutlichen, wie komplex und schwerwiegend Entscheidungen hinsichtlich der Organisationsstruktur sind. Um 200 Automobile pro Woche mit 200 Beschäftigten zu fertigen, müßte sich die Vierrad GmbH für eine Mischform zwischen generalisierter und spezialisierter Organisationsstruktur entscheiden: zwischen einem geringeren Verwaltungsaufwand und höherer Fertigungseffizienz, zwischen einer Belegschaft mit umfassenden Fertigungskenntnissen und einer mit Spezialkenntnissen, zwischen einer gewissen Bandbreite bezüglich Produktspezifikationen und einer strengen Produkt- und Prozeßstandardisierung. Mit diesen Wahlmöglichkeiten wird nahezu jedes, noch so einfach strukturierte Unternehmen konfrontiert, auch wenn es nur zwei mögliche Formen der Arbeitsteilung gegeneinander abwägen muß. Ein konkretes Unternehmen muß sich allerdings mit ungleich mehr Alternativen auseinandersetzen.

Durch Arbeitsteilung setzt ein Unternehmen deutlich mehr Prozesse in Bewegung, als nur Arbeit in kleinere Teilbereiche zu unterteilen. Gleichzeitig damit werden Informationsnetzwerke und Kanäle bezüglich des Materialflusses erforderlich. Zur Koordination gehört die Aufteilung des Entscheidungsprozesses auf unterschiedliche Instanzen und die Festlegung der Kompetenzstrukturen im Unternehmen. Mintzberg hat fünf wesentliche Strukturen festgestellt, die in jedem Unternehmen anzutreffen sind [Mintzberg, 1979]. Diese fünf Strukturen (drei davon werden später noch weiter unterteilt) werden im folgenden dargestellt:

1. Struktur der formalen Kompetenz
2. Struktur der die Geschäftsabwicklung betreffenden Prozesse
   - Bewältigung des Arbeitsablaufs
     - für den Arbeitsablauf erforderliche Materialien
     - für den Arbeitsablauf erforderliche Informationen
   - Kontrollmechanismen

- Informationsmuster der betrieblichen Personal- und Linienorganisation

3. Informelle Kommunikationsstrukturen
   - tätigkeitsspezifisch
   - nicht tätigkeitsspezifisch
4. Fachspezifisches Know-how
5. Struktur des Ad-hoc-Entscheidungsprozesses
   - Entscheidungen, das operative Geschäft betreffend
   - Administrative Entscheidungen
     - Koordinationsspezifische Entscheidungen

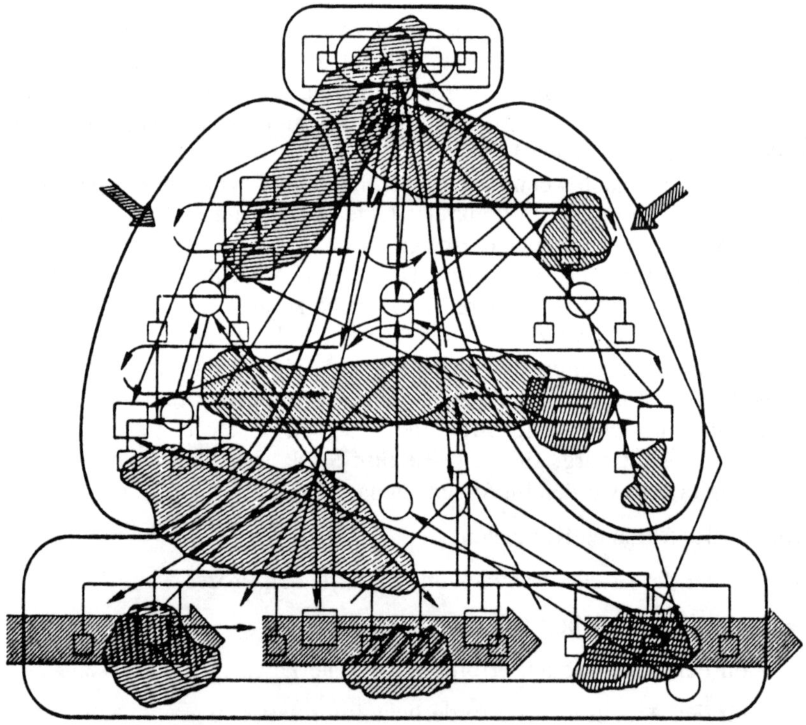

Bild 5.5 *Das Funktionsmuster eines Unternehmens.*

- Außerplanmäßige Entscheidungen

• Strategische Entscheidungen

Werden diese fünf Strukturen und deren Komponenten in einem Schaubild zusammen angeordnet, so dürfte deutlich werden, wie schwer sich eine Untersuchung der Organisationsstruktur gestalten kann (siehe Bild 5.5)[2]. Auch Mintzberg kann nicht mit Sicherheit behaupten, daß es neben seinen Strukturen nicht noch zusätzliche Strukturen gibt.

5.5 Ein modellhaftes Organisationsmuster einer DV-Abteilung

In diesem Abschnitt soll ein Organisationsmuster vorgestellt werden, das auf eine mittlere bis größere DV-Abteilung zugeschnitten ist. Hierbei soll untersucht werden, wie sich die Arbeit der DV-Abteilung in einzelne Teilgebiete untergliedern und anschließend koordinieren läßt. Die wesentliche Aufgabe der Abteilung besteht darin, Computersysteme zu fertigen, die die übrigen Unternehmenszweige in ihren Tätigkeiten unterstützen. Der Einfachheit halber soll vorausgesetzt werden, daß die Fertigung und Installation eines Rechnersystems, im folgenden als Projekt bezeichnet, in drei Arbeitsschritten vonstatten geht: die Entscheidung, was produziert werden soll, dann Produktion und daran anschließend Installation und Wartung.

Für Projekte dieser Größenordnung soll hier die spezialisierte Organisationsform als grundlegende Struktur gewählt werden. Obwohl sich die generalisierte Operationsform durchaus für Kleinprojekte anbietet, ist es bei komplexeren Projekten nicht ratsam, ein personell gleichbleibendes Projektteam alle Arbeitsschritte ausführen zu lassen. Die hierzu erforderlichen Fähigkeiten würden die Möglichkeiten eines jeden übersteigen. Des weiteren wäre es unrentabel, einen Systemanalytiker mit Aufgaben der Programmkodierung zu betrauen.

Aber auch ein auf der Grundlage der spezialisierten Organisationsform durchgeführtes Projekt bringt seine Probleme mit sich. Ein Projekt, das der Fertigung eines Computersystems dienen soll, in Fließbandmanier durchzuführen, ist etwas ganz anderes als die Fließbandfertigung bei der Vierrad GmbH. Zum einen werden am Fließband der Vierrad GmbH Hunderte von identischen Produkten gefertigt, wohingegen jede "DV-Fließbandfertigung" (Projekt) zu einem einzigartigen Produkt führt. Folglich kann die Standardisierung bei dem Automobilhersteller recht problemlos durchgeführt werden, wohingegen zwei DV-Projekte, so ähnlich sie auch einander sein mögen, nie in dem Maße identisch sind wie gefertigte Autos. Aus diesem Grund sind zusätzliche Koordinationsmaßnahmen bei DV-Projekten unab-

2 Henry Mintzberg, THE STRUCTURING OF ORGANIZATIONS, 1979, S.64.

dingbar, um so den Mangel einer umfassenden und vollständigen Standardisierung wettzumachen.

Der Automobilhersteller hat lange Produktionsläufe. Ein DV-Projekt zeichnet sich demgegenüber durch einen einstufigen Produktionslauf aus. Falls das DV-Personal und andere Ressourcen nicht auf verschiedene Projekte verteilt werden, kommt es zu einer grassierenden Untätigkeit. Dies entspricht etwa dem oben skizzierten Problem beim Produktionsstart. Da sich Software- und Hardwaretechnologien viel rasanter als die im Automobilgewerbe zugrundeliegenden Technologien verändern, ist ein gehöriges Maß an Koordination erforderlich, um sicherzustellen, daß die Projektbeteiligten die geeignetsten modernen Technologien bei ihren Aufgaben einsetzen und ihre Technologien aufeinander abgestimmt sind.

Da es bei der Durchführung eines DV-Projektes in Fließbandmanier zu den beschriebenen Schwierigkeiten kommt, sind in diesem Fall zwei Vorgesetzte erforderlich. Der erste, als *Projektleiter* bezeichnet, trägt die Verantwortung für ein einziges Projekt und das gefertigte Produkt. Der zweite wird als *Personalleiter* bezeichnet und ist für die Bereitstellung von Fachkräften für jede Projektphase und die größtmögliche Standardisierung der angewandten Techniken verantwortlich. Er trägt zudem Sorge für das Wohlbefinden und die interne Fortbildung der ihm unterstehenden Mitarbeiter.

Wegen dieser Kompetenzaufteilung untersteht jeder Mitarbeiter des DV-Projekts fachlich dem Projektleiter und disziplinarisch dem Personalleiter. Dies kommt in Bild 5.6 zum Ausdruck, wo die Kompetenzen des Projektleiters in horizontaler und diejenigen des Personalleiters in vertikaler Richtung verlaufen. Diese Organisationsstruktur wird auch als *Matrixorganisation* bezeichnet.[3] Dieser Struktur bedient man sich in der Geschäftswelt nahezu ausschließlich, weil sie den folgenden Vorteil bietet: Linienvorgesetzten obliegt die Verantwortung für bestimmte Projekte, wohingegen Personalvorgesetzte die personellen Anforderungen unterschiedlicher Projekte miteinander in Einklang bringen, eine hohe Qualität innerhalb jeder Spezialdisziplin (beispielsweise Analyse oder Hardwarebeschaffung) gewährleisten und für die Standardisierung Sorge tragen. Diese Sonderform der Matrixorganisation wird von Sayles als *veränderliche Matrixstruktur* (*shifting matrix structure*) bezeichnet, da sich ihr Erscheinungsbild infolge von Projektbeendigungen oder -annulierungen [Sayles, 1976] verändert. Auch die personelle Zusammensetzung ändert sich in regelmäßigen Zeitabständen in vertikaler Richtung: Mitarbeiter werden von einem Projekt abgezogen und für ein neues Projekt freigestellt. Natürlich gibt es unter den Projektmitarbeitern auch in horizontaler Richtung eine Fluktuation: beispielsweise durch die Übernahme anderer Aufgabenbereiche (beispielsweise der Wechsel von der Wartung zur Analyse). Diese Fluktuationen kommen aber deutlich seltener vor als solche in vertikaler Richtung.

---

3 In einigen Großunternehmen finden sich auch dreidimensionale Strukturen, in denen beispielsweise auch unterschiedliche geographische Standorte berücksichtigt sind. Vierdimensionale Strukturen sind theoretisch möglich, ihre Komplexität macht sie aber für die praktische Verwendung ungeeignet.

Der wesentliche Nachteil der Matrixorganisation besteht darin, daß jeder Mitarbeiter zwei Vorgesetzten verantwortlich ist: einem Linien- und einem Personalvorgesetzten.[4] Es werden zusätzliche Führungskräfte benötigt, wodurch sich der für ein Projekt veranschlagte Aufwand vergrößert und auch der Kommunikationsbedarf zunimmt. Entscheidungen, die früher nur vom Projektleiter getroffen wurden, können jetzt nur nach Billigung des Personalleiters in die Tat umgesetzt werden. Kommt es zwischen beiden Vorgesetzten zu Unstimmigkeiten, so setzt die Matrixstruktur gestandene Führungspersonen voraus, die in den Worten Sayles "ihre Konflikte auf dem Wege persönlicher Gespräche unter Gleichen statt durch Bemühung formaler Kompetenzen lösen." Mintzberg schreibt hierzu: "Matrixstrukturen eignen sich nur für Unternehmen, die bereits den strukturellen und organisatorischen Kinderschuhen entwachsen sind."

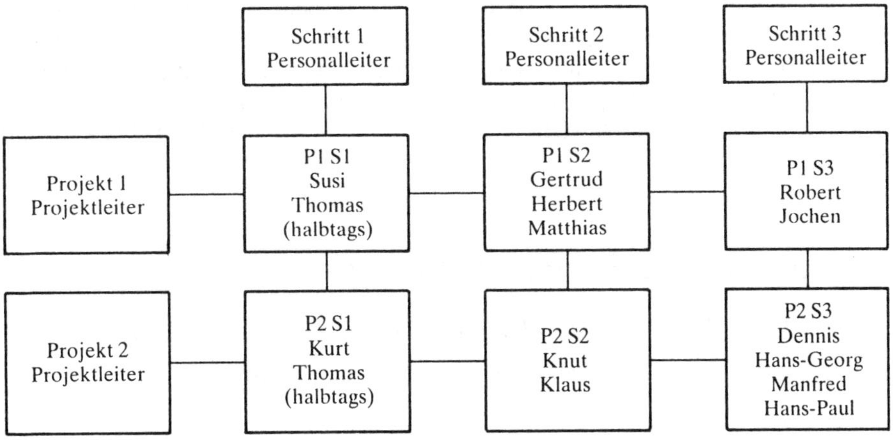

Bild 5.6 *Zweidimensionale Berichtsstruktur.*

Die Matrixorganisation zieht eine Gewaltenteilung zwischen Projekt- und Personalleiter nach sich. Falls einer von beiden eindeutig die Oberhand gewinnt, wird aus der Matrixstruktur entweder eine reine Personalstruktur oder eine herkömmliche Projektstruktur. In beiden Fällen gehen die Vorzüge der Matrixorganisation verloren, obwohl deren Nachteile bestehen bleiben.

In Bild 5.7 wird eine mögliche Matrixorganisation für eine durchschnittliche DV-Abteilung vorgestellt. Die Personalbefugnis verläuft vertikal, die Projektbefugnis horizontal. In diesem Beispiel ist Peter Hummer der Personalleiter von sechs Mitarbeitern, von denen zwei an dem Projekt von Eberhard Becker, drei an dem von Stefan Schrott mitarbeiten und einer derzeit keinem Projekt zugeordnet ist. Becker ist

4 Befürworter der Matrixstruktur führen an, daß unabhängig von diesem Strukturtyp Kommunikationsmuster erforderlich sind, die Matrixstruktur den zusätzlichen Kommunikationsaufwand lediglich explizit offenlegt.

der Projektleiter von Projekt A, dem sechs Personen zugeordnet sind: zwei aus Peter Hummers Team, eine Halbtagskraft aus Petra Schmitts Gruppe, drei aus Franz Stallmayers Team und einer aus der Gruppe von René Lagerfeld. Die neun Mitarbeiter, die im unteren Teil der Graphik aufgeführt werden und derzeit an keinem Projekt mitarbeiten, sind - wie in Kapitel 13 noch ersichtlich wird - für andere Aufgaben abgestellt.

Besondere Beachtung in diesem Schaubild verdient der Benutzerrepräsentant (*user project producer*), auf den in Kapitel 6 noch näher eingegangen wird. Diese Funktion wird der Vollständigkeit halber hier aufgenommen, obwohl sie kein notwendiger Bestandteil einer Matrixstruktur ist. Die Benutzerrepräsentanten der Projekte B, C und D werden aus Gründen der Übersichtlichkeit nicht aufgeführt.

Zum Verantwortungsbereich des Personalleiters gehört die erfolgreiche Erledigung seines besonderen Aufgabenbereichs und die Führung seiner Mitarbeiter. Im folgenden werden anhand einiger Beispiele die Aufgabengebiete der in Bild 5.7 aufgeführten Personalleiter vorgestellt. Der Verantwortungsbereich des Projektleiters berührt hauptsächlich die Organisation und Abwicklung von Projekten (dieser Aspekt kommt in den restlichen Kapiteln von Teil II zur Sprache). Seine Aufgabe besteht in der Verbesserung des betrieblichen Kerngeschäfts entsprechend der Aufgabenstellung seines derzeitigen Projektes.

Aufgabengebiete der Personalleiter

B. Lauter, Leiter der betrieblichen Informations- und Automationsdienste.

1. Förderung der Unternehmensziele, -konzepte, und -prinzipien.
2. Professionalisierung der Mitarbeiter der Abteilung.
3. Verbesserung des Entscheidungsrahmens der Geschäftsleitung durch Bereitstellung fristgerechter und verläßlicher Geschäftsinformationen.
4. Verbesserung des Kundendienstes, Senkung der Geschäftskosten und Steigerung des Umsatzes mittels integrierter Anwendung automatisierter und manueller Systeme.
5. Qualitätssicherung in der Abteilung.
6. Interessensvertretung der Abteilung gegenüber dem Gesamtunternehmen, insbesondere in bezug auf die erforderliche Ressourcenzuteilung zur Abteilungsführung.

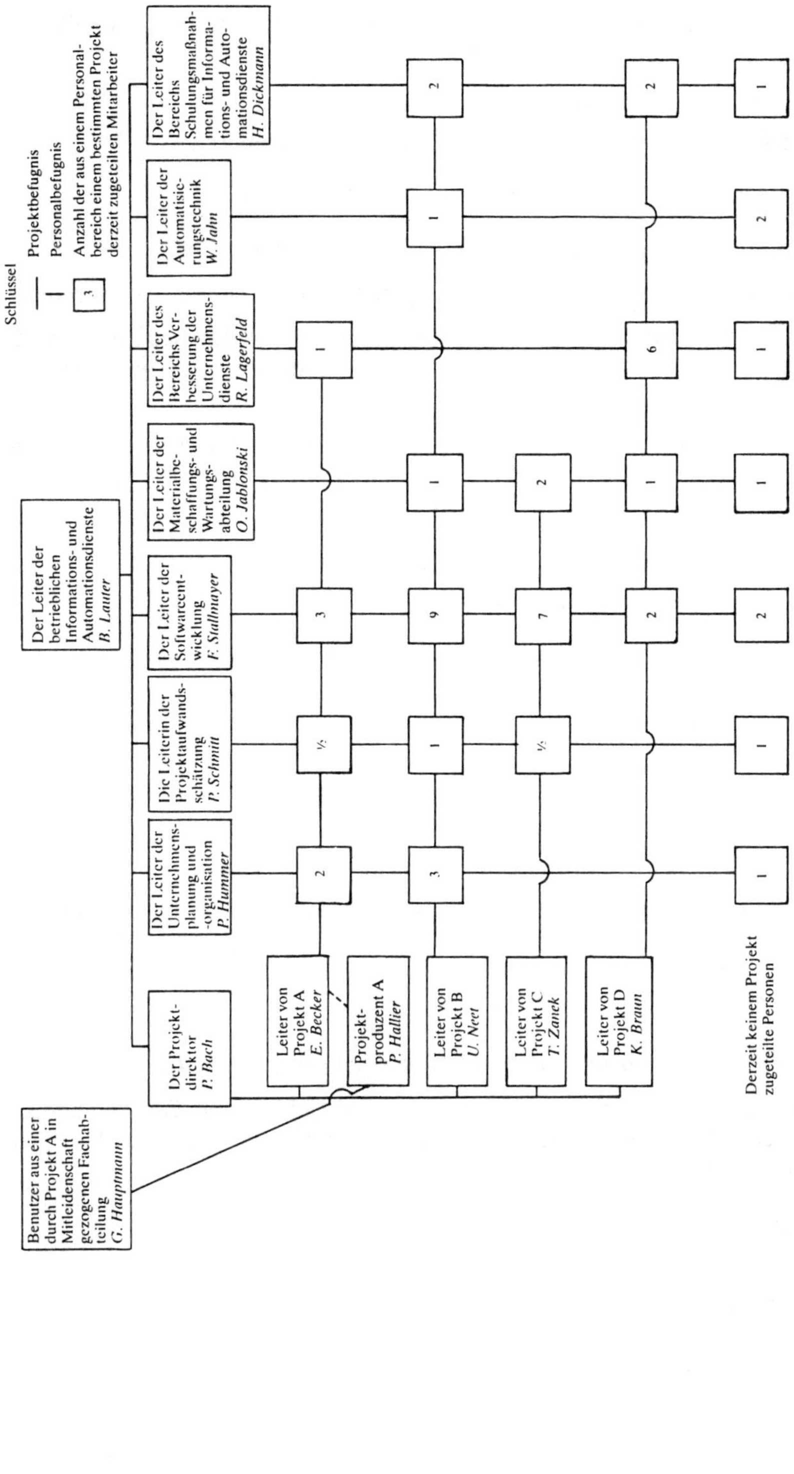

Bild 5.7 Matrixorganisation einer DV-Abteilung.

P. Bach, Projektdirektor[5].

1. Abstimmung der benötigten Projektressourcen mit den für die Abteilung bewilligten Ressourcen.
2. Ausübung der Führungsgewalt in der Abteilung.
3. Qualitätssicherung in bezug auf die Mitarbeiterrekrutierung.
4. Qualitätssicherung in bezug auf die Projektverwaltung.

P. Hummer, Leiter der Unternehmensplanung und -organisation.

1. Bereitstellung von Kenntnissen zum operativen Geschäft des Unternehmens.
2. Bestimmung von Marktchancen zur Verbesserung des betrieblichen Kerngeschäftes durch den integrierten Einsatz von automatisierten und manuellen Systemen.
3. Qualitätssicherung im Hinblick auf Techniken der Geschäftsanalyse: nämlich Analyse der Geschäftsstrategie, Problemdefinition, Prozedurale Analyse, Informationsanalyse usw.

P. Schmitt, Leiterin der Projektaufwandsschätzung.

1 Bereitstellung quantitativer Informationen zu bisherigen Projekten.
2. Zusammentragen quantitativer Informationen zu derzeit durchgeführten Projekten.
3. Bereitstellung quantitativen Feedbacks zu derzeitigen Projekten.
4. Qualitätssicherung in bezug auf die Projektschätzung sowie die quantitative und statistische Projektanalyse.

F. Stallmayer, Leiter der Softwareentwicklung.

1. Qualitätssicherung hinsichtlich der Softwareentwicklung: prozedurales und informationsspezifisches Design, Mensch/Maschine-Engineering, Computer/Computer-Software-Engineering, Programmierung, Softwarequalitätstests, Softwarequalitätsverbesserung, Software-Tools usw.

O. Jablonski, Leiter der Materialbeschaffungs- und Wartungsabteilung.

1. Beschaffung von Gerätschaften für den Automations- und Telekommunikationsbereich, die am besten den Bedürfnissen der Abteilung und des Unternehmens entgegenkommen.

---

5 Diese Position kann sowohl eine Personal- als auch eine Linienposition sein.

2. Betrieb und Pflege von Automations- und Telekommunikationseinrichtungen bei möglichst hoher Systemzuverlässigkeit.
3. Qualitätssicherung im Hinblick auf Beschaffung, Betrieb und Pflege der Gerätschaften zur Automation und Telekommunikation.

R. Lagerfeld, Leiter des Bereichs Verbesserung der Unternehmensdienste[6].

1. Sondierung von Möglichkeiten, die der Geschäftsleitung unter Verwendung vorhandener Produkte eine bessere Informationsgrundlage bieten.
2. Sondierung von Möglichkeiten hinsichtlich einer besseren betrieblichen Nutzung vorhandener automatisierter und manueller Produkte.
3. Integration von Projekten zur Realisierung bestimmter Möglichkeiten zwecks besserer Unterstützung des Unternehmens auf der Grundlage vorhandener Produkte.
4. Qualitätssicherung hinsichtlich der Feststellung und Realisierung von Möglichkeiten zur besseren Unterstützung des Unternehmens.

W. Jahn, Leiter der Automatisierungstechnik.

1. Identifikation, Kenntnis und Beurteilung neuer oder noch nicht erprobter Verfahren im Bereich der Automationstechnik.
2. Förderung der Automationstechnologie durch Forschung und Entwicklung.
3. Beurteilung der abteilungsspezifischen und betrieblichen Möglichkeiten zur Nutzung neuer bzw. noch nicht erprobter Entwicklungen im Automationssektor.
4. Qualitätssicherung in bezug auf die Automationstechnologie in den für die Unternehmensziele relevanten Bereichen.

H. Dickmann, Leiter des Bereichs Schulungsmaßnahmen für Informations- und Automationsdienste.

1. Erwerb und Angebot von Schulungsmaßnahmen im Automationsbereich.
2. Angebot von Schulungsmaßnahmen zum Betrieb der auf Abteilungsebene eingesetzten Dienste.
3. Beschaffung, Erstellung und Bereitstellung von Lehrmaterial zur Automationstechnologie und den abteilungsspezifischen Diensten.
4. Qualitätssicherung in bezug auf ständige Schulungsmaßnahmen und den Erwerb, Erstellung und Bereitstellung von Lehrmaterial.

6 Herkömmlich auch als Wartungsabteilung bekannt.

5.6 Anpassung der Matrix an die eigenen Bedürfnisse

Mit den vorherigen Ausführungen soll natürlich nicht der Eindruck erweckt werden, daß das in Bild 5.7 dargestellte Schaubild und die oben aufgeführte Liste mit Stellenbeschreibungen für jede betriebliche DV-Abteilung Gültigkeit hat. Da sich alle DV-Abteilungen voneinander unterscheiden, muß die vorgestellte Matrixstruktur den jeweiligen Gegebenheiten angepaßt werden. So sind beispielsweise die folgenden Änderungen denkbar:

- In einer *kleinen* DV-Anlage wird die Anzahl der Personalleiter entsprechend reduziert, indem mehrere Aufgabenbereiche zu einer Stelle zusammengefaßt werden. Im Extremfall gibt es keinen Personalleiter, und Bernd Lauter obliegen alle Personalverwaltungsfunktionen. Dies wäre die herkömmliche Organisationsstruktur einer kleinen betrieblichen DV-Abteilung.
- In einer DV-Abteilung *mittlerer Größe* könnte beispielsweise die Stelle von Franz Stallmayer in der Softwareentwicklung je nach Bedarf in mehrere Positionen unterteilt werden: eventuell Analyse und Design, Programmierung, Austesten der Software oder Tools. Empfehlenswert ist beispielsweise auch die Zusammenlegung der Positionen *Unternehmensplanung- und organisation*, *Analyse*, *Austesten und Verbesserung der Geschäftsdienstleistungen*. Hierbei sollte beachtet werden, daß die Unterteilung der Arbeit umfassendere Kommunikationsmuster erforderlich macht und den Entscheidungsprozeß auf mehrere Entscheidungsträger verteilt. Durch monolithische Arbeitsstrukturen werden die Beschäftigten überfordert und/oder dem zielgerichteten Einsatz von Fachwissen ein Riegel vorgeschoben.
- In einer *großen* DV-Abteilung müssen Positionen in der Personalverwaltung möglicherweise zusätzlich unterteilt werden, was eventuell zu mehr als zehn Personalleitern führt. Jedoch wäre es unzweckmäßig, daß so viele Führungskräfte Bernd Lauter unterstellt sind. Aus diesem Grund wird zwischen Bernd Lauter und den übrigen Personalleitern eine Führungsebene aus zwei oder drei Personalleitern eingerichtet. Hierbei muß jedoch darauf geachtet werden, daß diese Umstrukturierung nicht ein unüberschaubares Labyrinth aus Kommunikations- und Entscheidungsstrukturen nach sich zieht. Eine Möglichkeit zur Vermeidung eines solch verwickelten Organisationsmusters ist, den auf der unteren Ebene angesiedelten Führungskräften die Verantwortung für das betriebliche Arbeitsklima und den darüber geordneten Führungskräften die Aufgabenbereiche *Einstellung*, *Entlassung und Aufgabenzuweisung* zu übertragen. Dies läßt sich jedoch nur erfolgreich bewerkstelligen, falls alle vier involvierten Parteien - höhere und subalterne Personalleiter, Projektleiter und Mitarbeiter - sich entsprechend verhalten. Ansonsten bricht die ganze Struktur infolge unzulänglicher Kommunikation zusammen.

- Abschließend wird auch die Stelle von Patrick Bach in verschiedene Aufgabengebiete unterteilt: Einer der beiden Stelleninhaber ist dann für einzelprojektbezogene und der andere für projektübergreifende Aufgaben verantwortlich. Der erste Aufgabenbereich könnte zusätzlich von Bernd Lauter, dem Leiter der DV-Abteilung, bekleidet werden. Hierdurch ließe sich womöglich eine Abkopplung von Verantwortung und Kompetenz vermeiden. Andererseits könnte dies das Aufgabenfeld von Lauter dermaßen vergrößern, daß es kaum noch zu bewältigen ist.

5.7 Zusammenfassung

Das Arbeitsfeld eines Unternehmens läßt sich nur bewältigen, wenn es in unterschiedliche Aufgabenbereiche unterteilt und daraus anschließend bestimmte Einzelaufgaben gebildet werden, die den Mitarbeitern des Unternehmens zugewiesen werden. Um die gewünschten Ergebnisse zu erreichen, müssen diese Aufgabenbereiche koordiniert werden. Die grundlegende Organisationsstruktur eines Unternehmens richtet sich danach, wie das anfallende Aufgabengebiet unterteilt und die sich daraus ergebenden Aufgabenbereiche koordiniert werden.

Obwohl es unzählige mögliche organisatorische Pannen in einem Unternehmen gibt, treten acht organisatorische Problemfelder in DV-Abteilungen besonders häufig auf: zu komplexe Aufgaben, die von einer Person nicht zu bewältigen sind, unterqualifizierte Aufgaben, die einen Arbeitnehmer nicht ausfüllen oder die Kommunikationserfordernisse unnötig anschwellen lassen; zu viele Führungsebenen; eine nivellierte Führungsstruktur; die Trennung zwischen Kompetenz und Verantwortung; eine generalisierte Wissensstruktur, wobei jeder über alles ein wenig Bescheid wissen muß und das gediegene Fachwissen auf der Strecke bleibt; organisatorische "Hypochondrie", infolge derer eine Abteilung permanent in der Umstrukturierung begriffen ist, ohne je den angestrebten organisatorischen Idealzustand zu erreichen; betriebliche Intrigen und Querelen, die weniger daher rühren, daß Mitarbeiter so ihre Inkompetenz zu kaschieren versuchen, sondern vielmehr auf eine schwache formale Organisation zurückzuführen sind. Unter formaler Organisation wird das Organisationsmuster verstanden, wie es sich offiziell darbietet, wohingegen unter informeller Organisation das tatsächliche Beziehungsgewebe verstanden wird, wie es sich im tagtäglichen Miteinander der im Unternehmen zusammenarbeitenden Menschen herauskristallisiert.

Es gibt zwei wesentliche Methoden, um Aufgabenbereiche im Unternehmen zu Positionen zusammenzufassen: das generalisierte und das spezialisierte Verfahren. Bei ersterem wird ein umfassendes Aufgabenfeld in identische und voneinander unabhängige Teilaufgaben untergliedert und diese verschiedenen Personen zugewiesen. Bei letzterem wird die Arbeit in distinkte Arbeitsschritte unterteilt, und jeder Arbeitsschritt wird von einer Person (oder einer kleinen Gruppe) erledigt. Die spezialisierte Organisationsform ist effizienter, erfordert jedoch mehr Koordinationsaufwand als die generalisierte Organisationsform. Beide Strukturen stellen zwei extreme Organisationsformen dar, viele dazwischenliegende Mischformen aus spezialisierter und generalisierter Strukturausprägung sind jedoch möglich und auch praktikabel.

Eine effektive Organisationsform, die hier für einen typischen DV-Betrieb vorgeschlagen wird, ist die Matrixorganisation. Die projektbezogene Komponente der Matrix setzt sich aus Projekten zusammen, die mehr oder weniger entsprechend dem spezialisierten Organisationsmodell durchgeführt werden. Die personalbezogene Komponente der Matrix zeichnet für die Entwicklung und Koordination der Techniken verantwortlich, die bei den verschiedenen Projektschritten zur Anwendung gelangen, wie auch für die Bereitstellung von Projektmitarbeitern und die Fortbildung der an den Projekten beteiligten DV-Mitarbeiter.

Eine Matrixorganisation hat aber auch Nachteile. An erster Stelle ist hier der zusätzliche Verwaltungs- und Kommunikationsaufwand zu nennen. Des weiteren muß Vorsorge dafür getragen werden, daß die Meinungsverschiedenheiten zwischen Projekt- und Personalleitern einer Lösung zugeführt werden können, bevor sie die Arbeitsleistung der Mitarbeiter beeinträchtigen. Wegen des zusätzlichen Aufwands ist eine umfassende Matrixorganisation für kleine DV-Abteilungen ungeeignet, in denen mehrere Personalleiterpositionen zu einer Stelle zusammengefaßt werden sollten, um die Zahl der benötigten Führungskräfte zu reduzieren. In sehr großen und komplexen DV-Abteilungen kann sich eine zwischengeschaltete Führungsebene in der Personalverwaltung als notwendig erweisen, um die Kontrollbefugnisse des Abteilungsleiters einzugrenzen.

Keine Organisationsform ist perfekt. Aber ohne eine praktikable Organisationsform ist der Mißerfolg der DV-Abteilung bereits vorprogrammiert. Aus diesem Grund soll in den folgenden Kapiteln vorausgesetzt werden, daß Ihre DV-Abteilung - zumindest in gewissem Umfang - einem Organisationsmuster folgt, das die beiden Komponenten Projekt- und Personalleitung berücksichtigt.

Kapitel 5: Ratschläge für die Anwendung

1. Bei welchen Projekten, an denen Sie bislang mitgearbeitet haben, gab es eine Arbeitsaufteilung gemäß der spezialisierten und bei welchen eine Arbeitsaufteilung gemäß der generalisierten Organisationsform. Zu welchen Schwierigkeiten hinsichtlich Kommunikation und Koordination kam es bei der spezialisierten Organisationsform? Welche Probleme oder Ineffizienzen brachte die generalisierte Arbeitsmethode mit sich?

   Unterziehen Sie die derzeit in Ihrer DV-Abteilung durchgeführten Projekte einer näheren Betrachtung. Welche Probleme lassen sich in direkter Linie auf den Organisationsstil eines Projektes zurückführen? Welche Maßnahmen werden in die Wege geleitet, um diese Probleme zu beheben? Welche Maßnahmen sollten Ihrer Meinung nach durchgeführt werden?

2. Wie sieht das formale Organisationsmuster Ihrer Abteilung aus? Inwiefern unterscheidet sich das informelle Organisationsmuster davon? In welchem Maße geben soziale Beziehungsmuster der informellen Organisation ein anderes Gepräge als der formalen?

3. Welche Probleme in Ihrer Abteilung lassen sich Ihrer Meinung nach auf organisatorische Mängel zurückführen? Ließen sich diese ohne Heraufbeschwörung noch größerer Probleme aus der Welt schaffen?

6

Projektmanagement

Obwohl jedes DV-Projekt mit technischen Schwierigkeiten zu kämpfen hat, sind diese nicht der Hauptgrund für das Scheitern von Projekten. Die wirklich gravierenden Projektdefizite lassen sich auf ein unzulängliches oder unsachgemäßes Projektmanagement zurückführen, bei dem ein Projekt sehr schnell außer Kontrolle gerät. Das Projekt schlägt fehl, die mit ihm verbundenen Zielsetzungen bleiben unerfüllt, und das Projektteam muß sich frustriert einem anderen Aufgabenbereich zuwenden. In diesem Kapitel soll untersucht werden, was unter einem effizienten Projektmanagement zu verstehen ist und welche Managementaktivitäten sich verzeichnen lassen, die für den Projekterfolg von ausschlaggebender Bedeutung sind.

6.1 Definition von Projektmanagement

Was kann man unter dem Management eines Projekts eigentlich verstehen? Zwar hat jeder eine gewisse Vorstellung davon, was eigentlich unter dem Begriff *Management* zu verstehen ist, nichtsdestoweniger erscheint eine exakte Definition alles andere als einfach. In einem Lexikon findet sich unter dem Eintrag "leiten" etwa "kontrollieren" oder "eine führende Position bekleiden". "Kontrollieren" wird unter anderem als "führen", "leiten" umschrieben und "führen" oder "leiten" wiederum als "kontrollieren" bzw. "eine leitende Tätigkeit innehaben". Hier soll unter Projektmanagement oder auch Projektverwaltung die wiederholte Ausführung der folgenden fünf Tätigkeiten verstanden werden: Planung, Reorganisation, Integration, Schätzen und Revision - bis die mit dem Projekt verbundenen Zielsetzungen realisiert sind. Da jeder dieser fünf Begriffe unterschiedlich interpretiert werden kann, sollen die folgenden Definitionen das hier zugrunde gelegte Begriffsverständnis veranschaulichen.

- *Planung* umfaßt die Festlegung klar umrissener, detaillierter Teilaufgaben, die zwischen Projektstart und -ende erledigt werden sollen. Zur Planung gehört außerdem die Bestimmung des Arbeitsaufwands, der zur Erfüllung der Teilaufgaben erforderlich ist.

- Unter *Organisation* soll die Umsetzung der Ressourcen, die zur Ausführung der im Rahmenplan spezifizierten Arbeit erforderlich sind, in eine projektzielorientierte Struktur verstanden werden.
- *Integration* heißt die Gewährleistung des integrativen und reibungslosen Ressourceneinsatzes, insbesondere der Projektbeteiligten, während der Durchführung des Rahmenplans.
- Unter *Schätzen* wird das Einholen kontinuierlicher Feedback-Informationen - durch Vergleich der Soll- und Ist-Werte - während der Projektabwicklung verstanden.
- Unter *Revision* wird die Änderung des Rahmenplans, der Organisation und möglicherweise auch der Zielsetzungen verstanden. Beabsichtigt wird hiermit, Abweichungen zwischen Soll- und Ist-Werten, die bei der Schätzung zutage treten, entgegenzuwirken.

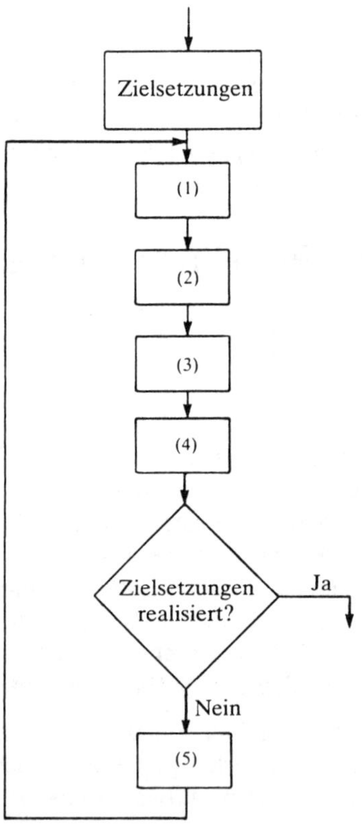

Bild 6.1 Flußdiagramm der Projektmanagementaktivitäten.

Hierbei ist zu beachten, daß jede dieser Aktivitäten geplant, organisiert, integriert, geprüft und revidiert werden kann. Eine solche Form von Meta-Management sollte jedoch nicht zu weit getrieben werden, da in diesem Fall zu viel Zeit in die "Planung des Plans" investiert werden muß, was dazu führen kann, daß letztendlich nichts zustande kommt.

6.1.1 Projektmanagementaktivitäten

Die fünf Tätigkeitsmuster werden entsprechend der im Flußdiagramm in Bild 6.1 dargestellten Reihenfolge durchgeführt.

Zielsetzungen festlegen
wiederholen

(1) Planung der zur Projektzielerfüllung erforderlichen Aufgaben

(2) Organisation der zur Aufgabenausführung erforderlichen Ressourcen

(3) Integration der Ressourcen und Beginn der Aufgabenausführung

(4) Soll-Ist-Vergleich

bis die Ziele realisiert sind

(5) Gegebenenfalls Revision des Plans, der Organisation oder Zielsetzungen

Ende der Wiederholung.

Im folgenden Abschnitt wird jedes dieser Tätigkeitsmuster detailliert untersucht.

6.2 Plan

Ein Plan hat für ein Projekt die Bedeutung, die einer Landkarte bei einer Reise zukommt. Der Plan gibt die Zwischenetappen auf dem Weg zur Realisierung des Projektes vor und bestimmt die Aufgaben und Arbeitsschritte, die das Projekt von einer Phase zur nächsten vorantreiben. Bei der Entwicklung eines Plans müssen die folgenden vier Gesichtspunkte berücksichtigt werden: langfristige und kurzfristige Planung, die zur Planerstellung verwendeten Quellen, die zur visuellen Planpräsentation eingesetzten Tools und die Strategie in bezug auf das Projekt und den eigenen Führungsstil.

6.2.1 Lang- und kurzfristige Planung

Der erste für ein DV-Projekt aufgestellte Plan besteht aus zwei Teilen: Im ersten Teil wird beschrieben, wie die besonderen Anforderungen des Benutzers (einschließlich Projektzielsetzungen und Gesamtanalyse) ermittelt werden, und im zweiten Teil wird detailliert ausgeführt, wie die Lösung zur Realisierung der Benutzeranforderungen (Design, Programmierung, Testphase, Installation, Schulung und Bedienung) implementiert werden soll.

Ein DV-Projekt kann in der Grobplanung von Anfang bis Ende skizziert werden, indem die wichtigsten Projektaktivitäten, wie Projektreichweite, Analyse usw., entsprechend dem sonst üblichen methodologischen Verfahren der betrieblichen DV-Abteilung aufgelistet werden. Ein detaillierter Plan läßt sich demgegenüber nur für einen eng begrenzten Zeitraum erstellen. So kann nach Bestimmung der Projektreichweite die Analysephase zwar recht umfassend geplant werden, nicht jedoch die Designphase, da sich eine Lösung erst genau spezifizieren läßt, nachdem das Problem detailliert umrissen wurde.

Ebensowenig läßt sich die Programmierphase detailliert planen, bevor man die Designphase erreicht hat.

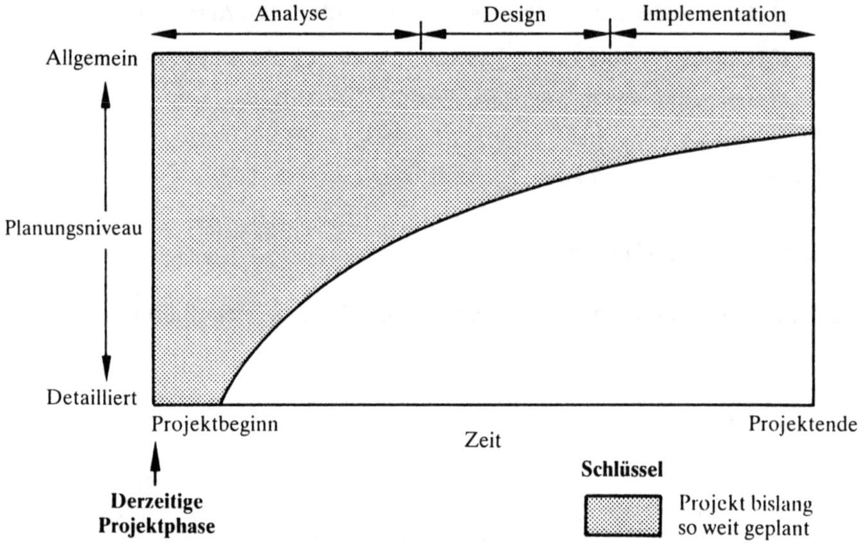

Bild 6.2 Planungsniveau bei Projektstart.

Aus den Bildern 6.2 und 6.3 wird deutlich, daß langfristige Pläne notwendigerweise weitaus allgemeiner als kurzfristige Planungsvorhaben gefaßt werden müssen. Gesetzt den Fall, mit einem Projekt soll die Effizienz und auch die Kundenzufriedenheit in einem Fertigungs- und Großhandelsunternehmen verbessert werden. Vor Projektbeginn ist allgemein bekannt, daß zu den Projektaktivitäten die Projektreichweite, Problemdefinition, Analyse, Softwaredesign, Programmierung, Austesten und Installation zählen. Nachdem die Problemdefinition vorliegt, können die Analyseaufgaben genauer spezifiziert werden. Hierzu gehören etwa Untersuchungen zu den Fertigungseinrichtungen, zum Inventar und Auslieferungslager, Bestellwesen, Betriebsmittelfluß und deren Verteilung, zu finanziellen Aspekten der Auslieferungs-

und Inventarkontrolle, zum Verhältnis von Inventar und Auftragseingang, Lagerschwund oder zurückgegebener Ware. Im Rahmen dieser Analyse werden wahrscheinlich auch Interviews mit Lagerverwaltern, Gabelstaplerfahrern, Lkw-Fahrern, Buchhaltern und Kunden durchgeführt und Datenflußdiagramme und Datenmodelle der relevanten Geschäftsbereiche erstellt.

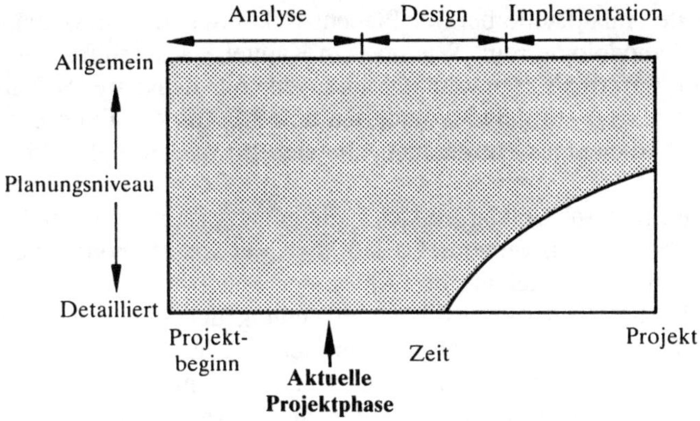

Bild 6.3 Planungsniveau nach Abschluß der Analyse.

Nach Fertigstellung der Analyse hat man eine brauchbare Vorstellung davon, welche Aufgabenbereiche auf EDV umgestellt, welche anders strukturiert werden müssen bzw. welche Bereiche unverändert bleiben. Ebenso läßt sich nunmehr wahrscheinlich umfassend skizzieren, welche DV-Transaktionsmuster und Utilities entwickelt werden müssen. So werden beispielsweise Transaktionen zur Auftragsannahme, Arbeitsablaufplanung, Stücklistenerzeugung und zu vielen anderen Tätigkeiten benötigt. Des weiteren sind womöglich Routinen zur Automatisierung der betrieblichen DV-Operationen oder für spezielle Sicherheitsbedürfnisse erforderlich. Zu diesem Zeitpunkt stehen die genauen Programmieranforderungen allerdings noch nicht unumstößlich fest (obwohl man womöglich schon eine ziemlich genaue Vorstellung davon hat). Aus diesem Grund liegt ein Detailplan für Programmieraufgaben erst nach Abschluß der Design-Phase vor.[1]

1 Viele Projektleiter betrachten einen Programmierplan, der bis auf die Ebene von Unterroutinen skizziert wird, als zu umfangreich, als daß er in einen das Gesamtprojekt betreffenden Rahmenplan aufgenommen werden sollte. Folglich überlassen sie die Aufstellung detaillierter Programmierpläne jedem Programmierer selbst - mit einer kurzen Aufgabenbeschreibung des Designers. Wenn eine Transaktion von mehreren Programmierern entwickelt wird, ist die Detailplanung ein durchaus akzeptables Verfahren.

6.2.2 Entwicklung eines Plans

Bei der Entwicklung eines Rahmenplans für ein DV-Projekt kann man sich vier hauptsächliche Quellen zunutze machen: die in der DV-Abteilung gebräuchliche Methodologie, eigene Erfahrungen, Erfahrungen des Projektteams und einschlägige Literatur. Die erste Anlaufstelle bei der Planentwicklung sollten einschlägige Handbücher zur DV-Methodologie sein. Wie noch in Kapitel 8 ausgeführt wird, enthalten diese Handbücher, sofern sie repräsentativ sind, jede nur denkbare Aufgabe, die bei der Ausführung eines DV-Projekts womöglich anfällt. Aus der Fülle der Aufgaben können Sie sich für diejenigen entscheiden, die sich für das spezielle Projekt am besten eignen.

Kurzfristige Projektphasen lassen sich recht genau planen, ein langfristiger Plan bleibt demgegenüber sehr allgemein. So läßt sich der im Methodologie-Handbuch enthaltene Abschnitt "Untersuchung des Anwenderbereichs" etwa in den Spezialfall "Untersuchung der Lagerverwaltung", "Untersuchung der Warenauslieferung" und so weiter und so fort umsetzen. Hingegen kann der Abschnitt "Design der physikalischen Datenbank" im Methodologie-Handbuch erst zu dem Zeitpunkt fallspezifisch angepaßt werden, wenn die Datenbankkomponenten bekannt sind. Dies ist womöglich erst am Ende der Informationsanalyse der Fall.

Falls Ihre DV-Abteilung über keine Methodologie verfügt, müssen Sie sich auf Ihre eigenen hinsichtlich DV-Projekten gemachten Erfahrungen verlassen, ergänzt durch die Erfahrungen der Projektmitglieder und einschlägige Literatur wie beispielsweise [Metzger, 1973; Dickinson, 1981]. Sie sollten alle Pläne oder Projektprotokolle, die für frühere Projekte erstellt wurden, zu Rate ziehen, um so eine vollständige Liste der erforderlichen Aufgaben erstellen zu können.

Eine Methode, derer Sie sich durchaus zur Projektplanung bedienen sollten, ist das gedankenmäßige Durchspielen des Projekts. Schließen Sie Ihre Augen, und stellen Sie sich die schrittweise Abwicklung der Projektetappen vor. Stellen Sie sich bei jedem Schritt die Frage: Was ist zur Ausführung dieser Aufgabe erforderlich? Welche Eingaben werden benötigt? Welche Tools müssen bereitgestellt werden? Welche Schulungsmaßnahmen sind notwendig? Wer muß an der Ausführung mitwirken? Die auf diese Fragen gegebenen Antworten führen wiederum zu weiteren Fragen: Was muß ich tun, um die zur Durchführung der Aufgabe erforderlichen Ressourcen zu erhalten? Welche anderen Aufgaben muß ich durchführen? Welche Meetings müssen abgehalten werden? Welche Reisevorkehrungen müssen getroffen werden? Welche Hardware muß ich einkaufen?

Der Vorteil einer solchen Vorüberlegung besteht darin, daß die kleinen, aber wichtigen praktischen Projektdetails, die bei der Verwendung formaler Methodologien gewöhnlich übersehen werden, berücksichtigt werden. Hierzu zählen beispielsweise die organisatorischen Aspekte einer Telekonferenzschaltung. Dieses Verfahren dürfte ungefähr 80 % aller Aufgaben und Ressourcen eines Projektes aufzeigen. Die übrigen Aufgaben und Ressourcen werden gewöhnlich durch Mithilfe anderer Projektbeteiligter identifiziert. Die Ratschläge anderer Projektmitarbeiter sind insbesondere in solchen Bereichen von unschätzbarem Wert, in denen Sie selbst kein ausgesprochener Fachmann sind.

6.2.3 Planpräsentation

Ich bediene mich gewöhnlich dreier Tools, die mir bei der Planung und visuellen Projektpräsentation helfen. Bei diesen Tools handelt es sich um das Datenflußdiagramm, das CPM-Chart (*Critical Path Method*) und das Gantt-Diagramm. Im folgenden werden die Vor- und Nachteile jedes einzelnen Tools vorgestellt. Im Anschluß daran wird gezeigt, welche besondere Funktion jedem Tool innerhalb des Planungsprozesses zukommt.

Beim Datenflußdiagramm handelt es sich nicht um ein traditionelles Planungstool. Zur Planung eignet es sich ausgezeichnet, da sich mit seiner Hilfe allgemeine Aktivitäten und deren Bestandteile als detaillierte Aufgaben veranschaulichen lassen. Ein zweiter Vorteil bei der Verwendung des Flußdiagramms zu Planungszwecken besteht darin, daß sich damit nicht nur Aufgaben, sondern auch die hierzu erforderlichen Ressourcen veranschaulichen lassen. Indem man nachvollziehen kann, wie das Ergebnis einer Aufgabe als Vorgabe für eine andere dient, lassen sich mangelhaft durchgeführte Aufgaben bzw. unzweckmäßig eingesetzte Ressourcen ausmachen. Des weiteren können die im Flußdiagramm enthaltenen Informationen durch ein Data-Dictionary und "Kleinstspezifikationen" ergänzt werden.

Aus den angeführten Gründen ist das Flußdiagramm das erste Tool bei der Planaufstellung. Viele moderne DV-Methodologien werden im Rahmen eines generischen Projekts in Form eines Flußdiagramms dargestellt, da sich ein Flußdiagramm recht einfach auf ein spezielles Projekt zuschneiden läßt. Ein anderer Vorteil des Flußdiagramms als anfängliches Planungstool besteht darin, daß man sich bei seiner Verwendung auf die zugrundeliegenden Interdependenzen zwischen den Aufgaben konzentrieren muß, bevor der im CPM-Chart unterbreitete komplexe Sachverhalt hierfür den Blick trübt.

Nach der Entwicklung eines Flußdiagramms, in dem die beabsichtigten Projektaktivitäten möglichst detailliert aufgeführt sind, kann ein CPM-Chart entworfen werden.[2] Das CPM-Chart veranschaulicht auch den zeitlichen Ablauf betreffende Sachverhalte, die im Flußdiagramm nicht berücksichtigt sind - einschließlich der Dauer einer Aufgabe -, und liefert Angaben darüber, ob der Beginn einer Aufgabe von der Fertigstellung einer anderen abhängt. In der Tat lassen sich aus einem Flußdiagramm zahlreiche CPM-Charts entwickeln, von denen jedes eine unterschiedliche zeitliche Abfolge der einzelnen Aufgaben aufweist. Das von Ihnen gewählte Konzept hängt in erster Linie von Ihrer Projektstrategie und in zweiter Linie von den Ihnen verfügbaren Ressourcen ab. Das CPM-Chart zeigt jedoch nicht so deutlich wie das

2 In Anhang A wird ein einfaches Beispiel dafür gezeigt, wie sich ein Flußdiagramm in ein CPM-Chart umwandeln läßt.

Flußdiagramm, in welcher Form die Ergebnisse einer Aufgabe als Eingabe für eine weitere Aufgabe dienen.

In Bild 6.4 wird ein CPM-Chart für ein DV-Projekt vorgestellt. Im Chart wurden viele Einzelheiten weggelassen. So wurden beispielsweise nur einige Aktivitäten zur Projektreichweite, Problemdefinition und Grobanalyse, Feinanalyse, Design, Programmierung, Testphase und Installation aufgenommen. Das CPM-Chart ist zudem recht unverbindlich (es könnte für beliebige Projekte zutreffen) und dürftig (das System verfügt über nur acht Transaktionen).

Das dritte Tool, das Gantt-Diagramm, hat den großen Vorzug, daß es einfach ist. Es veranschaulicht die Dauer jeder einzelnen Aufgabe und womöglich diejenige(n) Person(en), die die Aufgabe ausführt (ausführen). Einem Gantt-Diagramm läßt sich nicht entnehmen, in welcher Form die Ergebnisse einer Aufgabe als Eingabe für eine andere Aufgabe dienen oder wie der Aufgabenbeginn von der Fertigstellung einer anderen Aufgabe abhängt.

In Bild 6.5 verdeutlicht ein Ausschnitt aus einem Gantt-Diagramm Erstellung, Entwicklung, Test und Installation von X, wobei X zum Beispiel eine Hardware- oder Softwarekomponente sein kann. Das Diagramm veranschaulicht ebenfalls die Erstellung und Produktion von Schulungsmaterial für X. Dieses Gantt-Diagramm ist derart einleuchtend, daß es wohl kaum detailliert beschrieben werden muß. Es zeigt beispielsweise, daß Mitarbeiter A mit dem Design von X am 15. März beginnt und die Aufgabe am 5. April beendet.

Für die Gesamtprojektplanung ist das Gantt-Diagramm nicht leistungsfähig genug. Jedoch ist es ein nützliches Hilfsmittel zur Verdeutlichung der Wechselbeziehungen zwischen Ressourcen und Aufgaben. Auf das Gantt-Diagramm und dessen wichtige Funktion bei der Projektorganisation wird auch in Abschnitt 6.3 eingegangen.

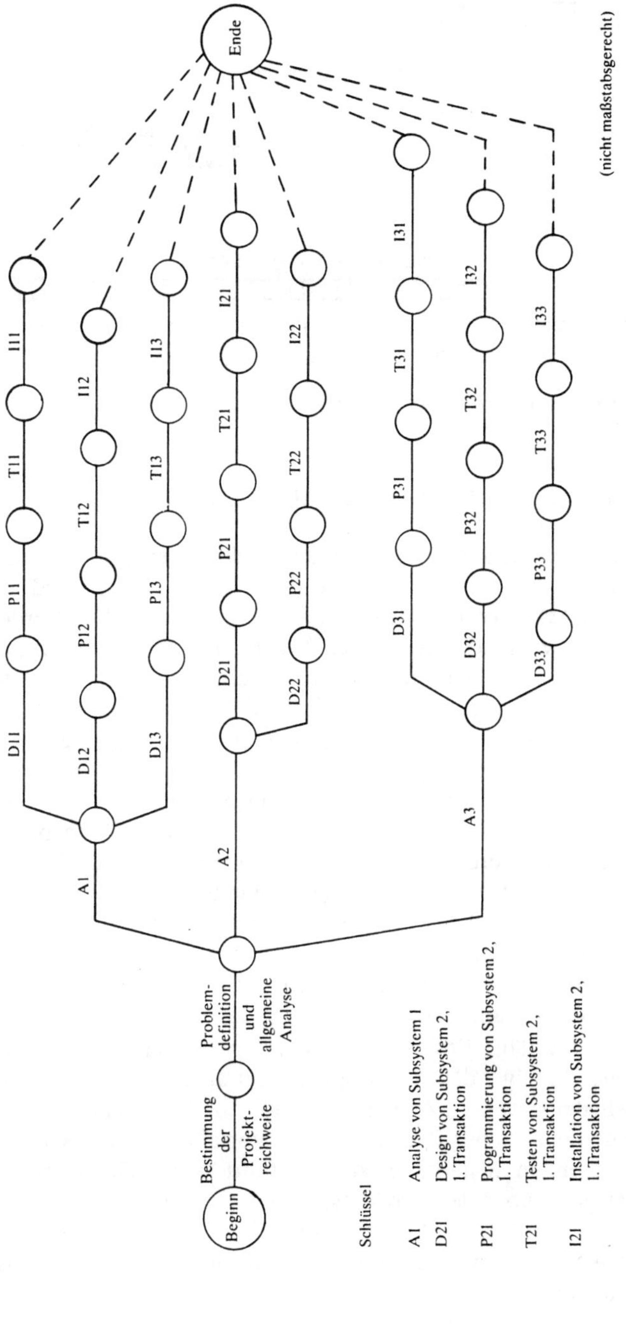

Bild 6.4 Beispiel eines CPM-Charts.

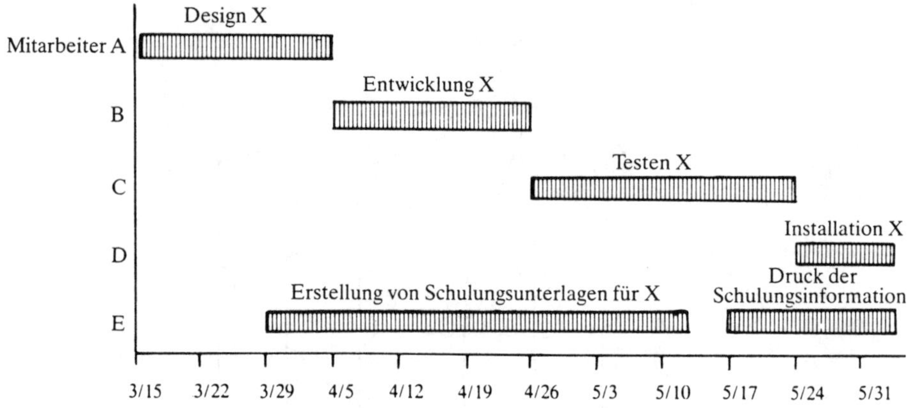

Bild 6.5 *Beispiel eines Gantt-Diagramms.*

6.2.4 Entwicklung der Projektstrategie

Projektstrategien können auf einer Skala angeordnet werden, wobei sich an den jeweiligen Extrempunkten ultrakonservative (extrem vorsichtige) und ultraprogressive (extrem wagemutige) Projektstrategien ansiedeln lassen. Zur Verdeutlichung des Unterschieds zwischen beiden Strategien soll im folgenden das in Bild 6.4 vorgestellte CPM-Chart, dem keine Strategie zugrundeliegt, modifiziert werden. Die Aufgaben werden durchgeführt, sobald die erforderlichen Eingaben verfügbar sind.

Bei der ultrakonservativen Strategie kann eine Projektphase erst nach dem Abschluß der vorherigen Etappe begonnen werden. So ist bei der in Bild 6.6 vorgestellten ultrakonservativen Strategie die Ausführungsreihenfolge der Projektaufgaben so festgelegt, daß zuerst alle A-Aufgaben, anschließend alle D-Aufgaben, alle P-Aufgaben usw. durchgeführt werden. In diesem Bild wie auch in den Bildern 6.7 und 6.8 bleiben die Projektreichweite, Problemdefinition und Grobanalyse der Einfachheit halber unberücksichtigt, und aus eben diesem Grund wird die Ablaufreihenfolge auch nur ausschnittsweise gezeigt.

Bei der ultraprogressiven Strategie wird ein Projektabschnitt fertiggestellt, bevor an einem beliebigen anderen Abschnitt mit der Arbeit begonnen wird. Legt man das in Bild 6.4 vorgestellte Projekt zugrunde, so wird bei der ultraprogressiven Projektstrategie eine Abfolge der Aufgabenausführung entsprechend dem in Bild 6.7 vorgestellten Muster gewählt. Zu der übermäßigen Projektlänge kommt es deshalb, weil hier entgegen dem in der Praxis üblichen Verfahren vorausgesetzt wird, daß das Projekt nur von einem Mitarbeiter durchgeführt wird. Die ultraprogressive Projektstrategie hat gegenüber der ultrakonservativen einen besonderen Vorteil: Die ersten Ergebnisse sind früh verfügbar. Man braucht so beispielsweise nicht bis zur Fertigstellung der Analyse- und Designphase zu warten, bevor eine einsatzfähige Systemkomponente vorliegt.

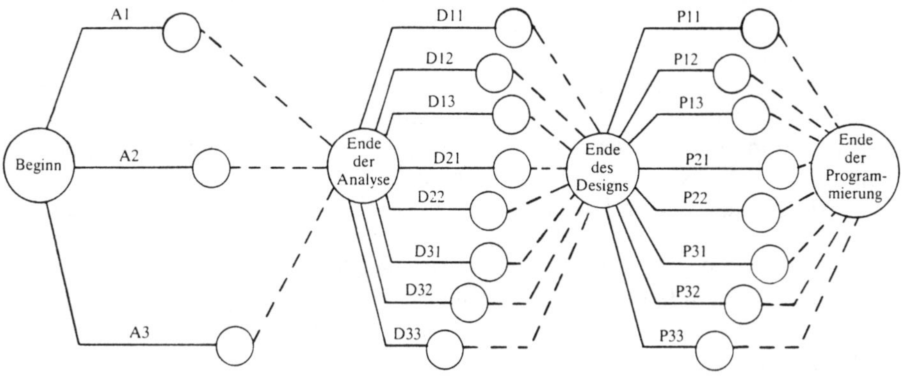

Bild 6.6 *Beispiel einer ultrakonservativen Strategie.*

Allerdings hat diese Strategie auch drei ernstzunehmende Nachteile. Da sich die Subsysteme zu Analysezwecken nicht isolieren lassen, läuft man so beispielsweise Gefahr, daß die Analyse A2 Fehler in A1 und in D11 bis einschließlich I13 zutage fördert, nachdem diese bereits fertiggestellt sind. In diesem Fall müssen womöglich alle Aufgaben neu durchgeführt werden, was gewaltige Mehrkosten nach sich zieht. Obwohl dieser schlimmste Fall in der Praxis kaum auftritt, wirft die ultraprogressive Strategie wegen notwendiger Modifizierungsmaßnahmen immer wieder Mehrkosten auf. Unter solchen Nachbesserungen leidet gewöhnlich auch die Systemqualität, da einige Systemkomponenten womöglich bereits vor der eigentlichen Installation gewartet werden müssen.

Ein zweiter Nachteil der ultraprogressiven Strategie besteht darin, daß sie den Projektmitarbeitern viel abverlangt. Das Projekt bewegt sich permanent zwischen Analyse, Implementation und wieder zurück zur Analyse, wobei noch zahlreiche Design-/Implementationsphasen eingeschoben werden müssen. Die an die Mitarbeiter gestellten Anforderungen sind womöglich derart hoch, daß Sie sich gezwungenermaßen für einen generalisierten Arbeitsstil entscheiden müssen.

Drittens müssen Sie ein Projekt auf der Basis einer ultraprogressiven Projektstrategie immer mit mehreren Mitarbeitern entsprechend Bild 6.8 durchziehen. Bei diesem Plan gibt es fünf Spezialisten, von denen der eine für die Analyse, ein anderer für das Design, wieder ein anderer für die Programmierung, ein vierter für das Austesten und der fünfte schließlich für die Installation des Systems verantwortlich ist. Der Arbeitsablauf ähnelt in diesem Fall der Fließbandfertigung. Wenn genügend Personal zur Verfügung steht, läßt sich die Projektdauer verkürzen, da mehrere Aufgaben gleichzeitig durchgeführt werden können. Dies bedeutet aber auch, daß unterschiedliche Projektteile sich zu einem bestimmten Zeitpunkt in unterschiedlichen Projektphasen befinden. So ist ein Projektteil beispielsweise in der Analysephase, ein weiterer in der Design- und ein dritter in der Testphase. Aus diesem Grund läßt sich eine ultraprogressive Projektabwicklung nur schwer koordinieren. Wenn man zu dieser Schwierigkeit noch die unvermeidlichen Nachbesserungsarbeiten von Projektkomponenten hinzurechnet, ist leicht zu ersehen, daß dieses Organisationsmuster leicht zu chaotischen Zuständen führen kann. In der Tat schlagen nach ultraprogressivem Muster durchgeführte Projekte gerade aus diesem Grund fehl. Die Projektleiter, die frühe Projektergebnisse anstreben, sind nämlich in keinster Weise auf die Organisation des komplizierten Beziehungsnetzes von Aktivitäten in einem umfassenden, ultraprogressiv abgewickelten Projekt vorbereitet.

Zwischen den beiden Extremen - einmal die sichere, nur langsam voranschreitende ultrakonservative und zum anderen die waghalsige, schnelle, kostspielige, schwer zu handhabende ultraprogressive Projektabwicklung - liegen andere und weitaus praktikablere Strategien. Im folgenden sollen drei davon vorgestellt werden. Die erste besteht aus der inkrementellen Implementation, wobei die Analyse- und Designphase konservativ durchgeführt und die Programmier-, Test- und Installationsphase progressiv gehandhabt werden. Die zweite Kompromißstrategie ist das inkrementelle Design und Implementation. Hierbei wird nach der Analysephase von der konservativen zur progressiven Projektstrategie gewechselt. Die dritte Strategie, die zwischen der ersten und der zweiten angesiedelt ist, zeichnet sich dadurch aus, daß nach Abschluß von etwa 20 bis 30 % der Designphase von der konservativen zur progressiven Strategie übergewechselt wird, wodurch viele der bei der ultraprogressiven Strategie anfallenden Nachbesserungsaufgaben entfallen. Der Grund hierfür liegt darin, daß zum Zeitpunkt der Fertigstellung dieses Designabschnitts die meisten weitreichenden Schwierigkeiten in bezug auf das Gesamtdesign bereits zutage getreten sind. So liegen beispielsweise zu diesem Zeitpunkt die Zugriffs- und Berechtigungskonventionen beim gemeinsamen Datenzugriff und das Design für allgemeine Routinen zur Datenvalidierung bereits fest, da sie frühzeitig in der Designphase benötigt werden.

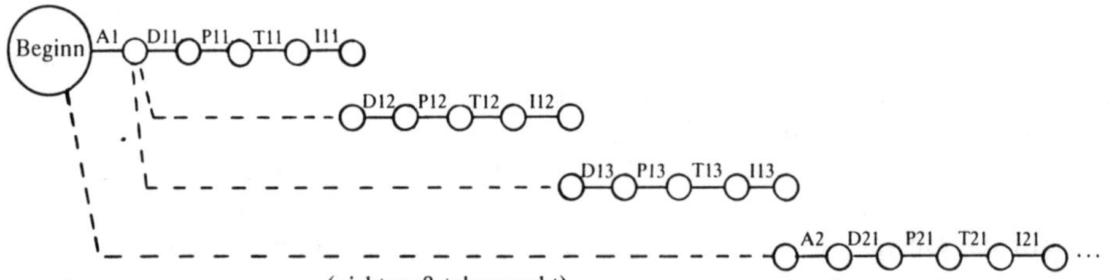

Bild 6.7 Beispiel einer ultraprogressiven Strategie mit einem Projektmitarbeiter.

Bei der Wahl einer Projektstrategie sollte man mehrere Faktoren einschließlich der von einem selbst bevorzugten Form des Projektmanagements berücksichtigen.

Falls Ihr Führungsstil eher vorsichtig und zurückhaltend ist, eignet sich für Sie die ultrakonservative Strategie besser als die progressive. Falls Sie sich mit kalkulierbaren Risiken noch recht wohl fühlen, dürfte eine eher radikalere Strategie für Ihren Zweck das richtige sein. Ein weiterer Aspekt betrifft Ihre Erfahrung als Projektleiter. Hier gilt als Faustregel, daß Sie bei nur geringer Erfahrung in diesem Bereich eine konservative Projektstrategie wählen sollten. Wollen Ihre Benutzer schnelle Ergebnisse? Falls dem so ist, sollten Sie der ultraprogressiven Strategie den Vorzug geben. Schließlich sollten Sie auch noch Ihr Budget berücksichtigen. Vergewissern Sie sich, ob Sie bei einem progressiven Projektstil anfallende Nachbesserungsmaßnahmen aus Ihrem Budget finanzieren können. Ich selbst tendiere zu der dritten hier vorgestellten Strategie, sofern sie anwendbar ist, da sie den bestmöglichen Kompromiß zwischen schnellem Ergebnis und sicherer Projektabwicklung verspricht.

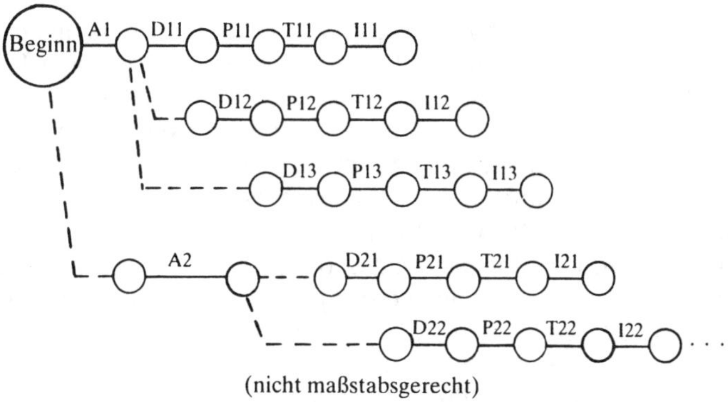

Bild 6.8 *Beispiel der ultraprogressiven Strategie mit mehreren Projektmitarbeitern.*

6.3 Organisation

Falls ein Plan die geistige Landkarte ist, die Sie Ihrem Projektziel näherbringt, dann kann die Organisation als Fahrzeug begriffen werden, mit dem Sie sich auf Ihr Ziel zubewegen. Das "Fahrzeug" besteht aus kooperierenden Teilen und wird als Projektgruppe bezeichnet. Eine Projektgruppe ist nur dann gut organisiert, wenn die folgenden vier Zielsetzungen erfüllt werden: Das Fachwissen eines jeden Mitarbeiters ist der ihm übertragenen Aufgabe angemessen; der gewählte Arbeitsstil, spezialisiert oder generalisiert, wird realisiert; es gibt während der Projektabwicklung möglichst wenige unausgelastete Mitarbeiter und Leerlaufphasen; jeder Mitarbeiter erledigt zu einem bestimmten Zeitpunkt nur eine Aufgabe.

Allerdings läßt sich ein Projekt in der Praxis kaum fehlerfrei organisieren, da die erfolgreiche Umsetzung der vier Ziele bei einem herkömmlichen Projekt nahezu unmöglich ist. Nichtsdestoweniger läßt sich eine größtmögliche Projekteffizienz und

-effektivität nur dann erzielen, wenn wirklich versucht wird, jedes Ziel zu realisieren. In den folgenden Abschnitten wird auf jeden Organisationsaspekt näher eingegangen.

6.3.1 Deckungsgleichheit von Fachwissen und Aufgabenstellung

Das erste Ziel erscheint auf den ersten Blick einleuchtend und erstrebenswert. Wer wünscht sich denn auch schon einen unzulänglich geschulten Analytiker zur Feststellung des benutzerseitigen Anforderungsprofils oder einen nicht sachkundigen Programmierer für die Anwendungsentwicklung. Es soll jedoch Projektleiter geben, die das Projektziel zu realisieren versuchen, indem sie Aufgaben vergeben, die genau auf den Wissensstand der Projektmitarbeiter zugeschnitten sind.

Die Beurteilung der Fähigkeiten eines jeden Projektmitarbeiters und die Zuweisung entsprechender Aufgaben dürfte nicht allzu schwerfallen. Dies gibt Ihnen auch das beruhigende Gefühl, daß jeder beschäftigt ist und - was noch wichtiger ist - mit Aufgaben beschäftigt ist, die er gerne erledigt. Die Arbeitszuweisung an Mitarbeiter - statt umgekehrt - ist aber zu schön, um wahr zu sein. In der Praxis sieht das Ganze nämlich anders aus. Bevor im folgenden auf die richtige Organisationsmethode - das heißt die Planung von Projektaufgaben und anschließende Abstellung geschulter Mitarbeiter - eingegangen wird, soll anhand eines Beispiels die Unzweckmäßigkeit der Arbeitszuweisung einzig auf der Grundlage der jeweiligen Fertigkeiten der Projektmitarbeiter veranschaulicht werden. Im vorliegenden Beispiel sitzt ein Projektleiter, der sein Projekt mangelhaft geplant hat, über der Liste mit den Mitarbeitern, die für sein Projekt abgestellt wurden. Dem Projekt wurden sechs Mitarbeiter zugeteilt. Diese haben die folgenden Positionen:

Robert, Analytiker	Hans, Programmier/Analytiker
Susanne, Analytikerin	Patrick, Datenbankentwickler
Petra, Programmiererin/Analytikerin	Rudolf, Chefprogrammierer/Entwickler (wird dem Projekt erst in einem Monat zugeteilt)

Weitere acht bis zehn Mitarbeiter werden später zum Projekt hinzustoßen. Der Projektleiter läßt sich mögliche Aufgaben für die einzelnen Mitarbeiter durch den Kopf gehen: "Robert und Susanne können sofort mit der Analyse beginnen, Petra hat aber bestimmt noch keine praktischen Erfahrungen in der Analyse. Na ja, sie muß es ja mal lernen. Ich stecke sie einfach in die Analysegruppe. Für Hans muß ich mir noch ein Aufgabe einfallen lassen.

Patrick ist ein IMS-Fachmann. Ich lasse ihn mit der vorbereitenden Arbeit für das Datenbanksystem beginnen. Der ist bestimmt froh, wenn er direkt voll in die Materie einsteigen kann.

Rudolf wird mir im nächsten Monat abgestellt. Prima! Bis dahin sollte die Analyse schon ziemlich weit vorangeschritten sein. Er kann zur Analysegruppe stoßen und denen noch paar Programmiertricks beibringen. Was mach' ich aber nur mit Hans? Ich könnte ihn für ein anderes Projekt freistellen, auf diese Art könnte ich ihn aber verlieren. Ich weiß es! Hans könnte für uns paar Software-Tools entwickeln. Das macht er sowieso gern und kniet sich da bestimmt voll rein."

Dieses unsystematische Nachdenken über mögliche Einsatzgebiete von Mitarbeitern, wie es dieser fiktive Manager macht, ist natürlich nicht der geeignete Weg. Die richtige Zuordnung von Mitarbeitern und Arbeitsgebieten ist nur bei vorheriger Planung gegeben. Für jede anfallende Aufgabe werden die erforderlichen Fertigkeiten vermerkt. Näheres hierzu finden Sie auch in anspruchsvollen Projektmethodologien. Als nächstes sollten Sie sich nach Maßgabe der verfügbaren Ressourcen einmal mit dem Personalleiter zusammensetzen und ihm die von Ihnen benötigten Anforderungsprofile nebst entsprechenden Mitarbeitern und Schätzungen darüber, wann und wie lange Sie die jeweiligen Mitarbeiter benötigen, unterbreiten.[3] Der Personalleiter weist Ihnen dann, sofern Sie das nötige Glück haben, die geeigneten Mitarbeiter mit den benötigten Fertigkeiten zu.

Leider geht das in der Praxis nicht so reibungslos vonstatten. Oft müssen Sie die Leute nehmen, die gerade abkömmlich sind, und daraus das Beste machen. Auch in diesem Fall sollten Sie keine Aufgaben definieren, die genau auf die Ihnen zugewiesenen Mitarbeiter zugeschnitten sind. Vergleichen Sie die Liste der von Ihnen benötigten Fertigkeitsprofile mit den Ihnen zugeteilten Personen und versuchen Sie, die Diskrepanz zwischen Soll- und Istzustand aus der Welt zu schaffen. Zunächst einmal versuchen Sie, andere Mitarbeiter mit für Ihren Zweck zutreffenderen Fertigkeiten zu bekommen. Falls Ihre Verhandlungen mit der Personalabteilung nicht fruchten, müssen Sie an Ihre Projektressourcen herangehen, um die gewünschten Voraussetzungen zu schaffen. Hierbei geben Sie einen Teil Ihres Projektbudgets für Schulungsmaßnahmen aus, um so das Wissensdefizit einiger Mitarbeiter auszubügeln. Geben Sie möglichst wenig aus, denn es ist natürlich keinesfalls die Aufgabe eines Projektleiters, Mitarbeiter auszubilden. Alternativ dazu könnten Sie Mitarbeiter in Teilzeit einstellen, um so Personal mit den benötigten Fertigkeiten zu bekommen.

Eine weitere Schwierigkeit bei der Beurteilung der Fähigkeiten von Mitarbeitern liegt darin, daß zwei Mitarbeiter zwar augenscheinlich über denselben Kenntnisstand verfügen können, ihre Arbeit jedoch nie genau nach ein und demselben Muster erledigen. Einige Analytiker gehen recht hemdsärmelig an ihre Arbeit heran, andere systematisch. Manche Programmierer arbeiten schnell, andere langsam. Die Unterschiede zwischen DV-Mitarbeitern können verblüffende Ergebnisse zutage fördern, wie dies beispielsweise eine mittlerweile populäre Erhebung tat. Hier zeigte sich, daß der schnellste Programmierer eine Aufgabe 25 Mal schneller als der langsamste ausführte [Sackman *et. al.*, 1968]. Meine eigene informelle Untersuchung zu Program-

3 In einigen DV-Abteilungen werden die Mitarbeiter nicht nach einzelnen Fähigkeitsmerkmalen geführt, sondern nach Fähigkeitsgruppen, die als Rollen definiert sind. In Kapitel 12 findet sich eine Untersuchung von Rollen und Fähigkeiten.

mierern in zwei großen Unternehmen kam diesbezüglich zu einem Verhältnis von etwa 3 : 1 zwischen schnellstem und langsamstem Programmierer.

In meiner Untersuchung stieß ich zudem auf ein interessantes Wechselverhältnis zwischen Geschwindigkeit und Qualität. Merkmale von Qualität waren für mich die Lesbarkeit, Verständlichkeit und Flexibilität des Programmcodes. Die Qualität nahm anfänglich als Funktion der Geschwindigkeit zu und sank dann abrupt ab. Das Gesamtergebnis läßt sich ungefähr anhand der in Bild 6.9 dargestellten Kurve verdeutlichen.

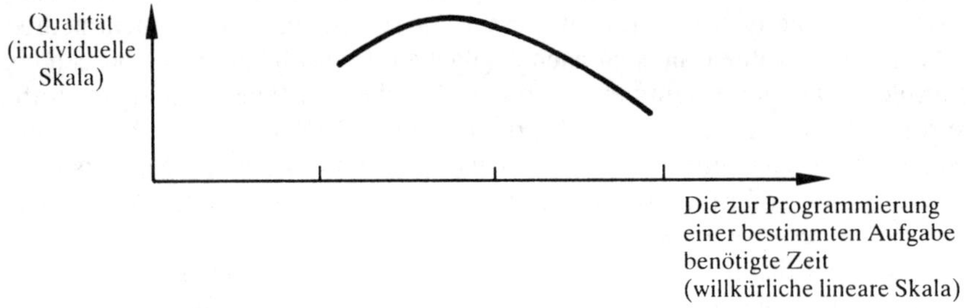

Bild 6.9 *Ergebnisse einer informellen Untersuchung zur Programmierqualität in Relation zur Geschwindigkeit.*

Interessanterweise ließen sich die einzelnen Punkte auf dieser Qualitäts-/Geschwindigkeitskurve einzelnen Programmierern - entsprechend dem in Bild 6.10 vorgestellten Schaubild - zuordnen. Die aus den Bildern 6.9 und 6.10 zu ziehenden Schlußfolgerungen sind offensichtlich: Programmierer C sollte nicht mit Aufgaben betraut werden, bei deren Erledigung die Geschwindigkeit von ausschlaggebender Bedeutung ist. Demgegenüber sollte man den Programmierern A und C nur dann Aufgaben zuweisen, wenn auf höchste Qualität kein besonderer Wert gelegt wird.

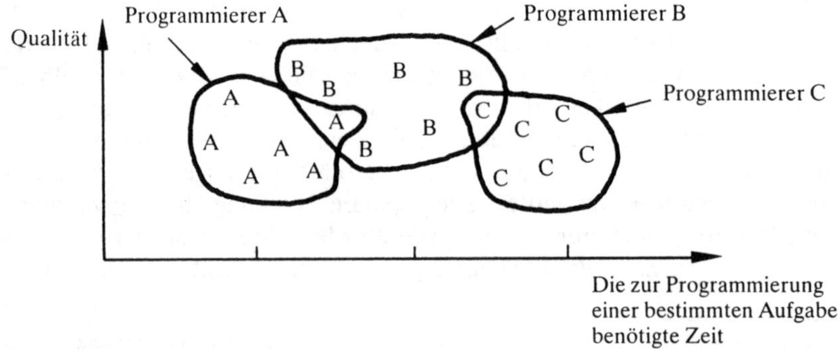

Bild 6.10 *Qualität versus Geschwindigkeit nach Programmierern.*

Wegen leistungsmäßiger Unterschiede zwischen Mitarbeitern muß die für bestimmte Aufgaben erforderliche Zeit womöglich neu bemessen werden. Während der Projektplanungsphase gründeten sich die Schätzungen darauf, daß ein durchschnittlicher Mitarbeiter die Aufgaben ausführen würde. Nun jedoch müssen die Schätzungen dahingehend verändert werden, daß sie den tatsächlichen Arbeitsgeschwindigkeiten der jeweiligen Mitarbeiter Rechnung tragen. Auf dieses Thema wird in Abschnitt 6.6 eingegangen.

6.3.2 Umsetzung des gewählten Arbeitsstils

Ein Projekt läßt sich entweder generalisiert oder spezialisiert oder irgendwo zwischen diesen beiden Extremen organisieren. In Kapitel 5 wurden die verschiedenen Organisationsmuster am Beispiel eines Automobilherstellers vorgestellt. Für ein DV-Projekt sind die folgenden anhand eines Gantt-Diagramms dargestellten Organisationsmuster denkbar.

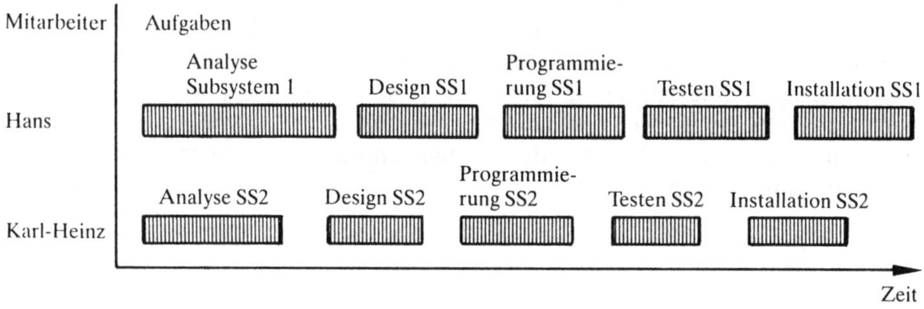

Bild 6.11 *Beispiel eines Gantt-Diagramms.*

In Bild 6.11 betreuen Hans und Karl-Heinz jeweils eine Systemkomponente von der Analyse bis zur abschließenden Installation. Wie schon bei der Automobilfirma in Kapitel 5 bringt der generalisierte Arbeitsstil sowohl Vor- als auch Nachteile mit sich. Ein Vorteil besteht in der Verringerung von Schnittstellenproblemen zwischen den einzelnen Projektphasen, da dieselbe Person sowohl mit dem Design als auch mit der Programmierung beschäftigt ist. Auch die zeitliche Abstimmung fällt nicht schwer, da jede Person relativ unabhängig von allen anderen arbeitet. Jedoch kann es bei einer ultrakonservativen Projektstrategie dazu kommen, daß einige Mitarbeiter zur Beendigung der aktuellen Phase auf andere waren müssen.

Drittens gibt die Erstellung einer Systemkomponente von Anfang bis Ende den Projektbeteiligten das erhebende Gefühl der geistigen Urheberschaft. Zudem ist die Projektgruppe im Verlauf der Projektabwicklung recht homogen und überschaubar.

Der generalisierte Ansatz hat aber den Nachteil, daß zur Projektdurchführung Mitarbeiter mit außergewöhnlichen Fertigkeitsmustern, sowohl was die Breite als auch Tiefe ihres Wissens anbelangt, benötigt werden. Außerdem kommt es zu größeren Schnittstellen- und Konsistenzproblemen zwischen Subsystemen, da diese von unterschiedlichen Personen bearbeitet werden. Des weiteren macht ein Projekt womöglich nur geringe Fortschritte und ist überdies ineffizient, weil jeder Mitarbeiter beim Übergang von einer Phase zur nächsten eine Lernkurve durchlaufen muß und Fehler womöglich eher später als früher ausgemacht werden. Falls beispielsweise Hans ein Fehler bei der Analyse von Subsystem 1 unterläuft, bleibt der Fehler womöglich bis nach Installation des Subsystems unentdeckt. Das Gefühl der geistigen Urheberschaft, das ein Mitarbeiter seinem System vielleicht entgegenbringt, macht ihn womöglich Kritik gegenüber unempfänglich und läßt ihn ablehnend und widerwillig auf Änderungswünsche reagieren.

Ein vollständig generalisierter Projektansatz ist nur für sehr kleine DV-Projekte geeignet. In den 50er Jahren verfügte eine einzelne Person noch über ein umfassendes Gesamtwissen im Bereich der Informatik und Datenverarbeitung. Ein solch umfassendes Wissen ist in der heutigen ungleich komplexeren und weiterentwickelten DV-Welt allerdings unmöglich. Aus diesem Grund eignet sich für moderne Projekte nur ein hochgradig spezialisierter Arbeitsansatz.

In den Bildern 6.12 und 6.13 werden Gantt-Diagramme ausschnittsweise für zwei Projekte mit spezialisierten Arbeitsmustern vorgestellt. In Bild 6.12 wurden die Aufgaben bis auf die Stufe einer vollständigen Transaktion spezialisiert. In Bild 6.13 geht die Aufgabenspezialisierung noch weiter, so daß sich ein Arbeitsmuster nach Fließbandmanier ergibt. Bemerkenswert bei der in Bild 6.12 vorgestellten Strategie ist, daß die Analysephase konservativ, die anderen Projektphasen aber recht progressiv durchgeführt werden.

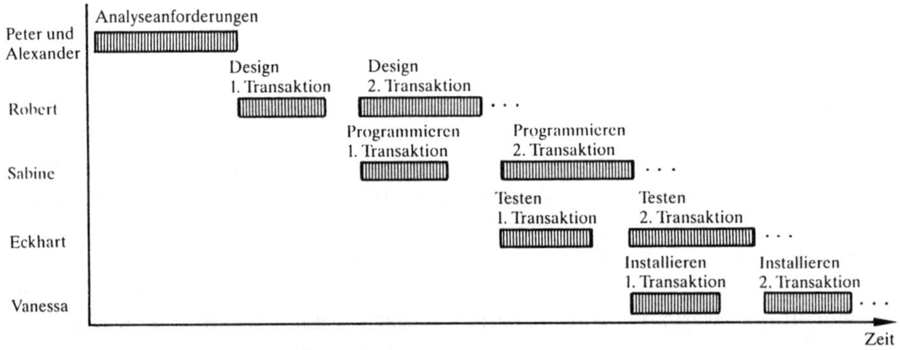

Bild 6.12 *Beispielhaftes Gantt-Diagramm eines Projekts mit spezialisiertem Arbeitsmuster.*

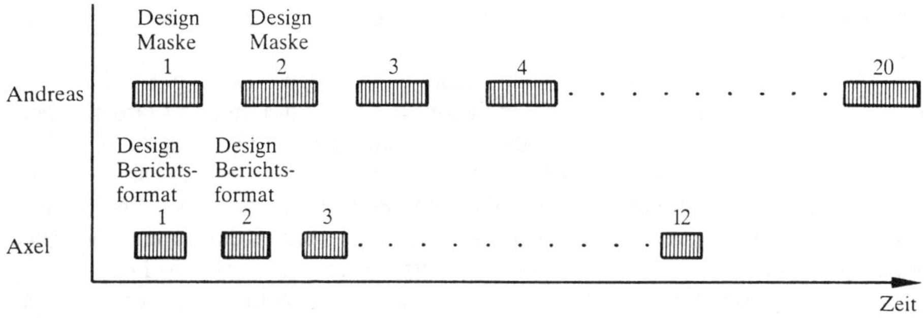

Bild 6.13 *Gantt-Diagramm eines Projektes mit noch weiterführender Spezialisierung.*

Der spezialisierte Ansatz bringt die folgenden Vorteile mit sich: Die einzelnen Projektaufgaben werden von den Mitarbeitern erledigt, die für diese Aufgaben aufgrund ihres Spezialwissens prädestiniert sind. Demgegenüber sind keine umfassenden, allgemeinen Kenntnisse erforderlich. Schnittstellen- und Konsistenzprobleme entfallen weitgehend, da dieselbe Person bei allen Subsystemen ein identisches Aufgabengebiet vorfindet. Jeder Mitarbeiter kann sein Aufgabengebiet mit der von der Fließbandfertigung her bekannten Effizienz erledigen, da er nicht permanent seine Tools, Techniken und intellektuellen Konzepte an neue Gegebenheiten anpassen muß. Fehler werden gewöhnlich in der nächstfolgenden Phase entdeckt, wenn das Projekt der nächsten Person zur Bearbeitung übergeben wird.

Allerdings hat der spezialisierte Ansatz nicht nur Vorteile. Da er für DV-Projekte aber die einzig mögliche Alternative ist, müssen Mittel und Wege gefunden werden, um die Auswirkungen eventueller Nachteile möglichst gering zu halten. Der erste Nachteil besteht darin, daß ein allzu spezialisiertes Arbeitsgebiet, wie das in Bild 6.13, für den Mitarbeiter sehr bald langweilig wird und sich negativ auf seine Arbeitsmoral auswirkt. Dieser Nachteil läßt sich leicht aus der Welt schaffen: Teilen Sie eine Arbeit nur dann in sehr kleine Teilbereiche auf, falls Sie eine extreme Effizienz anstreben oder kleine Aufgaben erledigt werden müssen, die ein extremes Spezialwissen erfordern!

Der zweite Nachteil - mögliche Fehlinterpretation von Dokumenten bei der Weitergabe zwischen den Mitarbeitern - kann auf zwei Arten behoben werden: Zunächst sollte eine Standard-Methodologie vorliegen, so daß Richtlinien zur Dokumenterstellung eindeutige Textvorgaben liefern. Des weiteren sollten die Mitarbeiter an der Phase, die ihrer eigenen Arbeitsphase vorausgeht, mitarbeiten können. So sollten beispielsweise Programmentwickler an der abschließenden Analysephase teilhaben und Programmierer bei Designaufgaben mitarbeiten. Falls Sie nach all diesen Vorkehrungen immer noch glauben, daß es bei Ihrem Projekt zwischen zwei Mitarbeitern zu Schnittstellenproblemen kommen kann, sollten Sie den spezialisierten Ansatz ad acta legen und die beiden Aufgaben ein und derselben Person zuweisen. Möglich ist in diesem Fall die Abstellung einer Person für Analyse und Design oder für Design und Programmierung. Folglich gehören die Mitarbeiter A und B der Analyse- und Designgruppe und die Mitarbeiter B und C der Design- und Programmiergruppe an.

Als dritter Nachteil ist zu nennen, daß die Arbeitsgeschwindigkeit eines Mitarbeiters durch die Qualität und Geschwindigkeit der vor ihm tätigen Mitarbeiter beeinträchtigt wird. Zur Verbesserung der Produktqualität sollten des öfteren Walkthroughs anberaumt werden. Um Projektengpässe zu vermeiden, die sich nachteilig auf den Projektfortschritt auswirken, sollten an verschiedenen, für den Projektverlauf kritischen Punkten Reserven eingebaut werden. Vor Beginn der Programmierphase sollten so beispielsweise bereits mehrere konzipierte Transaktionen vorliegen.

Die kompliziertere Zeitplanung der Projektphasen stellt einen vierten Nachteil dar. Bei der generalisierten Methode führt ein späterer Fertigstellungstermin von Aufgabe D1 auch zur Fristenüberschreitung bei den Aufgaben P1, T1 und I1. Bei der spezialisierten Vorgehensweise verursacht eine Verzögerung von D1 auch eine Verzögerung der Aufgabe D2 und folglich auch der Aufgaben P2, T2 und I2. Da jedoch jede Phase der "Fließbandentwicklung" von mehreren Mitarbeitern betreut wird, kann eine andere Person zur Ausführung von Aufgabe D2 abgestellt werden. Da D3 hierdurch möglicherweise in der Ablaufreihenfolge zeitlich nach hinten verschoben wird, muß man sich entscheiden, ob die Fertigstellung von D2, P2, T2 und I2 oder der erfolgreiche Abschluß von D3, P3, T3 und I3 wichtiger ist und folglich zuerst in Angriff genommen werden soll.

Ein fünfter Nachteil ergibt sich beim spezialisierten Ansatz dadurch, daß die Anzahl der benötigten Mitarbeiter und die erforderlichen Fertigkeitsprofile im Verlauf der Projektdurchführung ständig variieren. Da sich der Projektcharakter von einer Phase zur nächsten ändert (etwa von der Analyse zum Datenbankentwurf), sind einmal Analytiker und späterhin wieder Datenbankexperten erforderlich. Dieser Nachteil ist unvermeidlich, falls das Projekt effizient abgewickelt werden soll. Um aber sicherzustellen, daß im Bedarfsfall die richtige Mischung aus Mitarbeitern bzw. Fähigkeiten verfügbar ist, ist eine sehr sorgfältige Planung und enge Kommunikation mit der Personalleitung der DV-Abteilung erforderlich.

6.3.3 Möglichst wenig Leerlauf beim Personal

Die mit dem dritten Ziel der Projektorganisation verfolgte Absicht liegt auf der Hand: die Verschwendung von wertvoller Projektzeit und Budgets, zu der es infolge der Untätigkeit von Mitarbeitern kommt, zu verhindern. Zu einer erzwungenen Untätigkeit kommt es gewöhnlich, weil ein Mitarbeiter seine Arbeit erst anfangen kann, nachdem ein anderer Mitarbeiter seine Aufgabe beendet hat, oder weil dem Projekt zu viele Mitarbeiter zugeteilt sind und deshalb für einige Projektbeteiligte ab und an keine Arbeit verfügbar ist.

Das erste Problem läßt sich durch den Einschub von "Arbeitspuffern" umgehen, die eine reibungslosere Abfolge der Fließbandentwicklung gewährleisten. Hierdurch wird zumindest verhindert, daß dieses Problem zur Gewohnheit wird. Jedoch kann es gelegentlich zu einer erzwungenen Untätigkeit kommen, wenn beispielsweise eine Hardwarekomponente nicht fristgerecht zugeliefert wird.

Zur personellen Überbesetzung eines Projekts kommt es recht selten. Sie ist jedoch zu Projektbeginn möglich, wenn der Projektleiter sich alle in der DV-Abteilung verfügbaren und für seinen Zweck geeigneten Mitarbeiter an Land zieht, solange er sie "von oben" noch für sein Projekt abgestellt bekommt. Im Beispiel in Abschnitt 6.3.1 war Patrick (der IMS-Experte) ein solcher eventuell wertvoller Mitarbeiter, obwohl er sich zu Beginn der Analysephase nur schwerlich sinnvoll einsetzen läßt. So ließ ihn der Projektleiter vorzeitig mit dem Datenbankentwurf anfangen, obwohl er genau wußte, daß die von Patrick vorgelegten technisch fundierten, jedoch für das Projekt total irrelevanten Entwürfe sowieso in den Papierkorb wandern würden.

Am besten wäre es in diesem Fall für alle Beteiligten gewesen, Patrick zeitweise dem Personalleiter zu unterstellen. Auf diese Weise hätte er sich weitaus nützlicher machen können, etwa durch Modifikation des Datenbankstandards oder als Betreuer bei internen IMS-Schulungen. Eine noch bessere Möglichkeit wäre gewesen, Patrick hätte ein Seminar über Informationsanalyse besucht, wäre später zum Projekt gestoßen und hätte die Analytiker bei ihren Aufgaben unterstützen können. Wer einen DV-Fachmann nutzlose Arbeiten ausführen läßt, muß sich der Tatsache bewußt sein, daß sich dies nachteilig auf dessen Arbeitsmoral auswirkt.

Ein früherer Vorgesetzter von mir sagte einmal: "Falls Sie nichts zu tun haben, so denken Sie sich bloß keine Beschäftigungstherapie für sich aus. Es ist nicht Ihr Fehler! Lesen Sie statt dessen eine Zeitung. Ich werde dann schon bald sehen, daß meine Organisation nicht optimal ist und die Aufgaben neu verteilen."

In einer matrixorganisierten DV-Abteilung kämpfen die Projektleiter aber in der Regel derart angestrengt um Mitarbeiter, daß der hier unterbreitete Vorschlag kaum praktikabel ist. Falls sich ein Projektleiter einen Mitarbeiter wie Patrick nicht bei der ersten besten Gelegenheit unter den Nagel reißt und nicht mehr aus seinen Fittichen läßt, wird er ihn ganz schnell an einen anderen Projektleiter verlieren. Falls diese Situation in Ihrem Fall zutrifft, sollten Sie diesem Mitarbeiter eine wirkliche und sinnvolle Aufgabe innerhalb des Projekts geben - unabhängig davon, ob er diese Aufgabe von seinem Wissensstand her bewältigen kann. Natürlich sollten Sie ihm dabei Hilfestellung geben, indem Sie ihm beispielsweise einschlägige Lektüre beschaffen oder ihn einem anderen Projektmitarbeiter zuteilen, der ihm die entsprechenden Kenntnisse vermitteln kann. Genauso wichtig ist, daß Sie ihm unumwunden sagen, warum Sie ihm die Arbeit aufgetragen haben. Andernfalls sorgen Sie nur für Verwirrung, die sich in Unzufriedenheit und sinkender Arbeitsmoral niederschlägt und letztendlich Ihren ursprünglichen Zielsetzungen zuwiderläuft.

6.3.4 Jedem Mitarbeiter nur eine Aufgabe

Bei einem DV-Projekt kommt es immer wieder vor, daß mehr Aufgaben zur Erledigung anstehen, als Leute, die sie ausführen können. Eine Möglichkeit zur Lösung dieses Problems besteht in der Abstellung zusätzlicher Mitarbeiter. Dies ist aber nicht ganz unbedenklich. So kommt es womöglich nur zeitweise zu einem Arbeitsüberhang, so daß sich die personelle Überbesetzung der Projektgruppe negativ auf die Projektabwicklung und auch auf das verfügbare Budget auswirkt.

Bei einem Arbeitsüberhang ist auch eine andere Lösung denkbar: Durch gleichzeitige Zuweisung von beispielsweise sechs oder sieben Aufgaben wird eventuell eine reibungslose Projektabwicklung möglich. Das Ganze funktioniert jedoch nur in der Theorie. Gesetzt den Fall, ein Projektleiter weist jedem Projektmitarbeiter sechs Aufgaben zu. Da jede Aufgabe ungefähr eine Woche in Anspruch nimmt, braucht der Mitarbeiter für die Erledigung aller ihm zugewiesenen Aufgaben rund sechs Wochen. Aus Gründen, auf die noch ausführlich eingegangen wird, sind zur Aufgabenerledigung aber mehr als sechs Wochen erforderlich. Ein termingeplagter Projektleiter delegiert aber in der Regel sechs einwöchige Aufgaben, die bereits nach vier Wochen ausgeführt sein sollen. Das Problem, das bei der Zuweisung mehrerer Aufgaben an einen Mitarbeiter zutage tritt, wurde von einem Analytiker in einem Großunternehmen recht anschaulich umschrieben:

"Mein Chef halst mir ein halbes Dutzend Aufgaben auf, ohne mir zu sagen, welche zuerst ausgeführt werden sollen. Ich nehme mal an, daß er von mir erwartet, daß ich alle Aufgaben gleichzeitig anpacke. An manchen Tagen weiß ich nicht, wo mir der Kopf steht, und habe das Gefühl, wahnsinnig zu werden." Ein Mitarbeiter, der sechs Aufgaben gleichzeitig erledigen soll, kann nicht effizient arbeiten, da ihm viel Zeit beim Umschalten von einer Aufgabe zur nächsten verlorengeht. Da er sich zudem die sechsfache Menge an Detailwissen einprägen muß, leidet auch hierunter notwendigerweise die Arbeitsqualität.

Auch das Setzen von Prioritäten ist in diesem Fall keine große Hilfe. Gesetzt den Fall, ein Projektleiter überträgt einem Mitarbeiter die Aufgaben A bis einschließlich F, von denen jeder eine andere Priorität - 1 bis 6 - zugeordnet ist. In Wirklichkeit weist der Mitarbeiter jedoch der Aufgabe A die höchste Priorität und allen übrigen Aufgaben die zweithöchste Priorität zu. Er arbeitet ziemlich intensiv an Aufgabe A und nimmt sich in bestimmten Abständen häppchenweise die Aufgabenbereiche B, C, D, E und F vor. Das Ergebnis ist, daß er sich nicht nur von der Aufgabe mit erster Priorität ablenken läßt, sondern auch alle anderen Aufgaben nicht besonders effizient erledigt.

Schlimmer noch ist, wenn ein überarbeiteter oder unentschiedener Projektleiter permanent die Prioritäten der zugewiesenen Aufgaben ändert. In diesem Fall verschwendet ein Mitarbeiter mehr Zeit darauf, sich auf neue Gegebenheiten einzustellen und im voraus die nächste Prioritätenänderung zu erahnen, als auf die tatsächliche Aufgabenerledigung.

Prioritäten sind etwas für Projektleiter, nicht für deren Mitarbeiter. Wer folglich eine größtmögliche Effizienz und geringstmögliche Ablenkung bei der Projektabwicklung will, sollte seinen Mitarbeitern jeweils nur eine Aufgabe zuweisen. Von diesem Grundsatz kann jedoch abgewichen werden, falls eine Aufgabe nur einen Teil der Arbeitszeit eines Mitarbeiters beansprucht. Benötigt ein Mitarbeiter für das Austesten von Programmen täglich nur drei Stunden, so muß ihm für die restlichen Arbeitsstunden eine andere Aufgabe zugeteilt werden.

Wie soll man aber Mitarbeitern Aufgaben zuweisen, wenn mehr Aufgaben anstehen, als Mitarbeiter verfügbar sind, und jeder Mitarbeiter jeweils nur eine Aufgabe erledigen soll? Ein Ausweg besteht darin, zeitweise zusätzliche Mitarbeiter zu beschäftigen. Hierauf wird in Kapitel 12 eingegangen. Man sollte sich aber auch in Geduld üben können. Falls Sie sich für weniger Mitarbeiter entscheiden, macht Ihr Projekt womöglich nicht die Fortschritte, die theoretisch möglich wären, es läßt sich dafür aber womöglich besser organisieren und verschlingt weniger Geld.

6.4 Integration

Unter Integration wird hier das zielgerichtete Zusammenarbeiten von Mitarbeitern verstanden. Dem Begriff *Integration* und dessen Definition durch Giegold wird hier der Vorzug gegeben vor anderen Begriffen wie *Koordination, Kommunikation* oder *Synthese* [Giegold, 1982]. Im Zusammenhang mit allgemeinem Management ist Integration eine komplexe und facettenreiche Angelegenheit. Hierzu zählt beispielsweise die Integration von Vorgesetzten und Untergebenen innerhalb der Gruppe, die Integration der Abteilung mit den anderen Fachabteilungen, mit den im Unternehmen Beschäftigten oder mit dem Gesamtunternehmen.

Der Integrationsprozeß hinsichtlich Projektverwaltung ist jedoch weitaus enger gefaßt. Obwohl man als Projektleiter die anderen Aspekte der Integration nicht gänzlich vernachlässigen sollte, beschäftigt sich der Projektleiter doch hauptsächlich mit Integrationsaufgaben im Hinblick auf das Projekt und insbesondere zwischen der eigenen Person und der Projektgruppe. Auf den Aspekt der Integration des Projekts mit anderen Benutzern wird in Abschnitt 6.7 eingegangen.

Durch die Integration innerhalb des Projekts wird sichergestellt, daß jeder am Projekt Mitwirkende jederzeit über die aktuellen Projektaktivitäten in Kenntnis gesetzt oder aktiv in das Projektgeschehen eingebunden ist. Dies bedeutet jedoch nicht notwendigerweise, daß jeder mit den eingeschlagenen Aktivitäten übereinstimmen muß. Wenn wir noch einmal die oben vorgestellte Metapher vom Projektplan als einer Landkarte bemühen und die Projektorganisation als Fahrzeug definieren, so läßt sich die Integration als präventive Fahrzeuginspektion bezeichnen.

Erfolgt die Integration behutsam, so ist sie kaum wahrnehmbar. Aus diesem Grund sind viele Projektleiter, die darin noch keine großen Erfahrungen haben, geneigt, diesem Aspekt eine allzu geringe Bedeutung beizumessen. Eine mangelhafte Integration macht sich aber schmerzlich bemerkbar. Ein Projektleiter, mit dem ich kürzlich zu tun hatte, konnte hervorragend planen und organisieren, jedoch gelang es ihm nicht, seine Vorstellungen seinen Mitarbeitern mitzuteilen. Dies führte zu einem ebenso großen Chaos, als ob er bei der Planung und Organisation versagt hätte. Seine Mitarbeiter reagierten ausgesprochen empfindlich auf seine mangelhaften Integrationsfähigkeiten, einige nahmen es sogar persönlich ("Er versucht mich aus dem Projekt herauszugängeln"), und andere zeigten offene Ablehnung ("Der und Organisation. Der verirrt sich doch schon in einem Wald mit zwei Bäumen!").

Zur Vermeidung einer solchen Situation sollten die folgenden Richtlinien zur erfolgreichen Projektintegration befolgt werden. Bedenken Sie jedoch, daß Sie als Projektleiter auf zwei Ebenen gleichzeitig agieren müssen: einmal Schaffung der Integration zwischen Ihnen und Ihrer Belegschaft und zum anderen Integration zwischen den Mitarbeitern untereinander. Als erste Richtlinie ist zu nennen: Teilen Sie Ihrer Projektgruppe Ihren gesamten Plan mit, indem Sie Meetings abhalten und jedem eine Möglichkeit geben, zu dem Gesamtvorhaben Stellung zu nehmen. Anschließend sollten Sie wenige Tage danach ein weiteres Meeting anberaumen, bei dem die Vorschläge der Projektmitglieder erörtert werden und die Teilnehmer ihre Meinung zum Plan äußern können.

Eine weitere nützliche Devise besteht darin, die Planung einiger Projektaufgaben erfahrenen Projektmitgliedern zu übertragen. Bevor jedoch die Aufgaben verteilt werden, sollte die gesamte Projektgruppe in Ihren Plan und Ihr Organisationsmuster Einblick nehmen können, um eventuell Verbesserungen vorbringen zu können. Sie sollten Ihre Vorstellungen klar und unzweideutig entwickeln und Ihren Mitarbeitern unterbreiten. Zur Vermeidung von Mißverständnissen sollte jede Aufgabe - einschließlich der wichtigsten Zielsetzungen (beispielsweise Programmcodeeffizienz oder Entwurfsflexibilität), Ergebnisse und erwarteten Dauer - schriftlich umrissen werden. Sie sollten die Aufgabe mit dem jeweiligen Projektmitglied besprechen, damit es nicht so aussieht, als würde eine Arbeitsanweisung einfach delegiert, und lassen Sie den Mitarbeiter seine Aufgabe schriftlich niederlegen (hierauf wird in Kapitel 9 näher eingegangen). Hierdurch läßt sich der Mitarbeiter wesentlich besser in das Projekt einbinden und so auch seine Motivation verbessern.

Nach der Festlegung aller Aufgaben, jedoch vor Arbeitsbeginn, muß sichergestellt sein, daß jeder am Projekt Mitwirkende auch die Aufgaben aller anderen Projektmitglieder kennt und so ein Verständnis dafür entwickeln kann, wie alle Mitarbeiter in das Projekt eingebunden sind. Menschen können besser zusammenarbeiten, wenn sie die zwischen ihnen bestehenden Schnittstellen verstehen und eine Möglichkeit haben, die Schnittstellenprobleme vor Arbeitsbeginn zu erahnen. Es sollten häufig Walkthroughs anberaumt werden, so daß die Projektmitglieder zu einem Team zusammenwachsen und auch ein besseres Verhältnis zu Ihnen aufgebaut wird.

In diesem Zusammenhang sollten auch zwei weitere Bereiche berücksichtigt werden, die bislang noch nicht erörtert wurden: nämlich die beiden Projektmanagementtätigkeiten *Schätzen* und *Revidieren*. Projektschätzungen sollten nicht in irgendeiner unzugänglichen Projektverwaltungsakte versteckt werden. Thomsett beispielsweise macht den ausgezeichneten Vorschlag, daß Projektmitglieder die Ergebnisse von Schätzungen einsehen sollten, bevor Sie selbst als Projektleiter diese Schätzungen begutachten [Thomsett, 1980]. Hierdurch lassen sich viele abwegige Schätzungen vermeiden, zu denen es gemeinhin bei Projekten kommt, wie beispielsweise unhaltbare Statistiken zum zeitlichen Projektablauf (siehe Kapitel 9).

Während der Projektabwicklung ist es unvermeidlich, daß Sie Ihren Plan und Ihre Organisation revidieren müssen. Revision erzeugt viele Frustrationen bei den

Projektmitarbeitern, die womöglich glauben, daß ein Projekt die klare Linie vermissen läßt. Da die Projektbeteiligten womöglich auch den Glauben an Ihre Führungsqualitäten verlieren, sollten Sie denjenigen, die von Änderungen betroffen sind, die Gründe dafür klar und unmißverständlich mitteilen.

6.5 Schätzen

Durch Schätzen verschafft man sich einen Überblick über den Projektfortschritt. Ebenso wie man durch den Blick auf den Tachometer, den Kilometerzähler oder Verkehrszeichen einen Überblick über den Verlauf einer Autofahrt gewinnt, so muß auch der Projektleiter die Tätigkeiten seiner Projektgruppe an bestimmten Punkten der Projektabwicklung überwachen.

Es gibt zwei legitime Möglichkeiten der Projektschätzung: Bei der einen wird die für bestimmte Aufgaben veranschlagte Zeit und Arbeitsleistung und bei der zweiten der an einem bestimmten Punkt innerhalb der Projektabwicklung erreichte Fortschritt gemessen. In Kapitel 9 wird näher auf beide Verfahren eingegangen. Mit der ersten als *Zeitbericht* bezeichneten Methode verbindet sich die Absicht, die Zeitdauer bestimmter Tätigkeitsmuster genau zu erfassen, um so bei künftigen Projekten die Aufwandsschätzung zu verbessern. Für die Schätzung des erforderlichen Arbeitsaufwands ist die Analysegruppe (siehe Kapitel 2) verantwortlich. Auch mit der Kontrolle des Projektfortschritts verbinden sich zwei Zielsetzungen. Die eine besteht darin, den Projektplan zu revidieren (hierauf wird im nächsten Abschnitt näher eingegangen), und die zweite dient der Aufzeichnung größerer Planabweichungen und Probleme im Projektprotokoll. Diese Kontrollen werden in Form von *Projektstatusberichten* vom Projektleiter angefertigt (siehe Kapitel 9). Das Projektprotokoll ist ein präziser schriftlicher Bericht über die wesentlichen Projektetappen. Da sich darin nicht alle möglichen trivialen Ereignisse im Zusammenhang mit einem Projekt wiederfinden sollen, nimmt das Protokoll hinsichtlich spezieller Details auf andere Dokumente, beispielsweise Sitzungsprotokolle, Bezug.

In *Managing a Programming Project* macht Metzger den Vorschlag, das Projektprotokoll solle die folgenden Elemente enthalten:

> Eine chronologische Auflistung und eine kurze Zusammenfassung der wichtigsten Ereignisse während der Projektabwicklung einschließlich nicht realisierter Zwischenergebnisse (*Milestones*), neuer Aufwandsschätzungen, Projektänderungen, Projektskizzen, Installationstermine für DV-Equipment, wichtiger telefonischer Vereinbarungen, Meetings mit den Kunden (Benutzern) sowie Meetings mit Subunternehmern, Projektmitarbeitern oder Lieferanten.[4]

4 [Metzger, 1973, p. 177].

In das Protokoll sollten zudem alle Ereignisse oder Erfahrungen Eingang finden, von denen Sie oder andere Projektleiter profitieren können. Besonders wichtig sind hierbei Neuerungen, die für das Projekt in die Wege geleitet wurden, sowie Aussagen darüber, wie gut sie sich bewährt haben, zudem auch Probleme oder Fehler, auf die man während der Projektarbeit gestoßen ist, und mögliche Gründe dafür. Das Projektprotokoll wird dazu verwendet, das Material für die Projektnachbesprechung bereitzustellen, aus der andere mit der Projektentwicklung befaßte Mitarbeiter sich die von ihnen gemachten Erfahrungen zunutze machen können.

Nachdem Sie nunmehr ein klares Verständnis davon haben dürften, was unter dem Begriff *Projektschätzung* zu verstehen ist, soll auf die möglichen Extreme beim Schätzen eingegangen werden: Einige Projektleiter nehmen überhaupt keine Schätzung vor, wohingegen andere daraus einen wahren Fetisch machen. Projektleiter der ersten Kategorie scheinen einem nahezu unbegrenzten Glauben an die folgenden beiden Gesetzmäßigkeiten anzuhängen: Bei seliger Unwissenheit lohnt auch Schätzen die Mühe nicht. Und - Falls auch alles schiefgehen kann, kommt es mit ein bißchen Glück vielleicht doch nicht dazu. Leider gibt es aber auch die folgende Faustregel: Die Durchführung von Aufgaben läuft nicht immer wie geplant. Wer diese notorischen Abweichungen ignoriert, macht einen Plan zu einer wertlosen und sinnlosen Angelegenheit.

Ein Projekt, dessen Projektleiter nicht den Projektfortschritt validiert, laviert sich bis zum Projektende womöglich wiederholt durch Projektkrisen. Die Aufgaben benötigen womöglich mehr Zeit, als für ihre Fertigstellung eigentlich veranschlagt war, und verzögern wiederum andere Aufgaben, Jobs werden unzufriedenstellend erledigt, neue Aufgaben bleiben unausgeführt, davon nimmt der Projektleiter aber keine Notiz. Er hält an seinem ursprünglichen Plan fest, während das Projektchaos ohne vorgenommene Projektschätzung überall seine Blüten treibt.

Als anderes Extrem sind diejenigen Projektleiter zu nennen, die die ganze Zeit in der DV-Abteilung herumschleichen und permanent ihre Projektgruppe kontrollieren und deren Arbeit überprüfen. Hier stellt sich die Frage, warum einige Projektleiter so hartnäckig kontrollieren? Hierfür gibt es mehrere mögliche Gründe: Ein Grund klingt ziemlich sardonisch. Sie überwachen deshalb permanent, weil sie überhaupt keinen Plan haben. Da der Projektleiter nicht weiß, was passieren soll, muß er genau kontrollieren, um so festzustellen, was eigentlich passiert, damit er bei der Berichterstattung in Sachen Projektfortschritt bei seinem Vorgesetzten einen guten Eindruck hinterlassen kann. Die Konzeptlosigkeit solcher Projektleiter läßt sich etwa mit dem Vorgang vergleichen, bei dem ein Bauunternehmer jedem seiner tausend auf einer Großbaustelle beschäftigten Mitarbeiter einen Stein in die Hand drückt und sagt: "Auf Männer, jetzt bau'n wir mal ein Haus!"

Ein weiterer möglicher Grund für die strenge Kontrolle kann aus dem Glauben des Projektleiters resultieren, der meint, daß nur dann kontinuierlich am Projekt gearbeitet wird, wenn er die Gruppe regelmäßig kontrolliert. Dies ist natürlich blanker Unsinn. Hervorragend geschulte und motivierte Mitarbeiter mit klar umrissenen Aufgabenbereichen brauchen niemanden, der ihnen dauernd über die Schulter sieht, um ihre Arbeit ordentlich zu erledigen.

Nach alldem stellt sich somit die Frage, ob es irgendeinen berechtigten Grund für eine strenge Überprüfung und Validierung gibt? Die Antwort lautet Ja. Neu zur Projektgruppe gestoßene oder noch unerfahrene Mitarbeiter müssen einfach intensiver beobachtet werden, da ein unerfahrener Mitarbeiter womöglich selbst überhaupt nicht feststellt, daß er sich in irgendeiner Art und Weise festgefahren hat bzw. ein Produkt fertigstellt, das den qualitativen Anforderungen nicht genügt. Einen solchen Mitarbeiter sollte man einem erfahrenen Projektmitarbeiter zuordnen oder mit ihm Einzelbesprechungen durchführen, um ihm eine bessere Rückkopplung zu vermitteln. Ansonsten sollten Sie eine Aufgabe nur dann überprüfen, wenn die mit der Aufgabe beschäftigte Person Sie über ein aufgetretenes Problem informiert. Hierdurch stellen Sie unter Beweis, daß Sie für Ihre Mitarbeiter "da" sind, Ihre Arbeitskraft ganz in den Dienst des Projekts stellen und für Sie aus diesem Grund nur wenig Bedarf an strenger Gängelung und Überwachung Ihrer Mitarbeiter besteht.

6.6 Revision

Als *Revision* bezeichnet man den Prozeß, durch den auf beim Schätzen entdeckte Abweichungen vom Projektplan reagiert wird. Der Vorgang läßt sich mit der Umlegung der Reiseroute vergleichen, wenn man von seiner Fahrstrecke abgekommen ist oder auf eine unzugängliche Straße stößt.

Schätzen und Revidieren sind zwei eng miteinander verknüpfte Aspekte der Projektkontrolle. Wenn man bei der Beurteilung des Projektfortschritts eine Abweichung vom Plan bemerkt, gibt es zwei Möglichkeiten, darauf zu reagieren: Entweder muß man sich eine Methode einfallen lassen, mit der man zum ursprünglichen Plan zurückgelangt, oder man muß den Plan und die Projektorganisation revidieren. Die erste Wahlmöglichkeit ist aus leicht verständlichen Gründen vorzuziehen, es gibt aber insbesondere vier Abweichungen, die eine Revision des Plans und der Projektorganisation erforderlich machen: eine nicht realisierte Fertigstellungsfrist einer Aufgabe, eine nicht zufriedenstellend gelöste Aufgabe, eine nicht bewältigte Aufgabe oder eine überraschende Änderung in der personellen Zusammensetzung der Projektgruppe.

Falls ein Mitarbeiter seine Aufgabe nicht fristgemäß abschließt, muß man sich als Projektleiter mit zwei möglichen Problemen auseinandersetzen: Zum einen kann der Mitarbeiter seine nächste Aufgabe nicht planmäßig in Angriff nehmen, und zweitens wird eine Aufgabe, die von der nicht fristgerecht erledigten Aufgabe abhängt, ebenfalls später fertiggestellt. Eine nicht fristgemäße Aufgabenerledigung ist nur dann ein größeres Problem, wenn sie im kritischen Pfad des Projektes auftritt oder wenn sie eine Ressource im kritischen Pfad blockiert.[5]

5 Der kritische Pfad ist eine Kette von Aufgaben, von denen jede auf irgendeine Art und Weise von der Fertigstellung der vorherigen Aufgabe abhängt. Der kritische Pfad erstreckt sich über den ganzen Projektverlauf bis zum Projektende, wobei es zwischen dem Ende einer Aufgabe und dem Beginn der nächsten keinen zeitlichen Abstand gibt. Ein nicht eingehaltener Fertigstellungstermin einer Aufgabe im kritischen Pfad verursacht deshalb auch eine Terminverzögerung des Gesamtprojekts.

Um die nicht fristgemäße Beendigung des Gesamtprojektes auszuschließen, müssen die Mitarbeiter womöglich Überstunden einlegen. Hier muß jedoch klar betont werden, daß dieses Hilfsmittel nicht überstrapaziert werden sollte. Falls Sie feststellen müssen, daß mehr als eine oder zwei Aufgaben hinter dem Zeitplan liegen, sollten Sie Ihren Mitarbeitern nicht deshalb übermäßig viele Überstunden "aufbrummen", um Ihren Zeitplan einzuhalten. Geben Sie sich lieber damit zufrieden, daß Ihre Berechnungen falsch waren und daß Sie Ihren Plan und/oder Projektorganisation entsprechend revidieren müssen. Falls Sie glauben, daß Sie die verlorene Zeit im Verlauf des Projekts wieder wettmachen, laufen Sie Gefahr, die Kontrolle über das Projekt zu verlieren, wenn es immer mehr hinter den Zeitplan zurückfällt.

Eine empfehlenswerte Methode, mit dem Problem nicht fristgerechter Fertigstellungstermine zu Rande zu kommen, ist, an das Ende einer jeden Aufgabe einen zeitlichen Puffer anzuhängen, um so möglichen Eventualitäten vorzubeugen. Hierdurch wird das Projekt von dem starren kritischen Pfad abgekoppelt und verhindert, daß der Projektplan allzusehr von häufig vorkommenden Fristüberschreitungen in Mitleidenschaft gezogen wird. Donaldson macht den Vorschlag, 15 % der nominalen Länge einer Aufgabe als angemessenen zeitlichen Puffer einzuschieben [Donaldson, 1978]. Diesen zeitlichen Puffer sollte man jedoch nie als reine Karenzzeit betrachten, derer man sich grundlos bedienen kann. Ebensowenig sollten diese zusätzlichen 15 % in das planmäßige Fertigstellungsdatum einer Aufgabe einfließen.

Aufgaben, zu deren Durchführung ein beträchtlicher Anteil an Forschungsarbeit (beispielsweise die Entwicklung von neuer Hardware zur Prozeßkontrolle) erforderlich ist, benötigen einen größeren zeitlichen Puffer als besagte 15 %. Solche Aufgaben sollten im Plan auf den frühstmöglichen Zeitpunkt verschoben werden, damit man sich so einen zeitlichen Puffer für alle Eventualitäten, zu denen es im Verlauf der Forschungsarbeit kommen kann, verschafft.

Ein Problem, das immer wieder auch den 15prozentigen Zeitpuffer zunichte macht, ergibt sich durch die unterschiedliche Arbeitsleistung verschiedener Mitarbeiter, auf die bereits an anderer Stelle eingegangen wurde. Obwohl die Neufestlegung der Aufgabendauer bei der Zuweisung von Aufgaben an die jeweiligen Mitarbeiter notwendig ist und obwohl man möglicherweise statistische Angaben zu den Arbeitsleistungen der Mitarbeiter auf der Grundlage vorheriger Projektarbeit hat, besteht keine Garantie, daß die Arbeitsleistungen für das konkrete Projekt vergleichbar sind. So haben etliche Mitarbeiter womöglich im Verlauf vorheriger Projekte Erfahrungen gesammelt, die sie zu einer schnelleren Bewältigung ihrer Aufgabe in die Lage setzen, wohingegen andere eventuell überarbeitet sind oder persönliche Schwierigkeiten haben bzw. eine Arbeit vorgesetzt bekommen, die sie langweilt, und aus diesen Gründen tatsächlich langsamer arbeiten als erwartet. Dies bedeutet, daß schon bald nach Beginn einer Projektphase die Arbeitsleistung von Mitarbeitern am laufenden Projekt neu beurteilt und der Plan und die Projektorganisation entsprechend geändert werden muß.

Einige Fertigstellungstermine können einfach deswegen nicht eingehalten werden, weil die Fristen gänzlich unrealistisch sind. Diesem Gesichtspunkt kommt eine dermaßen große Bedeutung zu, daß ihm das Kapitel 7 gewidmet ist. Wer sich mit einer unmöglichen Frist herumschlagen muß, hat entweder überhaupt keinen Plan oder einen Plan mit unmöglich realisierbaren Aufgabenfristen. Wenn eine Aufgabe nach der anderen wesentlich später als geplant fertiggestellt wird, muß man sich als Projektleiter mit unzähligen Planänderungen herumschlagen. Diese Änderungen bewirken ungleich mehr Änderungen, so daß letztendlich mehr Änderungen als ursprüngliche Planvorgaben übrigbleiben, und das Projekt entgleitet unweigerlich Ihrer Kontrolle und verursacht Mehrkosten, die außerhalb des finanziell Erschwinglichen liegen.

Die zweite Abweichung vom Plan ist eine nicht zufriedenstellend bewältigte Aufgabe, die ein nicht akzeptables Ergebnis bringt und erneut durchgeführt werden muß. Völlig danebengegangene Aufgaben gibt es glücklicherweise recht selten, da die Aufgaben überwacht und Probleme gewöhnlich entdeckt werden, bevor es zu spät ist. Ein ungleich häufigeres und heimtückischeres Problem ist die teilweise verfehlte oder nicht fertiggestellte Aufgabe.

Ich habe einmal selbst erfahren müssen, wie sehr es einem Projekt schaden kann, wenn eine Aufgabe nur teilweise zufriedenstellend gelöst wird und der Projektleiter diese Tatsache nicht zur Kenntnis nimmt. Eine Projektaufgabe bestand darin, die Syntax und gültigen Werte jedes Datenelements im System zu dokumentieren, damit sie über zentrale Tabellen validiert werden konnten und man sich so die Programmkodierung ersparen konnte. Unglücklicherweise war das Resultat ein nur teilweise vollständiges und ungenaues Dokument, der Projektleiter verzichtete jedoch mit dem Hinweis auf fehlende Zeit auf die erneute Dokumenterstellung. Die Aufgabe wurde aus der Projektvorgabe herausgenommen.

Das Resultat dieser Aufgabenstreichung war das reinste Chaos: Programmierer kodierten Funktionen zur Bildschirmeditierung nach Belieben, während andere auf Editiermöglichkeiten völlig verzichteten. Während der Abnahmeprüfung bezeichneten die Benutzer das System als unbrauchbar und forderten aufgebracht die Behebung der Programmfehler. Programmcode mußte herausgenommen, zentrale Tabellen installiert und das System erneut ausgetestet werden. Das alles bewirkte eine Projektverzögerung um sieben Monate, was im Endeffekt - verglichen mit der vormals beabsichtigten Einsparung - dem siebenfachen Arbeitsaufwand gleichkam.

Aufgrund dieser Erfahrung bin ich äußerst vorsichtig im Hinblick auf nur teilweise bewältigte Aufgaben oder unvollendete Aufgaben geworden und rate jedem dringend, sein besonderes Augenmerk solchen Bereichen zu widmen, die für Probleme dieser Art prädestiniert sind, insbesondere Aufgaben im analytischen Sektor. Dies hängt damit zusammen, wie eine Analyseaufgabe als abgeschlossen beurteilt wird. Die Beurteilung sollte auf dem Projektplan basieren, in der Praxis sieht es aber so aus, daß sie sich gewöhnlich nach dem ersten Analysefertigstellungstermin richtet. Die Auswirkungen dieser Festschreibung machen sich in der Designphase bemerkbar, wenn nämlich ein unvollständiges, ungenaues Analysedokument auf dem Tisch des Designers landet. Die Designer quälen sich dann langsam und ineffizient durch ihre Aufgaben beim Versuch, das Beste aus dem mangelhaften Analysedokument zu machen, und kommen irgendwann aus Mangel an gültigen Analyseinformationen mit der Arbeit nicht mehr weiter.

Aus diesem Grund sind in der Designphase zusätzliche Analysetätigkeiten erforderlich, die entweder von den Designern (die womöglich keine praktische Übung im Analyseverfahren haben) oder von den ursprünglichen Analytikern (in diesem Fall sind die Designer für eine gewisse Zeit untätig) durchgeführt werden. Die zusätzlichen Analysetätigkeiten werden womöglich irrtümlicherweise als Designkosten verbucht, wodurch es zur Verfälschung der für Schätzungszwecke erstellten Statistiken kommt. Ebenso verzögert sich die Designphase ungleich mehr als bei einer vollständig abgeschlossenen Analysephase, da es beim ständigen Hin- und Herpendeln zwischen Analyse und Design zu Ineffizienzen kommt.

Folglich lautet die Lehre, die man aus der vorzeitigen Beendigung einer Aufgabe ziehen sollte: Eine Aufgabe sollte nie vorzeitig beendet werden! In früheren Jahren, als die Analyse noch eine recht unsystematische Angelegenheit war, konnte man einem Projektleiter, der nicht wußte, ob eine Analyseaufgabe beendet war, noch Verständnis entgegenbringen. Heutzutage jedoch, wo es Techniken wie strukturierte Analyse, Informationsmodellierung oder Prototyping gibt, können Sie als Projektleiter ziemlich genau bestimmen, ob der Analyseprozeß abgeschlossen ist oder zum Zeitpunkt der Feinanalyse erneut durchgeführt werden muß.[6] Aus diesem Grund gibt es keine Entschuldigung dafür, daß man sich durch einen vorzeitigen Fertigstellungstermin der Analyse aufs Glatteis führen läßt.

Zwei weitere Tools zur Vermeidung unsachgemäß ausgeführter Aufgaben sind zum einen die Projektbesprechung (*Walkthrough*) und zum anderen die Projektprüfung, auf die in Kapitel 11 näher eingegangen wird. Da es sich hierbei um zwei Tools handelt, die den in sie investierten Zeitaufwand wirklich lohnen, empfehle ich Ihnen, 25 Prozent der angesetzten Analysedauer für diese Tools zu veranschlagen. Diese zusätzliche Zeitspanne wird zu dem 15prozentigen zeitlichen Sicherheitspuffer hinzugerechnet. Ansonsten müssen Sie später womöglich feststellen, daß Sie in puncto Zeit und Geld weit mehr als 25 Prozent veranschlagen müssen, wenn nämlich in späteren Projektphasen Fehler die termingerechte Projektabwicklung verhindern.

Die dritte Abweichung, die eine Revision des Projektplans erforderlich macht, ist eine unerledigte Aufgabe. Diese fällt besonders unangenehm ins Gewicht, wenn sie sich im weiteren Projektverlauf im kritischen Pfad bemerkbar macht. Unabhängig davon, wie und warum es zur Nichterledigung der Aufgabe kam, muß sie nachgearbeitet werden, auch wenn der kritische Pfad hierdurch um einen oder zwei Monate verlängert wird. Womöglich müssen Sie als Projektleiter Ihre ganze Energie aufbringen, um den Benutzern die unangenehme Nachricht beizubringen. Jedoch haben Sie nun einmal keine andere Wahl, als jetzt etwas Kritik einzustecken oder später ungleich ernstere Probleme zu bekommen.

6 Unter Prototyping versteht man im wesentlichen die Erzeugung verschiedener Arbeitsmodelle des endgültigen Systems zum Zweck der Demonstration, Kommunikation, Prüfung, Analyse und Erforschung. Informationen zum Prototyping finden sich bei bei [Martin, 1982a; Squires *et al.*, 1982; Boar, 1984].

Eine vierte und letzte Abweichung, die eine Planänderung erforderlich macht, besteht in der Änderung der personellen Zusammensetzung einer Projektgruppe. Falls Sie einen Projektmitarbeiter durch Kündigung oder krankheitsbedingten Ausfall endgültig verlieren oder dem Projekt ein neuer Mitarbeiter zugeteilt wird, sollten Sie die Projektmitarbeiter so auf die anfallenden Aufgaben verteilen, daß es nur zu minimalen Störungen des Projektablaufs kommt. Falls Ihnen keine Ressourcen mehr zur Verfügung stehen, müssen Sie den Projektablaufplan zeitlich hinausschieben.

Falls es bei Ihrem Projekt zu einer dieser vier Abweichungen kommt und Sie den Projektplan und die Projektorganisation revidieren müssen, werden Sie es zu schätzen wissen, wenn Ihre CPM-Charts nicht in schriftlicher Form fixiert sind, da Sie sie in diesem Fall neu erstellen müßten. Magnettafeln mit Magnetblättchen für Ereignisse und Bindfäden für Tätigkeiten eignen sich viel besser für die Darstellung von Charts.

Noch besser und effizienter ist es, die CPM-Charts per EDV zu erstellen. Dies ist insbesondere bei großen oder komplexen Projekten von unschätzbarem Wert, wenn die Beziehungen zwischen Aufgaben, Unteraufgaben, Ergebnissen, Ressourcen und Zeit sich nur noch schwer gedanklich bewältigen lassen. Derzeit gibt es auf dem Markt mehrere Pakete, die die Erstellung solcher Charts auf Mikrocomputern ermöglichen. Alle sind sie relativ preisgünstig, keines dieser Pakete zeigt jedoch bislang die Leistungsmerkmale, die ich mir wünschen würde. So ordnen die Pakete beispielsweise die Fähigkeitsprofile der Projektmitarbeiter den Fähigkeitsprofilen von Aufgaben nicht eindeutig zu, ebensowenig berücksichtigen sie die Auswirkungen auf Zeitpläne und Umstrukturierungsmaßnahmen. Nichtsdestoweniger gehe ich davon aus, daß ein EDV-gestütztes Projektmanagement unbedingt der manuellen Verwaltung vorzuziehen ist.

Für welche Methode Sie sich auch immer zur Aufgabenplanung entscheiden - immer sollten Sie Ihre Charts regelmäßig festhalten, d.h. bevor Änderungen vorgenommen werden. Falls Sie Magnettafeln verwenden, sollten Sie diese beispielsweise jeden Montagmorgen fotografieren und dies auch vor jeder Veränderung tun. Sie sollten die ursprünglichen und modifizierten Pläne in Ihrem Projektprotokoll vermerken, damit Sie sie für Ihre Besprechung des Gesamtprojekts verwenden können.

6.7 Technische Voraussetzungen des Projektleiters

Um ein DV-Projekt effizient planen, organisieren, integrieren, abschätzen und revidieren zu können, müssen Sie sich als Projektleiter nicht nur in den organisatorischen, sondern auch in den technischen Aspekten der Projektabwicklung auskennen. Natürlich ist es sehr löblich, wenn man die mit dem Projekt verfolgten Unternehmensziele kennt und ein perfektes CPM-Chart erstellen kann. Jedoch ohne ein solides technisches Hintergrundwissen dürften Ihre Entscheidungen sich als nicht besonders glücklich erweisen. Wie sollten Sie beispielsweise ohne den erforderlichen technischen Hintergrund wissen, welche Aufgaben präzise durchgeführt werden, wem Ihrer

Projektmitarbeiter Sie welche Aufgabe zuweisen, wie Sie Ihrer Gruppe das Projekt verständlich machen oder wie Sie die Projektabwicklung kontrollieren sollen? Ohne solide technische Führung und Kontrolle von Ihrer Seite wird das Projekt die in technologischer Hinsicht erforderliche Kohärenz vermissen lassen. Womöglich hat das entwickelte System später einen recht heterogenen Charakter, da bei der Projektabwicklung unterschiedliche Technologieansätze und -richtungen je nach den Neigungen der in der Projektgruppe tätigen Mitarbeiter eingeflossen sind. Falls Sie zudem technologisch nicht auf dem Laufenden sind und Ihre Projektmitarbeiter dies wissen, werden einige Mitarbeiter im Team womöglich versuchen, Sie "einzuwickeln" bzw. Ihnen ihre Vorstellungen "unterzujubeln". In einem solchen Fall sind Sie dann nicht mehr der Projektleiter, der den Weg und das Ziel vorgibt, sondern nur der Erfüllungsgehilfe unterschiedlichster Zielsetzungen.

Ein Beispiel dafür, wie ein Projekt infolge mangelnder technischer Kenntnisse des Projektleiters in Schwierigkeiten geraten kann, ist mir erst kürzlich untergekommen. Nachdem ein Projektleiter ein oder zwei Artikel in Fachzeitschriften gelesen hatte und ihm etliche vorteilhafte Berichte seiner Projektmitarbeiter zu Ohren gekommen waren, war er überzeugt, daß Prototyping eine sinnvolle Methode sei, die er auch in seinem Projekt nutzen wollte. Fälschlicherweise ging er aber davon aus, daß diese Methode ein Projekt - ohne vorherige Analyse- und Designvorbereitungen - sehr rasch bis zur Programmkodierung bringt.

Der zweite Fehler dieses Projektleiters bestand darin, daß er keinen Mitarbeiter mit entsprechenden Fertigkeiten in sein Team holte, so daß er im nachhinein niemanden hatte, der ihn fachlich beraten konnte. So kam es, daß Unmengen von kostspieligem Programmcode entwickelt wurden, die anschließend wieder verworfen werden mußten, weil sich die wahren Bedürfnisse der Benutzer erst in langwierigen Prozessen ermitteln ließen. Das Projekt fiel natürlich unter den Tisch. Obwohl auch das Management der DV-Abteilung zum Teil für diesen Mißerfolg verantwortlich war, scheiterte das Projekt jedoch im wesentlichen deshalb, weil der Projektleiter über zu wenige Kenntnisse verfügte und falsch an das Projekt herangegangen war.

Natürlich möchte ich hier nicht die Empfehlung aussprechen, daß Sie als Projektleiter ein Fachmann für jede kleine technische Einzelheit sein müssen. Das läßt sich allerhöchstens für ein ganz einfaches Projekt realisieren. Allerdings sollten Sie die allgemeinen Grundzüge der Softwareentwicklungstechniken, die derzeit verfügbar sind, kennen. Ebenso sollten Sie über Wissen darüber verfügen, welche Techniken für welche Tätigkeiten verwendet, welche Terminologien eingesetzt und welche Fertigkeiten benötigt werden. Sie sollten sich nicht davor scheuen, solche Kenntnisse und Ratschläge bei den in Ihrem Unternehmen beschäftigten Fachleuten einzuholen. Hiermit gestehen Sie keine Schwäche ein, und dieses Vorgehen ist weitaus besser, als wenn ihre Inkompetenz später offen zutage tritt. Allerdings sollten Sie sich nicht ausschließlich auf die Fachkräfte in Ihrem Unternehmen verlassen. Womöglich sind sie doch nicht die Experten, für die Sie sie halten!

Zu weiteren Informationsquellen zählen eine gute Projektmethodologie, die Ihnen den Rahmen und Kontext der in Ihrer DV-Abteilung wesentlichen Tätigkeitsmuster vorgibt. Näheres zu Projektmethodologien findet sich in Kapitel 8. Zudem werden Seminare, die sich mit der Projektverwaltung beschäftigen, nahezu in jeder Disziplin von der Programmkodierung bis zu Kommunikationsprotokollen angeboten. Daneben gibt es eine Unmenge von Fachliteratur, die Ihnen entweder einen allgemeinen Überblick über bestimmte Techniken gibt oder Spezialaspekte tiefgreifend behandelt.

Der Projektleiter ist aber bereits sehr stark mit Planung, Organisation, Integration, Schätzung und Revision ausgelastet. Zudem muß er Meetings besuchen, Berichte schreiben oder Budgets analysieren. Wie soll er da noch die Zeit finden, auch in technologischer Hinsicht die Kontrolle über das Projekt zu behalten, ohne daß er Arbeitstage von 24 Stunden einlegt? Lösen läßt sich dieses Problem dadurch, daß man eine Organisationsstruktur verwendet, bei der der Aufgabenbereich des Projektleiters aufgeteilt wird und die einzelnen Aufgabenbereiche verschiedenen Personen zugewiesen werden. Bei der Matrixstruktur wird der Projektleiter beispielsweise von einem Großteil der Personalverwaltungsaufgaben entlastet. Zudem unterstützt die Analysegruppe den Projektleiter bei der Erstellung von Statistiken und deren Verwendung zur Aufwandsschätzung.

Auch eine weitere sehr zeitaufwendige Tätigkeit - die Integration des Projekts in das Gesamtunternehmen - kann delegiert werden. Einige DV-Abteilungen übertragen diese Aufgabe jemandem, der regelmäßig die Statusberichte für die Benutzer und die Geschäftsleitung erstellt, der die manchmal endlos langen Meetings besucht und sich möglicherweise auch mit den finanztechnischen und wirtschaftlichen Aspekten des Projekts beschäftigt. Diese Person muß über umfassende wirtschaftliche Kenntnisse verfügen, über ein gutes Verhandlungsgeschick gerade mit den betrieblichen Fachabteilungen verfügen, profunde Kenntnisse des operativen Geschäfts mitbringen und auch mit der DV-Arbeit ziemlich vertraut sein, obwohl er nicht notwendigerweise zur DV-Abteilung des Unternehmens gehören muß. Zudem braucht er diplomatisches Geschick, damit er von anderen nicht als Schnüffler, Querulant oder Lehrmeister angesehen wird.

In seinem Buch *The Mythical Man-Month* [Brooks, 1975] hat Brooks für eine solche Person den Begriff *Projektproduzent* (*Project Producer*) geprägt, wohingegen er den herkömmlichen Projektleiter als *Projektdirektor* (*Project Director*) bezeichnet.[7] Durch Verwendung einer Organisationsstruktur mit verteilten Aufgabenbereichen nach dem Muster Direktor/Produzent wird auch die allgemeine DV-Organisation zusätzlich erschwert, da mit dem Produzenten auch eine zusätzliche Kommunikationsstruktur geschaffen wird. Hier kommen dann auch solche Fragen ins Spiel, wie weit seine Befugnisse in Sachen Projektabwicklung gehen. Kann er beispielsweise die Ausgaben oder personelle Entscheidungen des Projektdirektors außer Kraft setzen? Muß er den Projektplan billigen?

---

7 Die beiden Begriffe entstammen der Filmindustrie, wo technische Aspekte wie Beleuchtung, Kameraführung und Dramaturgie dem Aufgabenbereich des Regisseurs unterliegen, wohingegen administrative Tätigkeiten wie beispielsweise Finanzierung, Kapitalbeschaffung, Werbung und anderes dem Aufgabenbereich des Produzenten unterstellt sind.

Die DV-Abteilungen versuchen diese Fragen auf unterschiedliche Art und Weise in den Griff zu bekommen. Einige sorgen für bestimmte Vorkehrungen, mit denen sich Konflikte lösen lassen. Obwohl das Projektkonzept mit Direktor und Produzent Probleme aufwirft und obwohl ein Projektdirektor sich nie ganz freimachen kann von der Berichterstellung und dem Besuch von Meetings, hat dieser Ansatz doch seine Vorzüge, sofern ein überstrapazierter Projektleiter hierdurch entlastet werden kann.

Da die Verwaltung eines Projekts eine Vollzeitaufgabe ist, kann der Projektleiter nicht selbst am Projekt mitarbeiten. Einige Projektleiter glauben dies jedoch nicht. Bei der kleinsten Gelegenheit setzen sie sich an das nächste verfügbare Terminal und hämmern Hunderte von COBOL-Programmzeilen ein oder suchen sich irgendwo einen herumliegenden Lötkolben. Die Versuchung, die Ärmel hochzukrempeln und tatkräftig mitzuwirken, ist natürlich groß, insbesondere in solchen Zeiten, wenn das Projekt alle verfügbare technische Hilfe benötigt. Auch bietet die Programmcodeentwicklung eine gern gesuchte Abwechslung zum langwierigen und stumpfsinnigen Brüten über schier endlosen Formularbergen. Diesen Versuchungen sollten Sie jedoch widerstehen, da solche technischen Ausflüge - auch wenn sie nur einen kleinen Teil ihrer Arbeitszeit ausmachen - das Gesamtprojekt gefährden können. Falls technische Details Ihre Vorstellungen dermaßen umfangen, daß Sie den Blick für die unzähligen, mit dem Projektmanagement zusammenhängenden Probleme, die Ihr vorrangiger Aufgabenbereich sind, verlieren, gehen Sie das Wagnis ein, daß das Projekt Ihrer Kontrolle entgleitet.

6.8 Die Berufung zum Projektleiter

Eine der schwierigsten Aufgaben besteht für einen Projektleiter womöglich darin, die Projektleitung eines bereits in der Durchführung begriffenen Projektes zu übernehmen. Als Ersatz-Projektleiter haben Sie die unerfreuliche Aufgabe, wie einstens John Wayne auf eine fahrerlose Postkutsche aufspringen zu müssen, um die verängstigten Kutscheninsassen zu retten. Um ein DV-Projekt zu retten, müssen Sie das Projekt mit dem derzeitigen Tempo weiter voranführen und hoffen, daß Sie im weiteren Projektverlauf alles Nötige in Erfahrung bringen können. Zwischenzeitlich werden Sie aber unweigerlich einige nachteilige und sachlich nicht gerechtfertigte Entscheidungen treffen, einfach weil Sie über zu wenige Projektkenntnisse verfügen. Eine weitere Methode besteht darin, daß man nach dem Motto "Neue Besen kehren gut" seinen Einstand im Projekt gibt, wild entschlossen, bereits am ersten Tag, an dem man dem Projekt als Leiter vorsteht, einen nachhaltigen Eindruck bei der Projektgruppe zu hinterlassen. Ein Projektleiter mit diesem Führungsstil nimmt umfassende Veränderungen vor, überhäuft sein Team mit einer Flut von Erlassen, hält impossante Meetings ab, um seinen Mitarbeitern seine grandiosen Vorstellungen zu unterbreiten. Auf diese Art und Weise erlangt er jedoch kein Verständnis für die Ziele und Methoden

des vorherigen Projektleiters und läuft folglich Gefahr, unglückliche Entscheidungen zu treffen.
Die beste Lösung für eine Situation, in der man plötzlich zum Projektleiter eines bereits laufenden Projekts berufen wird, besteht darin, das Projekttempo zu verlangsamen. Falls erforderlich, sollten Sie sich auch vor einem Projektstop nicht scheuen. Vermitteln Sie Ihren Projektmitarbeitern das Gefühl, daß es für Sie von vorrangiger Wichtigkeit ist, daß man Sie über die mit dem Projekt verbundenen Zielsetzungen in Kenntnis setzt und auch mit dem Plan und der Organisation vertraut macht, der/die zur Erreichung dieser Ziele aufgestellt wurde. Sicherlich werden Sie die Projektabwicklung dahingehend ändern wollen, daß sie eher Ihrem eigenen Führungsstil entspricht bzw. daß dadurch der Projektfortschritt verbessert wird. Allerdings sollten Sie mit Änderungen solange warten, bis Sie sich ein umfassendes Verständnis über das Projekt verschafft haben.

6.9 Zusammenfassung

Obwohl technische Probleme immer ein schwerwiegendes Hindernis für DV-Projekte darstellen, werden die größten Schwierigkeiten durch organisatorische Fehler verursacht. In diesem Kapitel wurden die fünf Aktivitäten vorgestellt, die für eine erfolgreiche Projektabwicklung erforderlich sind: Planung, Organisation, Integration, Schätzen und Revision.

Bei der Planung werden Zwischenaufgaben identifiziert, die zur erfolgreichen Realisierung der mit dem Projekt verbundenen Zielsetzungen ausgeführt werden müssen. Um einen Projektplan auf die Beine zu stellen, sollten Sie sich der in Ihrer DV-Abteilung gebräuchlichen Projektmethodologie bedienen, auf Ihre eigenen Erfahrungen und die Ihrer Projektmitarbeiter sowie auf verfügbare Fachliteratur zurückgreifen. Der Projektplan wird nur für die unmittelbare Zukunft detailliert ausgearbeitet, langfristig liegt er in allgemeiner Form vor. Der Plan richtet sich nicht nur nach den zu erledigenden Aufgaben, sondern hängt auch von der von Ihnen gewählten Projektstrategie ab, die sich zwischen der ultrakonservativen Methode (jede Phase muß beendet sein, bevor die nächste beginnt) bis zur ultraprogressiven Methode (jeder Systemabschnitt wird fertiggestellt, bevor der nächste begonnen wird) erstrecken kann. Der Plan wird anfänglich als Flußdiagramm dargestellt und dann in ein CPM-Chart umgewandelt, wobei zusätzlich Informationen zur Terminierung und Aufgabenumschreibung hinzugefügt werden.

Unter Organisation wird die Zuweisung von Aufgaben, die im Projektplan identifiziert sind, an die Projektmitarbeiter verstanden. Die vier Zielsetzungen der Organisation, von denen keine vollständig in der Praxis realisiert werden kann, bestehen einmal in der optimalen Zuordnung von Anforderungsprofil der Aufgabe und Fähigkeitsprofil des Mitarbeiters. Daneben soll eine angemessene Mischung von spezialisiertem und generalisiertem Arbeitsstil erreicht werden. Zudem gilt es, die Leerlaufzeiten der Projektmitarbeiter zu minimieren. Schließlich soll jedem Mitarbeiter nur jeweils eine Aufgabe zugewiesen werden. Die Zuweisung von Aufgaben an Projektmitarbeiter läßt sich am besten mit Hilfe eines Gantt-Diagramms darstellen.

Unter Integrationsprozeß wird verstanden, daß jeder am Projekt Beteiligte optimal in das Projektgeschehen eingebunden wird. Dieser Managementaspekt führt in der Praxis recht oft ein Schattendasein, obwohl er für den reibungslosen Projektablauf von großer Wichtigkeit ist. Die Projektgruppe muß sowohl in die anderen Managementaktivitäten (Planung, Organisation, Schätzung und Revision) eingebunden werden als auch ein Verständnis für die Tätigkeitsbereiche der anderen am Projekt tätigen Personen erlangen (mittels Projektbesprechungen).

Unter Schätzen versteht man die Beurteilung und Kontrolle des Projektfortschritts, insbesondere die Feststellung der Abweichungen vom ursprünglichen Projektplan. Ein anderer Aspekt der Schätzung besteht in der Erstellung von Arbeits- und Zeitstatistiken. Dies erledigt hauptsächlich die Analysegruppe. Die Schätzung sollte man weder übertreiben, noch sollte man zu nachlässig mit diesem Kontrollinstrument umgehen. Statt die Mitarbeiter Ihrer Projektgruppe zu gängeln, sollten Sie ihnen vielmehr das Gefühl vermitteln, daß sie Ihnen freimütig Abweichungen vom Plan mitteilen können. Alle instruktiven und wichtigen Validierungsmaßnahmen sollten im Projektprotokoll vermerkt werden.

Unter Revision versteht man Projektänderungen, die infolge von Planabweichungen erforderlich werden. Hierdurch läßt sich auch die Projektabwicklung an geänderte Zielsetzungen anpassen. Es gibt vier wesentliche Gründe für eine Revision: Nicht fristgerechte Fertigstellungstermine von Aufgaben, nicht ordnungsgemäß erledigte Aufgaben, unerledigte Aufgaben und unvorhersehbare Änderungen in der personellen Zusammensetzung der Projektgruppe. Wegen solcher anfallenden Revisionsmaßnahmen sollten die CPM- und Gantt-Diagramme auf einem flexiblen Medium erstellt werden, beispielsweise in Form einer Datenbank.

Um ein DV-Projekt erfolgreich durchzuführen, müssen Sie als Projektleiter ständig mit den technischen Aspekten des Projekts vertraut sein. Ansonsten wird es Ihnen schwerfallen, die fünf oben angesprochenen Führungsaktivitäten zu realisieren. Daß man sich in technologischer Hinsicht auf dem Laufenden halten muß, bedeutet jedoch nicht, daß man als Projektleiter auch technische Projektarbeit übernehmen soll. Die Zeit, tatkräftig bei der technischen Projektentwicklung mitzuarbeiten, findet man nur dann, wenn eine Projektgruppe zusammengestellt wird, bei der die Verantwortlichkeit zwischen einem Projektdirektor und einem Projektproduzenten aufgeteilt ist. Der Direktor (gewöhnlich Projektleiter) beschäftigt sich hauptsächlich mit den technischen Projektaspekten, wohingegen der Produzent alle externen Verwaltungs- und Organisationsaufgaben erledigt.

Falls Ihnen die Leitung eines Projekts übertragen wird, das sich bereits in der Entwicklung befindet, sollten Sie weder der Vorstellung anhängen, daß Sie sich sehr schnell einen Gesamtüberblick über das Projekt verschaffen können noch daß Sie das Team durch sofortige, nachhaltige Entscheidungen Ihrerseits beeindrucken müssen. Statt dessen sollten Sie versuchen, sich ein tiefgehendes Verständnis vom Projekt zu verschaffen, und auch bereit sein, dessen Ausführungstempo gegebenenfalls zu verlangsamen.

Kapitel 6: Ratschläge für die Anwendung

1. Welche Aktivitäten gehören Ihrer Meinung nach zu einem effizienten Projektmanagement? Wie lassen sie sich den fünf Aktivitäten Planung, Organisation, Integration, Schätzen und Revision zuordnen?
2. Welche Projekte in Ihrem Umfeld waren völlige oder teilweise Fehlschläge. Welche Managementfehler haben zu diesen Fehlschlägen beigetragen?
3. Welche der fünf Managementaktivitäten liegen Ihnen am besten? Welche liegen Ihnen am wenigsten?
4. Führen Sie sich einmal die allgemeine Managementqualität in Ihrer DV-Abteilung vor Augen. Welche der fünf Managementaktivitäten werden am besten erledigt? Bei welchen lassen sich Schwachpunkte erkennen?
5. Auch das DV-Projektmanagement ist eine Aufgabe, die unzufriedenstellend durchgeführt werden kann. Welche Auswirkungen hat ein ineffizientes Management auf andere Aufgaben?
6. Falls Sie in technologischer Hinsicht nur schwerlich mit Ihrem Projekt Schritt halten können, stellt sich die Frage nach den Gründen für Ihre Schwierigkeiten? Wie können Sie diese Schwierigkeiten aus der Welt schaffen? Falls Sie hingegen keine Mühe haben, technologisch auf dem Laufenden zu bleiben, sollten Sie hier die Faktoren aufführen, die Ihnen dabei helfen? Wie könnten andere Projektleiter ebenfalls von Ihren Methoden profitieren?

7

Festlegung von Projektterminen

Projekttermine beherrschen das Denken von Projektleitern mit nahezu magischer Kraft. Mir ist aber noch kein Fall zu Ohren gekommen, daß für irgend jemanden die Welt zusammengebrochen beziehungsweise ein Projekt fehlgeschlagen ist, nur weil ein Termin nicht eingehalten wurde. Projekte werden fallengelassen, weil sie die Bedürfnisse der Benutzer nicht kosteneffizient befriedigen können und nicht deswegen, weil sie ein oder zwei Monate später als geplant fertiggestellt werden.

Im amerikanischen Sprachraum bedeutete der Begriff *deadline* (Frist, Stichtag), wörtlich übersetzt als "Todeslinie", ursprünglich eine Linie in einem Gefängnis, die der Gefangene nicht überschreiten durfte, wollte er nicht Gefahr laufen, erschossen zu werden. Dieser Begriff "deadline" ist natürlich nicht ganz angebracht, wenn es um den veranschlagten Fertigstellungstermin eines Projekts geht, obwohl die mythische Furcht vor dem Erschossen-Werden, so man einen Termin nicht einhalten kann, wohl noch im Unterbewußtsein manches amerikanischen Projektleiters mitschwingen mag. Daß dies im europäischen Raum nicht anders ist, läßt sich natürlich darauf zurückführen, daß der Begriff *deadline* - wie viele andere Begriffe aus dem Bereich der Informationstechnologie - aus dem amerikanischen Sprachraum übernommen wurde und auch hier noch etwas von seiner schillernden, anrüchigen Kraft entfalten kann. Schlimmer als diese Furcht vor Projektterminen ist aber wohl das Gefühl, das in vielen Projektbeteiligten aufkommt, wenn die angegebenen Termine völlig unrealistisch sind. Viele Projekte schlagen deshalb fehl, weil ein Projektleiter sich hartnäckig an einen Stichtag klammert, der nie einzuhalten ist.

Im vorliegenden Kapitel soll zunächst auf die drei unliebsamen Auswirkungen unrealistischer Projekttermine eingegangen werden. Anschließend werden die Gründe dafür angeführt. Danach werden einige Ratschläge gegeben, wie man sich als Projektleiter im Falle solcher "völlig aus der Luft gegriffenen" Projekttermine verhalten sollte. Schließlich sollen einige Strategien vorgestellt werden, wie sich Termine, die zwar knapp bemessen, jedoch in der Sache gerechtfertigt sind, zu einem realistischen Projektplan zusammenfügen lassen.

7.1 Folgen eines unmöglich einzuhaltenden Termins

Drei negative Folgeerscheinungen einer unrealistischen Projektfrist lassen sich verzeichnen: Verlust der Projektkontrolle, Fertigstellung eines ineffizienten Systems minderer Qualität und Motivationsschwund sowohl bei Projektleiter als auch -mitarbeitern. Da jede dieser Folgeerscheinungen für das Projektresultat von besonderer Bedeutung ist, sollen sie hier nacheinander behandelt werden.

7.1.1 Verlust der Projektkontrolle

Ein gut organisiertes Projekt läßt sich vom Projekttempo her mit einem taktischen Rennen vergleichen: Ein routinierter Leichtathlet beispielsweise beginnt ein Rennen zurückhaltend, geht sorgfältig sein Tempo und versucht eventuell, das Tempo aus dem Rennen zu nehmen, um am Ende genug Kraft für den Spurt über die Ziellinie zu haben. Der Anfänger geht ein Rennen demgegenüber sehr schnell an, macht die Pace und versucht, das Rennen durch ein sehr hohes Tempo in einem Start-Ziel-Sieg nach Hause zu laufen.

Genauso versucht ein unerfahrener Projektleiter, einen Projekttermin durch Vorgabe eines mörderischen Projekttempos einzuhalten. Nachdem er eilig die Analysephase hinter sich gebracht hat, stößt er dann bei der Programmierung oder den Abnahmetests auf gravierende Probleme. Jetzt muß er entweder von vorne anfangen oder mitten im Projekt gänzlich die Segel streichen.

Obwohl ein DV-Projekt sich natürlich nicht so einfach mit einem Wettkampf in der Leichtathletik vergleichen läßt, hat doch derjenige Projektleiter, um beim Bild zu bleiben, die besten Rundenzeiten, der frühzeitig das Projekttempo so bestimmt, daß am Projektende noch genügend Kraft - wie beim Läufer für den Sieg bringenden Spurt - vorhanden ist. Man folgt in diesem Fall der Devise "In der Ruhe liegt die Kraft" und verwendet viel Zeit auf die anfänglichen Projektphasen (insbesondere auf die Problemdefinition und -analyse), die womöglich nur wenige vorzeigbaren Ergebnisse bringen. Während der Designphase wird das Tempo dann allmählich forciert, so daß die Programmierphase dann schon in einem zügigen Tempo abgewickelt werden kann. Das Austesten muß jedoch immer sehr sorgfältig und systematisch durchgeführt werden. Hier ist unangebrachtes Tempo-Machen fehl am Platz.

Mir ist ein Projektleiter bekannt, der seine Systemanalytiker - zumindest in den anfänglichen Projektphasen - stets zur langsamen, bedächtigen Arbeit anhält. Gleichzeitig weist er sie aber auch an, die anfallenden Probleme zügig und sorgfältig in Angriff zu nehmen. Er weiß, daß sich der Projekterfolg nicht automatisch einstellt, wenn man das Gaspedal bis zum Boden durchtritt und phrenetisch die einzelnen Projektphasen - von der Analyse bis zur Implementation - durchhastet. Bei einem solchen Verfahren verliert der Projektleiter garantiert die Kontrolle über das Projekt, und der Mißerfolg ist vorprogrammiert.

7.1.2 Fertigstellung von Systemen minderer Qualität

Um eine unrealistische Projektfrist einzuhalten, muß der Projektleiter hinsichtlich Sorgfalt und Arbeitsaufwand, die zur Entwicklung eines qualitativ hochwertigen Systems eigentlich vonnöten sind, Abstriche machen. Dieser Tatsache schenken aber sowohl DV-Mitarbeiter als auch Benutzer oft nur geringe Beachtung. So hat sich beispielsweise auf allen Ebenen der betrieblichen DV die irrige Vorstellung eingenistet, daß sich nur notorische Pessimisten mit Qualitätsfragen abgeben, wohingegen nur solche Projektleiter das Prädikat "gut" verdienen, die ein System zu jeder Frist bzw. mit jedem Budget abwickeln können.

Mir ist erst kürzlich ein recht anschauliches Beispiel dafür begegnet, wie stark sich ein Projekttermin auf die Produktqualität niederschlagen kann. In einer großen DV-Abteilung in der Luftfahrtentwicklung sollte ein Softwaresystem entwickelt werden, das eine komplexe Hardwareeinheit betreiben sollte. Infolge einer schlechten Planung durch den Gesamtprojektleiter hatte der Softwareverantwortliche mit einem augenscheinlich unmöglich einhaltbaren Termin für die Systemlieferung zu kämpfen. Jedoch gelang es ihm, nicht nur den Projekttermin um einige Tage zu unterbieten, sondern er benötigte überdies auch deutlich weniger finanzielle Mittel, als man ihm für dieses Projekt zugestanden hatte. Der Gesamtprojektleiter, vom sichtlichen Erfolg des Softwareleiters angetan, beförderte diesen und ließ ihm auch eine großzügige Gehaltserhöhung zukommen.

Ich fragte später den für die Hardware Verantwortlichen, wie er das Kunststück des Softwareverantwortlichen beurteilen würde. "Das System ist der größte Schrott, der mir jemals unter die Augen gekommen ist", sagte dieser. "Es ist äußerst schlecht konzipiert, sehr hastig kodiert, wurde kaum ausgetestet und ist zudem ungenau dokumentiert. Ich glaube keinesfalls, daß das System in allen Bereichen ordnungsgemäß funktioniert."

"Wenn Sie nun denken, daß dies einfach nur ein schlechtes Softwareprodukt wie viele andere ist, liegen Sie völlig daneben. Was mich so sehr auf die Palme bringt, ist die Tatsache, daß diese Software Teil unseres nationalen Sicherheitssystems ist."

Warum wird einer Frist so oft Vorrang vor der Qualität eingeräumt? Warum werden die Kosten der Systementwicklung sehr oft deutlich höher bewertet als die Qualität des fertigen Systems, das sich zugegebenermaßen nur schwer quantifizieren, demgegenüber aber leicht als fertiges Produkt erkennen läßt? Die Antwort darauf lautet, daß sich die negativen Folgewirkungen von minderwertigen Systemen erst bemerkbar machen, nachdem sie ausgeliefert und eingesetzt werden. Erst dann machen sich die gewaltigen Mehrkosten bemerkbar, die infolge des Einsatzes und der Wartung der mangelhaften Systeme anfallen. Manche Systeme, bei denen Lieferfristen sich negativ auf die Qualität ausgewirkt haben, sind dermaßen schlecht, daß es den Auftraggeber weitaus billiger kommt, sie auszurangieren und mit der Systementwicklung ganz von vorne anzufangen.

Obwohl einige DV-Abteilungen ihr Budget nach separaten Kostenbereichen ausweisen - wobei Entwicklungs- und Betriebskosten nach jeweiligen Systemen und Benutzern aufgeführt werden -, gibt es nur in den wenigsten DV-Anlagen eine korrekte Buchführung der Wartungskosten. So ist es unter Umständen möglich, daß die Wartungskosten mit einem unspezifischen Gesamtbudget verrechnet, Prioritäten vom Benutzer, der sich am lautesten bemerkbar macht, gesetzt werden und oft gänzlich auf die Ausweisung der Wartungskosten für ein bestimmtes System verzichtet wird. Auch in günstigen Fällen, in denen umfassende Daten zur Kostensituation verfügbar sind, macht sich nur selten jemand die Mühe, die Kosten für Wartungsaufgaben auf die Qualität der ursprünglichen Entwicklungsarbeit rückzubeziehen. Kurzum, es werden implizit falsche Zielsetzungen festgelegt, um so der Abteilung insgesamt zu nützen. Falls Ihre Vorgesetzten Sie zur Kostenminimierung und möglichst knappen Terminfristen anhalten, lassen sich diese Zielsetzungen am schnellsten durch eine Qualitätsminderung des Endprodukts realisieren. Der gedankliche Fehler bei dieser Methode liegt allerdings darin, daß hierdurch tatsächlich zusätzliche Kosten entstehen - jedoch im Budget einer anderen Abteilung und in einem anderen Fiskaljahr. Bei manchem ist es sogar seiner Karriere dienlich, wenn er durch die fristgerechte Ablieferung von minderwertigen Produkten kurzfristige finanzielle Gesichtspunkte befriedigen kann. Die folgende Anekdote soll die negativen Auswirkungen einer solchen durch Termindruck zustandegekommenen Entwicklungsarbeit veranschaulichen. Ein Auftragsprogrammierer legte mir so beispielsweise einmal seine Vorstellungen von der Auftragsprogrammierung dar: "Ich nehme immer Aufträge an, die sich über einen Zeitraum zwischen drei und sechs Monaten erstrecken", sagte er. "Ich versuche mir auch immer Aufträge zu angeln, bei denen ich sehr schnell ein System zusammenbasteln kann, liefere dann meine Listings gerade noch fristgemäß ab, kassiere das Geld ein und mache mich aus dem Staub. Auf diese Art und Weise bin ich immer weit weg vom Schuß, wenn so ein Programm mal danebengeht."

Ich erwiderte darauf, daß ich es nicht für besonders professionell oder empfehlenswert hielte, einen Auftrag schludrig zu erledigen, sich aus dem Staub zu machen und einem unglücklichen Maintenance-Programmierer eine Unmenge von Arbeit aufzuhalsen, weil dieser sich mit fehlerhaftem Code herumschlagen müßte. Er entgegnete darauf, daß ich offensichtlich die Prinzipien der Auftragsprogrammierung noch nicht verstanden hätte, bei der es einzig und allein darum ginge, vorgegebene Fristen erfüllen zu können.

Vier Jahre später traf ich diesen Programmierer zufällig wieder und stellte zu meinen Erstaunen fest, daß er mit einem Großteil seiner früheren Ansichten gebrochen hatte. Er gestand mir ein, daß er sich in der Zwischenzeit zwischen München und Hamburg hin und her bewegt hätte, um seinem Ruf, unzufriedenstellende Arbeit abzuliefern, vorauszueilen: Man hatte nämlich allerorten festgestellt, daß seine Beschäftigung für drei Monate unweigerlich eine weitere Beschäftigung von sechs Monaten nach sich zog, bei der jemand seinen fehlerhaften Code ausbessern mußte. So mußte er schließlich feststellen, daß man, sofern man langfristig bestehen will, hohe Qualität liefern muß, die jedermann nützt. Ansonsten bekommt irgend jemand früher oder später die negativen Auswirkungen zu spüren. Bei der Systementwicklung macht sich der Zeitfaktor natürlich immer unangenehm bemerkbar, nichtsdestoweniger sollten Sie Ihren Vorgesetzten und Benutzern aber vor Augen halten, daß eine unvernünftige Frist unvorteilhaft ist, da später sehr viel Zeit für Nachbesserungen aufgewendet werden muß, falls nicht sogar das ganze Projekt neu durchgeführt werden muß.

7.1.3 Motivationsschwund bei Mitarbeitern

Unrealistische Fristen bringen keinesfalls einen Motivationsschub bei Projektmitarbeitern. Sie werden vielmehr gewöhnlich als Mechanismen verwendet, um die Mitarbeiter zu einer hektischen Produktion anzutreiben. Dieser Kunstgriff läßt sich etwa wie folgt umschreiben: "Ja, meine Herren, nach Schätzungen des Projektleiters läßt sich das System bis Dezember fertigstellen, dann geben wir ihm also eine Frist bis Juni vor. Da kommt er dann ein bißchen ins Schwitzen. ... Da wollen wir doch mal wetten, daß wir das System bis spätestens September haben." In diesem Fall ist die Frist eine Geißel, unter der alle am Projekt Beteiligten zu leiden haben.

Ein Projektleiter, der an einem meiner Seminare teilnahm, teilte mir seine eigenen schmerzlichen Erfahrungen mit unrealistischen Fristen mit. "Mein letztes Projekt war ein absoluter Reinfall. Mein Chef teilte mir zu Beginn der Analysephase mit, daß wir das System unbedingt innerhalb eines Jahres liefern müßten oder andernfalls mit großen Schwierigkeiten zu rechnen hätten. Ich fügte mich dieser Vorgabe, weil ich kurz vor der Pensionierung stand und keine größeren Unannehmlichkeiten mehr haben wollte. Das ganze Projekt hatte aber eher das Ausmaß eines Zweijahresprojekts, so entschied ich mich dafür, noch mehr Mitarbeiter für das Projekt abzustellen und die Beteiligten zu Überstunden zu verpflichten, wobei ich ihnen versprach, daß sie nach Projektende dafür bezahlten Urlaub nehmen könnten."

"Meine Anweisungen hatten bei meinen Mitarbeitern ungeahnte Wirkungen. Die ganz Gewissenhaften schwitzten Blut und Wasser, die Vernünftigen quittierten ihren Job, und von den anderen ließ sich keiner dazu bewegen, auch nur eine Minute länger zu arbeiten, als sie bereit waren. Die Arbeitsleistung der Belegschaft war zumindest anfänglich deutlich höher als bei vorhergehenden Projekten, die Qualität war demgegenüber jedoch deutlich schlechter, und wir fertigten eine große Menge DV-Müll. Was konnten wir also tun? Es blieb uns keine Zeit, die unbrauchbaren Systemkomponenten nachzubessern bzw. zu ersetzen, und auch wenn wir das gemacht hätten, wäre uns nichts geblieben, wodurch wir sie hätten ersetzen können - höchstens durch zusätzlichen DV-Schrott. So versuchten wir, das Beste aus der Situation zu machen, indem wir rund um die Uhr arbeiteten. Das Ganze wurde aber immer chaotischer. Der Ablieferungstermin rückte näher und näher, wurde überschritten, und das Projekt wurde zu guter Letzt abgesetzt, da nichts Nutzbringendes produziert worden war. Die ursprüngliche Zeitplanung und das Budget beliefen sich auf ein Einjahresprojekt in einer Größenordnung von rund 800.000 DM. Das tatsächliche Projekt nahm 19 Monate in Anspruch, kostete rund 1,3 Mio DM und lieferte absolut keine brauchbaren Ergebnisse."

Ist es nicht absurd, daß man den Erfolg eines Projektes für den geringen Vorteil, den ein willkürlich festgelegter Projekttermin bringen kann, aufs Spiel setzt? Ebenso unverständlich erscheint es auch, daß ein ansonsten vernünftiger Projektleiter sein Projektteam zur absoluten Höchstleistung bis an den Rande der Erschöpfung antreibt, nur um eine willkürliche und durch nichts gerechtfertigte Frist zu erfüllen. Ein Mitarbeiter wird nicht durch eine Peitsche, die man in seinem Nacken knallen läßt, motiviert. Motivation schafft man nur, indem man ihm die Verantwortung aufträgt, gute Arbeit abzuliefern, und ihm auch die Ressourcen und Möglichkeiten zu deren Erledigung an die Hand gibt und schließlich auch anerkennt, daß er ein vorzeigbares Ergebnis abgeliefert hat. Falls man Projektmitarbeitern ermöglicht, ihr eigenes Arbeitstempo zu bestimmen und an der Aufstellung von Terminfristen mitzuwirken, werden sie nur in den allerwenigsten Fällen im Schneckentempo zu Werke gehen.

7.2 Gründe für unrealistische Termine

Es gibt vier wesentliche Gründe für unrealistische Lieferfristen. Sie können entweder dem Wunschdenken entstammen, in vorläufigen Aufwandsschätzungen, der Vorspiegelung falscher Tatsachen oder in einer Wertänderung begründet sein. Auf diese Aspekte wird im folgenden eingegangen.

7.2.1 Wunschdenken

Eine Frist, die durch Wunschdenken zustande kommt, hat gewöhnlich keine in der Natur der Sache liegende Rechtfertigung, sondern spezifiziert das Datum, an dem der Benutzer gerne sein System hätte. Irgendeine Führungskraft in irgendeinem Unternehmen, die genügend Kompetenzen im Unternehmen hat, stellt sich beispielsweise irgendeinen Fertigstellungstermin vor, und schon müssen Sie sich mit diesem Termin herumschlagen. Geben Sie sich nie mit einer solchen Frist einverstanden, nur um ihrem Auftraggeber oder ihrem Vorgesetzten zu gefallen.

Diese Form des Wunschdenkens wird in dem Gantt-Diagramm in Bild 7.1 vorgestellt. Falls sich eine Frist unmöglich realisieren läßt, kann man auch keinen praktikablen Projektplan, der auf dieser Frist basiert, auf die Beine stellen. Aus diesem Grund bleibt einem Projektleiter eigentlich nichts anderes übrig, als das Projekt als großen monolithischen Block auf seinem Planungsdiagramm aufzuzeichnen.

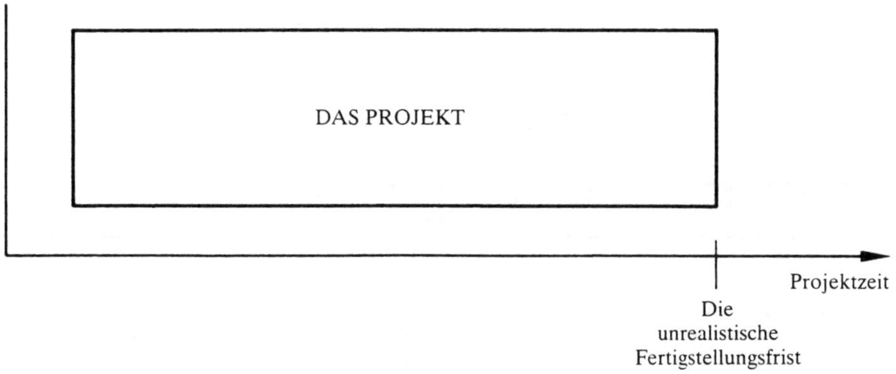

Bild 7.1 *Planungsdiagramm eines auf Wunschdenken basierenden Projekttermins.*

In Bild 7.2 veranschlagt der Projektleiter zur Ausführung jeder im Plan enthaltenen Aufgabe die kürzeste Zeit, in der diese Aufgabe im Idealfall ausgeführt werden kann, und streicht auch die Zeit zwischen den Aufgaben, die für Nachprüfung, Revision oder Koordination benötigt wird. Das Ergebnis ist eine Fertigungsfrist, die im Bereich des Möglichen erscheint, wenngleich hierzu alle Aktivitäten optimal ablaufen müssen. Diese Art von Wunschdenken entspricht - bildlich gesprochen - etwa der Situation, daß man einen Kilometer in drei Minuten laufen kann und daraus folgert, daß man deshalb einen Marathonlauf über 42 km in 2 Stunden und sechs Minuten absolvieren kann.

Die an einem solchen Projekt Beteiligten können die utopische Geschwindigkeit womöglich während der ersten beiden Teilaufgaben durchhalten, jedoch keinesfalls über das Gesamtprojekt. Sie werden in ihren Kräften nachlassen. Zeit geht für Meetings und Besprechungen verloren. Zeit muß ebenso für die Durchführung von Änderungen an Zwischenprodukten aufgewendet werden. Die theoretisch mögliche Frist, die in Bild 7.2 gesetzt ist, läßt sich in der Praxis nie und nimmer einhalten.

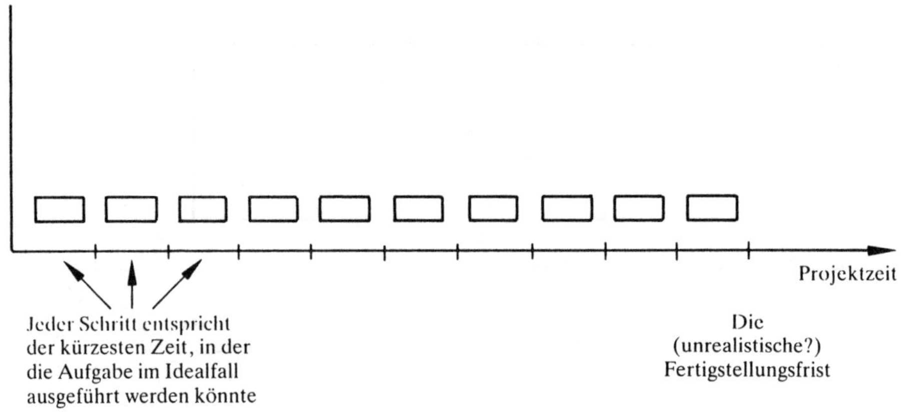

Bild 7.2 Planungsdiagramm auf der Grundlage von Idealbedingungen.

Wer wollte Benutzer und DV-Leiter dafür tadeln, daß sie sich eine schnellere Softwareentwicklung wünschen. Auch ich wünschte mir, daß dies schneller vonstatten ginge, es gibt jedoch keine Abkürzungen, mit deren Hilfe sich die Geschwindigkeit der Softwareentwicklung und Produktivität verbessern lassen. Eine Verbesserung läßt sich am sinnvollsten dadurch erreichen, daß man Zeit und Geld in die Weiterbildung der DV-Mitarbeiter investiert, Projekte standardisiert und entwicklungsunterstützende Tools verwendet, die den Projektmitarbeitern eine Hilfestellung bieten. Auf diese Aspekte wird in den Kapiteln 13 und 14 näher eingegangen.

7.2.2 Vorläufige Aufwandsschätzungen

Ein weiterer Grund für unrealistische Projekttermine sind vorläufige Projektaufwandsschätzungen. Wie bereits in Kapitel 2 ausgeführt, ist die Aufwandsschätzung gewöhnlich um so ungenauer, je früher sie für ein Projekt durchgeführt wird. Hieraus läßt sich eine zweite Regel ableiten: Je früher für ein Projekt eine Aufwandsschätzung durchgeführt wird, um so wahrscheinlicher ist es auch, daß irgend jemand diese Schätzung als Projekttermin festlegt. An dieser Stelle ist eine Warnung angebracht: Wenn Sie - insbesondere zu Projektbeginn - einen Fertigstellungstermin mitteilen, ohne dazu nähere Erklärungen oder Einschränkungen mitzuliefern, so kann es Ihnen passieren, daß man diesen Termin als unabänderliches, realistisches Fristenziel ansieht. Am besten ist es, auf den Projektplan zu verweisen, wenn die Sprache auf Projektfristen kommt (siehe Kapitel 6). Dieser Plan nämlich, in dem sich unzählige Fristen für Teilaufgaben finden, zeigt jedem vernünftig Denkenden unmißverständlich, daß es ein Unding ist, für ein komplexes Projekt einen einzigen Fertigungstermin anzusetzen - insbesondere wenn dieser Termin auf einem vorläufigen Schätzergebnis basiert.

Der Plan macht zudem eine beliebte Ausrede dafür, warum man sich auf Fristen festlegen will, hinfällig: nämlich die, daß der Benutzer eine Frist haben will, um sich auf die Installation des Systems vorbereiten zu können. Das Problem eines Projekttermins besteht darin, daß die Benutzer von der Systemverfügbarkeit zum angegebenen Zeitpunkt ausgehen und entsprechende Vorbereitungen treffen. Falls der Termin überzogen wird, haben die Benutzer womöglich ihr altes System demontiert, ohne über den benötigten Ersatz zu verfügen. Werden die Benutzeranforderungen in puncto Installationstermin mit in den Projektplan aufgenommen, können die Installationsdetails mit näher rückendem Installationstermin ziemlich genau geplant und terminiert werden.

7.2.3 Vorspiegelung falscher Tatsachen

Unrealistische Fristen können sich auch dadurch ergeben, daß es zur Vorspiegelung falscher Tatsachen kommt [Thomsett, 1980]. Hierbei wird der Benutzer zur Billigung eines großen und aufwendigen Projekts veranlaßt, indem ihm bewußt die wahren Ausmaße und Kosten des Projekts vorenthalten werden. Wenn der Benutzer erst einmal mit den tatsächlichen Projektkosten konfrontiert wird, ist es bereits zu spät, das Ganze rückgängig zu machen. Falls er nicht auch das zusätzliche Geld, das zur Projektbeendigung erforderlich ist, bereitstellen kann, verliert er das bereits investierte Geld.

Die Vorspiegelung falscher Tatsachen ist eine Finte, deren Erfolg nur dann gewährleistet ist, wenn der Benutzer sie nicht wahrnimmt. Oft weiß auch der Projektleiter nichts vom bewußten Herunterspielen der Projektkosten, und ihm wird von seiner Geschäftsleitung ein unrealistischer Projekttermin unterbreitet, der widerspruchslos hingenommen werden muß.

Das Vorspiegeln falscher Tatsachen im Rahmen der Projektabwicklung ist eine üble Angelegenheit, die nur zu Mißstimmigkeiten zwischen der DV-Abteilung und den Benutzern führt, wenn diese später feststellen müssen, daß sie "aufs Kreuz gelegt" wurden. Der richtige Weg, die Zustimmung des Benutzers für ein Projekt zu gewinnen, besteht darin, diesem in allen Einzelheiten die Schätzergebnisse der Projektkosten, des Nutzens und der Ressourcen (wie in Kapitel 2 gezeigt) zu unterbreiten. Ich konnte bislang die Erfahrung machen, daß die meisten Benutzer, denen objektiv die tatsächlichen Gegebenheiten unterbreitet wurden, eine rational begründete Entscheidung treffen, und es sind einzig die Verantwortlichen der DV-Abteilung, die ein anderes Reaktionsmuster vermuten.

7.2.4 Wertänderung

Unter Wertänderung wird eine Änderung, gewöhnlich eine Minderung, des Systemwerts zu einem bestimmten Zeitpunkt verstanden. So könnte der Deutsche Bundestag beispielsweise die Verordnung erlassen, daß alle Banken am 1. Januar aus steuerrechtlichen Gründen einen bestimmten Satz der aufgelaufenen Sparzinsen einbehalten müssen. In diesem Fall wäre ein automatisches System zur Abführung der Sparzinsen natürlich von größerem Wert, wenn es statt am 31. Januar bereits am 31. Dezember ausgeliefert würde. Die Änderung des Systemwerts, bedingt durch den 1. Januar, zieht natürlich nach sich, daß dieses Datum wahrscheinlich auch als Projektfertigstellungstermin angesetzt wird.

Da eine Fristsetzung hinsichtlich einer Wertänderung eine gewisse Berechtigung hat, sollte man diesen Aspekt nicht leichtfertig abtun. Jedoch sollte diesem Gesichtspunkt auch nicht soviel Bedeutung beigemessen werden, daß hierdurch die gesamte Projektabwicklung oder die Qualität des Projektergebnisses in Mitleidenschaft gezogen wird. So stehen einer Bank, um beim Beispiel zu bleiben, noch andere Möglichkeiten als die Installation des automatischen Systems am 1. Januar zur Verfügung. So kann die Bankwirtschaft beispielsweise den Versuch unternehmen, durch Einflußnahme auf die relevanten Stellen diese zur Revision der getroffenen Entscheidung zu veranlassen. Ebenso ist der Einsatz eines weniger komfortablen manuellen Systems denkbar, bis das automatische System bereitgestellt wird. Eine weitere Alternative ist die zeitweilige Nichtbeachtung der ergangenen Vorschrift und die Zahlung der anfallenden Bußgelder. In Abschnitt 7.4.1 wird untersucht, wie sich die mit der Wertänderung verknüpfte Fertigungsfrist sinnvoll in einen Projektplan integrieren läßt.

7.3 Möglichkeiten, um mit unrealistischen Lieferfristen zurande zu kommen

Eine Ihrer wesentlichen Aufgaben als Projektleiter besteht darin, dem Schreckgespenst "Projekttermin" seinen Schrecken zu nehmen. Falls Ihnen Ihre Benutzer oder Geschäftsleitung einen unmöglichen Projekttermin auferlegt haben, sollten Sie die negativen Folgewirkungen auf zwei mögliche Arten minimieren: Zunächst einmal sollten Sie den Druck, der gewöhnlich infolge eines solchen Termins auf der Projektgruppe lastet, von der Gruppe fernhalten. Zum zweiten sollten Sie den dadurch hervorgerufenen Druck auf diejenigen umlenken, die dafür verantwortlich sind.

7.3.1 Schutz der Projektgruppe vor übermäßigem Anforderungsdruck

Auch wenn Sie den Anforderungsdruck spüren, der auf Ihnen infolge finanzieller oder terminspezifischer Anforderungen lastet, sollten Sie diesen Druck niemals an Ihre Projektgruppe weitergeben. Dies ist natürlich viel leichter gesagt als getan. Als DV-Projektleiter befindet man sich in manchen Unternehmen wie in einem riesigen Schraubstock, in dem man dem Druck von oben und unten ausgeliefert ist. Hier muß man sich schon ein dickes Fell aneignen, um diese Zwänge unbeschadet zu überstehen. Über ein solches dickes Fell bzw. Standhaftigkeit gegenüber externen Zwängen verfügen aber nur die wenigsten. Folglich geben viele Projektleiter dem auf ihnen lastenden Druck nach und erlegen ihrer Gruppe übermäßig viele Überstunden auf, gängeln und tadeln sie und machen ihnen permanent die Hölle heiß, um einen willkürlich festgelegten und unmöglich einzuhaltenden Projekttermin doch noch zu realisieren.

Die meisten Beschäftigten wünschen sich eine normale Arbeitszeit, legen sich auch manchmal schwer ins Zeug und schieben dann wieder kleine Verschnaufpausen ein. Das Gros der Belegschaft ist weder fähig noch gewillt, auf unbestimmte Zeit in einer überaus angespannten Situation zu arbeiten. Ein Projektleiter, der ständig die Floskel "kritische Situation" im Munde führt, wird letztendlich unglaubwürdig. Ein Projektleiter, dem diese Möglichkeit nicht verborgen geblieben war und der auf das Wort "Krise" tunlichst verzichten wollte, verfaßte ein Rundschreiben, in dem er ausführte: "Da sich unser Projekt derzeit in einer absoluten Problemphase befindet, müssen wir unser Arbeitskontingent erhöhen, um den vorgegebenen Fertigstellungstermin einhalten zu können." Seine Gruppe konnte den Fertigstellungstermin nicht einhalten! Bevor der Projektleiter eine noch zugespitztere Formulierung finden konnte, hatten viele seiner Projektbeteiligten bereits Versetzungsgesuche eingereicht.

Auf einen Vortrag, den ich einmal zum Thema "Abschaffung von Projektterminen" gehalten hatte, folgte verlegenes Schweigen. Immerhin hatte ich gerade an den Grundfesten der Praxis gerüttelt, die dem Projektleiter einen letzten Rest von Halt in einer Arbeitswelt permanenter Veränderungen gibt. Schließlich wurde doch eine Frage laut: "Haben Sie noch nichts vom Parkinsonschen Gesetz gehört, wonach Arbeit expandiert, um die verfügbare Zeit auszufüllen? Wenn Sie die Frist beseitigen, verliert das Projektteam allen Anreiz zur Arbeit, und das Projekt zieht sich ewig dahin."

Wenn hier der Vorschlag gemacht wird, unabänderliche Projekttermine abzuschaffen, so soll das nicht heißen, daß jeder Projekttermin abgeschafft und jedes Projekt sich folglich unendlich dahinziehen soll. Ebensowenig ist dies als Empfehlung dafür zu verstehen, daß sich ein Projekt auf unbestimmte Zeit in der vagen Hoffnung dahinzieht, daß es irgendwann einmal zur Vollendung gelangt. Ein Projekt muß unter dem straffen Regime eines Projektplans durchgeführt werden, wobei die Projektbeteiligten die ihnen gestellten Aufgaben fristgerecht erledigen. Falls Fertigstellungsfristen überzogen werden, müssen Sie als Projektleiter wissen, aus welchem Grund es dazu kam. Falls die Gründe nachvollziehbar und die Verzögerungen unvermeidbar sind, sollten Sie den zeitlichen Projektfahrplan durchaus über Bord werfen.

Natürlich sollten Sie den Versuch unternehmen, solche Verzögerungen möglichst zu vermeiden. Da die Projektabwicklung keine Freizeitveranstaltung für die Projektbeteiligten sein kann, sollten Sie ruhig gelegentlich auch einmal Druck ausüben, damit die anstehende Arbeit erledigt wird. Lächerlich ist hingegen die Auffassung, daß keine Zeitüberziehung über die gesetzte Frist hinaus hingenommen werden darf. Sie können nicht einfach Störfaktoren ignorieren, die den Projektplan ändern. Eine solche Halsstarrigkeit Ihrerseits führt nur zu unangenehmen Begleiterscheinungen für Ihre Projektgruppe und das Projekt selbst.

7.3.2 Übermäßigen Druck auf die eigentlichen Urheber umleiten

Wie können Sie sich aber gegen einen unmöglichen Projekttermin zur Wehr setzen, falls Sie nicht bereit sind, den Druck an Ihre Mitarbeiter weiterzugeben, und falls Sie auch nicht den ganzen Druck selbst abbekommen wollen? Die einzige vernünftige Möglichkeit besteht in diesem Fall darin, den Druck auf diejenigen umzulenken, die für eine unrealistische Frist verantwortlich sind. Das heißt, daß Sie Ihre Zustimmung verweigern, wann immer Sie von Ihren Vorgesetzten oder Benutzern aufgefordert werden, einer unvernünftigen Forderung zuzustimmen.

Angenommen, man hat Ihnen 15 Monate bis zur Ablieferung eines Computersystems zugestanden, das einen bestimmten Anforderungskatalog erfüllt. Infolge finanzieller Schwierigkeiten wird Ihnen dann jedoch von Ihrer Geschäftsleitung mitgeteilt, daß man eine neue Frist von 12 Monaten angesetzt hat, ohne daß Abstriche am System gemacht werden und ohne daß Ihnen zusätzliche Mitarbeiter abgestellt werden können. Das Schlimmste, was Sie in diesem Fall tun können, ist, diese Entscheidung wie ein begossener Pudel hinzunehmen und jeden in Ihrem Projekt zu unbezahlten Überstunden zu verdonnern. Dies schadet der Arbeitsmoral der Projektgruppe, Ihrer eigenen und auch der Geschäftsleitung, die wie jeder andere auch lernen muß, der Realität ins Auge zu blicken.

Wenn man Sie über die Budgetkürzung in Kenntnis setzt, sollten Sie Ihren Vorgesetzten unverblümt zur Antwort geben: "Nur Bankräuber und Gewaltverbrecher glauben, daß Sie etwas umsonst bekommen können, indem sie es einfach verlangen. Also, welche Leistungsmerkmale soll ich aus dem System herausnehmen?" Ziehen Sie danach die Liste mit den Benutzeranforderungen, die zu Projektbeginn aufgestellt wurden, aus der Tasche, und fordern Sie Ihren Chef dazu auf, die betreffenden Leistungsmerkmale selbst herauszustreichen. Das wird er nicht wollen. Veranlassen Sie ihn daraufhin, im Einvernehmen mit den Benutzern eine vernünftige Lösung zu erzielen. Falls das System nach Aufstellung einer neuen Liste mit den Systemanforderungen und nach Durchführung einer neuen Kostenschätzung dann doch nicht für so zweckvoll erachtet wird, kann es aus gutem Grund ad acta gelegt werden. Und Sie brauchen eine solch wichtige Entscheidung nicht allein zu fällen!

Falls man Sie aus irgendeinem Grund zur Zustimmung zu einem unrealistischen Projekttermin zwingt, sollten Sie sich überlegen, ob es nicht besser für Sie wäre, sich von diesem Projekt entbinden zu lassen. Ein mir bekannter DV-Verantwortlicher pflegte in einer solchen Lage folgendes zu seinem Vorgesetzten zu sagen: "Falls Sie wirklich glauben, daß man das Projekt in der Hälfte der von mir angesetzten Zeit erledigen kann, sollten Sie das Projekt vielleicht lieber selbst durchziehen." Auf jeden Fall sollten Sie Ihren Vorgesetzten objektiv und umfassend Ihre eigenen Anschauungen unterbreiten und auch Ihre Projektgruppe mit der Lage vertraut machen. Ansonsten setzen Sie Ihr Ansehen bei allen Beteiligten - Mitarbeitern, Kollegen, Vorgesetzten und Benutzern - aufs Spiel.

Vorgesetzten oder Benutzern mit einem klaren "Nein" entgegenzutreten, verlangt natürlich eine gehörige Portion an Rückgrat und Zivilcourage. Bleiben Sie vor allen Dingen immer standhaft. Der Projektleiter eines fehlgeschlagenen Projekts in der Größenordnung von nahezu 1,4 Mio DM erzählte mir im nachhinein, daß ihm dieser Fehlschlag eine wichtige Lektion erteilt hätte: Ein Projektleiter muß - unabhängig von negativen Folgeerscheinungen - immer der Realität ins Auge blicken, und falls er dieser Anforderung nicht gewachsen ist, sollte er sich ein anderes Aufgabengebiet suchen.

7.4 Legitime Projekttermine aufgrund von Wertänderungen

Einige Fristen sind deshalb berechtigt, weil ein vor einer bestimmten Frist fertiggestelltes Projekt unweit wertvoller als ein zu einem späteren Zeitpunkt erledigtes ist. Der Gesamtnutzwert eines Systems für die Benutzer hängt davon ab, wann es ausgeliefert wird: Je später das System verfügbar wird, um so geringer ist auch der Gesamtnutzen, den die Benutzer im Verlauf seines Einsatzes aus ihm ziehen können. Diese Minderung des Gesamtnutzwerts ist jedoch relativ gering. Falls Sie dem Benutzer beispielsweise in 1985 ein System bereitstellen, bringt es im Verlauf seines Lebenszyklus möglicherweise 10 Mio DM ein. Wird es 1986 ausgeliefert, wirft es womöglich einen Gesamtnutzen von 8 Mio DM ab. Vorausgesetzt wird hierbei natürlich, daß andere Randbedingungen wie etwa das ordnungsgemäße Funktionieren des ausgelieferten Systems gleichbleiben. Dieses Konzept wird in Bild 7.3 als eine von zwei Linien dargestellt.[1] Die zweite Linie in diesem Schaubild verdeutlicht die bei

1 Bild 7.3 vereinfacht den Sachverhalt, da die Linie nur ein allgemeines Prinzip verdeutlichen soll. Unberücksichtigt bleiben in diesem Fall die vielen Möglichkeiten, die ebenfalls zur Änderung der Kosten- und Wertbemessung beitragen können, wie beispielsweise Amortisation oder Abschreibungsverfahren wie auch die Folgeerscheinungen von Inflation bzw. Deflation und Änderungen des betrieblichen Geschäftsvolumens.

der Systementwicklung anfallenden Kosten. Diese Linie, ein erster Grobschätzwert, nimmt als lineare Funktion der zur Systementwicklung benötigten Zeit zu.

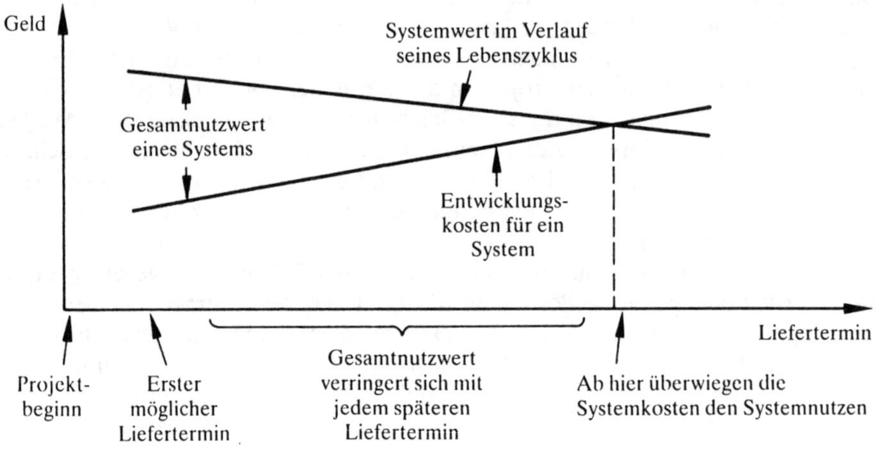

Bild 7.3 *Darstellung des Gesamtnutzens eines Systems.*

Aus diesen Linien wird ersichtlich, daß ein System innerhalb bestimmter Fristen ausgeliefert werden muß. Wenn sich die beiden Linien in dem Schaubild überschneiden, übersteigen die Systemkosten den Systemnutzen. Aber auch wenn ein Projekt an diesem Punkt angelangt ist, wäre es unklug, das Projekt zu annullieren, da auch bereits die Installation des halbfertigen Systems die Einbußen des Anwenders vermindert. Das Ganze hängt im wesentlichen davon ab, wie weit das Projekt schon gediehen ist.[2]

Nebenbei bemerkt, impliziert für die Benutzer auch die Qualitätsminderung eines Systems dessen Wertminderung innerhalb des Systemlebenszyklus. Dies womöglich deshalb, weil das System weniger Funktionen bereitstellt oder weil es schwer zu bedienen beziehungsweise zu seinem Betrieb ein hoher Kostenaufwand erforderlich ist. Ebenso verschlingt es eventuell viel Geld für die Wartung oder weist irgendwelche andere negativen Begleiterscheinungen infolge der verminderten Qualität auf. Falls Sie sich folglich für eine mindere Qualität entscheiden, müssen Sie das Projekt schnell abwickeln, da Ihnen weniger Manövrierspielraum bleibt. Der Punkt, an dem sich die beiden Linien schneiden, ist in diesem Fall sehr bald erreicht.

2 Oft läßt sich jedoch nicht mit Sicherheit sagen, welches tatsächliche Gewicht den Linien im Schaubild eigentlich zukommt. Mir sind in meiner Praxis Systeme untergekommen, die mit Lob überschüttet und deren Entwickler mit Auszeichnungen überhäuft wurden, obwohl sich die Systeme im nachhinein als Flops erwiesen: Sie kosteten die Anwender Hunderttausende von DM mehr, als wenn man sich nie für ein solches Projekt entschieden hätte.

7.4.1 Veranschaulichung der Wertänderung

Obwohl es bezüglich des Gesamtnutzens bei vielen Systemen nur einen geringen Unterschied ausmacht, an welchem Tag sie ausgeliefert werden, gibt es doch einige Ausnahmen dieser Regel. Eine solche war ein automatisiertes Flutwarnsystem, dem man den sinnigen Namen *Noah* gegeben hatte. Es sollte ein recht gut funktionierendes manuelles System ersetzen, das aus vielen Sensoren bestand, die in den wichtigsten Flüssen und Nebenflüssen installiert waren. Diese Sensoren ermittelten die Wasserhöhe, das Wasservolumen pro Sekunde, die örtlichen Niederschläge usw. Mit Hilfe der von den Sensoren bereitgestellten Informationen ließen sich mögliche Überflutungen vorhersagen und Fluttore entwickeln, die an den betroffenen Stellen geöffnet wurden. Problematisch bei dem manuellen System war, daß das Ablesen der Sensoren bei schlechtem Wetter gefährlich war. Eine weitere Schwierigkeit bestand darin, daß sich die Menge der Wasserstands- und Niederschlagsmeßwerte von Menschenhand kaum so zügig auswerten ließ, um rechtzeitig entsprechende Gegenmaßnahmen in die Wege leiten zu können. Das manuelle System ermöglichte gewöhnlich eine Vorwarnzeit von vier bis sechs Stunden, in der man dann noch bestimmte Fluttore öffnen und die Menschen in den betreffenden Gebieten evakuieren konnte. Bei dem automatischen System sollte die Information in einen Rechner zwecks Schnellanalyse eingespeist werden, wodurch sich die Vorwarnzeit auf acht bis zwölf Stunden erhöhen sollte.

In der Gegend, in der *Noah* installiert werden sollte, gab es zwei Hauptflutzeiten: eine im November und Dezember und die andere im März und April. Um folglich den größten Nutzen aus dem System ziehen zu können, wurde eine Installationsfrist für den 1. November zugrundegelegt. Die Projektgruppe installierte die Hardware Mitte Oktober, bewerkstelligte die Hardware- und Softwarekonnektivität in der letzten Oktoberwoche und stellte das System, wie geplant, am 1. November bereit.

Allerdings blieb in diesem Fall keine Zeit für das Austesten des Systems mit Ausnahme der alltäglichsten Testbedingungen. Ungefähr einen Monat später sorgte Mutter Natur für eine absolute Extremsituation, indem an einem Tag etwa sieben bis dreizehn Zentimeter Regen in dem durch die Sensoren überwachten Gebiet niedergingen. Das System zeigte ein ausgezeichnetes Ausführungsverhalten, machte die Gebiete ausfindig, die evakuiert werden sollten, lieferte zudem die Zeitpunkte für die Evakuierungsmaßnahmen mit und errechnete, daß die Fluttore von Fluß A geöffnet werden müßten, damit das Wasser über Fluß B ablaufen konnte. Die Verantwortlichen kamen den Systemvorgaben unverzüglich nach.

Der erste Hinweis darauf, daß etwas nicht stimmte, kam von einem alten Mann, der schon sein ganzes Leben am Flußufer von Fluß B zugebracht hatte und jetzt anrief, um mitzuteilen, daß der Fluß ungefähr 30 Zentimeter pro Stunde stieg. An vielen Stellen sei er bereits über die Ufer getreten. Der alte Mann fügte noch hinzu, daß alles in Ordnung gewesen sei, bis irgend so ein Trottel auch noch die Fluttore geöffnet hätte. Glücklicherweise hielt sich der Schaden in Grenzen. Den größten Aufwand verursachte die Evakuierung von Hunderten von Familien aus Gebieten, in denen überhaupt kein Wasser über die Ufer trat.

Wie man sich bereits denken kann, kam es zu den fälschlichen Vorsorgemaßnahmen infolge von Programmfehlern. Hierbei handelte es sich jedoch um Fehler schlimmsten Kalibers, da sie sinnvoll erscheinende Daten lieferten, die jedoch völlig falsch waren. Die Benutzer hatten mehrere Jahre überhaupt kein Vertrauen mehr in das System, und während dieser Zeit wurde parallel zum automatischen System ein manuelles System eingesetzt. Wieviel das automatische System letztendlich gekostet hat, läßt sich nur erahnen.

Der Wert dieses Systems läßt sich nicht in einer geraden Linie darstellen, da sie jedes Jahr zwischen den beiden Flutzeiten steil abfällt (siehe Bild 7.4). Auch in einem Fall wie diesem, mit Sprüngen in der Wertlinie, kann es sich als falsch herausstellen, einen dieser Sprünge als Liefertermin zugrundezulegen, da die Kosten, die eine mangelhafte Systemqualität nach sich zieht, den Nutzen übersteigt, den man durch die Installation vor dem augenscheinlichen Beginn der Flutsaison erzielt.

Besteht jedoch nach alldem überhaupt eine Möglichkeit, Vorteile aus den Stufen in der Wertlinie eines Systems zu ziehen, ohne Abstriche an der Qualität und folglich auch dem Systemnutzen zu machen? Die Antwort lautet "Ja", da die meisten Systeme aus verschiedenen Subsystemen zusammengesetzt sind, von denen jedes eigene Wert- und Kostenlinien aufweist. So ist die Implementation eines Teilsystems oft sinnvoll, um den vollständigen Verlust des Systemwerts zu einem bestimmten Zeitpunkt zu vermeiden. Falls Sie einen bestimmten Zeitpunkt als Frist festlegen, sollten Sie sich zunächst einmal Rechenschaft darüber ablegen, ob sich ein deutlicher Vorteil daraus ergibt, daß das System an dem betreffenden Tag oder davor ausgeliefert wird. Lautet Ihre Antwort "Ja", sollten Sie den Teil des Systems bestimmen, durch dessen Implementation sich der größtmögliche Nutzen erzielen läßt. Danach sollten Sie sich eine Strategie überlegen, der gemäß Sie die betreffende Systemkomponente zum gewünschten Termin mit dem geringstmöglichen Risiko für das Projekt und das resultierende System liefern können. Im folgenden Abschnitt werden vier Strategien zur fristgemäßen Entwicklung der gewünschten Systembestandteile vorgestellt: die inkrementelle Implementation, progressive Entwicklung, minderwertiger Programmcode und Prototyping.

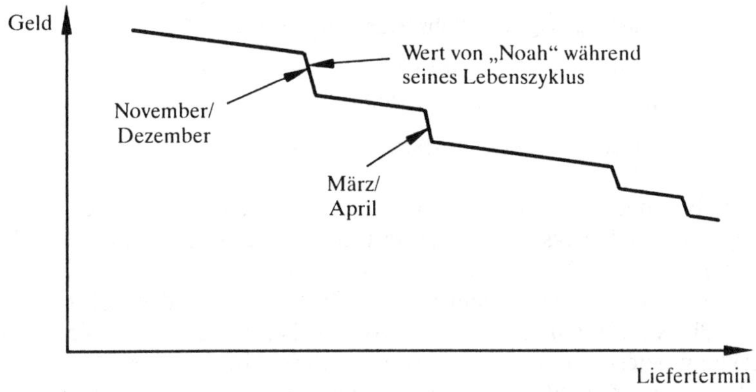

Bild 7.4 *Ein Wertdiagramm von "Noah".*

7.4.2 Die inkrementelle Implementation als eine Art Kompromißstrategie

Unter inkrementeller Implementation wird - wie bereits in Kapitel 6 ausgeführt - die schrittweise Systementwicklung verstanden. Zunächst wird ein kleines Teilstück des Systems implementiert, und im Anschluß daran werden die anderen Systemkomponenten nacheinander hinzugefügt, bis das komplette System fertiggestellt ist. Das System ist während der Implementation einsatzbereit, und seine Funktionalität steigert sich mit jedem zusätzlich hinzugefügten Bestandteil. Einige Versionen des in der Entwicklung begriffenen Systems sind womöglich so nutzbringend, daß sie bereits in diesem Zustand an den Benutzer ausgeliefert werden können.

Um zu zeigen, wie sich im Zuge der inkrementellen Implementation bestimmte Systemfunktionen zu bestimmten Lieferterminen fertigstellen lassen, soll noch einmal auf das Flutwarnsystem zurückgegriffen werden. Als Projektleiter könnten Sie etwa den folgenden Zeitplan aufstellen:

5. Oktober Installation der Niederschlagsmeßeinrichtungen.

17. Oktober Installation der Wasserstandssensoren.

20. Oktober Anschluß der Niederschlagsmeßgeräte und Sensoren an den Computer.

25. Oktober Hinzufügen von Software zum Lesen und Kontrollieren der Meßeinrichtungen und Sensoren (als Subsystem 1 bezeichnet).

5. November Abnahmetest von Subsystem 1.

8. November Hinzufügen von Software zur Wasserstandsentwicklung anhand der Flußströmungsinformationen (als Subsystem 2 bezeichnet).

30. November	Hinzufügen von Software zur Flußströmungsberechnung anhand der Niederschläge (als Subsystem 3 bezeichnet).
8. Januar	Hinzufügen von Software zur Berechnung der besten Überflutungsvorkehrungsmaßnahmen (als Subsystem 4 bezeichnet).
15. Mai	Abnahmetest der Subsysteme 2, 3 und 4.

Dies ist kein besonders straffer Zeitplan. Am Anfang der Flutsaison im November/Dezember ist nur Subsystem 1 installiert und ausgetestet. Es werden keine Softwarekomponenten unmittelbar hinzugefügt. Kleine Programmcodeteile werden inkrementell eingebunden, um das System nach Maßgabe des von den Softwaredesignern entwickelten Plans zu testen. So wird das System kontinuierlich im Verlauf der Systementwicklung getestet. Obwohl die erste bereitgestellte Softwarekomponente noch begrenzte Nutzungsmöglichkeiten bietet, bringt sie doch schon Vorteile gegenüber dem manuellen System mit sich. Ohne Gefährdung von Mitarbeitern können wesentlich mehr Informationen erfaßt werden, und diese Informationen können permanent im direkten Vergleich mit manuell erfaßten Daten, die sich gefahrlos erheben lassen, auf ihre Stichhaltigkeit überprüft werden. Die Softwaresubsysteme 2, 3 und 4 werden nacheinander dem System hinzugefügt und dabei vom Projektteam gründlich ausgetestet. Diese Tests zielen darauf ab, möglichst viele Fehler im Design und der Programmierung der Software zu entdecken. Abnahmetests finden nicht vor dem 15. Mai statt, da erst dann eine erforderliche Menge an Informationen vorliegt, die sich dann mit den tatsächlichen Wasserstandsschwankungen im Erhebungszeitraum vergleichen läßt. Die Akzeptanz eines solchen Systems beruht einzig und allein darauf, ob sich die Vorhersagen durch die in der Realität nachvollziehbare Entwicklung bestätigen.

Bei dieser Systemimplementation wird nicht beabsichtigt, so viel Software wie nur möglich, ob ausgetestet oder nicht, zu einem bestimmten Termin bereitzustellen. Vielmehr besteht die Zielsetzung darin, ein System auszuliefern, das seine Entwicklung und die damit verbundenen Kosten voll und ganz rechtfertigt: Zunächst werden zu Beginn der Flutsaison einige für den Arbeitsablauf unabdingbare Komponenten bereitgestellt, obwohl das Gesamtsystem frühestens im Mai als zuverlässig gelten kann.

7.4.3 Progressive Entwicklungsstrategie

Eine zweite Strategie zur Einhaltung von Lieferfristen besteht in der sogenannten progressiven Entwicklung. Hierbei werden Systemkomponenten entworfen und implementiert, ohne daß bereits die Analyse des Gesamtsystems abgeschlossen wurde. Dieses Verfahren der Systementwicklung ist besonders risikoreich, da die Analyse der abschließenden Systemkomponenten aufdecken kann, daß an der bereits installierten Software Design- und/oder Programmieränderungen vorgenommen werden müssen. Solche Umrüstarbeiten können naturgemäß sehr kostspielig sein.

Drei Kriterien lassen sich anführen, bei deren Erfüllung eine progressive Entwicklungstechnik empfehlenswert ist: falls es funktionale Systemkomponenten gibt, die bis zu einem bestimmten Zeitpunkt sinnvollerweise analysiert, konzipiert und implementiert werden können; falls die Implementation dieser Systemkomponenten bis zum Stichtag wesentliche materielle Vorteile mit sich bringt; falls ein ausreichender Analyseaufwand (der über die Analyse bereits implementierter Bestandteile hinausgeht) gewährleistet ist, damit sich das Risiko, daß Programmcode im nachhinein neu konzipiert bzw. entwickelt werden muß, verringert. Falls in Ihrem Fall eine dieser Voraussetzungen nicht gegeben ist, sollten Sie von der progressiven Entwicklungsstrategie Abstand nehmen. Der Grund: Dieses Verfahren läßt sich nur mit großen Schwierigkeiten durchführen und tendiert dazu, die Qualität des entwickelten Systems zu beeinträchtigen.

7.4.4 Minderwertiger Programmcode als Strategie

Eine Methode, um zu einem bestimmten Stichtag mit der Problemlösung aufwarten zu können, besteht darin, den Programmcode quasi als Notbehelf hastig zusammenzubasteln. Der Programmcode kann durchaus etliche Mängel wie beispielsweise mangelhafte Wartungsfreundlichkeit aufweisen, er muß aber auf jeden Fall korrekt funktionieren. Natürlich sollten Sie nur so wenig Programmcode dieser Art entwickeln, wie unbedingt notwendig ist, da dieser ja später durch sauber programmierten Code, der womöglich Teil eines größeren und umfassenderen Systems ist, ersetzt wird.

7.4.5 Die Strategie des Prototyping

Wie minderwertiger Programmcode, so ist auch das Prototyping eine Möglichkeit, um knapp bemessene Lieferfristen einzuhalten, da bei der Entwicklung eines solchen Übergangssystems höhere Programmiersprachen, Datenbankabfragesprachen oder ein Anwendungsgenerator zum Einsatz kommen [Martin, 1982a; Squires *et al.*, 1982]. Ein solches System kann im Regelfall nicht auf unbegrenzte Zeit in der Praxis eingesetzt werden, da es bei seinem Einsatz womöglich zu ineffizienter Nutzung der verfügbaren Rechnerleistung, zu nachteiligen Dialogmöglichkeiten und einer Inkonsistenz im Hinblick auf die Schnittstellenbildung zu den Subsystemen kommt oder sich mangelhafte langfristige Wartungsmöglichkeiten ergeben.

Bei der dritten und in geringerem Maße auch bei der vierten Strategie, die als Lösung auf besagtes Problem präsentiert wird, geht es darum, irgendeine Komponente des ursprünglich geplanten Systems wegzulassen. Leider kommt der Begriff *Notbehelf* auch in der EDV oft einem Endzustand gleich wie damals in Europa, als nach dem Zweiten Weltkrieg Notbehelfswohnungen erbaut wurden, die heute noch in Gebrauch sind. Genauso verhält es sich mit Programmcode. Liegt der Programmcode erst mal vor und wird er praktisch eingesetzt, so werden seine tatsächlichen Mängel oft übersehen, weil ein anderes dringendes Problem ansteht. Der behelfsmäßige Programmcode wird immer älter und anfälliger und für das verantwortliche Wartungspersonal zu einem regelrechten Alptraum. Minderwertiger Programmcode sollte folglich nur nach einem festen Plan installiert werden, wobei auch gleichzeitig aufgeführt wird, wann er ersetzt und nach welchem Muster dieser Ersatzcode entwickelt wird.

7.5 Zusammenfassung

In *Controlling Software Projects* legt DeMarco zugrunde, daß 15 Prozent aller begonnenen Projekte nie fertiggestellt werden. Ein wesentlicher Grund für deren Scheitern bestehe darin, daß ein Projektleiter pedantisch an einem unmöglich zu erfüllenden Fertigstellungstermin klebt [DeMarco, 1982].

Die negativen Folgelasten von Fertigstellungsterminen machen sich auf dreierlei Art und Weise bemerkbar: Sie berauben den Projektleiter der Kontrolle über sein Projekt; sie wirken sich schädlich auf die Qualität der Projektergebnisse aus, und sie mindern die Arbeitsmoral der Projektmitarbeiter. Unrealistische Lieferfristen lassen sich auf vier wesentliche Ursachen zurückführen: Wunschdenken eines nicht kompromißbereiten Anwenders; Festhalten an einer zu einem frühen Zeitpunkt durchgeführten Aufwandsschätzung; Vorspiegeln falscher Tatsachen, wodurch der Anwender zur übereilten Zustimmung zu einem Projekt verleitet wird; schließlich die Wertänderung, bei der sich der Wert eines ausgelieferten Systems ab einem Stichtag beträchtlich verringert.

Bei nicht einhaltbaren Projektfertigstellungsterminen sollten Sie als Projektleiter dafür sorgen, daß sich der Anforderungsdruck nie auf Ihre Projektmitarbeiter überträgt. Statt dessen sollten Sie die Verantwortung für eine unmögliche Lieferfrist standhaft an diejenigen DV-Leiter oder Benutzer zurückgeben, die dafür verantwortlich sind. Eine Lieferfrist aufgrund einer gegebenen Wertänderung läßt sich jedoch nicht so einfach vom Tisch weisen. Als Projektleiter sollte man jedoch auch in diesem Fall nicht zulassen, daß es hierdurch zum Scheitern des Projekts kommt. Am besten reagiert man auf diese Wertänderung, indem man Systemkomponenten festlegt, die auf jeden Fall zum Stichtag ausgeliefert werden können und die zudem einen Großteil des mit der rechtzeitigen Lieferung verbundenen Nutzens ausmachen. Strategien, die eine solch rasche Implementation begünstigen, sind: die inkrementelle Implementation, die progressive Entwicklung, minderwertiger Programmcode und das Prototyping. Hierbei ist jedoch Vorsicht geboten. Die Vorstellung eines Nutzenzuwachses mag zwar sehr verlockend sein, sie kann aber auch ebensogut das Aus für ein Projekt bedeuten.

Das Einhalten einer Lieferfrist ist oft ein Vabanquespiel, wobei nicht nur die Systemqualität auf dem Spiel steht, sondern überdies oft nur ein geringer Nutzen in Aussicht gestellt ist. Einer meiner Seminarteilnehmer formulierte dies einmal sehr schön: "Schon nach wenigen Monaten weiß niemand mehr, ob überhaupt eine Lieferfrist festgelegt wurde. Wenn Sie aber mit einem schlechten System aufwarten, ruft Sie dreimal die Woche ein verärgerter Benutzer an."

Um die Schlußfolgerungen dieses Kapitels auf eine andere Art und Weise zu resümieren, soll im folgenden kurz die Fabel von den afghanischen Stiefeln unterbreitet werden, zeigt sie doch nur allzu deutlich, daß man immer das bekommt, was man aushandelt. In meiner Jugend lebte ich eine geraume Zeit in Afghanistan. Eine Sitte in diesem Teil der Welt besteht darin, daß man in einem Basar oder Geschäft nie den gewünschten Preis für einen Artikel zahlt. Statt dessen wird von einem erwartet, daß man um den Preis feilscht, ebenso wie man in unserem Kulturkreis um den Preis eines Gebrauchtwagens handelt. Dieses Feilschen gehört so sehr zur sozialen Etikette, daß sich dieser Prozeß bei teuren Gegenständen über mehrere Stunden hinziehen kann, wobei sehr viel Tee konsumiert und Wasserpfeife geraucht wird. Schon nach wenigen Wochen konnte ich feststellen, daß ich mich zu einem ausgesprochen routinierten Verhandlungspartner entwickelt hatte. Ich verließ ein Geschäft oft erst nach ein oder zwei Stunden härtester Verhandlungsführung, wobei der Geschäftsinhaber anklagend seine Hände über seinem Kopf zusammenschlug und den niedrigen Preis bejammerte, den ich ihm für seine Ware abgerungen hatte.

Afghanistan und insbesondere Kabul sind berühmt für das handwerkliche Geschick ihrer Stiefelhersteller. Afghanische Stiefel werden aus dem feinsten Leder hergestellt und sind mit den kostbarsten Stickereien verziert. Einem derart geschickten Stiefelmacher macht es nichts aus, Stiefel für Sie entsprechend Ihrem Geschmack und genau paßgerecht zu fertigen. Nachdem er bei Ihnen Maß genommen hat und die von Ihnen gewünschte Form und das gewünschte Ornament notiert hat, macht er Ihnen einen Preis für die Stiefel.

Als ich mich einmal dazu entschloß, mir ein paar Stiefel anfertigen zu lassen, besuchte ich einen Stiefelmacher, der mir auch einen Preis vorschlug. Eingedenk der Tatsache, daß ich mich in Kabul befand, feilschte ich mit ihm über den Betrag. Dieser Stiefelmacher war leicht zu packen, und innerhalb weniger Minuten hatte ich den geforderten Preis auf weniger als die Hälfte des ursprünglichen Betrags heruntergehandelt. Ich hörte nur deshalb auf zu handeln, weil er nicht ganz umsonst arbeiten sollte. Ich bezahlte den Stiefelmacher, verließ das Geschäft und lachte mir insgeheim ins Fäustchen.

Zwei Tage später ging ich zu ihm zurück, um mir meine Stiefel abzuholen. Sie waren furchtbar! Das Leder hatte minderwertige Qualität, die Stiefel paßten nicht und waren sehr schlecht verarbeitet. Ich beschwerte mich aufs äußerste. Der Stiefelmacher zuckte nur mit den Schultern und erwähnte den Preis von 400 Afghani (damals ungefähr 14 DM). Dann zeigte er auf ein anderes hervorragend gearbeitetes Stiefelpaar zum Preis von 900 Afghani. Ich verstand sofort: Man kann um ein Produkt feilschen, das bereits vorhanden ist, jedoch läßt sich nicht um einen Dienst feilschen, der noch erbracht werden muß, da man nahezu jeden Preis nennen kann und der Dienstleistende seine Qualität einfach so herunterschraubt, daß sie dem Preis gerecht wird.

Die Leute in der DV-Branche verhalten sich gegenüber ihren Benutzern wie Stiefelmacher, die auf Bestellung anfertigen. Falls der Benutzer die Aufwandsschätzung für die gebrachten DV-Dienste zu sehr herunterschraubt, wird auch die Qualität der Arbeit - bewußt oder unbewußt - entsprechend reduziert. Ein minderwertiges System dürfte aber weder für den Benutzer noch für den DV-Verantwortlichen besonders erstrebenswert sein.

Kapitel 7: Ratschläge für die Anwendung

1. Richten Sie Ihren Blick auf fristgebundene Projekte, die derzeit in Ihrer DV-Abteilung durchgeführt werden. Wie wurde die Frist für jedes Projekt festgelegt? Wurde die Frist nach Maßgabe des Projektplans festgelegt, oder wurde der Projektplan entsprechend der Lieferfrist aufgestellt?

2. Betrachten Sie einmal bereits durchgeführte Projekte, bei denen die oberste Priorität der Projektgruppe darin bestand, eine schwierige oder unmöglich einzuhaltende Lieferfrist zu erfüllen. Welche Auswirkung hatte diese Priorität auf die Qualität der Produktergebnisse? Welche langfristigen Auswirkungen ließen sich verzeichnen?

3. Betrachten Sie einmal Projekte, deren festgesetzte Lieferfristen nicht eingehalten werden konnten. Welche kurzfristigen Auswirkungen hatte die Verzögerung? Wie waren die langfristigen Folgen?

Kapitel 8

Projektmethodologien und Standards

Eine Projektmethodologie ist ein Plan zur Durchführung eines Projekts. Er besteht aus Angaben zum Gültigkeitsbereich der Methodologie, Spezifikationen aller Projektaktivitäten nebst deren Eingaben und Ergebnissen, zudem Angaben darüber, wie diese Aktivitäten zueinander in Beziehung stehen. Anders als ein gewöhnlicher Projektplan, der auf ein spezielles Projekt zugeschnitten ist, handelt es sich bei einer *Methodologie* um einen generischen Plan, der auf jedes beliebige Projekt anwendbar ist. Ein Plan für ein bestimmtes Projekt ist folglich eine Teilmenge der Projektmethodologie.

Durch Angabe des Gültigkeitsbereichs der Methodologie sollen deren Grenzen aufgezeigt werden. Es gibt zahlreiche DV-Projektmethodologien mit jeweils unterschiedlichen Gültigkeitsbereichen. Dickinson schlägt eine Methodologie vor, die auf Projekte beliebiger DV-Abteilungen anwendbar ist. Gleichzeitig hält er aber auch dazu an, den Gültigkeitsbereich auf die Bedürfnisse der betrieblichen DV-Abteilung abzustimmen [Dickinson, 1981]. Dickinsons Methodologie beruht auf der strukturierten Analyse. Hierbei dienen Kleinstspezifikationen zur Definition der Aktivitäten, ein Daten-Dictionary zur Angabe der Ergebnisse und ein Datenflußdiagramm zur Verdeutlichung der Beziehungen zwischen den Projektaktivitäten.

Projektmethodologien und Standards werden oft synonym verwendet. Obwohl keine Einstimmigkeit darüber herrscht, was Standards eigentlich sind, soll im folgenden unter *Standard* die praktische Implementation einer Methodologie verstanden werden. Standards weisen neben den drei bereits aufgeführten Methodologiekomponenten zwei weitere Bestandteile auf: eine Spezifikation der Tools sowie Techniken, Mechanismen und Medien, die zur Durchführung und Unterstützung der Projektaktivitäten wie auch der resultierenden Ergebnisse erforderlich sind; zudem Regeln, denen die Projektaktivitäten und die Abwicklung der Projektergebnisse unterliegen. Eine solche Regel kann wie folgt aussehen: Alle Änderungen im Daten-Dictionary müssen vom Projektbibliothekar vorgenommen werden; alle COBOL-Namen in einem Abschnitt müssen mit vier Ziffern, gefolgt von einer Verb-Objekt-Anweisung der in diesem Abschnitt aufgeführten Funktion beginnen.

8.1 Vorteil von Standards

Von den vielen Vorteilen, die eine generelle Ausrichtung an Standards bei der Projektabwicklung mit sich bringt, sollen im folgenden sechs vorgestellt werden. Zunächst einmal macht eine Methodologie eine völlige Neuplanung eines jeden Projekts überflüssig und erspart so wertvolle Zeit. Zwar ist jedes von der DV-Abteilung durchgeführte Projekt einzigartig. Nichtsdestoweniger gibt es zwischen Projekten doch mehr Ähnlichkeiten als Unterschiede. Von daher können die Standards der DV-Abteilung bei der Auswahl der Komponenten herangezogen werden, die für ein konkretes Projekt zweckmäßig sind (Stapelverarbeitung, Online-Verarbeitung, Multiprozessor-Betrieb, Datenbank, COBOL, Pascal usw.). Diese Auswahl nimmt natürlich einige Zeit in Anspruch. Jedoch dauert dies bei weitem nicht so lange wie eine Neuerstellung von Plan und Standards. Mit den in Abschnitt 8.3 vorgestellten Tools läßt sich die für diese Planungsphase zu veranschlagende Zeit noch verkürzen.

Ein zweiter durch Standards möglicher Vorteil hängt mit der Beschaffenheit moderner DV-Projekte zusammen. Da diese gewöhnlich zu groß und komplex sind, als daß eine Person oder eine Projektgruppe allein jede Projektphase abwickeln könnte, muß die Arbeit aufgeteilt und so organisiert werden, daß in jeder Phase die erforderlichen Fachleute verfügbar sind. Eine Methodologie, in der die Aktivitäten samt Eingaben und Ergebnissen spezifiziert werden, erleichtert dieses Verfahren, auf dessen Vorzüge ja bereits in Kapitel 5 anläßlich der Behandlung der Fließbandfertigung eingegangen wurde. So stehen beispielsweise in jeder Arbeitsphase die erforderlichen Fachleute zur Verfügung.

Die Vorzüge einer solchen Arbeitsspezialisierung verlangen aber auch ihren Preis - nämlich erhöhter Koordinationsbedarf der nach Fließbandmanier abgewickelten Tätigkeiten. Diese lassen sich am besten koordinieren, indem man die Ergebnisse jeder Tätigkeit standardisiert. Infolge Standardisierung weiß jeder, was er produzieren muß bzw. was ihm zur Weiterverarbeitung übergeben wird. Dies verbessert die Kommunikation zwischen Personen, die logisch aufeinanderfolgende Arbeitsschritte ausführen müssen.

Drittens verbürgt ein generisches Projektkonzept homogene Projekte, egal ob diese parallel oder nacheinander abgewickelt werden. Fachkräfte lassen sich im Bedarfsfall nur dann von einem Projekt abziehen und einem anderen zuteilen - beispielsweise in einer Matrixorganisation -, wenn die Pläne der unterschiedlichen Projekte miteinander harmonieren. Die Mitarbeiterbedarfs- und -einsatzplanung ist schon unter idealtypischen Umständen recht mühselig. Nahezu unmöglich wird sie, wenn zwei Projekten gänzlich verschiedene Projektmethodologien zugrundeliegen oder sie unterschiedliche Terminologien verwenden. Gesetzt den Fall, Projekt A hat bereits die Programmierphase abgeschlossen, während Projekt B derzeit die externe Designphase durchläuft. Welche Auswirkungen hat dies auf die Matrixorganisation? Sind beide Phasen identisch, erfordern sie unterschiedliche Fachleute, oder überlappen sie sich?

Falls die Projekte einer DV-Abteilung völlig unabhängig voneinander abgewickelt werden, überlappen sich ihre Phasen, und die jeweiligen Terminologien differieren so stark voneinander, daß die Personalleitung die mit diesen Projekten verbundenen Anforderungen kaum noch unter einen Hut bringen kann. In diesem Fall wird der zur Verwaltung einer Matrixorganisation erforderliche Arbeitsaufwand derart groß, daß die Matrixstruktur aufgegeben werden muß, nur damit völlig voneinander verschiedene Projekte das Licht der Welt erblicken können.

Ohne ein generisches Projektkonzept kommt es zu solchen Schwierigkeiten auch bei aufeinanderfolgenden Projekten. Demgegenüber verfügt man im Falle verläßlicher Aufwandsschätzungen über Informationen zu vorherigen Projekten, die als Richtschnur für künftige Projekte dienen können. Welchen Nutzen haben aber die Statistiken der folgenden vier Projekte: 70 Mann-Monate für die strukturierte Analyse, 60 Mann-Monate für die Anforderungsdefinition, 80 Mann-Monate für die funktionale Spezifikation und 50 Mann-Monate für das allgemeine Design. Keinen besonders großen, da alle Aktivitäten zwar ähnlich sind, aber nicht ähnlich genug, um sie als Richtwerte zur Aufwandsschätzung der für ein künftiges Projekt benötigten Ressourcen zu verwenden. Des weiteren ist zu vermuten, daß die vier Projekte unterschiedlich groß waren. Bei Verwendung von vier unterschiedlichen Methodologien ist nur schwerlich ein Vergleich der Projektgrößen möglich, da sich ihre Beurteilungskriterien völlig voneinander unterscheiden (z.B. Anzahl der Kleinstspezifikationen oder Zeilenzahl der funktionalen Spezifikation).

Ein vierter Vorteil bei der Verwendung gemeinsamer Techniken für alle Projekte besteht darin, daß uniforme Einstellungs- und Ausbildungsverfahren möglich sind. Liegen allen Projekten identische Standards zugrunde, unterscheiden sich auch die Tätigkeitsmuster der Projektbeteiligten nicht von einem zum anderen Projekt. Folglich braucht für einen bestimmten Aufgabenbereich, der in allen Projekten wieder anzutreffen ist, nur ein Anforderungsprofil erstellt zu werden. Derjenige Mitarbeiter, der dem Anforderungsprofil einer jeweiligen Aufgabe am besten entspricht, dürfte somit auch in allen anderen Projekten für diese Tätigkeit am geeignetsten sein.[1] Zudem reduziert sich auch der Schulungsaufwand, wenn in allen Projekten identische Methoden zum Einsatz kommen. So können Schulungsmaßnahmen nicht nur besser koordiniert werden, wenn jeder Analytiker beispielsweise Kenntnisse zu Datenflußdiagrammen mitbringen muß. Diese Schulungsmaßnahmen lassen sich zudem auch zu wesentlich niedrigeren Kosten durchführen.

Einheitliche Techniken zur Projektabwicklung sind auch hinsichtlich der Mitarbeiterweiterbildung vorteilhaft: gemeint ist hier der informelle Wissenserwerb. Natürlich bilden formelle Weiterbildungsmaßnahmen eine wichtige Grundlage, jedoch erlangen viele Mitarbeiter erst auf informellem Wege - durch Gespräche, Austausch praktischer Tips oder in Fachgesprächen am Mittagstisch - ein wirkliches Verständnis von einem bestimmten Sachverhalt. Je mehr Mitarbeiter einer DV-Abteilung iden-

1 Zu Anforderungsprofilen siehe Kapitel 12.

tische Techniken einsetzen, um so größer ist auch die Wahrscheinlichkeit des informellen Gedankenaustauschs und der Verbesserung des allgemeinen Kenntnisstandes.

Standardisierte Tools begünstigen fünftens auch die Weiterentwicklung dieser Tools, d.h., sorgfältig ausgewählte Tools steigern nicht nur die Produktivität der Mitarbeiter in bezug auf eine spezielle Aufgabe, für die die Tools gedacht sind, sondern wirken sich auch produktivitätssteigernd in anderen Projektbereichen aus. So bietet sich beispielsweise der Einsatz eines Daten-Dictionary an, damit man den Überblick über die in der Entwicklung befindlichen Softwarekomponenten und die undurchsichtigen Interdependenzen zwischen diesen behält.

Wohl bietet sich die Verwendung von Tools an. Der durch sie mögliche Nutzen steigt aber nicht mit der Menge der genutzten Werkzeuge. In einer DV-Abteilung ohne einheitliche Methodologie schießen die Tools gewöhnlich wie Pilze aus dem Boden. Projekt A verwendet die Tools, Projekt B jene. Womöglich werden so in der DV-Abteilung über 20 Tools eingesetzt, wo doch schon fünf oder sechs völlig ausreichend wären. Dies verursacht jedoch Kosten bezüglich Erwerb oder Leasing der Tools (bei interner Entwicklung noch höher), Wartung oder auch Mitarbeiterweiterbildung im Hinblick auf den effizienten Tool-Einsatz. In Abschnitt 8.3 wird gezeigt, daß ein integrativer Bestand an Tools zur Unterstützung abteilungsweiter Standards noch deutlich mehr Vorteile verspricht als Standards allein.

Gibt es zudem eine Reihe von Standards, so geht auch während der Projektabwicklung weniger Zeit für nutzlose Debatten über Verfahrensfragen verloren. Zu Projektbeginn werden spezielle Regeln festgelegt, damit die Projektbeteiligten so effizient und harmonisch wie möglich zusammenarbeiten können. Regeln sind deshalb der Effizienz zuträglich, weil sie den Entscheidungsprozeß straffen. Dies deshalb, weil es weniger Wahlmöglichkeiten als im Falle nicht vorhandener Regeln gibt. Regeln begrenzen die Wahlmöglichkeiten oft auf nur eine einzige. So kann eine Regel beispielsweise besagen: "Jedes Design-Element muß zumindest einmal nachvollzogen werden, bevor es programmiert wird."

Regeln tragen zudem zu einem harmonischen Arbeitsklima bei, indem bestimmte Probleme durch sie versachlicht werden (obwohl sich gerade aus Regeln wiederum spezielle Probleme ergeben können, wie in Abschnitt 8.2.6 gezeigt wird). So hält Hans-Peter sein Design beispielsweise für so geradlinig oder fehlerfrei, daß es seiner Ansicht nach nicht noch einmal durchgesprochen werden muß. Hans-Paul ist gegenteiliger Meinung. Statt sich hier auf heftige Debatten mit Hans-Peter einzulassen, kann Hans-Paul einfach auf die objektive Tatsache der verfügten Regel verweisen, um seine Anschauung durchzusetzen.

8.2 Nachteile von Standards

Der Nachteil von Regeln und Standards besteht darin, daß sie infolge ihrer Starrheit manchmal nur wenig Spielraum für den gesunden Menschenverstand lassen. Im vorherigen Beispiel war Hans-Peters Design womöglich wirklich so geradlinig, daß eine erneute Durcharbeitung nur wenig Nutzen versprach. Es ist aber besser, fünf geradlinige Entwürfe noch einmal durchzuarbeiten, als einen komplexen, fehlerhaften Entwurf durchgehen zu lassen. Eine Regel kann nicht immer so flexibel auf eine Situation reagieren, wie es der gesunde Menschenverstand vermag, dafür bietet eine sinnvolle Regel aber eine zusätzliche Sicherheit.

Standards können auch zu einer übermäßig konservativen Einstellung einer DV-Abteilung beitragen. Problematisch an Standards ist aber weniger die Tatsache, daß sie vorhanden sind, als vielmehr die Art und Weise, wie sie in vielen betrieblichen DV-Abteilungen in die Praxis umgesetzt werden.

Viele Unzulänglichkeiten der in einer DV-Abteilung verwendeten Standards gefährden auch die Erfolgsmöglichkeiten dieser Standards. Ein mir bekannter Unternehmensberater war der festen Meinung, daß die in DV-Abteilungen verwendeten Standards nutzlos sind. Um seine Meinung zu untermauern, suchte er bei jeder passenden Gelegenheit in den entsprechenden Handbüchern nach Mängeln. In den DV-Abteilungen, in denen tatsächlich entsprechende Handbücher vorhanden waren, mußte er feststellen, daß die Standard-Dokumentationen in irgendwelchen Aktenordnern abgelegt waren, die auf irgendeinem Regal verstaubten.

Natürlich muß es nicht immer so sein, daß Projektstandards in einem der hintersten Winkel in Vergessenheit geraten. Leider ist es aber in vielen Fällen so. Hinsichtlich der ungenügenden Verwendung von Standards in DV-Abteilungen lassen sich fünf primäre Problemfelder anführen: Zugänglichkeit, Glaubwürdigkeit, Durchsetzung, Verwendung und Modifikation. Im folgenden soll zunächst auf jeden dieser Aspekte eingegangen und das Ganze anschließend anhand eines Beispiels veranschaulicht werden.

8.2.1 Zugänglichkeit von Standards

Ein Handbuch zu Standards oder Methodologien bietet eine Spezifikation für einen bestimmten Systemtyp: ein System zur Verbesserung der Geschäftssituation des Anwenders, das auch als Projekt bezeichnet wird. Das typische Standard-Handbuch zeichnet sich aber durch viele Unzulänglichkeiten aus, die auch bei Spezifikationen in anderen Bereichen die Regel sind. Es ist oft ein äußerst umfangreiches Dokument, das womöglich zahllose Aktenordner füllt und detailliert auf alle möglichen Aspekte wie Projektaktivitäten, Ergebnisse und Techniken eingeht. Bei den schlechtesten Beispielen ist die Darstellungsweise langatmig und uninteressant - ohne Diagramme. Einige Handbücher zu Standards weisen noch nicht einmal ein ordnungsgemäßes Sachwortverzeichnis auf. So bemerkte ein frustrierter Projektmitarbeiter, der sich durch ein aus mehreren Bänden bestehendes Handbuch zu Standards kämpfte, mir gegenüber einmal entnervt: "Nachdem man sich das Standard-Handbuch einmal vorgenommen hat, kann man nicht mehr aufhören, darin herumzublättern. Leider hat sich bislang noch niemand gefunden, der es sich wirklich mal zu Gemüte geführt hat."

Sind viele Handbücher zu Standards unglaublich langatmig und umfassend, so sind andere zwar knapp und präzise, dafür aber auch zu allgemein und unverbindlich, um wirklich eine sinnvolle Hilfestellung zu bieten. Ein solches zu allgemein gehaltenes Handbuch enthielt beispielsweise die Anweisungen: "Alle Designs müssen gebilligt werden" und "Alle Variablennamen von Programmen sollten möglichst lang sein." An diesen Anweisungen ist natürlich nichts auszusetzen - wie sollte man auch, da kaum jemand mit Gewißheit sagen kann, was eigentlich damit gemeint ist.

Das größte Problem hinsichtlich der Verbreitung von Standards besteht allerdings darin, daß Standards überhaupt keine Verbreitung haben. So gibt es womöglich keine interne Schulung über die abteilungsspezifischen DV-Standards. Folglich bleibt es der Initiative des einzelnen überlassen, sich mit den gängigen Standards vertraut zu machen. Falls das Handbuch zu Standards ganz oder teilweise fehlt oder der Handbuchautor das Unternehmen bereits verlassen hat, gibt es niemanden mehr in der Abteilung, der an der Befolgung von Standards ein wirkliches Interesse hat, und sie geraten mangels Interesse sehr schnell in Vergessenheit.

8.2.2 Glaubwürdigkeit von Standards

Standards, denen die Personen, die sie befolgen sollen, keine Glaubwürdigkeit entgegenbringen, werden mit nahezu hundertprozentiger Sicherheit über Bord geworfen. Beispiele für Standards, denen keiner Glauben schenkt, sind etwa die irrelevante Vorschrift ("Alle Strukturdiagramme müssen mit Hilfe einer SD101A-Schablone erstellt werden"), die unsinnige Vorschrift ("Jeder Kreis in einem Datenflußdiagramm muß in fünf Kreise der darunterliegenden Ebene unterteilt werden"), die falsche Vorschrift ("Alle Primitivenprozesse müssen mittels der strukturierten natürlichen Sprache Englisch spezifiziert werden"), die überholte Vorschrift ("Alle Programmierer wählen als Einsprungspunkt in ihre Programme den Kartenleser zur Auftragsferneingabe in Gebäude 12A zwischen 14.00 und 16.00 Uhr") und auch die allzu fortschrittliche Vorschrift ("Entwürfe müssen vor ihrer Programmierung besprochen werden") - dies in einer DV-Abteilung, deren Personal mit keinen modernen Techniken vertraut ist.

Zu Glaubwürdigkeitsproblemen im Hinblick auf Standards kommt es am häufigsten aus einem der folgenden beiden Gründe. Zum einen ist möglicherweise der Gültigkeitsbereich der Standards nicht umfassend genug, um die gesamte Palette der von der DV-Abteilung abgewickelten Projekte abzudecken. Ein derart eingeschränktes Anwendungsfeld resultiert womöglich daher, daß die Standards aus Prozeduren abgeleitet wurden, die für nur einen Projekttyp verwendet wurden. So decken beispielsweise Standards, die für Projekte zur Stapelverarbeitung entwickelt wurden, nicht die gesamte Bandbreite hinsichtlich der Entwicklung von Online-Systemen ab. Ebensowenig eignen sich Standards zur Bandverarbeitung für Datenbankprojekte.

Der zweite häufig anzutreffende Grund für Glaubwürdigkeitsprobleme im Hinblick auf Standards resultiert daher, daß die geistigen Väter der Standards nur unzulängliche Kenntnisse über DV-Projekte aufweisen und daher nicht wissen, was praktisch und zweckmäßig ist. Allzu häufig kommt es vor, daß diejenigen, die Standards in die Welt setzen, ihr Wissen nicht aus der praktischen Projektarbeit, sondern aus dem Besuch von Kursen und dem Lesen von Fachliteratur beziehen. Kurse und Bücher sind natürlich wertvolle Ergänzungen zur praktischen Erfahrung, sie können aber nicht die Einsichten ersetzen, die man aus der Mitarbeit an konkreten Projekten gewinnt. Autoren, die sich nur theoretisch mit der Materie beschäftigt haben, interpretieren die Theorie unter Umständen falsch und erschüttern damit auch die Glaubwürdigkeit ihrer Standards bei den Praktikern. So enthielt ein Handbuch zu Standards beispielsweise die Anweisung: "Aus Gründen der Wartungsfreundlichkeit sollte jede Box des Strukturdiagramms ein mit CALL aufgerufenes COBOL-Unterprogramm werden".

8.2.3 Durchsetzung von Standards

Standards, deren Durchsetzung nicht erzwungen wird, geraten sehr schnell in Vergessenheit. "Falls Sie nicht dazu bereit sind, die Beachtung von Standards durchzusetzen, sollten Sie auch keine Zeit auf die Erstellung eines Handbuchs verschwenden" [Donaldson, 1978, S. 7]. In einigen von mir besuchten DV-Abteilungen wurden deshalb keine Standards befolgt, weil keiner auch nur einen einzigen Blick darauf verschwendete, was sein Kollege herstellte. Es gab weder Besprechungen noch eine nennenswerte Teamarbeit. Da sich die Befolgung von Standards nicht auf rein informellem Wege bewerkstelligen läßt, verfügten diese DV-Abteilungen eigentlich über keine Standards, obwohl sich bei ihnen viele Handbücher zu Standards vorfanden.

Denkbar ist beispielsweise, daß ein in einer solchen DV-Abteilung beschäftigter Programmierer seinem Chef in rascher Folge Programme von beeindruckender Qualität auf den Tisch legt. Einige Zeit nachdem er die DV-Abteilung verlassen hat, muß man jedoch erkennen, daß er in seinen Programmen sehr bizzar anmutende Variablennamen wie etwa Buchstaben oder Bezeichnungen des menschlichen Körpers verwendet hat. So wimmelt es in seinen Programmen von Anweisungen wie "MOVE K1 TO X", "MOVE FOOT TO MOUTH" usw. Diese Praxis widerspricht voll und ganz den in dieser DV-Abteilung gängigen Standards zur Namensgebung von Programmvariablen, wonach explizite, bedeutungsvolle Variablennamen verwendet werden sollen. Der Programmcode dieses Programmierers ist dermaßen schlecht zu warten, daß er ausrangiert und von anderen Programmierern neu geschrieben werden muß.

Auch in DV-Abteilungen, deren Mitarbeiter die Ergebnisse ihrer Kollegen kritisch unter die Lupe nehmen, läßt sich häufig nur eine geringe Befolgung von Standards verzeichnen. Auch hierfür gibt es wieder einen ganz einfachen Grund: Niemand braucht einen Nachteil zu befürchten, wenn er von den in der DV-Abteilung verbindlichen Standards abweicht. Aus diesem Grund sind auch nur wenige äußerst pflichtbewußte oder prinzipientreue Mitarbeiter bereit, die vorgegebenen Standards zu befolgen.

Eine gewisse Abhilfe kann hier die strikte Durchsetzung von Standards bzw. Ahndung von Verstößen gegen bestehende Standardisierungsnormen schaffen. Obwohl ein solcher Zwang die Mitarbeiter eine Zeitlang zur Befolgung der Standards veranlassen kann, kostet dies weitaus mehr Zeit und hat wesentlich mehr Nachteile, als durch die Einhaltung von Standards gewonnen wird. Auf diesen Aspekt wird in Abschnitt 8.2.6 näher eingegangen.

8.2.4 Verwendung von Standards

Ein Problem, das jeder Implementation von Standards und Methodologien entgegensteht, besteht darin, daß die eigentliche Zweck-Mittel-Relation verlorengeht und das Mittel über den Zweck gestellt wird. Die Mitarbeiter verlieren den Blick dafür, was sie eigentlich produzieren sollen und wollen, und beschäftigen sich demgegenüber allzusehr mit Verfahrensfragen bezüglich der Fertigstellung des Endprodukts.

Hierfür ließen sich in der Vergangenheit gerade in DV-Abteilungen, die sich der strukturierten Analyse bedienen, viele Beispiele verzeichnen. Projektanalytiker machten sich übermäßig viele Gedanken, wie sie die Kreise und Pfeile zeichnen sollten und wie sie der vorgegebenen Methodologie möglichst buchstabengetreu folgen könnten. Eine Unmenge Zeit wurde für die Erstellung von Datenflußdiagrammen von formvollendeter Schönheit und absoluter Korrektheit aufgebracht. Darüber vergaßen sie jedoch das damit verbundene Endergebnis - die Verbesserung der betrieblichen Geschäftssituation. Sie waren so sehr mit der Durchführung der strukturierten Analyse beschäftigt, daß sie im Endeffekt nichts adäquat analysieren konnten.

Ein zweites Problem im Hinblick auf Standards ergibt sich dann, wenn die Standards mit der aktuell ausgeführten Aufgabe in Konflikt geraten. Standards sollen die Arbeit fördern und nicht behindern. Sie sollen die Durchführung einer Tätigkeit erleichtern, statt sie zu erschweren. In vielen Fällen jedoch ist die korrekte Erledigung einer Aufgabe bestenfalls eine langweilige Angelegenheit und schlimmstenfalls sogar ineffizient. Dies auch dann, wenn man dabei mit der besten Absicht zu Werke geht.

Man kann sich nämlich unmöglich alle Details eines jeden Standards vor Augen halten, und folglich verbringt ein Projektmitarbeiter viel Zeit damit, die korrekte Spezifikation eines Standards in einem umfangreichen Dokument nachzulesen. Unter den Gegebenheiten eines normalen Projekts sind die meisten Projektbeteiligten dazu überhaupt nicht in der Lage.

Zudem will der Mensch gewöhnlich nichts umsonst tun. Jede seiner Handlungen hat ein bestimmtes Ziel vor Augen. So befolgt der COBOL-Programmierer beispielsweise die Syntax dieser Sprache bei der Programmcodierung deshalb, weil er genau weiß, daß das Programm sich ansonsten nicht kompilieren läßt. Auf einen ähnlichen Vorteil kann ein Programmierer, der die im Standard-Handbuch niedergelegte Syntax befolgt, nicht hoffen. Ebensowenig zieht ein mit Wartungsaufgaben beschäftigter Programmierer einen großen kurzfristigen Nutzen daraus, daß er seine an Programmen vorgenommenen Änderungen dokumentiert. Dies bringt ihm eher noch Nachteile, da es ihm ja die doppelte Arbeit beschert. Natürlich hilft ihm die Aufzeichnung von Änderungen auf lange Sicht, viele Wartungsprogrammierer lassen diesen Weitblick aber gänzlich vermissen. Die Befolgung der meisten abteilungsspezifischen DV-Standards erfordert folglich viel Disziplin, und aus diesem Grund geraten viele Standards, die nützlichsten und am einfachsten anzuwendenden ausgenommen, wegen ihrer Unzugänglichkeit, den mit ihrer Befolgung verbundenen Schwierigkeiten und dem erst langfristigen Nutzen sehr schnell in Vergessenheit.

8.2.5 Aktualisierung von Standards

Jede Regel sollte einen Grund haben. Dieser Grund sollte bekannt sein, damit sich Regeln bei Rahmenbedingungen, die nicht länger Gültigkeit haben, modifizieren lassen. Führen Sie sich beispielsweise die folgende Programmierregel vor Augen: "Konstante Ausdrucksbestandteile innerhalb iterativer Anweisungen sollten aus der iterativen Anweisung herausgenommen und als Teilergebnis unmittelbar vor der iterativen Anweisung aufgeführt werden." Das heißt im Klartext: Falls ein Ausdruckselement in einer Schleife bei jedem Schleifendurchlauf denselben Wert hat, soll die Berechnung des Werts vor dem Schleifenbeginn erfolgen, damit der Wert nicht permanent neu berechnet werden muß. Auf diese Regel läßt sich nur erwidern: Warum sollte ein solcher Programmcodeteil aus seiner natürlichen, logischen und verständlichen Umgebung an eine weniger einsichtige Stelle verschoben werden? Als Antwort darauf läßt sich anführen, daß der Objektcode im Falle einer solchen Verschiebung wesentlich effizienter ist und daß einige Compiler nicht zur automatischen Verschiebung der Anweisung zwecks Effizienzsteigerung des Objektcodes in der Lage sind.

Falls Ihnen dieser Grund nicht bekannt wäre, müßten Sie dem Standard blindlings Folge leisten, auch wenn für Sie die Effizienz nicht so wichtig wie die Lesbarkeit des von Ihnen entwickelten Programmcodes wäre. Was wäre zudem, wenn Ihre DV-Abteilung einen neuen hochleistungsfähigen Compiler anschaffte, der den Objektcode maximal optimieren könnte? In diesem Fall entfiele der Hauptgrund für die Regel.

Trotz dieser Überlegung fehlt in vielen Handbüchern zu Standards eine Begründung der Standards. Ebensowenig gibt es Regeln für die Anwendbarkeit von Standards, noch finden sich Listen abgelehnter Alternativstandards oder Mechanismen zur Korrektur und Aktualisierung von Standards. Ohne diese und insbesondere ohne eine Feedback-Möglichkeit, die eine Standardänderung möglich macht, werden die Standards schon sehr bald unglaubwürdig und geraten in Vergessenheit. Unvernünftige, den eigenen Vorstellungen widerstrebende und gänzlich unmögliche Standards werden nämlich vom gesunden Menschenverstand sehr rasch hinwegeskamotiert.

8.2.6 Ein abschreckendes Beispiel

In einem Großunternehmen, das mit Systemen minderwertiger Qualität und unterschiedlichsten Entwicklungspraktiken zu kämpfen hatte, rief die Geschäftsleitung eine Qualitätssicherungsgruppe ins Leben. Deren Aufgabe bestand nicht darin, im Bereich der Qualitätssicherung tätig zu werden, wie man wohl glauben mag, sondern in der Entwicklung und Durchsetzung von Standards. Die Gruppe folgte diesem Auftrag buchstabengetreu und schuf nahezu für jeden Bereich neue Standards. Hierbei kannte ihr Normierungseifer schier keine Grenzen, so daß auch der korrekte Durchmesser eines Sinnbilds in einem Datenflußdiagramm, der Prozentsatz des Gesamtarbeitsaufwandes jeder Projektphase oder die Anzahl der Leerzeichen, die hinter der COBOL-Anweisung ELSE einzufügen sind, festgelegt wurden.

Die Qualitätssicherungsgruppe achtete mit pedantischem Eifer auf die Durchsetzung ihrer Standards und legte bei Besprechungen zur Programmcodegestaltung fast schon inquisitorische Energien an den Tag. Bei jedem Treffen wies ein Vertreter der Qualitätssicherungsgruppe auf solche Ungebührlichkeiten wie beispielsweise eine PIC-Klausel hin, die statt in der standardmäßigen 32sten doch tatsächlich schon in Spalte 31 begänne. Der Programmcode wurde permanent zur Überarbeitung zurückgewiesen, damit eine Übereinstimmung mit dem schnell wachsenden Bestand an kleinlichen Standardisierungsvorschriften gegeben war. Bei der Überarbeitung schlichen sich gewöhnlich zusätzliche Fehler ein, über Fehler machten sich die Verantwortlichen der Qualitätssicherungsgruppe jedoch keine Gedanken.

Das Verhältnis von Entwicklungspersonal und Qualitätssicherungsgruppe war alles andere als herzlich, und gelegentlich kam es auch zu offenen Zornesausbrüchen. Eines Morgens fand sich auf jedem Terminalbildschirm die Nachricht: "Wer nicht programmieren kann, entwickelt Standards fürs Programmieren." Die gespannte Stimmung zwischen den beiden Abteilungen blieb nicht lange unbemerkt. Die Geschäftsleitung und auch Benutzer traten auf den Plan und sorgten wieder für eine Besänftigung der Gemüter. Ausschlaggebend hierfür war der folgende Kompromiß: "Strikte Standards werden von der Qualitätssicherungsgruppe nicht für Projekte mit zeitkritischen Lieferfristen auferlegt, sondern obliegen in diesen Fällen dem Belieben des Projektleiters." Im Klartext hieß dies, daß die Standards abgeschafft waren. Es gab jedoch noch über mehrere Jahre eine ein Mann starke Qualitätssicherungsgruppe, die dann später bei Umstrukturierungsmaßnahmen gänzlich verschwand.

8.3 Lösung für einige Probleme in bezug auf Standards

Zwei der in Abschnitt 8.2.4 angesprochenen Probleme - daß Standards ein Projekt oft über Gebühr einzwängen und daß sie sehr oft so komplex und detailliert sind, daß sich niemand die Standards merken kann - liefern einen Hinweis darauf, wie sich Standards erfolgversprechender realisieren lassen. Benötigt wird ein Tool, das über die "übermenschliche" Fähigkeit verfügt, eine große Menge von Einzelinformationen aufzuzeichnen und abzurufen, und das einem Projektmitarbeiter jederzeit zweckfrei und objektiv die nötige Hilfestellung bietet. Gebraucht wird in diesem Fall folglich ein Computer, der für die Umsetzung von Standards verantwortlich ist.

Erstaunlicherweise hat die DV-Branche, die mit atemberaubender Schnelligkeit jeden anderen Wirtschaftszweig automatisiert hat, dabei ganz vergessen, ihren eigenen Bereich entsprechend zu automatisieren. Es stehen zwar einige Tools wie beispielsweise Compiler, Texteditoren und Daten-Dictionaries zur Verfügung, jedoch gibt es hier nichts, das so weit entwickelt ist wie beispielsweise CAD/CAM-Systeme, die in der Hardwareentwicklung, Automobilherstellung und unzähligen anderen Geschäftszweigen verwendet werden. Tatsächlich steht der DV-Branche kaum ein vielversprechendes System zur Verfügung, und die meisten verfügbaren Tools lassen sich überhaupt nicht integrieren.

Seit kurzem sind nun auch Systeme verfügbar, die den DV-Abteilungen bei der Systementwicklung behilflich sind. Diese Systeme werden unter den verschiedensten Namen geführt wie beispielsweise *Computer Supported Methodology* (CSM) oder *Computer Aided Software Engineering* (CASE).[2] Obwohl diese noch in den Kinderschuhen stecken, bieten sie bereits beachtliche Vorteile nicht nur bei der Implementation von Methodologien, sondern auch bei der Verwaltung von DV-Projekten. Auf diese Vorteile wird in den folgenden Abschnitten kurz in den jeweiligen Bereichen - Verbreitung, Glaubwürdigkeit, Umsetzung, Verwendung, Modifikation und allgemeines Projektmanagement - eingegangen.

8.3.1 Verbreitung von Standards

Ein CASE-System unterstützt die Verbreitung von Standards, weil es das Verständnis und Erlernen von Standards vereinfacht und einen größeren Anreiz für deren Einsatz bietet. Natürlich brauchen die Benutzer nach wie vor eine grundlegende Schulung in der Methodologie, und außerdem müssen sie die jeweiligen Handbücher lesen. Ein CASE-System stellt jedoch solche Leistungsmerkmale wie Indizierung und Menüstrukturen zur Bewältigung des Wusts an im Rahmen einer gewöhnlichen DV-Projektmethodologie anfallenden Einzelinformationen bereit.

Aufgrund dieser Leistungsmerkmale und mit der Möglichkeit der Online-Hilfe sind bei einem CASE-System beispielsweise die Schwierigkeiten undenkbar, die ein fehlendes oder zu umfangreiches Handbuch mit sich bringt. Alle benötigten Informationen werden im Rechner gespeichert. Auf diese Art und Weise wird das CASE-System in der DV-Abteilung nicht nur zur Bewahrungsinstanz der standardbezogenen Dokumentationen, sondern auch zur primären Informationsquelle, wodurch sich insgesamt die Chancen verbessern, daß Standards tatsächlich eine normierende Kraft entfalten können.

8.3.2 Glaubwürdigkeit von Standards

Es gibt keinen zwingenden Grund dafür, daß mit Hilfe von CASE-Systemen implementierte Standards glaubwürdiger als andere sein sollten. In der Praxis sind sie es

2 Einen kurzen Überblick über CASE-Systeme bietet [Pressman, 1984]. Weitere Einzelheiten zu kommerziell verfügbaren CSM- und CASE-Systemen sind über die Hersteller von DV-Projektmethodologien in Erfahrung zu bringen.

jedoch aus zwei Gründen. Ein CASE-System wird zum einen wahrscheinlich gemäß seiner eigenen Methodologie entwickelt und mit Hilfe seiner eigenen Tools implementiert, so daß es sich bei den geistigen Vätern des Systems wohl um praxiserfahrene DV-Projektmitarbeiter handelt, bei denen sich theoretische und praktische Erfahrungen ergänzen.

Zum zweiten läßt sich der Bezugsrahmen einer Methodologie für ein automatisiertes DV-Projekt mühelos an die Besonderheiten eines speziellen Projekts anpassen, wodurch die im Einzelfall verwendete Methodologie an Glaubwürdigkeit gewinnt. Zu Projektbeginn können Sie als Projektleiter ein CASE-System entsprechend Ihren eigenen Bedürfnissen konfigurieren, indem Sie in einem Menü wie folgt die gewünschten Optionen wählen: "Handelt es sich im vorliegenden Fall um ein Konvertierungsprojekt?" - "Handelt es sich um ein Wartungsprojekt?" - "Handelt es sich um ein neues Entwicklungsprojekt?" Ein CASE-System stellt dann die richtigen Parameter und Tools für den gewählten Projekttyp ein.

8.3.3 Durchsetzung von Standards

Falls Sie ein DV-Projekt per Rechner abwickeln, werden Standards nahezu automatisch berücksichtigt, da der Rechner jedes Projektergebnis überprüft und jeden Projektbeteiligten über Fehler oder Auslassungen in Kenntnis setzt. Der Rechner kann zudem sicherstellen, daß unvollständige oder unsachgemäß durchgeführte Aufgaben berichtigt werden, bevor deren Ergebnisse in andere Teilbereiche einfließen.

Viele Probleme, die sich bei der Durchsetzung von Standards ergeben, werden gänzlich hinfällig, wenn der Rechner die Überwachung der Befolgung von Standards übernimmt. Menschen scheinen eher geneigt zu sein, Vorschriften von einem Computer als von anderen Menschen (sich selbst eingeschlossen) entgegenzunehmen. Stellen Sie sich beispielsweise vor, zu welchen Problemen es in Ihrer DV-Abteilung kommen würde, wenn die COBOL-Syntax nicht vom COBOL-Compiler, sondern von einer Gruppe von "menschlichen Präprozessoren" überwacht würde. Bei einem Rechnersystem läßt sich eine Arbeit sehr oft nur nach Maßgabe bestimmter Standards durchführen. Von einer Durchsetzung von Standards kann in diesem Fall überhaupt keine Rede sein.

Der Begriff *Durchsetzung* ist sowieso ein negativ besetztes Wort, weil es an Drohung und Bestrafung erinnert. Wie bereits an anderer Stelle ausgeführt, ist dies ein Grund dafür, daß Standards nicht befolgt werden. Ein CASE-System funktioniert da doch eher gemäß dem Motto "Zuckerbrot und Peitsche", da es die zwanghafte Durchsetzung durch einen beachtlichen Nutzaspekt versüßt. Das System bietet eine wertvolle Hilfestellung, und aus diesem Grund befolgt der Benutzer die Standard-Methodologie.

8.3.4 Verwendung von Standards

Während viele manuelle Implementationen von Standards den eigentlichen Zielsetzungen widersprechen, hilft eine CASE-Implementation den Projektbeteiligten bei ihrer Arbeit. Von den vielen Möglichkeiten der gebotenen Hilfestellung sollen hier nur drei vorgestellt werden.

Zunächst einmal kann ein CASE-System einen konzeptionellen Rahmen schaffen, wonach die verschiedenen Software-Tools, die innerhalb eines Projekts Verwendung finden, integriert werden können. So kann es etwa die in einem Data-Dictionary enthaltenen Informationen für den Testfallgenerator verwenden. Indem es zweitens einen Teil des bei der Projektabwicklung anfallenden Arbeitsaufwands erledigt, entlastet ein CASE-System die Projektmitarbeiter und ermöglicht ihnen, sich verstärkt auf das eigentliche Projektergebnis zu konzentrieren und dabei ein größeres Maß an Kreativität zu entfalten. So kann ein CASE-System bei der Dokumentvorbereitung und den endlosen Dokumentänderungen, die im Verlauf eines Projekts anfallen, eine beachtliche Hilfe sein. Ebenso kann es sich automatisch der unzähligen, in bezug auf Standards anfallenden Trivialitäten annehmen wie beispielsweise der, daß PIC-Klauseln immer in Spalte 32 beginnen müssen. Auf diese Weise kann der mit der Programmcodierung befaßte Mitarbeiter die PIC-Klausel nahezu an eine beliebige Stelle positionieren und das Formatierprogramm des CASE-Systems setzt die Anweisung dann an die vorgeschriebene Position.

Drittens bietet ein CASE-System den Projektbeteiligten eine zentrale Kommunikationsmöglichkeit. Indem die Projektinformationen jederzeit schnell und unmißverständlich verfügbar sind, entfällt ein Großteil des Informationschaos, das sich infolge der recht unsystematischen Kommunikationsmuster vieler DV-Projekte nur allzuoft einstellt. Die Palette der Nutzaspekte, die sich bei der Verwendung eines CASE-Systems zur Projektabwicklung ergeben, reichen beispielsweise von der Pflege eines Inventars mit schlüsselfertigen Softwaremodulen bis zur Verringerung des für das Berichtswesen aufzuwendenden Arbeitsaufwands (siehe Kapitel 9). In den meisten Fällen bietet ein CASE-System den Projektbeteiligten eine wertvolle Hilfe, wodurch seine Rolle als Überwachungsinstanz von Projektstandards erträglicher wird.

8.3.5 Standardänderungen

Die Änderung eines CASE-Systems dahingehend, daß es geänderten Organisationsmustern von DV-Projekten Rechnung trägt, ist wesentlich schwieriger als die Änderung von Standards auf dem Papier. Wegen dieser Schwierigkeiten läßt sich in der DV-Branche aber auch ein hoher Akzeptanzgrad hinsichtlich solcher CASE-Änderungen - wie auch des CASE-Systems selbst - verzeichnen. Zudem ist man mittlerweile auch mit dem Konzept der versionsspezifischen Releases bestens vertraut und hat es allgemein akzeptiert.

Eine Hauptschwierigkeit bei der Änderung eines CASE-Systems besteht darin, daß es nicht nur über Prozeduren zur Projektabwicklung, sondern auch über eine Speichereinrichtung für Projektinformationen und -statistiken verfügt. Bei der Änderung der CASE-Methodologie müssen beispielsweise auch die Daten in der CASE-Datenbank konvertiert werden. Eine solch umfassende Änderung läßt sich aber nicht problemlos bewerkstelligen.

8.3.6 Allgemeines Projektmanagement

Der Besitz eines CASE-Systems ist für Sie als Projektleiter von unschätzbarem Wert. Das System bietet Ihnen nicht nur - wie jede Projektmethodologie übrigens auch - eine beachtliche Hilfestellung bei der Projektabwicklung, sondern erleichtert Ihnen auch Ihre Arbeit im Hinblick auf Projektberichte und Aufwandsschätzungen. Ein CASE-System kann automatisch einen Großteil der routinemäßig anfallenden Statusberichte erstellen, indem es die relevanten Informationen abfragt und regelmäßig einen Bericht anfertigt und ausdruckt. Hierdurch können sich die Projektmitarbeiter auf das Berichtswesen zu möglichen Problemen konzentrieren, die ja für Sie als Projektleiter von besonderem Interesse sind. Ein CASE-System kann Ihnen auch bei der Erstellung eines Projektstatusberichts für die Geschäftsleitung behilflich sein.

Wie noch in Kapitel 9 gezeigt wird, ergeben sich bei der Berichtabfassung hinsichtlich der für Projektaufgaben benötigten Zeit etliche Schwierigkeiten einschließlich der korrekten Zeitzuweisung an unterschiedliche Kategorien wie beispielsweise Analysetätigkeiten, Meetings usw. Einem CASE-System mit seinem eingebauten Tätigkeitsmuster nach Maßgabe der Projektmethodologie fällt die Erfassung und Bearbeitung von die Projektzeit betreffenden Daten nicht schwer. Es bietet sich zudem als Tool für die Analysegruppe an - nämlich zur Entwicklung von Projektstatistiken, die bei künftigen Aufwandsschätzungen herangezogen werden können.

Allgemein enthält ein CASE-System eine integrierte Datenbank, in der Informationen zu den unterschiedlichsten Aspekten eines DV-Projekts abgelegt sind. Der Datenbank kommt für ein Projekt die Bedeutung zu, die ein Data-Dictionary bei einem Rechnersystem hat. Da sie aber ungleich mehr als ein herkömmliches Data-Dictionary enthält, wäre ein treffenderer Name für dieses Kernstück eines CASE-Systems Projektverwaltungsenzyklopädie. Ein weiterer wesentlicher Nutzen der Datenbank resultiert daher, daß sie mit dem CASE-System verbunden ist.

8.4 Zusammenfassung

Eine Projektmethodologie ist der Entwurf eines Systems zur Projektabwicklung. Unter Standards versteht man die Implementation einer Methodologie, die zum Zwecke der Projektabwicklung zusätzlich um Tools, Techniken, Regeln usw. bereichert wird. Für eine DV-Abteilung und die von ihr durchgeführten Projekte ist es von Vorteil, wenn sie über allgemein verbindliche Projektstandards verfügt. Hierzu zählt beispielsweise, daß jedes Projekt nicht ganz neu geplant werden muß, daß eine spezialisierte Organisationsform vereinfacht wird, daß die Homogenität zwischen parallel durchgeführten und aufeinanderfolgenden Projekten verbessert wird, daß es gleichförmige Einstellungs- und Weiterbildungsmaßnahmen gibt, daß die Entwicklung von Tools begünstigt wird und daß weniger fruchtlose Debatten über Verfahrensfragen erforderlich werden.

Obwohl Standards einer DV-Abteilung eigentlich viele Vorteile bringen sollten, haben sie in der Praxis oft nicht den gewünschten Erfolg. Problemfelder in bezug auf die allgemeine Akzeptanz und den Erfolg von Methodologien sind die Verbreitung (umfangreiche, langatmige bzw. oft überhaupt nicht vorhandene Handbücher zu Standards wie auch unzureichende Unterrichtung über Standards), Glaubwürdigkeit (Belanglosigkeit, Absurdität, Antiquiertheit oder Fortschrittlichkeit von Standards wegen unzweckmäßiger Gültigkeitsbereiche bzw. der Unkenntnis der Verfasser in bezug auf DV-Projekte), Durchsetzung (mangelnde Akzeptanz womöglich infolge fehlender Kontrollmechanismen oder einer allzu rigiden Durchsetzungspraxis), Verwendung (mangelnde Zielgerichtetheit im Hinblick auf das Projektergebnis oder ein wenig erfolgversprechendes Endergebnis) und Aktualisierung (unzureichende Mechanismen zur Modifizierung von Standards).

Diese Schwierigkeiten im Hinblick auf Standards, zudem die Komplexität von Standards und ihre Behinderung des Projektablaufs weisen darauf hin, daß die Lösung in der rechnergestützten Implementation von Standards zu suchen ist. Ein Rechnersystem (beispielsweise ein CASE-System) kann viele der Probleme aus der Welt schaffen, die sich bei der praktischen Umsetzung in den Bereichen Verbreitung, Glaubwürdigkeit, Durchsetzung, Verwendung und Modifikation von Standards ergeben. Ein CASE-System erleichtert zudem die Abfassung von Statusberichten und Statistiken, mit denen die Projektleiter vieler DV-Projekte zu kämpfen haben. Ein solches System kann noch viel mehr, beispielsweise Statistiken für eine Analysegruppe oder sogar eine Projektmanagementenzyklopädie bereitstellen, was für die gesamte Projektabwicklung eine große Hilfe ist.

Ein CASE-artiges System dürfte wahrscheinlich die beste Gewähr dafür sein, daß in einer betrieblichen DV-Abteilung allgemein verbindliche Projektstandards Verwendung finden. Es bietet die Vorteile, die mit der Verwendung von Standards gegeben sind, vermeidet gleichzeitig aber viele der Probleme, die bei herkömmlichen Verfahren der Standardumsetzung gegeben sind. Auch die Möglichkeiten, die ein solches System infolge künftiger Verbesserungen bereithält, sind gewaltig. Ein CASE-ähnliches System könnte so künftig zu einem experten- oder wissensbasierten System weiterentwickelt werden, das die Fertigkeiten eines Projektleiters und die jahrelange Erfahrung auf diesem Gebiet in sich vereinigt und so zur effizienten Abwicklung von DV-Projekten prädestiniert ist.

Kapitel 8: Ratschläge für die Anwendung

1. Führen Sie sich die Standards Ihrer DV-Abteilung oder anderer DV-Abteilungen, in denen Sie bisher tätig waren, vor Augen. Wie erfolgreich wurden sie implementiert? Welche Probleme ergaben sich anläßlich ihrer Implementation? Was hätte man unternehmen können, um diese Probleme zu vermeiden?

2. Welche Tools verwendet Ihre DV-Abteilung zur Unterstützung der Projektabwicklung? Welche davon sind automatisiert? Wie gut harmonieren die Tools miteinander? Welche Vorschläge würden Sie zwecks einer nahtloseren Integration machen?

9

Projektstatus- und Zeitbericht

Als Projektleiter müssen Sie natürlich wissen, wie Ihr Projekt aktuell "dasteht": Welche Aufgaben wurden bereits abgeschlossen, bei welchen Aufgaben gibt es Schwierigkeiten, wieviel Zeit wurde zur Erledigung jeder Aufgabe benötigt usw. Einige Projektleiter verlangen ihren Mitarbeitern umfassende Status- und Zeitberichte ab. Deren Erstellung kostet die Projektbeteiligten viel Zeit, sie liefern aber nur wenige nützliche Informationen.

In diesem Kapitel werden die gängigen Probleme bei der Erstellung von Projektstatus- und Zeitberichten behandelt. Des weiteren werden Lösungsvorschläge zur Straffung beider Berichtsformen unterbreitet. Ebenso soll gezeigt werden, wie sich eine größere Deckungsgleichheit von Berichts- und Projektwahrheit erzielen läßt.

9.1 Projektstatusbericht

Die einfachste Regel für einen effizienten Projektstatusbericht lautet: Außergewöhnliche Ereignisse gehören in den Bericht hinein, gewöhnliche hingegen nicht. Bevor jedoch auf diese und andere Richtlinien eingegangen wird, soll kurz beleuchtet werden, was ein Projektstatusbericht nicht ist. Einige Projektleiter glauben, daß die Statusberichte ihrer Projektgruppe - unabhängig von der dafür benötigten Zeit - bis in die letzten Feinheiten ausgearbeitet sein müssen. So verlangen manche Projektleiter von ihren Mitarbeitern umfassende Berichte. Dies wohl in der Annahme, daß sprachliche Brillianz den Ausführungen eine größere Verbindlichkeit verleiht. Andere Projektleiter verlangen ihren Mitarbeitern eine besondere Präsentationsform ab. Berichte müssen beispielsweise mit Maschine geschrieben sein und besondere Formatmerkmale (etwa fett gedruckte Überschriften usw.) aufweisen, obwohl die Berichte von geringem Interesse sind und nur von wenigen gelesen werden. Die meisten Projektleiter verlangen einen monatlichen oder wöchentlichen Statusbericht unabhängig davon, ob es zum jeweiligen Zeitpunkt überhaupt etwas Interessantes zu berichten gibt. Genauso unzweckmäßig ist das gegenteilige Verfahren, bei dem der Projektleiter festlegt, daß ausnahmslos maximal einmal im Monat ein Bericht erstellt wird.

Viele Projektleiter wollen der Geschäftsleitung mit ihren Projektstatusberichten kein Kopfzerbrechen bereiten und klammern folglich alle in entferntester Weise unangenehmen Aspekte aus. Dieses Verfahren stößt aber an seine Grenze, wenn sich in den Berichten der Projektmitglieder kaum Lichtblicke verzeichnen lassen. Aus diesem Grund erhalten die Projektmitglieder oft die Auflage, nur Erquickliches zu berichten. Das Ergebnis davon sind "geschönte" Informationen für die Geschäftsleitung und die Benutzer.

Viele Projektstatusberichte sind zudem völlig überflüssig, weil der Projektleiter in ihnen nur erfährt, was er bereits weiß. Ein Beispiel hierfür ist eine Ausführung wie: "Die Aufgabe ABC verläuft plangemäß." Diese Form der Berichterstattung treibt seltsame Blüten in solchen Berichten, die aus Rücksicht auf das Nervenkostüm der Geschäftsleitung von vorne bis hinten geschönt werden.

9.1.1 Ein Negativbeispiel eines Statusberichts

Ein Projektleiter bediente sich einer Statusberichtsmethode, die viele der bereits aufgeführten Mängel - einschließlich der übermäßigen Vorliebe für mit Schreibmaschine erstellte Berichte - aufwies. Jeden Freitagmorgen mußte jeder seiner 15 Projektmitarbeiter einen ausführlichen, mit Schreibmaschine verfaßten Bericht einreichen, in dem er sich darüber ausließ, welche Aufgaben er warum erledigen sollte, zu welchem Prozentsatz er sie bereits abgeschlossen hätte und wie reibungslos das Ganze vonstatten ginge. Nachmittags folgte dann ein Gespräch zwischen Projektleiter und Mitarbeiter. Ein solches Gespräch nahm etwa den folgenden Verlauf:

Chef: Ihrem Bericht kann ich entnehmen, daß Sie derzeit noch mit der Programmierung von Modul T2714P3 beschäftigt sind. Wieso eigentlich? Sie sollten damit doch schon zwei Tage fertig sein.

Mitarbeiter: Können Sie sich noch daran erinnern, daß ich Ihnen letzte Woche sagte, ich hätte ein paar Probleme beim Testen von T2714P1? Das warf mich um rund vier Tage zurück. Dazu kommt noch der Wartungsjob, den ich auf ihr Geheiß am RATS-System erledigen soll.

Chef: Gut, das heißt also, daß Sie zu 25 Prozent mit T2714P3 fertig sind. Nur 25 Prozent?

Mitarbeiter: Ich habe den Bericht schon gestern morgen geschrieben. Ich schätze, daß ich jetzt zu 40 bis 50 Prozent damit fertig bin.

Chef: Vielleicht können wir das etwas präzisieren. Wie lange arbeiten Sie denn nun schon daran?

Mitarbeiter: So ungefähr drei Tage.

Chef: Wenn wir von der ursprünglichen Aufwandsschätzung von fünf Tagen ausgehen, dann sind das doch schon mehr als 60 Prozent oder etwa nicht?

Mitarbeiter: Ja, das stimmt schon, 60 Prozent.

Chef: [streicht 25 Prozent im Bericht durch und schreibt darüber 60 Prozent] Sie schreiben hier, daß Sie mit den T2714-Spezifikationen Schwierigkeiten haben. Was für Schwierigkeiten? Kommen Sie dadurch in Verzug?

Mitarbeiter: Nun, das glaube ich eigentlich nicht. Ich habe nur paar Probleme mit der Schnittstelle zu T2712.

Chef: Sie wissen doch, daß das einen schlechten Eindruck macht, wenn man in einem Bericht das Wort "Schwierigkeiten" verwendet. Sie und ich wissen natürlich, was das heißt, aber denen da oben läuft doch ein kalter Schauer den Rücken runter, wenn sie das sehen. Wir sollten das einfach umschreiben und sagen "Die Arbeit schreitet den Umständen entsprechend zügig voran." [liest den Bericht durch] Ich sehe hier gerade die Aufgaben, die in der kommenden Woche durchgeführt werden sollen. Warum haben Sie da das Austesten von T2714P3 reingepackt? Das sollte doch schon in der letzten Woche passieren.

Mitarbeiter: Ich habe es Ihnen aber doch gerade gesagt: Ich kam mit T2714P3 in Verzug und kann mit dem Test nicht vor nächstem Dienstag oder Mittwoch beginnen.

Chef: In Ordnung, aber das streichen wir dann auch lieber ganz durch. Wenn die das so lesen, glauben sie schon wieder, der Zeitplan könnte nicht eingehalten werden. Am besten ist es hier, Stillschweigen zu bewahren und die Fristverzögerung an einer späteren Stelle aufzuführen. Es ist besser für alle Beteiligten. Ich sehe, daß T2716 nächste Woche begonnen werden soll. Was ist denn mit T2715 passiert?

Mitarbeiter: Wir hatten doch das Meeting vor zwei Wochen, wo wir den Plan dahingehend geändert haben, daß T2716 vor T2715 erledigt werden soll!

Chef: Ach ja. Gut, das soll dann mal genügen. Lassen Sie den Text mit den Änderungen doch noch mal von Frau Müller sauber abtippen, und legen Sie ihn mir ins Fach. Wir sprechen dann nächste Woche noch mal darüber. Ich danke Ihnen. Schönen Tag noch.

Das war noch ein recht harmloses Beispiel. In einem schlimmeren Fall könnte sich der Projektleiter beispielsweise darüber beschweren, daß ein Bericht nicht pünktlich eingereicht wurde, nicht umfassend genug war oder ein wesentlicher Aspekt unberücksichtigt blieb. Schon etliche DV-Mitarbeiter teilten mir mit, daß sie acht Stunden in der Woche für das Schreiben, Korrigieren, Besprechen und Ändern ihrer wöchentlichen Berichte aufwenden müßten. Das schien aber noch eine gelinde Untertreibung zu sein.

9.1.2 Richtlinien für effiziente Projektstatusberichte

Als allerwichtigste Regel läßt sich anführen, daß ein guter Statusbericht so geschrieben werden sollte, daß alles Außergewöhnliche erwähnt und alles Gewöhnliche unberücksichtigt bleibt. Wer könnte beispielsweise in einem Fertigungsunternehmen schon daran Interesse haben, regelmäßig darüber Berichte zu verfassen, daß die Fertigung sich innerhalb der vorgesehenen Toleranzgrenzen bewegt. Die einzigen Informationen, die Aufnahme in den Bericht verdienen, sind die Ausnahmefälle, wenn die Fertigung sich außerhalb der festgelegten Toleranzgrenzen bewegt. In ähnlicher Weise sind auch dem Projektleiter die Fertigungsziele seines Projekts aus dem Projektplan hinlänglich bekannt. Der Projektplan stellt den Normalfall dar, das heißt, den Verlauf, den der Projektleiter als erwartungsgemäß zugrunde legen kann, sofern ihm keine Störfälle zu Ohren kommen.

Ein Projektleiter braucht keine Nachhilfestunde über seinen eigenen Projektplan. Solange sich die Projektabwicklung innerhalb der Planvorgabe bewegt, braucht er keine detaillierten Informationen. Hingegen benötigt er solche Informationen zu Aufgaben, die hinter den Fertigungsfristen zurückbleiben (oder vorzeitig abgeschlossen werden), und zu Problemen, für die eine Lösung gefunden werden muß. Wenn Sie einen Blick auf die im vorherigen Absatz aufgeführte Dialogsituation werfen, werden Sie feststellen, daß der Vorgesetzte versucht, mit der Situation auf seine Weise zu Rande zu kommen. Er wühlt sich durch ihm bereits bekannte Informationen, um so auf neue Aspekte zu stoßen, denen er sein besonderes Augenmerk widmen muß.

Ein Projektstatusbericht sollte nicht nur außergewöhnliche Begebenheiten enthalten, sondern die Details auch möglichst explizit und objektiv wiedergeben. Der Bericht sollte keine Antworten auf solche unspezifischen und bedeutungslosen Fragen wie "Wie geht die Arbeit voran?" oder "Zu wieviel Prozent ist die Aufgabe bereits erledigt?" geben. Wird in einem Bericht der Projektfortschritt mit Umschreibungen wie "Ganz gut" oder "Ausgezeichnet" charakterisiert, so ist der Bericht nur eine reine Zeitverschwendung.

Nutzlos ist ein Bericht auch dann, wenn spezielle Prozentangaben wie beispielsweise 40 Prozent oder 82 Prozent im Bericht vorkommen, da die restlichen fünf Prozent der Aufgabe womöglich 50 Prozent der erforderlichen Zeit verschlingen. Obwohl man immer wieder glaubt, daß solche genauen Zahlen irgendeine Bedeutung haben, muß ernüchternd festgestellt werden, daß einzig solche Informationen relevant sind, die Antwort auf die Fragen geben: "Wurde die Aufgabe ausgeführt?" und "Hat das Produkt die erforderliche Qualität, um die in es gesetzten Zielsetzungen zu erfüllen?" Wenn Sie als Projektleiter bei ihrem Bericht bei solchen Konstrukten wie "Erfüllung der prozentualen Vorgabe" Zuflucht suchen müssen, haben Sie die Aufgaben nicht genügend unterteilt und können deshalb den Projektfortschritt nicht genau nachvollziehen.

Der herkömmliche Statusbericht informiert über Fehlentwicklungen, wenn es zur Behebung des Problems zu spät ist - falls Planabweichungen überhaupt Erwähnung finden. Folglich läßt sich als dritte Richtlinie für den Statusbericht festhalten: Planabweichungen müssen frühstmöglich mitgeteilt werden. Idealtypische Statusberichte verweisen auf eine Planabweichung zu dem Zeitpunkt, an dem eine Abweichung tatsächlich eintritt. Dies unabhängig davon, ob gerade auch ein Statusbericht fällig ist.

Welche Informationen sollten Ihre Projektmitarbeiter an Sie weiterleiten? Die vierte Richtlinie hierzu lautet: Berichtet wird möglichst wenig, und das möglichst einfach. Bei einem einfachen Verfahren zur Aufgabenkontrolle findet eine in zwei Abschnitte unterteilte Karteikarte Verwendung (siehe Bild 9.1). Als Projektleiter füllen Sie die obere Hälfte der Karte aus, da Ihnen alle relevanten Informationen zur Verfügung stehen, und der jeweilige Mitarbeiter füllt die untere Hälfte der Karte aus und gibt sie Ihnen zurück.

Halten Sie Ihre Mitarbeiter dazu an, möglichst viele Probleme, insbesondere jene, zu deren Lösung Ihre Hilfe erforderlich ist, zu berichten. Wichtiger noch ist, daß absehbare Änderungen von Projektfristen möglichst früh berichtet werden. In Bild 9.1 geht der Designer beispielsweise davon aus, daß zur Erledigung der Aufgabe ein Arbeitstag mehr als vorgesehen benötigt wird. Indem Sie Ihre Mitarbeiter zur Verwendung der Karteikarten anhalten, mit deren Hilfe Probleme unmittelbar berichtet werden können, bleiben Sie ständig auf dem Laufenden. Zudem schleichen sich nur sehr wenige Mißverständnisse ein, und es gibt eine größtmögliche Vorwarnzeit.

Eine letzte Richtlinie für den Projektstatusbericht an Vorgesetzte lautet: Ehrlich währt am längsten. Falls Sie einen Bericht zusammenstellen, der den Projektfortschritt in den schönsten Farben ausmalt, sollten Sie sich der Tatsache bewußt sein, daß es gar nicht so einfach ist, die spröden Fakten eines Projektstatusberichts sprachlich in eine erbauliche Projektfabel umzufunktionieren. Falls Sie in einem Unternehmen beschäftigt sind, in dem Ehrlichkeit bestraft und das Spiel mit verdeckten Karten belohnt wird, sind die oben gegebenen Richtlinien für die Erstellung eines Projektstatusberichts wohl nicht ganz angebracht. Zu erwägen wäre in diesem Fall aber auch, ob Sie sich nicht lieber nach einem anderen Arbeitgeber umschauen sollten (siehe Kapitel 15).

9.2 Zeitbericht

Die Ausführungsdauer von Aufgaben findet in einem Bericht aus verschiedenen Gründen Erwähnung. Diese Informationen können beispielsweise dazu dienen, die Gesamtstundenzahl eines auf Stundenbasis beschäftigten Mitarbeiters zu ermitteln, die Genauigkeit von Aufwandsschätzungen (aktuelle und künftige) zu verbessern oder das interne Abrechnungsverfahren zwischen Fachabteilungen zu beschleunigen.

Leider entsprechen die Ergebnisse von Zeitberichten gewöhnlich jedoch nicht den tatsächlichen Gegebenheiten. So mißbraucht ein Mitarbeiter den Zeitbericht beispielsweise dazu, sich zu viele Arbeitsstunden einzutragen. Ebensogut kann ein Projektleiter das im Zeitbericht enthaltene Zahlenmaterial "schönen", damit seine ursprünglichen Schätzungen in einem besseren Licht erscheinen. Auch könnte ein Projektleiter auf die Idee kommen, eine Aufgabenbeschreibung dahingehend zu ändern, daß die Aufgabe einer übergeordneten betrieblichen Instanz in Rechnung gestellt wird und folglich nicht sein "schwindsüchtiges" Budget belastet. Sind alle diese Verzerrungstendenzen auf einmal wirksam, so liefert der Zeitbericht womöglich ein dermaßen unrealistisches Bild, daß er keiner der mit ihm verbundenen Zielsetzungen gerecht wird. Denkbar ist auch, daß ein streßgeplagter Projektmitarbeiter die Zahlen so "schönt", daß alle im Unternehmen damit zufrieden sind.

Akten-Nr.: D124/T5/2 Datum: 28.10.1990

Leiter: B. EPSTEIN

Aufgaben-Nr.: D 124 Aufgabenbeschreibung: Design von M124

Geplanter Fertigstellungstermin: 14.12.1990

Ergebnisse: M124 Strukturdiagramm Aktualisiertes DD
Gegebenenfalls Funktionsbeschreibung

Ziel(e): Allgemeingültigkeit je nach Kundentyp, Wartungsfreundlichkeit in allen Belangen

Aufgabenstatus: IA

Geschätzter Arbeitsaufwand bis Fertigstellung: 10 ganze Tage

(nach dem heutigen Tag) (+1 ganzer Tag)

Probleme: SPEZ. 1.2.7 undurchführbar

Meine Lösung? Lasse Hans 1.2.7 entwerfen – konsultiere Benutzer ?

Schlüssel

IA	In Arbeit
9. Tag	ganzer Tag*
+ 1g. Tag	1 ganzer Tag mehr als geplant

* Ein ganzer Tag entspricht 24 Stunden. Er bezieht sich auf 5–7 Arbeitsstunden bzw. die Zeit, die ein Mitarbeiter der DV-Abteilung an einem Arbeitstag durchschnittlich arbeitet.

Bild 9.1 Methode zur Kontrolle von Projektaufgaben.

9.2.1 Beispiel eines Zeitberichts

Eine mir bekannte DV-Abteilung hat diese Form der statistischen Münchhauseniade auf eine bislang unerreichte Spitze getrieben. Jeden Donnerstagnachmittag mußten alle Mitarbeiter die für ihre Arbeit aufgebrachten Arbeitsstunden notieren und jeder Aufgabe eine verwirrende Folge von Codes zuordnen. Ein Kenncode stand für das Unternehmen, einer für die Abteilung und einer für das aktuelle Projekt. Das wöchentliche Zahlenjonglieren begann gewöhnlich jeden Donnerstag gegen 11.50 Uhr. Emsig wurden zum überwiegenden Teil falsche Stundenangaben neben größtenteils willkürlichen Kenncodes aufgelistet. Die Mitarbeiter machten sich nur wenig Mühe, den korrekten Kenncode zu vermerken. Die Gründe hierfür folgen weiter unten.

Ein oder zwei Tage nach Einreichung dieser Zeitberichte setzten sich die DV-Mitarbeiter mit Personen aus der Buchhaltung zusammen, die die Zeitberichte überprüften. Hierbei ging es um solche Fehler wie beispielsweise eine vergessene Unterschrift auf dem Formular, die Verwendung eines nicht vorhandenen Codes, der Gebrauch eines Codes für ein nahezu aufgebrauchtes Budget oder die Errechnung einer Stundenzahl von mehr als 35 Wochenstunden. Auf die beiden zuletzt genannten Punkte muß näher eingegangen werden, da hieran die Zweckentfremdung eines Zeitberichts am augenfälligsten wird. In dieser Abteilung machte man sich deshalb keine großen Gedanken über die richtige Zuordnung der Codes, weil sich die Codes oft überschnitten. Sollte ein Analytiker, der ein Meeting besucht hatte, folglich den Code für Analyse oder einen für Meeting vermerken? Die Antwort fiel nicht schwer: Er wählte einfach den Code für das Budget, das noch über die größeren finanziellen Reserven verfügte.

Der Trick mit der 35 Stundenwoche findet in DV-Abteilungen oft Verwendung, weil hierdurch keine Überstunden vergütet werden brauchen beziehungsweise kein ausgleichshalber bezahlter Urlaub gewährt werden muß. So kommt ein Mitarbeiter beispielsweise in der einen Woche auf 70 Arbeitsstunden und in der nächsten auf nur 20 oder 30. Man erwartet aber von ihm, daß er die Arbeitsstunden gleichmäßig in 35-Stunden-Blöcken aufteilt (auch dies aus Gründen des Budgets). Dies allein läßt eine exakte Zeitkontrolle für die unterschiedlichen Projektaufgaben zur Farce werden und vereitelt alle Möglichkeiten, künftig verläßliche Projektaufwandsschätzungen erstellen zu können.

Die Nutzlosigkeit dieser Zeitberichte brachte die Mitarbeiter zur offenen Ablehnung gegen diese Art der Zeitberichterstattung und gegen diejenigen, die für die Durchsetzung dieses Verfahrens verantwortlich waren. Diese hatten auch sehr schnell ihren Namen weg: Zeitpolizisten. Sobald ein Programmierer einen solchen "Zeitpolizisten" entdeckte, machte er sich schleunigst aus dem Staube.

9.2.2 Richtlinien für einen effizienten Zeitbericht

Der Zeitbericht sollte in einer DV-Abteilung nicht zum Selbstzweck werden, sondern stets das Ziel haben, möglichst akkurate Informationen über die Ausführungsdauer von Aufgaben zu liefern. Die Effizienz eines solchen Berichts ist nur dann gewährleistet, wenn er möglichst kurz gehalten ist. Der Berichterstatter braucht im Grunde nur zu vermerken, welche Aufgaben er erledigt hat, wie lange er damit beschäftigt war und auf welches Projekt sich diese Aufgaben beziehen. Aus diesen Informationen kann jemand, der über mehr Zeit als der streßgeplagte Projektmitarbeiter verfügt, die Zahlen herausfiltrieren, die für interne Abrechnungsverfahren erforderlich sind.

Dieser jemand kann auch durchaus ein Computer sein. Ein automatisches oder halbautomatisches Zeitberichtssystem bringt etliche Vorteile mit sich. Ein Vorteil besteht darin, daß die Projektbeteiligten die entsprechenden Informationen bei bei Aufgabenerledigung direkt in den Rechner eingeben können, ohne damit bis zur allwöchentlichen Zeitberichtsabfassung warten zu müssen. Der Computer unterstützt sie zudem bei ihrer Berichtabfassung über Online-Menüs oder durch Hinweise auf fehlerhafte Eingaben. Da ein Computer zudem Zahlen unendlich besser verarbeiten kann als eine Kombination aus menschlichem Gehirn und Taschenrechner, ist es ihm ein leichtes zu errechnen, wie viele Mann-Stunden für eine spezielle Designaufgabe bzw. für das Gesamtdesign aufgebracht werden mußten.

Ein weiterer Vorteil der Verwendung eines Computersystems besteht darin, daß sich hier eine Datenbank als exzellentes Speichermedium anbietet. Die in einem Zeitbericht enthaltenen Daten können Jahre später für die Analysegruppe von unschätzbarem Wert sein. Deren Aufgabe wird nämlich nahezu unmöglich, wenn sie einzig auf verbleichende Zahlen auf vergilbtem Papier angewiesen ist.

Allein, ein Rechnersystem kann die manuelle Berichterstellung nicht gänzlich ersetzen. Ein Projektmitarbeiter kann sich nicht jede Stunde ans Terminal setzen, um die Tätigkeiten, die er in der letzten Stunde durchgeführt hat, zu vermerken. Statt dessen sollte er sich einen informellen Terminkalender anlegen und am Ende jedes Arbeitstages auf die Viertelstunde genau die Zeit eintragen, die er für jede Aufgabe benötigte. Zum gegebenen Zeitpunkt kann er den im Rechner erfaßten Zeitbericht dann anhand seines informellen Protokolls aktualisieren.

Bei einem einfachen Rechnersystem müssen womöglich Kenncodes für die einzelnen Aufgaben eingegeben werden. In diesem Fall sollten die Codes beispielsweise ausdrücken können, daß ein im Zusammenhang mit der Analyse durchgeführtes Meeting besucht wurde. Zudem muß ein Bezeichner vorhanden sein, der die im Meeting besprochene Analyseaufgabe kenntlich macht. Ein Beispiel eines solchen einfachen Aufgabencodes ist etwa AM1234, wobei A für Analyse, M für Meeting und 1234 für den speziellen Analyseteil steht. Auch in diesem Fall eignet sich ein Computersystem mit Hilfe- und/oder Menüunterstützung zur Erzeugung des betreffenden Codes.

Trotz der durch ein Rechnersystem gewährleisteten Genauigkeit hinsichtlich der Zeitberichterstellung sind natürlich Manipulationen zur Entlastung schwindender

Budgets möglich. Das ist aber Ihre eigene Sache und womöglich die des Projektproduzenten, der mit Argusaugen über die Finanzsituation des Projekts wachen muß. Kein zuverlässiges Zeitberichtssystem gestattet Ihnen oder irgend jemandem sonst jedoch systemintern die Verfälschung von Informationen zur Ausführungsdauer von Aufgaben, da eine Information, die vor ihrer Erfassung verändert wird, unwiederbringlich verloren ist. Informationen zur Ausführungsdauer von Aufgaben sind nicht das alleinige Eigentum eines speziellen Projektleiters, sondern rechtmäßiges Eigentum der betrieblichen DV-Abteilung insgesamt. Wegen der unschätzbaren Vorteile, die solche Informationen künftig bringen können, sollte niemand die Möglichkeit haben, diese Informationen wegen kurzsichtiger und kurzfristiger finanzieller Sachzwänge zu verfälschen. Und ganz gewiß sollte auch kein Projektleiter von seinen Projektmitarbeitern verlangen, eine solche systematische Projektklitterung zu betreiben.

9.3 Zusammenfassung

In der Vergangenheit waren Projektstatusberichte langatmig, aber ungenau, sprachlich brillant, aber unzutreffend und gewöhnlich nicht aktuell. Zudem beanspruchten sie einen Großteil der Zeit, die Projektleitern und Projektmitarbeitern zur Verfügung stand. Dabei kam in den Berichten überwiegend das Gewöhnliche und Normale zur Sprache, wobei die Informationen, die der Projektleiter tatsächlich benötigt, gewöhnlich zu kurz kamen: nämlich außergewöhnliche Vorfälle und Begebenheiten während der Projektabwicklung.

In einem effizienten Projektstatusbericht kommen vorrangig solche außergewöhnlichen Ereignisse zur Sprache. Die planmäßigen Projektbegebenheiten sind hingegen kaum von Interesse. Abweichungen vom Projektplan werden unmittelbar beim Auftreten oder womöglich noch davor mitgeteilt. Der effiziente Statusbericht konzentriert sich auf solche Probleme, für deren Lösung die Entscheidung des Projektleiters erforderlich ist, und unternimmt nie den Versuch, Schwierigkeiten "herunterzuspielen", um so das Renommee eines Projektleiters oder Projektmitarbeiters zu wahren.

Mit Zeitberichten wurden oft andere - strategische oder finanzielle - Zielsetzungen verfolgt, als akkurate Informationen über die Ausführungsdauer von Aufgaben zu liefern. Hierdurch wurde das Zahlenmaterial von den Projektmitarbeitern oft dermaßen verfälscht, daß die Informationen praktisch nutzlos wurden. Auf diese Weise gingen nicht nur wertvolle Informationen verloren, sondern die Projektmitarbeiter verwendeten auch wertvolle Zeit auf die Zusammenstellung von irrelevanten Informationen.

Das mit einem effizienten Zeitbericht verbundene Hauptziel besteht darin, möglichst zuverlässige Informationen über die von jedem Mitarbeiter für jede Aufgabe benötigte Zeit aufzuzeichnen. Ein Zeitbericht läßt sich zudem mühelos von jedem Projektbeteiligten erstellen. Besonders zweckmäßig ist, die Ausführungsdauer der aufgetragenen Aufgaben in einem informellen Terminkalender zu vermerken und die Informationen bei Gelegenheit in die Datenbank eines Rechners zu übertragen. Die Informationen können auf dem Rechner unbegrenzt gespeichert und sowohl für statistische als auch budgetäre Zwecke aufbereitet werden. Eine weitere Funktion des Rechners besteht darin, diese Informationen ab dem Eingabezeitpunkt wegen ihres besonderen Werts für die DV-Abteilung insgesamt vor nachteiligen Manipulationen zu schützen.

Kapitel 9: Ratschläge für die Anwendung

1. Welche Berichtssysteme sind in Ihrer DV-Abteilung am zeitaufwendigsten und problematischsten? Wie könnte man sie verbessern?
2. Welche Gruppierungen in Ihrer DV-Abteilung hintertreiben die akkurate Abfassung von Projektstatus- und Zeitberichten? Fallen diese Verfälschungen ins Gewicht, oder ist das Berichtswesen bei Ihnen eine reine Pro-forma-Angelegenheit? Wie ließe sich Ihrer Meinung nach in Ihrer Abteilung die Genauigkeit von Status- und Zeitberichten verbessern?

10

Erfolgreiche Meetings

Unsachgemäß durchgeführte Meetings sind eine reine Zeit- und Geldverschwendung. Richtig durchgeführt, kommt ihnen hingegen eine sehr große Bedeutung zu, heben sie doch den Wissensstand und somit auch die Effizienz der betrieblichen DV-Abteilung insgesamt. Meetings sind nur dann produktiv, wenn bestimmte, häufig vorkommende Fehler von vornherein ausgeschlossen werden.

In diesem Kapitel finden sich einige Richtlinien, wie typische Fehler in bezug auf DV-Meetings vermieden werden. Zunächst einmal wird ein Negativbeispiel eines Meetings vorgestellt, anhand dessen typische Fehler veranschaulicht werden sollen. Da der soziologische Kontext, der im Hinblick auf Meetings berücksichtigt werden muß, doch sehr komplex ist, empfiehlt sich die zusätzliche Lektüre eines Werks wie beispielsweise [Doyle und Straus, 1977].

10.1 Huberts Meeting

Hubert: [Es ist 14.50 Uhr] Petra, sagen Sie jedem am KRAMPF-Projekt beteiligten, daß wir in zehn Minuten im Konferenzsaal ein Meeting abhalten.

Petra: Hubert, Sie wissen doch, daß Sabine und Hans ein Benutzer-Meeting besuchen und nicht vor 16.00 Uhr zurück sind. Was soll ich den Teilnehmern sagen, worum es im Meeting geht?

Hubert: Es geht um den Projektstatus. Ach ja, hinterlassen Sie Sabine und Hans doch eine Nachricht, daß sie sobald wie möglich zu uns stoßen.

Hubert: [Es ist 15.20 Uhr, und das Meeting hat immer noch nicht begonnen] Jochen, versuchen Sie doch mal, Peter und Christiane aufzutreiben. Ich möchte jetzt endlich anfangen können.

[Jochen verläßt das Zimmer. Zwei Minuten später erscheinen Peter und Christiane. Peter nimmt auf Jochens Stuhl Platz.]

Julia: Peter, dort sitzt doch Jochen. [Während sich Peter einen Stuhl holt, erscheint Jochen wieder. Sein Erscheinen wird von den Anwesenden mit einem verstohlenen Grinsen quittiert. Im Konferenzsaal sind jetzt 12 der insgesamt 14 Projektmitglieder von KRAMPF versammelt.]

Hubert: Ich denke, es ist jetzt an der Zeit, daß wir ein Meeting über den Projektstatus abhalten, um mal Tacheles von Mann zu Mann bzw. Mann zu Frau zu reden. Susi, vielleicht fangen wir mal mit Ihnen an. Wie kommen Sie voran?

Susi: Och, ich glaube, ganz gut.

Hubert: Peter?

Peter: Ziemlich gut.

Hubert: Anna, wie kommen Sie mit dem Datenbankschema zurecht? Wieviel Prozent der Arbeit haben Sie Ihrer Meinung nach bislang schon abgewickelt?

Anna: Das ist schwer zu sagen. Ich schätze mal rund 50 Prozent.

Hubert: Wie steht es mit den Daten für die Kundenbestellungen? Haben Sie darüber schon mal mit Sabine und Hans gesprochen?

[Es folgt eine langatmige Diskussion, bis Marianne, die Projektleiterin des SMART-Projekts, den Raum betritt.]

Marianne: Entschuldigen Sie, Hubert. Dieser Raum wurde für uns ab 15.30 Uhr reserviert.

Hubert: Geben Sie uns noch paar Minuten. Wir sind beinahe durch.

Marianne: Tut mir leid, Hubert. Es ist schon 15.40 Uhr.

Hubert: In Ordnung. Schauen wir mal nach, ob jemand in Zimmer 3 ist.

[Die Projektmitglieder machen sich auf den Weg zu Zimmer 3 und nehmen Platz.]

Hubert: Ach herje! Mir fällt gerade ein, daß Sabine und Hans ja später zu uns stoßen. Jochen, könnten Sie an der Tür von Zimmer 1 eine Nachricht anbringen, damit die Bescheid wissen, wo wir sind? [Der geplagte Jochen macht sich wieder auf den Weg.] Gut, wie Sie ja wissen, bewegt sich die Analysephase dem Ende zu. Wir müssen jetzt mit den Vorbereitungen für das Design und die Programmierung zum Abschluß kommen. Ich habe mich vorhin mit Joachim über Bildschirmstandards unterhalten. Nicht wahr, Joachim? [Joachim nickt] Glauben Sie also, daß wir die Anzahl der Bildschirmmasken möglichst klein halten und auf jeder Maske möglichst viele Felder anbringen sollten?

Joachim: Nein. Ich habe erst kürzlich in einem Artikel gelesen, daß jede Bildschirmmaske nur ein einziges Konzept enthalten sollte. [Es entspinnt sich eine Unterhaltung zwischen den fünf Befürwortern umfassender Bildschirmdialogmöglichkeiten innerhalb der Projektgruppe, ohne daß eine spezielle Zielrichtung erkennbar wäre. Sabine und Hans, die Chefanalytiker, betreten den Raum.]

Hubert: Ach, Sie haben uns gefunden! Wir unterhalten uns gerade über den Projektstatus. [Er resümiert den bisherigen Verlauf des Meetings] Wie läuft es mit den Benutzern?

Sabine: Wir haben uns über einige Kriterien zur Klassifizierung der Produkte unterhalten, wir haben aber noch einmal ein Treffen.

Hubert: Großartig! Klingt ja so, als würde es gut laufen. Wann glauben Sie denn, den Analysebericht vorlegen zu können?

Sabine: Es sieht eigentlich ganz gut aus, wir müssen aber noch einige Untersuchungen im Benutzerbereich durchführen.

Anna: Ich muß mit Ihnen über die Benutzerdaten sprechen.

Hans: Es dauert noch einige Zeit, die Dokumentation vorzubereiten und rauszuschicken.

Hubert: Wie lange denn?

Sabine: Einen Monat, vielleicht sechs Wochen.

Hubert: Ich sollte mich darüber mit Ihnen beiden vielleicht noch einmal unterhalten.

Eugen: [Steht auf und schnappt sich seinen Füller und Notizblock] Muß leider gehen, Hubert. Ich muß noch mein Auto aus der Reparatur abholen.

Hubert: Noch einen Moment, Eugen. Ich möchte noch einige Worte zu Programmierstandards sagen. [Eugen setzt sich widerwillig hin.] Wir müssen unsere alten Standards überholen. So kann beispielsweise der ganze alte DOS-Kram erst einmal eingemottet werden. [Hubert holt eine Kopie des Standard-Handbuchs hervor und blättert es durch] Da findet sich auch nicht viel über strukturiertes Programmieren drin, nur irgendwelches Zeugs über ALTER-Anweisungen.

[Bevor er fortfahren kann, hört man ein Klopfen an der Tür, und ein Gesicht schiebt sich durch den Türspalt.]

Gesicht: Oh, entschuldigen Sie, ist Eugen -? Ah, hallo Eugen, bist du bald fertig?

Hubert: Ich entlasse Sie dann lieber, Eugen, ich möchte aber, daß unsere Programmierer eine neue Standarderarbeitungsgruppe auf die Beine stellen. Gibt es heute noch sonst irgendetwas zu besprechen? [Schweigen] In Ordnung. War ein gutes Meeting, Leute. Bis morgen dann. [Als alles im Aufbruch begriffen ist, legt Hubert Joachim die Hand auf die Schulter] Joachim, haben Sie noch ein paar Minuten Zeit. Ich möchte mit Ihnen noch kurz über Bildschirmmasken sprechen?

Huberts "War ein gutes Meeting, Leute" ist natürlich eine glatte Verkennung der Situation. Das Meeting war ein reines Fiasko, wofür Hubert allein die Verantwortung trägt. In den restlichen Abschnitten dieses Kapitels werden Richtlinien vorgestellt, denen man vor, während und nach einem Meeting folgen sollte, sofern ein erfolgversprechendes Meeting durchgeführt werden soll. Das Ganze wird angereichert mit Beispielen aus Huberts fehlgeschlagenem Meeting.

10.2 Vor dem Meeting

10.2.1 Sorge tragen für ein zweckmäßiges Konferenzzimmer

Bevor man überhaupt ein Meeting anberaumt, sollte man sich um solche praktischen Dinge wie beispielsweise den Ort, an dem das Meeting stattfinden soll, kümmern. So muß gewährleistet sein, daß zum Zeitpunkt des Meetings ein Tagungsraum verfügbar ist. Sehr oft wird dieser wichtige Punkt einfach übersehen. Hubert sorgte beispielsweise für ein gehöriges Maß an Irritation, weil er nicht überprüfte, ob das erste Konferenzzimmer während der ganzen Zeit des Meetings verfügbar war.

10.2.2 Sicherstellen, daß alle Teilnehmer auch erscheinen können

Es muß gewährleistet sein, daß alle Beteiligten zum festgesetzten Zeitpunkt am Meeting teilnehmen können. Es ist wenig sinnvoll, ein Meeting zu einem Zeitpunkt anzuberaumen, an dem zwei der wichtigsten Teilnehmer anderweitig beschäftigt sind. So sollte man sich der Teilnahmemöglichkeit der Mitglieder bereits versichern, bevor zum Meeting eingeladen wird. Werden Zeit und Ort eines Meetings ständig geändert, weil der eine Teilnehmer zu diesem, ein anderer zu jenem Zeitpunkt unabkömmlich ist, führt dies zu vermeidbaren organisatorischen Problemen.

10.2.3 Bekanntmachung des Meetings

Sie sollten bereits geraume Zeit vor dem Meeting allen Beteiligten vorzugsweise in schriftlicher Form Ort und Zeit des Meetings bekanntmachen. Wieviel Ankündigungszeit Sie einplanen sollten, hängt von den Kommunikationsstrukturen in Ihrer DV-Abteilung und Ihrem eigenen Dafürhalten ab. Huberts zehnminütige Ankündigungszeit war auf jeden Fall definitiv zu kurz bemessen. Noch nicht einmal Sabine, Hans, Peter und Christiane konnten über das Meeting in Kenntnis gesetzt werden.

Auf diese Weise hatte natürlich auch niemand die Zeit, sich gedanklich mit dem Gegenstand des Meetings auseinanderzusetzen oder in Erfahrung zu bringen, was eigentlich besprochen werden sollte.

10.2.4 Explizite Themenliste für das Meeting anfertigen

Anders als Hubert, der noch nicht einmal die Tagesordnungspunkte seines Meetings aufführen konnte, sollte ein Projektleiter, der ein Meeting einberuft, eine in schriftlicher Form abgefaßte Agenda mit den zu erörternden Tagesordnungspunkten erstellen und diese den Teilnehmern zukommen lassen. Hubert ließ etwas über Projektstatus verlauten, dies ist aber alles andere als eine genaue Beschreibung. Für jeden Tagesordnungspunkt sollte auch ein Zweck vermerkt werden. So könnte beispielsweise ein Tagesordnungspunkt wie folgt aussehen: "Feststellung, wie viele und welche Terminaltypen an den verschiedenen Benutzerarbeitsplätzen installiert werden sollen". Der Begriff "Terminals" allein reicht nicht aus. Ist damit nämlich gemeint: "Sollen wir Terminals für die Programmierer entwickeln?" oder "Warum hat der Hersteller die beiden Terminals nicht repariert, die letzte Woche ausgefallen sind?" Falls nicht jeder Tagesordnungspunkt klar und deutlich umrissen wird, stellt sich jeder Teilnehmer auf andere Fragen ein. Die Folge davon ist ein gehöriges Maß an Irritation, die dem Erfolg des Meetings abträglich ist.

10.2.5 Nur eine begrenzte Anzahl von Tagesordnungspunkten

Die Anzahl der Tagesordnungspunkte sollte möglichst gering sein. Am besten ist nur ein Tagesordnungspunkt. Schon vier Tagesordnungspunkte können - je nach der damit verbundenen Komplexität - zu viel sein. Eine zu umfangreiche Tagesordnung bringt zwei Probleme mit sich: Je mehr Tagesordnungspunkte besprochen werden müssen, um so länger dauert das Meeting auch. Bereits nach ein oder zwei Stunden läßt die Aufmerksamkeit der Teilnehmer nach, und die Folge davon ist, daß die letzten Punkte nur kursorisch gestreift werden.

Bei Huberts Meeting standen wenigstens sechs größere Tagesordnungspunkte zur Sprache: Der Arbeitsfortschritt jedes Projektmitarbeiters, das Datenbankschema, der Plan für Design und Programmierung, die Standards für Bildschirmmasken, die Analysebesprechung einschließlich der neuesten Erkenntnisse von Sabine und Hans zur Analyse sowie die Programmierstandards. Jeder dieser Punkte konnte nur ganz oberflächlich angeschnitten werden, insbesondere der letzte Punkt, der zudem in der allgemeinen Aufbruchsstimmung und der durch Eugen verursachten Störung ganz unterging.

Das zweite Problem, das bei einer zu umfangreichen Tagesordnungsliste zutage tritt, besteht darin, daß die jeweiligen Punkte nur bestimmte Teilnehmer betreffen, sofern sie nicht eng miteinander verknüpft sind. Folglich sind bei einem Meeting mit vielen Tagesordnungspunkten zahlreiche Teilnehmer anwesend, für die ein Großteil des Meetings reine Zeitverschwendung ist und die sich gelangweilt durch eine stundenlange Gesprächsrunde quälen, während sie gleichzeitig produktiv an ihren eigenen Aufgaben weiterarbeiten könnten. Neben der generellen Verschwendung von Ressourcen fehlt einem Meeting mit zu vielen und disparaten Tagesordnungspunkten die klare Zielrichtung und Perspektive.

Wenn Sie feststellen müssen, daß die Teilnehmerliste für Ihr Meeting wie die Teilnehmerliste für den Neujahrsempfang des Bundespräsidenten aussieht, so hängt das vermutlich damit zusammen, daß Sie auf Ihrer Tagesordnung zu viele Punkte aufgeführt haben. Sie sollten Ihr Meeting dann aufteilen und sich und anderen damit eine Zeitvergeudung ersparen. Ein einzelner Tagesordnungspunkt erfordert in den seltensten Fällen die Anwesenheit von mehr als sieben Teilnehmern. Eine Ausnahme dieser Regel ist dann gegeben, wenn ein Meeting nach Art einer Pressekonferenz durchgeführt wird (siehe Abschnitt 10.3.4), auf der zahlreiche Personen informiert werden sollen.

10.2.6 Genaue Auswahl der Tagungsteilnehmer

Nachdem Sie die Anzahl der Tagesordnungspunkte begrenzt haben, sollten Sie sich ernsthaft darüber Gedanken machen, wer tatsächlich einen sinnvollen Beitrag zur Erörterung eines jeden Ordnungspunkts leisten kann, und nur jene Personen zum Meeting einladen. Falls Sie die Teilnehmer nicht sorgfältig auswählen, vergeuden Sie wertvolle Arbeitszeit. Eugen, der die meiste Zeit von Huberts Meeting mit seinen Gedanken woanders war, ist ein gutes Beispiel für einen unproduktiven Meeting-Teilnehmer. Natürlich kann es auch vorkommen, daß man aus Gründen betriebsinterner Räson den einen oder anderen überflüssigen Teilnehmer einladen muß.

Ich kannte einen Projektleiter, der wie Hubert jeden zu seinen Meetings einlud. Jedes Meeting vermittelte einem das Gefühl von Woodstock. Es fanden sich unzählige Teilnehmer ein, das Ganze schien tagelang zu dauern, viele Leute dösten und schlummerten vor sich hin, und es gab unzählige Tagesordnungspunkte. Der Projektleiter verteidigte seine Methode durch einen Vergleich mit einer Glühbirne: Es komme im Endeffekt billiger, eine Birne dauernd brennen zu lassen, als sie oft an- und wieder auszuschalten. Er hielt es für effizienter, alle Mitarbeiter zu einem großen Meeting zu versammeln, als sie in kürzeren Zeitabständen zu unterschiedlichen kleinen Meetings zusammenzutrommeln. Unabhängig davon, welche Berechtigung der Verweis auf die Glühbirne auch haben mag, kann ich mit Gewißheit behaupten, daß langwierige Meetings mit zahlreichen Teilnehmern alles andere als produktiv sind. Hier bildete auch das Meeting dieses Projektleiters keine Ausnahme.

10.3 Während des Meetings

10.3.1 Befolgung der Tagesordnung

Die wichtigste Regel eines effizienten Meetings läßt sich wie folgt umreißen: "Halten Sie sich an die Tagesordnungspunkte". Obwohl es verlockend sein mag, von der Tagesordnung abzuweichen, wenn ein interessanter oder problematischer Aspekt zur Sprache kommt, sollte man der Versuchung auf keinen Fall nachgeben. Bei allzu vielen Abweichungen von der eigentlichen Tagesordnung hat man nachher zwei Stunden über alles Mögliche geredet, aber genauso wenige greifbare Ergebnisse wie vor dem Meeting. Dies hat auch Huberts Meeting unter Beweis gestellt - obwohl es bei ihm keine Abweichung von der Tagesordnung geben konnte, weil er überhaupt keine hatte. Falls ein Thema zur Sprache kommt, das eine beträchtliche Abweichung von der Tagesordnung darstellt, sollte es vermerkt und auf die Tagesordnung eines späteren Meetings gesetzt werden. Auf diese Art und Weise werden nicht nur Störungen des aktuellen Meetings vermieden, sondern den Teilnehmern bietet sich auch die Möglichkeit, sich das neue Thema durch den Kopf gehen zu lassen und entsprechende Vorbereitungen für dessen Behandlung zu einem späteren Zeitpunkt zu treffen.

10.3.2 Benennung eines Gesprächsleiters

Das Abweichen einer Gesprächsrunde während eines Meetings von der Tagesordnung wird oft deshalb nicht bemerkt, weil jeder zu sehr in die Diskussion verwickelt ist. Aus diesem Grund sollte derjenige, der ein Meeting einberuft, auch einen Gesprächsleiter benennen, der den Gesprächsverlauf während des Meetings steuert und auf die Einhaltung der Tagesordnungspunkte achtet.[1]

10.3.3 Bestimmung eines Protokollanten

Obwohl ein Meeting sehr viele gute Ideen oder erfolgversprechende Lösungsvorschläge zutage fördern kann, kann sich womöglich schon nach einer Stunde niemand mehr daran erinnern. Aus diesem Grund muß ein Protokollant bestimmt werden, der die Vorschläge niederschreibt und auch ein Sitzungsprotokoll anfertigt. Der Protokollant sollte die Haupttagesordnungspunkte auf einer Schautafel festhalten, da auch dies zu einer disziplinierteren Durchführung des Meetings beitragen kann. Der Protokollant und der Gesprächsleiter können ein und dieselbe Person sein. Von dieser

1 Eine umfassende Diskussion zur Rolle des Gesprächsleiters innerhalb eines Meetings findet sich bei [Doyle und Straus, 1977].

Praxis ist bei einem großen Meeting und bei einem kontroversen Diskussionsverlauf jedoch abzuraten.

10.3.4 Befolgung der Verfahrensregeln entsprechend den jeweiligen Tagesordnungspunkten

Jeder Tagesordnungspunkt läßt sich je nach Zielsetzung vier möglichen Kategorien zuweisen. So können Tagesordnungspunkte festgelegt werden: zum Zwecke der Planung, Kommunikation, Problemlösung oder Entscheidungsfindung. Jeder Kategorie liegen eigene Verfahrensregeln zugrunde, auf die im folgenden näher eingegangen werden soll.

Planung

Mit dem unter die Rubrik "Planung" fallenden Tagesordnungspunkt wird das Ziel verfolgt, eine Strategie für ein bereits abgesegnetes Ziel zu entwickeln. Das mit einem solchen planungsspezifischen Tagesordnungspunkt angestrebte Produkt ist beispielsweise ein CPM-Diagramm. An einem Meeting, bei dem ein solches planungsspezifisches Anliegen diskutiert wird, nehmen gewöhnlich nur wenige Teilnehmer (vielleicht zwei bis fünf) teil, und ein solches Meeting zieht sich gewöhnlich sehr in die Länge, insbesondere bei wichtigen Planungsvorhaben. Solche langwierigen Meetings werden gewöhnlich auf mehrere Sitzungen verteilt, wobei beim ersten Zusammentreffen ein Gesamtplan entwickelt wird. Auf den folgenden Meetings werden detailliertere Planungskonzepte entwickelt, und im abschließenden Meeting werden diese Teilkonzepte zu einem Gesamtplan integriert.

Jedes planungsspezifische Meeting läuft Gefahr, der Faszination des konkreten Arbeitsprozesses zu erliegen, statt sich auf seine eigentliche Aufgabe, die Planung dieses Arbeitsprozesses, zu konzentrieren. Auch Hubert erlag bei seinem Meeting dieser Versuchung, indem er die zu verwendenden Standards für die Bildschirmmasken definieren wollte, statt einfach nur die Entwicklung von Bildschirmmaskenstandards zu planen. Die Planung der Arbeit sollte stets vor deren eigentlicher Ausführung liegen! Welchen Sinn hätte denn sonst die Entwicklung eines Plans überhaupt?

Kommunikation

Mit einem kommunikationsspezifischen Tagesordnungspunkt verbindet sich die Zielsetzung, einer Gruppe von Menschen eine bestimmte Information verfügbar zu machen und eine Rückkopplung auf die Ergebnisse einer bestimmten Handlung - beispielsweise im Rahmen einer Pressekonferenz - zu ermöglichen. Die wesentlichen Voraussetzungen für eine effiziente Kommunikation sind gründliche Vorbereitung und genaues Zuhören: Derjenige, der die Information weitergibt, unterbreitet diese in aufbereiteter, strukturierter Form und läßt irrelevante Aspekte weg. Die Person, der die Information mitgeteilt wird, bemüht sich aktiv um deren Verständnis, läßt sich den unterbreiteten Stoff durch den Kopf gehen und stellt Fragen zu denjenigen Gesichtspunkten, die sie nicht versteht.

Hubert machte hinsichtlich Kommunikation den Fehler, daß er seinen Mitarbeitern nicht die Zeit gewährte, die zur Vorbereitung eines mündlichen Berichts über den Projektstatus erforderlich ist, und daß er nur oberflächlich auf die dargebotene Information einging. So nahm er beispielsweise Angaben wie "Ich glaube, ganz gut" in dieser unqualifizierten Form widerspruchslos hin. Hubert erschwerte zudem den Kommunikationsfluß, indem er praktisch ein Frage- und Antwortspiel durchführte und jeden in das Meeting involvierte - unabhängig davon, ob diese oder jene Person wirklich etwas Substanzielles zum Meeting beizutragen hatte.

Problemlösung

In dem Film *Butch Cassidy and the Sundance Kid* stellt Butchs Kontrahent lakonisch fest: "Bei einem mit Messern geführten Kampf gibt es keine Regeln." Butch zieht daraus den Schluß, daß er nicht mit einem Messer zu kämpfen braucht, und setzt seinen Kontrahenten mit einem gutplazierten Tritt rasch außer Gefecht. In ähnlicher Weise stellen auch manche Leute fest: "Bei einem Meeting, das sich mit einer Problemlösung beschäftigt, gibt es keine Regeln", und alles läuft wie geschmiert, bis das Problem gelöst ist. Dies ist aber nur die halbe Wahrheit. Wohl sind zur Lösung von Problemen Kreativität und Flexibilität vonnöten, trotzdem müssen aber einige allgemeine Regeln befolgt werden.

Deren wichtigste lautet: Zunächst einmal muß das zu lösende Problem benannt werden. Wie soll man nämlich eine Lösung finden, wenn man nicht einmal sicher ist, für was eine Lösung gefunden werden soll? Ein Meeting, bei dem es um die Lösung irgendeines Problems geht und das sich nicht an diese Regel hält, läßt sehr schnell die klare Linie vermissen, weil permanent um den heißen Brei herumgeredet wird. Um eine Unterscheidung zwischen einem Problem, dessen Symptomen und Ursachen zu treffen, verwende ich gewöhnlich ein Ursache-Wirkung-Diagramm, das in Anhang B vorgestellt wird.

Nachdem das wirkliche Problem identifiziert ist, wird nach einer zweckmäßigen Lösung gesucht. Eine allgemeine Richtlinie für diese Phase des Meetings besteht darin, daß jeder Teilnehmer die noch zum Teil unausgegorenen und unentwickelten Ideen der anderen Teilnehmer aufgreift und konstruktiv weiterdenkt. Zu den Techniken, die einen formalen Rahmen für diese Richtlinien bereitstellen können, gehören beispielsweise das unorthodoxe Denken und Brainstorming. Beim unorthodoxen Denken sind Gedankensprünge eher am Platz als die logisch-deduktive Entwicklung der Gedanken [DeBono, 1970]. Auf das Brainstorming wird in Abschitt 4.3.3 näher eingegangen.

Trotz Regeln und Techniken, die Meetings, die sich mit der Lösung spezieller Probleme beschäftigen, einen formalen Rahmen vorgeben können, bleibt die Problemlösung stets ein kreatives Unterfangen, das nie vollständig methodologisch und konzeptionell vorangetrieben werden kann. Mit Blick auf die in den drei vorherigen

Abschnitten vorgestellten Vorbehalte kann folglich festgestellt werden, daß es für ein Meeting, das die Lösung eines Problems zielorientiert in Angriff nimmt, keine festen Regeln gibt - und auch nicht zu geben braucht.

Entscheidungsprozeß

Mit einem entscheidungsorientierten Tagesordnungspunkt verbindet sich die Zielsetzung, aus einer Anzahl möglicher Alternativen eine verbindliche auszuwählen. Ein entscheidungsorientiertes Meeting läßt sich in die folgenden vier Phasen unterteilen:

- Zunächst werden mögliche Handlungsalternativen aufgezeigt und in allgemeinen Zügen skizziert, wie jede Handlungsalternative beschaffen ist.
- Danach werden die möglichen Auswirkungen - einschließlich der Vor- und Nachteile - aufgezeigt, die jede Handlungsalternative nach sich zieht.
- Drittens wird jede Auswirkung erörtert und beurteilt.
- Viertens wird die vielversprechendste Handlungsalternative ausgewählt.[2]

Im folgenden soll ein Beispiel unter vielen vorgestellt werden, wie sich diese vier Stufen strukturieren lassen: Hierbei wird die erste Phase in einem vorbereitenden Meeting geklärt. Die für die zweite Phase erforderlichen Informationen werden außerhalb des Meetings aufbereitet. Die dritte und vierte Phase werden in einem abschließenden Meeting bewältigt. Steht nur eine einfache Entscheidung an, für die alle relevanten Fakten verfügbar sind, so lassen sich diese Phasen auch zu einem einzelnen Meeting zusammenfassen.

Im abschließenden Entscheidungsprozeß fordert der Tagungsleiter die Teilnehmer zur Stellungnahme zu den bislang vorgebrachten Pro- und Contra-Argumenten hinsichtlich jeder Handlungsalternative auf. Der Tagungsleiter ist auch für eine erfolgreiche Beschlußfassung verantwortlich. Gewöhnlich handelt es sich hierbei um diejenige Person, die das Meeting anberaumt hat. Der Übersichtlichkeit halber sollten die einzelnen Pro- und Contra-Aspekte auf einer Schautafel vermerkt werden, so daß sie jedem Teilnehmer präsent sind. Im Anschluß daran vergleichen die Teilnehmer die unterschiedlichen Handlungsalternativen, indem sie deren jeweilige Vor- und Nachteile entsprechend einem festgelegten Kriterienkatalog gegeneinander abwägen.

Damit es zu einer optimalen Entscheidung kommt, befragt der Tagungsleiter jeden einzelnen Teilnehmer explizit nach seiner Meinung.[3] Viele Führungskräfte glauben aber nicht an den Sinn und Zweck dieser zeitraubenden Verfahren, bei denen von allen Seiten Ratschläge eingeholt werden, und treffen statt dessen lieber hastige und willkürliche Entscheidungen. Wer eine Stunde damit zubringt, vor der eigentli-

2 Oft wird nur der dritte und vierte Gesichtspunkt als dem eigentlichen Entscheidungsprozeß zugehörig betrachtet, und die ersten beiden Phasen werden demgegenüber als Problemlösungs- und/oder Kommunikationsmeeting angesehen.

3 Siehe hierzu [Giegold, 1982].

chen Entscheidungsfindung die relevanten Gesichtspunkte gegeneinander abzuwägen, spart sich womöglich zehn Stunden, die zur Ausbügelung einer falschen Entscheidung aufgewendet werden müssen!

Wie der Leiter eines Meetings seine Entscheidung trifft, hängt zum einen von den möglichen Auswirkungen der Entscheidung und zum anderen auch von seinem eigenen Führungsstil ab. Als ein mögliches Extrem ist beispielsweise der autokratische Vorgesetzte denkbar, der in einer einsamen Entscheidung seinen vorgefaßten Entschluß zum besten gibt. Als ein anderes Extrem präsentiert sich der auf demokratische Meinungsbildungs- und Entscheidungsprozesse eingeschworene Vorgesetzte, der eine Entscheidung durch Abstimmung der Teilnehmer herbeiführt. Natürlich kann ein Vorgesetzter auch dafür plädieren, daß zusätzliche und qualitativere Informationen vonnöten sind, bevor eine Entscheidung getroffen wird. Der Führungsstil des Tagungsleiters ist jedoch nicht so bedeutsam, wie gemeinhin vermutet wird - dies allerdings nur, sofern der Entscheidungsprozeß dem Entwicklungsmuster des oben vorgestellten vierstufigen Entscheidungsfindungsprozesses folgt. In diesem Fall liegt die einzuschlagende Richtung zumeist derart klar auf der Hand, daß sich kein vernünftiger Mensch dieser Einsicht verwehren kann. Falls eine solche Erleuchtung fehlt, ist die Zeit womöglich noch nicht für eine Entscheidung reif, und es bedarf noch einiger Vorarbeit zur Entscheidungsfindung.

Zu den Teilnehmern eines solchen Meetings zählen jene, die wertvolle Überlegungen zum Entscheidungsfindungsprozeß beisteuern können, und solche, die von den Auswirkungen der Entscheidung direkt betroffen sind. Falls die zweite Personengruppe zu groß ist - hierbei kann es sich um die gesamte Belegschaft eines Unternehmens handeln -, sollten ein oder mehrere Benutzerrepräsentanten aus den jeweils betroffenen Bereichen zum Meeting geladen werden. Der Benutzerrepräsentant kann nicht nur wertvolle Hinweise zum Entscheidungsprozeß beisteuern, sondern auch eine große Hilfe dabei sein, den betroffenen Benutzern diese Entscheidung zu "verkaufen".

Jeder betriebliche Entscheidungsfindungsprozeß sollte nach dem oben vorgestellten Muster ablaufen. In der Praxis sieht es jedoch oft so aus, daß menschliche Unzulänglichkeiten die Qualität des Entscheidungsfindungsprozesses beeinträchtigen. So ist bei Mitarbeitern, die sich durch eine allzu große Unterwürfigkeit gegenüber Vorgesetzten auszeichnen, bei einem entscheidungsorientierten Meeting der Regelfall, daß keiner dem Standpunkt eines Vorgesetzten, der an dem Meeting teilnimmt, zu widersprechen wagt. Dies schadet insofern dem Betriebsklima, als die Mitarbeiter, die aus irgendwelchen Gründen ihre eigene Meinung nicht offen kundtun, insgeheim eine innere Ablehnung gegenüber betrieblichen Entwicklungsprozessen hegen, die sich kein Ventil schaffen und eben aus diesem Grund besonders abträglich sein kann. Schlimmer noch, hierdurch wird auch die Qualität von Entscheidungen beeinträchtigt, während der Vorgesetzte fälschlicherweise davon ausgehen muß, daß seine Entscheidung auf dem Konsens der ganzen Gruppe gründet.

Als Führungskraft, die Entscheidungen treffen muß, ist es Ihre Pflicht, ein Arbeitsklima zu fördern, in dem unterschiedliche Meinungen konstruktiv besprochen werden können, bevor der eigentliche Entscheidungsprozeß erfolgt. Sie müssen dafür

Sorge tragen, daß solche störenden Begleiterscheinungen wie Angst vor Vorgesetzten, Unterwürfigkeit oder Kriechertum abgebaut werden, so daß ein sachbezogener und freier Meinungsbildungsprozeß erfolgen kann, der allein die bestmögliche Entscheidung verbürgt. Hierdurch verbessern Sie nicht nur die endgültige Entscheidung, sondern tragen auch zu einem Betriebsklima bei, das durch gegenseitige Kollegialität und Kompromißbereitschaft gekennzeichnet ist. In einer DV-Abteilung, in der ich einmal beschäftigt war, schrieben wir alle unsere Beurteilung einer zur Diskussion gestellten Entscheidung anonym nieder und gaben unsere Zettel an den Protokollanten weiter, der unsere Antworten auf einem großen weißen Blatt Papier vermerkte. Diese Methode wirkte Wunder. Die Zusammenarbeit in den darauffolgenden Wochen wurde allmählich ehrlicher, offener und vertrauensseliger.

Ein wichtiger Unterschied besteht allerdings zwischen dem Widerspruch, der vor einer Beschlußfassung laut wird, und dem Widerspruch nach Beschlußfassung. Vor der Entscheidungsfindung sollten Sie Widerspruch fördern, nachdem Sie sich jedoch für eine Alternative entschieden haben, müssen Sie sich unbedingt auf die volle Kooperationsbereitschaft eines jeden - unabhängig von seinen ursprünglichen Anschauungen - bei der Umsetzung dieser Entscheidung verlassen können.

10.4 Nach dem Meeting

Viele Meetings enden alles andere als harmonisch und hinterlassen bei den Anwesenden beachtliche Irritationen über die Beschlußfassung im Meeting. Huberts Meeting, das sehr hastig zum Abschluß gebracht wurde, ist ein hervorragendes Beispiel für ein unzulänglich durchgeführtes Meeting. Viele Meetings scheinen auch in einem luftleeren Raum stattzufinden, bei dem die Gegebenheiten des praktischen Arbeitslebens zu kurz kommen. Welche Ergebnisse diese Meetings auch immer zeitigen, sie sind bereits vergessen, wenn die Teilnehmer wieder an ihre Arbeitsplätze zurückgekehrt sind. Auch Huberts Meeting scheint in einem solchen luftleeren Raum stattgefunden zu haben, denn kein Gesichtspunkt, der während des Meetings zur Sprache kam, hatte in irgendeiner Weise eine Relevanz für die praktische Arbeit innerhalb der DV-Abteilung.

Drei Dinge müssen beachtet werden, sofern die Irritation und Praxisferne, die im vorherigen beschrieben wurde, vermieden werden soll. Diese sind: Niederschrift der Beschlüsse, Zuweisung von Verantwortlichkeiten und Verteilung der Sitzungsprotokolle.

10.4.1 Niederschrift der Beschlüsse

Eine einfache, aber oft vernachlässigte Regel besteht darin, alle im Meeting beschlossenen Tätigkeiten niederzuschreiben. Diese sollen hier als *Tätigkeitspunkte* bezeichnet werden. So kann ein Tätigkeitspunkt bei einem problembezogenen Meeting darin bestehen, daß die Ursachen eines Problems noch ausgiebiger untersucht werden sollen und daß das Ergebnis dieser Untersuchung in einem späteren Meeting besprochen werden soll.

Ziel dieser Regel ist, daß alle beschlossenen Tätigkeitspunkte und die damit verknüpften Zielsetzungen aufgezeichnet werden. Huberts Meeting führte zu einigen Tätigkeitspunkten einschließlich der Planung der Analysebesprechung, der Schaffung von Standards für Bildschirmmasken und der Modernisierung der Programmierstandards. Da aber keiner dieser Tätigkeitspunkte aufgezeichnet wurde, dürften die Programmierstandards beispielsweise wohl sehr schnell wieder in Vergessenheit geraten sein.

10.4.2 Betrauung von Mitarbeitern mit der Ausführung von Tätigkeitspunkten

Wie bei jeder anderen Aufgabe, so müssen Mitarbeiter mit der Ausführung spezieller Tätigkeitspunkte betraut werden. Viele Projektleiter jedoch, die ansonsten peinlichst darauf bedacht sind, daß auch jede Aufgabe delegiert ist, denken nicht im Traum daran, Meeting-Teilnehmer zu benennen, die mit der Umsetzung eines bestimmten Tätigkeitspunkts betraut werden. Vielleicht steht hier die Hoffnung Pate, daß sich Tätigkeitspunkte von selbst erledigen.

So versäumte Hubert beispielsweise, jemanden mit der die Programmierstandards betreffenden Aufgabe zu betrauen. Statt dessen nannte er nur die Programmierer insgesamt als Zielgruppe ("... ich möchte aber, daß unsere Programmierer eine neue Standarderarbeitungsgruppe auf die Beine stellen"). In diesem Fall kann sich aber jeder der indirekt angesprochenen Programmierer guten Gewissens der Verantwortung für diesen Tätigkeitspunkt entziehen. Hubert hätte diese Aufgabe statt dessen lieber beispielsweise Eugen zuweisen und ihn damit beauftragen sollen, eine kleine Gruppe zu bilden und ihm zum gegebenen Zeitpunkt Bericht zu erstatten. Noch besser wäre gewesen, Hubert hätte diesen Tätigkeitspunkt als ganz normale Aufgabe betrachtet und eine Aufgabenzuweisungskarte entsprechend der in Bild 9.1 gezeigten verwendet.

10.4.3 Verteilung von Sitzungsprotokollen

Ein Sitzungsprotokoll ist eine schriftliche Aufzeichnung des Meetingverlaufs. Dessen Verteilung an die Meeting-Teilnehmer dient unterschiedlichen Zielsetzungen. Zum einen fungieren solche Protokolle als Gedächtnisstütze für diejenigen, die am Meeting teilgenommen haben. Zum anderen geben sie denjenigen, die bei einem Meeting nicht anwesend waren, einen Überblick über die in einem Meeting zur Sprache gekommenen Inhalte. Drittens können Protokolle besser einen Bezug zwischen einem Meeting und einem darauffolgenden Meeting herstellen, und viertens fungieren Protokolle auch als Dokumente, anhand derer künftige Projektleiter und Projektmitglieder sich einen Einblick in den Entscheidungsbildungsprozeß verschaffen und auch die entsprechenden Belege finden können, warum alternative Handlungsmöglichkeiten ausgeklammert wurden.

Meeting-Protokollen kommt für manche Tagesordnungspunkte eine besondere Bedeutung zu. Insbesondere solche Aspekte, die die Entscheidungsfindung und Problemlösung betreffen, müssen protokolliert werden, damit man sich in dem zuweilen unüberschaubaren Geflecht von möglichen Tätigkeitsmustern überhaupt noch zurechtfinden kann. Kommunikationsaspekte müssen demgegenüber nicht unbedingt umfassend protokolliert werden, da sie sehr oft auf vorhandenen Dokumentationen basieren. Jedoch sollte der eigentliche Meinungs- und Entscheidungsbildungsprozeß - die Fragen und Antworten - innerhalb solcher Meetings sehr wohl aufgezeichnet werden. Auch planungsspezifische Tagesordnungspunkte müssen gewöhnlich nicht umfassend protokolliert werden, da sie gewöhnlich eine eigene Dokumentation nach sich ziehen.

Bei einem Unternehmen, dem ich als Berater zur Seite stand, konnten wir Meeting-Protokolle ausfindig machen, die sich als dermaßen wertvoll für die langfristige Projektarbeit erwiesen, daß künftig alle formellen Meetings protokolliert wurden. Diese Protokolle erblicken manchmal auf sehr unorthodoxe Art und Weise das Licht der Welt. So kann es beispielsweise vorkommen, daß Niederschriften von Ton- und Bildaufzeichnungen eines Meetings vorgenommen werden. Tonbandaufzeichnungen begünstigen das Erstellen von authentischen Protokollen und ermöglichen die Wiedergabe eines Meetingverlaufs in seiner ganzen Komplexität menschlicher Interaktionsmuster.

10.5 Zusammenfassung

Meetings sind besonders leistungsfähige Tools, sie können aber auch einen großen Schaden anrichten, falls sie unzweckmäßig durchgeführt werden. Wenn ein Projektleiter zahlreiche hochbezahlte Mitarbeiter in einem Raum zusammenpfercht, sollte dieses Meeting auch produktiv sein und die Tatsache rechtfertigen, daß hochbezahlte Spitzenkräfte oftmals mehrere Stunden "herumsitzen". In diesem Kapitel wurden mehrere wichtige Richtlinien vorgestellt, deren Befolgung für die Durchführung erfolgversprechender Meetings unabdingbar ist.

Vor dem eigentlichen Meeting muß zunächst einmal ein Konferenzzimmer organisiert und auch eine Zeit festgesetzt werden, zu der alle Teilnehmer das Meeting besuchen können. Das Meeting sollte frühstmöglich bekannt gemacht werden. Hierzu sollte die vorgesehene Tagesordnung, die nur wenige spezielle Tagesordnungspunkte enthält, an die Teilnehmer weitergeleitet werden. Überdies sollten nur jene Mitarbeiter eingeladen werden, die einen wirklichen Beitrag zu diesem Meeting leisten können.

Während des Meetings sollte die Tagesordnung genauestens befolgt und ein Gesprächsleiter ernannt werden, der auf die Befolgung der Tagesordnung achtet. Die Abwicklung des Meetings hängt von dem jeweiligen Tagesordnungspunkt ab - Planung, Kommunikation, Problemlösung oder Entscheidungsfindung. Auch ein Protokollant sollte bestimmt werden, der die Ergebnisse des Meetings in schriftlicher Form festhält.

Am Ende des Meetings sollten die einzelnen Tätigkeitspunkte, auf die man sich während des Meetings geeinigt hat, festgehalten und spezielle Teilnehmer mit der Realisierung dieser Aufgaben betraut werden. Das Meetingprotokoll sollte im Anschluß an das Meeting, auf jeden Fall vor einem Folgemeeting, an die Teilnehmer und interessierte Personen weitergeleitet werden.

Kapitel 10: Ratschlag für die Anwendung

1. Welche Probleme stellen sich bei Meetings in Ihrer DV-Abteilung am häufigsten ein? Welche Folgen zieht dies nach sich? Mit welchen speziellen Meetings könnte man diesen Problemen zu Leibe rücken.

11

Projektprüfung

Die Projektprüfung ist eine wichtige formale Kontrollinstanz im Rahmen eines Projekts, wird doch die bisherige Arbeit einer Überprüfung unterzogen, die Arbeitsqualität und die projektspezifischen Zielsetzungen beurteilt und eine adäquate Strategie für die nächste Projektphase entwickelt. Die im Rahmen einer Projektprüfung involvierten Medien, Mechanismen und Teilnehmer hängen von der überprüften Projektphase ab.

Obwohl eine Projektprüfung mancherorts mit einem Walkthrough verwechselt wird, gibt es doch bedeutsame Unterschiede zwischen beiden. Eine Projektprüfung ist formeller und hat eine größere Reichweite als ein Walkthrough. Während mit einem Walkthrough beabsichtigt wird, die Qualität eines Projektergebnisses oder Teilergebnisses zu verbessern, werden durch eine Projektprüfung Status und Qualität mehrerer wesentlicher Projektergebnisse begutachtet.

An den meisten Projektprüfungen sind Führungskräfte beteiligt, die nicht zur eigentlichen Projektgruppe gehören. Walkthroughs hingegen richten sich nur an die Projektmitarbeiter, obwohl es vorkommen kann, daß auch ein oder zwei Benutzer anwesend sind. Ein Walkthrough liefert generell nur Verbesserungsvorschläge zu einem speziellen Projektergebnis. Eine Projektbesprechung hingegen kann zu drastischeren Entscheidungen wie beispielsweise zur Annullierung eines Projekts führen.

11.1 Struktur einer Projektprüfung

Eine Projektprüfung weist sowohl hinsichtlich ihrer Struktur als auch der für ihren Erfolg maßgeblichen Kriterien Ähnlichkeiten mit einem Meeting auf. Sie untergliedert sich - wie ein Meeting - in drei Komponenten. Hierbei kommt der Vor- und Nachbesprechung eine ebenso große Bedeutung wie der eigentlichen Projektprüfung zu. Eine Projektprüfung weist die folgenden Strukturmerkmale und Tätigkeitsmuster auf:[1]

---

1 Weiterführende Informationen zur Struktur einer Projektprüfung finden sich bei [Freedman und Weinberg, 1982].

Komponenten	Tätigkeiten
Vorbesprechung:	Den Teilnehmern werden der Tagungsort und die Tagesordnungspunkte mitgeteilt. Das der Projektprüfung zugrundeliegende Informationsmaterial wird ausgewählt und an die Teilnehmer weitergeleitet.
Projektprüfung:	Das Informationsmaterial wird durchgearbeitet. Die wesentlichsten Gesichtspunkte werden resümiert, und es folgt eine Aussprache im Rahmen einer Fragestunde. Die erforderlichen Entscheidungen werden getroffen und eine Strategie entwickelt.
Nachbesprechung:	Die Tätigkeitspunkte und das Prüfungsprotokoll werden an die Teilnehmer weitergeleitet. Die im Rahmen der Besprechung empfohlenen Tätigkeitspunkte werden realisiert.

Bei der Vorbesprechung werden alle Teilnehmer im voraus über Zeitpunkt und Ort wie auch Tagesordnungspunkte der Projektprüfung in Kenntnis gesetzt. Da eine solche Projektprüfung eine recht langwierige Angelegenheit werden kann, die sich womöglich über mehrere Tage erstreckt, sollten Sie einen Tagungsort wählen, der eine störungsfreie Tagungsatmosphäre gewährleistet. Aus diesem Grund kommt der tagtägliche Arbeitsplatz nicht in Frage, ebenso ungeeignet sind aber etwa auch exklusive Hotelkonferenzräume oder andere ausgefallene Tagungsorte.

Das den Teilnehmern zugeleitete Informationsmaterial richtet sich natürlich nach der im Einzelfall begutachteten Arbeit. So zieht die Analysephase beispielsweise eine eigene Dokumentation nach sich, die als Prüfungsmaterial verwendet werden kann. Sie brauchen bei solchen Projektprüfungen aber nicht nur schriftliche Materialien zu verwenden. So bietet sich etwa auch die Präsentation eines prototypischen Modells an, das während der Analysephase entwickelt wurde. Falls es bei der Projektprüfung um die Akzeptanz eines fertigen Systems geht, sollten die Teilnehmer sich vor der eigentlichen Überprüfung mit dem System vertraut machen.

Verteilen Sie die Informationsmaterialien eine geraume Zeit vor dem eigentlichen Tagungstermin, damit jeder genügend Gelegenheit hat, sich damit vertraut zu machen. Leider machen hiervon nur die wenigsten Teilnehmer Gebrauch. Die meisten überfliegen gewöhnlich kurz vor der Projektprüfung die ersten 20 Seiten der Dokumentation, machen sich einige Notizen und meinen dann, daß sie ihrer Pflicht voll und ganz nachgekommen sind.

Eine Lösung dieses Problems besteht im Lesezwang: Versammeln Sie alle Prüfungsteilnehmer mit Ausnahme der Dokumentverfasser in einem Raum, und verlangen Sie von ihnen, zehn oder 20 Minuten etwa zehn Seiten des Informationsmaterials zu lesen. Anschließend die nächsten zehn Seiten usw. Diese Methode, bei der man sich mühsam durch eine Dokumentation quält, ist zwar recht unerquicklich, dafür aber erfolgreich.

Heutzutage hat man bei einer Projektprüfung aber nicht mehr in diesem Maße mit derart unangenehmen Begleiterscheinungen zu kämpfen, da die modernen

Techniken der Softwareentwicklung eine regelmäßige Kommunikation während des gesamten Projekts begünstigen, anstatt solche Überprüfungen nur an wichtigen Kontrollpunkten einzurichten. Zu Techniken, die den Informationsfluß im Verlauf eines Projekts verbesseren, gehören der Einsatz graphischen Informationsmaterials, Walkthroughs, inkrementelle Implementation und Prototyping. Infolge dessen sind die meisten Prüfungsteilnehmer bereits mit den wesentlichen Projektaspekten vertraut und brauchen sich nicht erst mühsam durch einen Wust von unbekanntem Dokumentationsmaterial zu arbeiten. Der große Vorteil einer Projektprüfung besteht darin, daß die Teilnehmer alle Teile der Dokumentation in allen Facetten überblicken können.

Eine Projektprüfung sollte mit allen Teilnehmern beginnen, so daß sich jedermann einen Gesamtüberblick über das jeweilige Themengebiet verschaffen kann. Später wird das Plenum dann in kleinere Arbeitsgruppen unterteilt, die sich mit speziellen Themenbereichen beschäftigen. So könnten bei einer Analyseprüfung eines Fertigungssystems beispielsweise Teilprüfungen des Auftragseingabe-, Lagerverwaltungs- und Finanzkontrollsubsystems stattfinden.

Falls das Themengebiet einer Projektprüfung sehr umfangreich ist, sollte es in kleinere Abschnitte untergliedert und diese nacheinander abgehandelt werden. Diese Unterteilung sollte so erfolgen, daß jeder Themenbereich innerhalb einer Stunde abgehandelt werden kann. Im Anschluß daran können dann Fragen gestellt werden. Die Fragen der Teilnehmer basieren auf ihrer Lektüre des Prüfungsmaterials wie auch auf den im Verlauf der Sitzung erfolgten Ausführungen. Durch die Fragen der Teilnehmer kommen womöglich Auslassungen oder Doppeldeutigkeiten in der Dokumentation zutage, so daß die betreffenden Abschnitte korrigiert werden können. Denn nur die Dokumentation kann später Antworten auf Fragen liefern, wenn die Verfasser der Dokumentation nicht mehr verfügbar sind.

Auf der Projektprüfung werden Tätigkeitspunkte unterschiedlicher Größenordnung - von einfachen Änderungen der Dokumentation bis zu gewichtigen Entscheidungen über die Umarbeitung vorheriger Projektphasen - beschlossen. Die Projektentwicklung im Anschluß an die Projektprüfung hängt von der Reichweite und Zahl der Tätigkeitspunkte ab, die während der Überprüfung verabschiedet wurden. Gewöhnlich verfährt man so, daß man das Projekt, wie gehabt, voranschreiten läßt und gleichzeitig die Tätigkeitspunkte in Angriff nimmt. Praktikabel ist auch, daß das Projekt erst dann fortgeführt wird, nachdem die Tätigkeitspunkte realisiert sind. Weiterhin sind Verfahrensmuster denkbar, bei denen nach Durchführung der Tätigkeitspunkte eine erneute Projektprüfung anberaumt oder ein Projekt unvermittelt abgebrochen wird.

Eine Projektprüfung wirft folglich Fragen auf, die mittels Entscheidungen einer Lösung zugeführt werden müssen. Wer diese Entscheidungen fällt, hängt von der jeweiligen Organisationsstruktur des Unternehmens und der in der DV-Abteilung verwendeten Projektmethodologie ab. Wichtig ist auf jeden Fall, daß möglichst wenig Überprüfungszeit auf den eigentlichen Entscheidungsprozeß verwandt wird. Weniger bedeutsame Fragen sollten möglichst in den Arbeitsgruppen geklärt werden, weitreichende Entscheidungen sollten jedoch - insbesondere in Fällen, in denen die Problemstellung noch nicht gänzlich überschaubar ist oder zu deren Beurteilung weiterführende Untersuchungen notwendig sind - nach der Projektprüfung in eigens dafür anberaumten Meetings getroffen werden. Eine Projektprüfung sollte zudem primär der Problemdefinition und weniger der Problembewältigung dienen.

Falls aktuell nicht viele bedeutsame Tätigkeitspunkte zur Erledigung anstehen, wird man womöglich die grundlegende Strategie für die nächste Projektphase herausarbeiten wollen. Dies soll jedoch nicht heißen, daß im Verlauf der Projektprüfung ein detaillierter Plan ausgearbeitet wird. Sie sollten nach Maßgabe der in vorherigen Projektphasen gemachten Erfahrungen entscheiden, ob Sie sich bei künftigen Phasen eher einer progressiven oder konservativen Projektstrategie anvertrauen wollen. Anschließend sollte die Ausführungsreihenfolge der in künftigen Projektphasen anstehenden Arbeiten festgelegt werden.

In der Nachbesprechung sollten Sie den Projektprüfungsteilnehmern, den übrigen Projektmitarbeitern, betroffenen Benutzerkreisen und all denen, die von den Tätigkeitspunkten in Mitleidenschaft gezogen werden, eine Liste mit den Tätigkeitspunkten und ein Prüfungsprotokoll zukommen lassen. Ein Protokoll läßt sich am besten mit Hilfe einer Tonbandaufnahme der Projektprüfung und anschließender Übertragung in ein schriftliches Sitzungsprotokoll erstellen. Als Projektleiter kommt Ihnen die Hauptverantwortung für die Organisation der Tätigkeitspunkte und deren erfolgreiche Umsetzung zu. Viele davon werden sich problemlos realisieren lassen, wohingegen Ihnen andere wiederum große Mühe abverlangen werden.

11.2 Formen der Projektprüfung

Die acht Projektprüfungen, die im Verlauf eines typischen DV-Projekts durchgeführt werden, sind in zeitlicher Folge: Überprüfung der Projektreichweite, Analyseprüfung, Designprüfung, Programmierprüfung, Systemprüfung, Akzeptanzprüfung, periodische Einsatzprüfung und Projektnachprüfung. An diesen Ablaufplan halten sich viele DV-Abteilungen, nichtsdestoweniger kann die Projektmethodologie, die in ihrer DV-Abteilung Verwendung findet, ein anderes Überprüfungsschema zugrunde legen.

Des weiteren kann die Reihenfolge der Projektprüfungen entsprechend der jeweiligen Projektstrategie modifiziert werden. Wenn Sie sich beispielsweise für eine konservative Projektstrategie entscheiden, bei der Subsystem 1 vor der Analyse von Subsystem 2 konzipiert wird, könnte die Reihenfolge der Projektprüfungen wie folgt aussehen:

Überprüfung der Projektreichweite
Allgemeine Analyseprüfung
Analyseprüfung von Subsystem 1
Designprüfung von Subsystem 1
Analyseprüfung von Subsystem 2...

Im folgenden Abschnitt werden die acht Prüfungsvarianten, die mit ihnen verbundenen Zielsetzungen und die involvierten Teilnehmer näher behandelt. Besondere Aufmerksamkeit wird hierbei der periodischen Einsatzprüfung und der Projektnachprüfung zuteil, da sie in den meisten DV-Abteilungen zu kurz kommen bzw. ganz unter den Tisch fallen.

11.2.1 Überprüfung der Projektreichweite

Zielsetzung

Wichtigstes Ziel der Überprüfung der Projektreichweite ist festzustellen, ob das Projekt die relevanten Geschäftsprobleme und -ziele eines Unternehmens "anpackt", d.h. die allgemeine Unternehmenssituation verbessern kann. Wird die Projektreichweite gutgeheißen und die Projektfortführung beschlossen, besteht eine zweite Zielsetzung der Überprüfung darin, mehrere vorläufige Zielsetzungen, die der Verbesserung der Unternehmenssituation dienen sollen, abzusegnen. Daneben wird auch die zweckmäßige Projektstrategie gewählt. Findet die Projektreichweite keinen Zuspruch, so wird womöglich die Empfehlung ausgesprochen, die Projektreichweite auszudehnen, einzuengen oder zu verlagern, um so ein anderes Unternehmensproblem in Angriff zu nehmen. Ebenso kann die Projektprüfung auf einen späteren Zeitpunkt vertagt werden, damit sich die Teilnehmer näher mit den jeweiligen Aspekten auseinandersetzen können. Alternativ dazu kann auch der Vorschlag ergehen, das Projekt fallenzulassen oder eine bestimmte Zeit "auf Eis zu legen".

Teilnehmer

Zu den Teilnehmern der Prüfungsgruppe zählt wenigstens ein Mitglied jeder der folgenden Gruppierungen: Strategiegruppe, Analysegruppe, Leitung der DV-Abteilung, Leitung der vom Projekt betroffenen Fachabteilung, Projektleiter und Projektplanungsgruppe.

Beschreibung

Bei der Überprüfung der Projektreichweite werden im Rahmen der Rentabilitätsprüfung[2] zutage geförderte Informationen sowie Ergebnisse früherer oder derzeit durch-

2 Eine Rentabilitätsprüfung, die in manchen DV-Abteilungen auch als Wirtschaftlichkeitsanalyse bezeichnet wird, wird durchgeführt, wenn die Strategiegruppe ein Unternehmensproblem oder eine Geschäftschance ausmacht, das/die durch ein Projekt bewältigt bzw. realisiert werden kann. Bei der Rentabilitätsprüfung werden die Schätzkosten, der zu erwartende Nutzen und die für ein Projekt verfügbaren Ressourcen festgehalten. Zudem werden in groben Umrissen zweckmäßige Lösungswege skizziert, um eine Geschäftschance erfolgversprechend zu realisieren bzw. ein vorhandenes Problem aus der Welt zu schaffen. Die Rentabilitätsprüfung führt nicht zu endgültigen und verbindlichen Schlußfolgerungen, sondern zeigt nur auf, ob eine Projektabwicklung erfolgversprechend ist.

geführter Rentabilitätsprüfungen zwecks Beurteilung der Zweckmäßigkeit eines Projekts ausgewertet. Auf der Grundlage dieser Informationen entscheiden die Teilnehmer dann darüber, welche Geschäftsprobleme und -chancen im Umfeld des Projekts nach Maßgabe der vorhandenen Ressourcen am vielversprechendsten sind und welcher der in der Rentabilitätsprüfung als erfolgversprechend eingeschätzten Lösungsansätze am nutzbringendsten ist. Die Entscheidungen, die im Verlauf dieser Überprüfung gefällt werden, sind nicht endgültig. Sie bilden jedoch die Arbeitsgrundlage für die Projektanalysephase, sofern für diese im Verlauf der Projektprüfung grünes Licht gegeben wird.

11.2.2 Analyseprüfung

Zielsetzung

Wie die Überprüfung der Projektreichweite dient auch die Analyseprüfung im wesentlichen der Beurteilung, ob die festgestellten Probleme durch das Projektergebnis gelöst werden. Der Unterschied zwischen beiden Überprüfungsformen besteht darin, daß für die Analyseprüfung genügend Informationen verfügbar sind, wohingegen bei der Überprüfung der Projektreichweite nur vorläufige Informationen vorliegen. Eine weitere Zielsetzung der Analyseprüfung ist die Feststellung, ob die Ergebnisse der Analysephase, nämlich die Anforderungsdefinition, eine zufriedenstellende Qualität bietet und den mit dem Projekt verknüpften Zielsetzungen gerecht wird. Zudem werden hier die wichtigsten Qualitätsmerkmale des zu entwickelnden Systems festgelegt.

Teilnehmer

Die Teilnehmer sind mit denen der Prüfungsgruppe zur Projektreichweite identisch. Zu diesen kommen noch hinzu: mehrere Benutzer aus Geschäftsbereichen, die vom Projekt in Mitleidenschaft gezogen werden, für die Realisation des Projektziels verantwortliche Personen, Hardware- und Softwaredesigner, Repräsentanten aus den Bereichen *Benutzerschulung* und *Rechnereinsatz* und die gesamte Analysegruppe.

Beschreibung

Auf der Grundlage verläßlicher und umfassender Informationen prüfen die für die Analyseprüfung Verantwortlichen noch einmal die Aspekte, die bei der vorherigen Projektprüfung zutage getreten sind. Ziel ist es hierbei, die getroffenen Entscheidungen einschließlich der Projektzielsetzungen im Lichte neuerer Erkenntnisse noch einmal zu begutachten. Die Projektprüfung und die beschlossenen Ergebnisse präfigurieren in vielerlei Hinsicht die weitere Projektentwicklung, da sich die Projektzielsetzungen nach diesem Zeitpunkt nur noch unter Schwierigkeiten ändern lassen. Die Projektprüfung bietet auch dem Anwender eine letzte Möglichkeit, das Projekt aus geschäftlichen Überlegungen zu stornieren. Zum Projektabbruch kann es aber auch später noch aufgrund geänderter Rahmenbedingungen in bezug auf Geschäftsprobleme oder -chancen kommen. Nach der Analyseprüfung sollte das Projekt nur aus technischen, strategischen oder finanziellen Gründen annulliert werden - etwa bei einer unvorhergesehenen Kostenentwicklung oder im Konkursfall. Nach der Analyseprüfung können die Benutzer erst wieder bei der Abnahmeprüfung auf die Projektentwicklung Einfluß nehmen.

Da viele DV-Projektleiter die Analyseprüfung als letzte Möglichkeit ansehen, die Benutzer während der noch anstehenden Projektentwicklung auf ihre Linie einzuschwören, gerät die Analyseprüfung sehr schnell zur Farce. Viele Analyseprüfungen sinken auf das Niveau von unqualifizierten Beschwörungs- und Beteuerungsformeln und voreiligen Schulterschlüssen. Hier ist jedoch eine ernüchternde Feststellung angebracht: Je euphorischer die Analyseprüfung, um so wahrscheinlicher ist der spätere Projektmißerfolg!

Im folgenden soll ein Negativbeispiel einer solchen Analyseprüfung vorgestellt werden, die nichts anderes als eine gut verpackte Werbeveranstaltung war. Vor mehreren Jahren lud mich der Leiter eines Projekts zur Entwicklung eines komplexen Kundenabrechnungssystems dazu ein, als unvoreingenommener Beobachter der Analyseprüfung beizuwohnen. Diese sollte einen Monat später in einem Hotel in Hamburg stattfinden. Ich sagte mein Kommen zu, und man versprach mir, daß mir das Prüfungsmaterial umgehend zugesandt würde. Es kam jedoch nie an, obwohl ich viermal um dessen Zusendung nachsuchte. Obwohl meine Begeisterung durch solche Ausreden wie "Der Kopierer ist kaputt" oder "Das ist schon in der Post" nicht unbedingt gesteigert wurde, schenkte ich auch dem zweiten Warnsignal keine Beachtung.

Die Projektprüfung sollte sich über drei Tage von jeweils 10 Uhr bis 16 Uhr erstrecken. Teilnehmen sollten der Projektleiter, die Projektanalytiker, der Projektbibliothekar/Schriftführer, vier Mitglieder der Benutzerabteilung und ich selbst. Die vier Benutzer schienen alle höhere Führungspositionen zu bekleiden, und ich fragte mich schon, ob sich Führungskräfte aus dem oberen Management überhaupt ohne die Hilfe von mit dem operativen Geschäft vertraute Mitarbeiter durch ein detailliertes Analysedokument hindurchfinden könnten. Später erfuhr ich dann, daß zwei Manager noch nicht einmal in den Abteilungen beschäftigt waren, die direkt durch das Projekt betroffen waren.

Die Analyseprüfung begann am ersten Tag um etwa 11 Uhr. Um dieselbe Zeit trafen auch die Dokumentation und zwei Benutzer ein, die sich gleich mit der Feststellung einführten: "Haben wir hier die gruppendynamische Gesprächstherapie?" Als der Projektleiter mit seiner Begrüßungsrede, in der er sich lang und breit darüber ausließ, welche Fortschritte bislang erzielt worden seien und wie zufrieden er mit der bisherigen Kooperationsbereitschaft der Benutzer sei, zum Ende kam, war es bereits Mittag.

Während der nachfolgenden technischen Erörterung schliefen einige Benutzer ein, und ich kam zu der Feststellung, daß Fragen meinerseits bestimmt nicht angebracht wären. Meine Anwesenheit verdankte sich augenscheinlich nur der Tatsache, dem Analysedokument zusätzliches Gewicht zu verleihen. Weniger wünschenswert war wohl hingegen, auf offenkundige Mängel hinzuweisen. Am zweiten Tag saßen bereits drei Benutzer mit dumpfem Gesichtsausdruck am Mittagstisch und verließen am Nachmittag wiederholt den Tagungsraum, weil sie ganz wichtige Telefongespräche zu erledigen hätten. Nach der Kaffeepause tauchte ein Benutzer überhaupt nicht mehr auf.

Die Projektprüfung endete am dritten Tag damit, daß wir uns mit herzlichem Händedruck - weitaus früher als geplant - verabschiedeten, sehr wahrscheinlich deshalb, weil zwei Führungskräfte mittlerweile im Krankenhaus gelandet waren: Nachdem sie ganz plötzlich ein unwiderstehliches Interesse für die Landwirtschaft entdeckt hatten, waren sie mit ihrem Mietauto auf dem Rückweg von einem Bauernhof am Rande der Stadt in den Graben gefahren. Dieses kleine Mißgeschick wurde allgemein als einziger Schwachpunkt einer ansonsten perfekten Analyseprüfung erachtet.

Ich ließ dem Projektleiter einen Bericht über die Analyseprüfung zukommen, wobei ich gleichzeitig feststellte, daß ich eine weitere Woche benötigte, um einen Bericht zur Analysephase fertigzustellen. Ich habe nie mehr etwas von ihm gehört, später kam mir aber zu Ohren, daß das Projekt ein glatter Fehlschlag war und nur 25 Prozent des Systems fertiggestellt wurden, wobei auch dieser Teil nicht den Bedürfnissen der Benutzer entsprach.

Die Moral von der Geschicht: Falls Sie die Bedeutung der Analyseprüfung unterschätzen oder diese zu einer Slapstick-Veranstaltung werden lassen, laufen Sie Gefahr, daß die Projektergebnisse in keinster Weise den tatsächlichen Bedürfnissen der Benutzer entsprechen. Wenn es hierzu kommt, dürfen Sie sicher sein, daß die Erinnerungsphotos von der Analysetagung, bei der Sie mit anderen Beteiligten in einem komfortablen Hotel genüßlich Champagner schlürften, gewiß Ihr einziger Trost sein werden. Womöglich sind diese Fotos dann noch alles, was Ihnen von Ihrer Karriere bleibt.

11.2.3 Designprüfung

Zielsetzung

Die Designprüfung dient der Feststellung, ob das Design der Anforderungsdefinition gerecht wird, eine zufriedenstellende Qualität aufweist und problemlos implementiert werden kann.

Teilnehmer

Bei der Designprüfung sind der Projektleiter, zumindest ein Analytiker, ein Mitglied der Analysegruppe, ein technischer Qualitätsprüfer[3], ein Repräsentant aus dem Bereich *Benutzerschulung* und *Rechnereinsatz*, ein oder mehrere Programmierer, ein Vertreter der Fertigungsunterstützung und das komplette Designteam anwesend.

Beschreibung

Die Designprüfung ist vor der Programmierarbeit und den implementationsvorbereitenden und praktischen Aufgaben die letzte Kontrollinstanz zur Überprüfung der technischen Voraussetzungen. Metzger beschreibt den Sinn und Zweck dieser Prüfung wie folgt: "Sie stehen kurz davor, umfassende betriebliche Ressourcen (Mitarbeiter für Programmier- und Testaufgaben, Verarbeitungszeit) zu binden, und aus diesem Grund sollten Sie genauestens wissen, ob Sie alle notwendigen Vorbereitungen getroffen haben. Nachdem einmal mit der Implementation des grundlegenden Designs begonnen wurde, stellt ein Projektstopp, der wegen einer Überarbeitung erforderlich wird, nicht nur einen gravierenden Einschnitt in die Projektabwicklung dar, sondern ist überdies sehr kostspielig und wirkt sich negativ auf die Arbeitsmoral aus." [Metzger, 1973].

Wie bereits ausgeführt, stellen die Teilnehmer zunächst einmal sicher, daß das Design genau den vorgegebenen Spezifikationen entspricht. Daneben wird überprüft, ob das Design den für das System geltenden Qualitätsstandards entspricht (beispielsweise Flexibilität, Benutzerfreundlichkeit oder Effizienz). Drittens wird begutachtet, ob das Design programmiertechnisch umgesetzt werden kann und keine abstrusen Algorithmen enthält. Hier kommt es in der Praxis kaum zu Problemen, da die Programmierer an der Designphase beteiligt sind, um sich mit dem Design wie auch die Designer mit den Vorstellungen der Programmierer vertraut zu machen.

Bei der Designprüfung entwickelt der Projektleiter auch eine grundlegende Implementationsstrategie, das heißt, legt die Reihenfolge fest, in der die Systemkomponenten entwickelt und installiert werden sollen. Technische Gesichtspunkte sind für Sie als Projektleiter maßgebend (siehe Kapitel 6). Für die Implementationsstrategie noch wichtiger sind allerdings die Schätzergebnisse der Analysegruppe zur Implementationsdauer jeder Systemkomponente. Auf der Grundlage dieser Schätzungen können Sie Ihre Ressourcen während der Implementationsphase besser koordinieren und zielgerichteter einsetzen.

3 Der technische Qualitätsprüfer begutachtet die technische Qualität des Systems (beispielsweise dessen Datenbank oder Design), wohingegen die für die Realisation des Projektziels verantwortliche Person darauf achtet, daß die Systemfunktionen den Benutzererfordernissen oder etwa den Datenschutzauflagen entsprechen.

11.2.4 Programmierprüfung

Zielsetzung

Die Programmierprüfung dient der Feststellung, ob alle Programmieraufgaben abgeschlossen sind, der Begutachtung der bei den Integrationstests erzielten Ergebnisse und der Entscheidung, ob das System dem Systemtest unterzogen werden kann.

Teilnehmer

An dieser Projektprüfung nehmen teil: der Projektleiter, wenigstens ein Analytiker, zweckmäßigerweise alle, zumindest jedoch ein Mitarbeiter der Designgruppe, das gesamte Programmierteam oder der Chefprogrammierer, wobei die übrigen Gruppenmitglieder bei Bedarf hinzugezogen werden können; zudem der technische Qualitätsprüfer.

Beschreibung

Bei der Programmierung eines modernen DV-Systems fallen neben der eigentlichen Programmkodierung auch andere Aufgaben an. Jeder kodierte Programmteil muß ausgetestet (Unit-Test) und dem System zwecks erneutem Test hinzugefügt werden. Bei diesem inkrementellen Verfahren sind die auftretenden Fehler nachvollziehbar. Vorteilhaft hierbei ist, daß das System nach der Programmierung nicht mehr voller Fehler steckt. Durch die Programmier-/Testphase wird folglich sichergestellt, daß der abschließende Systemtest nicht unzählige logische, datenstrukturspezifische und Schnittstellenfehler zutage fördert.

Die Programmierprüfung soll gewährleisten, daß der Programmcode vollständig ist und daß genügend Tests durchgeführt wurden. Hierzu werden die beim Unit-Test und beim Austesten während der inkrementellen Implementation verwendeten Testdaten nebst Testprotokoll in der Programmierphase einer eingehenden Prüfung unterzogen.

Das Testprotokoll sollte ein System vor Augen führen, das sich allmählich dem Reifezustand nähert. In ihm werden die Probleme vermerkt, zu denen es am Anfang der Programmierphase kam (beispielsweise design- oder analysespezifische Fehler). Zudem finden etwa auch Probleme hinsichtlich neuer Software, die dem System schrittweise hinzugefügt wurde, in das Testprotokoll Eingang. Jedes dieser Probleme sollte aber nur ein- oder höchstens zweimal im Protokoll auftauchen.

Als Teilnehmer der Programmierprüfung sollten Sie nach Alarmsignalen Ausschau halten, die einen Hinweis dafür liefern, daß das System noch nicht den für den Systemtest erforderlichen Reifegrad hat. Solche Signale können darin bestehen, daß die Anzahl der Fehler sich nicht gegen Null bewegt (womöglich ein Hinweis auf eine vorzeitige Testbeendigung). Solche Alarmsignale können aber auch Programmteile, in denen wiederholt Fehler auftreten, schwerwiegende Analyse- bzw. Designfehler, die während der Programmierung zutage traten, oder sehr fehlerhafte Programmabschnitte sein.

Sie sollten einem formalen Systemtest nur dann zustimmen, wenn Sie die bisherigen Ergebnisse zufriedenstellen. Ist dies nicht der Fall, sollten Sie das System in speziellen Programmabschnitten neu austesten, neu kodieren oder neu konzipieren lassen. Ebenso müssen womöglich bestimmte Systemkomponenten neu analysiert werden. Natürlich findet eine solche Verfahrensweise nur wenig Zuspruch, sie bringt Irritationen mit sich und ist zudem kostspielig. Falls Sie jedoch ein System, das noch viele grobe Fehler aufweist, "durchgehen" lassen, wälzen Sie den ganzen Ärger nur auf den abschließenden Systemtest ab.

11.2.5 Systemprüfung

Zielsetzung

Ziel der Systemprüfung ist es, eine Entscheidung darüber zu treffen, ob das System für den Abnahmetest bereit ist.

Teilnehmer

Zu den Teilnehmern zählen der Projektleiter, zumindest ein Analytiker, mindestens ein Mitglied der Designgruppe, der Chefprogrammierer, wobei wiederum die anderen Mitglieder der Programmiergruppe bei Bedarf hinzugezogen werden können, der technische Qualitätsprüfer, jeweils ein Vertreter aus den Bereichen *Benutzerschulung*, *Dokumentation* und *Rechnereinsatz*, ein Repräsentant der Produktionsunterstützung und eine leitende Führungskraft der DV-Abteilung. Wird die Systemprüfung mit der teilweisen Abnahmeprüfung (siehe Abschnitt 11.2.6) kombiniert, so werden als zusätzliche Teilnehmer eine Führungskraft einer Fachabteilung, mehrere Benutzer aus Fachabteilungen, eine für die Realisation des Projektziels verantwortliche Person und ein Mitglied der Strategiegruppe geladen.

Beschreibung

Bei der Systemprüfung werden die Ergebnisse der Systemtestphase des Projekts erörtert.[4] Da ja bereits während der Programmierung im Zuge der schrittweisen Systementwicklung Tests erfolgten, könnten Sie womöglich zu dem Schluß kommen, daß die Systemtestphase gänzlich überflüssig ist. Dies ist jedoch keineswegs der Fall. Beim Systemtest geht es nämlich um das Auffinden von auf Systemebene angesiedelten Fehlern. Hierzu gehören Datenträgerprobleme wie beispielsweise der Durchsatz von Transaktionen, die Antwortzeiten und Effizienz der physikalischen Datenbank,

4 Umfassende Informationen zum Systemtest finden sich bei [Donaldson, 1978] und [Perry, 1983].

Multiuserprobleme (etwa konfligierende Aktualisierungen) oder Softwareprodukte zur Integration des neuen Produkts in die betriebliche DV, die noch nicht ausreichend getestet wurden (etwa Subsysteme für Abstimmungs- und Konvertierungsaufgaben).

Andere Komponenten, die einem Systemtest unterzogen werden, sind technische und verfahrenstechnische Elemente, die Benutzerdokumentation, sicherheits- und betriebsspezifische Prozeduren, Umstellungsaspekte, der Systemneustart und die Datenwiedergewinnung, der manuelle Backup oder die konkret eingesetzte JCL (*Job Control Language*). Auch die Maßnahmen zur Benutzerschulung können einem Test unterzogen werden.

Die Systemprüfung läßt sich vom eigentlichen Systemtest nur sehr schwer unterscheiden, weil ein Großteil der Projektprüfung während den tatsächlichen Tests stattfindet. Nachdem Sie den Systemtest abgeschlossen haben, sollten Sie mit allen Teilnehmern der Systemprüfungsgruppe eine Begutachtung der Testergebnisse vornehmen. Die Teilnehmer können dann darüber entscheiden, ob als nächstes der Abnahmetest durchgeführt werden soll oder ob zuvor bestimmte Aufgaben in den Bereichen Test, Programmierung, Design oder Analyse noch einmal wiederholt werden müssen, damit das System den angestrebten Endzustand erreicht. Wird eine Arbeit erneut durchgeführt, muß vor dem Übergang zur nächsten Projektphase eine erneute Systemprüfung erfolgen.

11.2.6 Abnahmeprüfung

Zielsetzung

Ziel der Abnahmeprüfung ist es, eine Entscheidung darüber zu treffen, ob das System für den praktischen Einsatz freigegeben werden kann.

Teilnehmer

Bei dieser Projektprüfung sind der Projektleiter, zumindest ein Analytiker, ein technischer Qualitätsprüfer und eine für die Realisation des Projektziels verantwortliche Person, ein Mitglied der Strategiegruppe, eine höhere Führungskraft der DV-Abteilung, eine Führungskraft aus einer Fachabteilung, mehrere Benutzer aus den betroffenen Fachabteilungen und ein Vertreter der Fertigungsunterstützung anwesend.

Beschreibung

Bei der Abnahmeprüfung werden die Ergebnisse der Abnahmetestphase begutachtet. Diese Phase bietet dem Benutzer die Gelegenheit sicherzustellen, daß das System innerhalb seines Arbeitsumfelds funktioniert und den gewünschten Erfordernissen entspricht (siehe [Metzger, 1973]). Tatsächlich jedoch sind Abnahmetests ineffizient, da sie zum einen nicht so gründlich wie Systemtests durchgeführt werden und zum anderen keine aussagekräftigen Testbedingungen, wie sie erst im tagtäglichen Einsatz gegeben sind, möglich sind. So hat der Benutzer bei einem solchen Abnahmetest womöglich nur die Gelegenheit, ein paar Transaktionen durchzuführen, die dann mit einigen Testdaten verglichen werden. Folglich lassen sich bei einem solchen Verfahren auch nur die allergrößten Fehlleistungen des Systems feststellen. Da Abnahmetests alles andere als umfassend und die Benutzer nur annäherungsweise mit dem System vertraut sind, können sie auch nur eine recht oberflächliche Vorstellung von den Systemqualitäten vermitteln. Somit eignen sie sich kaum dazu, eine gesicherte Vorhersage zu treffen, wie sich das System in der praktischen Arbeitsumgebung bewährt.

Folglich wird die formelle Abnahmeprozedur häufig zu einer überflüssigen und belanglosen Veranstaltung, bei der sich die Projektgruppe auf dem Abnahmeformular mühelos der Zustimmung der Benutzer versichern kann, sofern das System während des Abnahmetests nicht völlig verrrückt spielt oder vollständig ausfällt. Natürlich kann man dann euphorisch auf diese gegebene Unterschrift pochen und hoffen, daß damit der Projekterfolg für alle Zeiten besiegelt ist. Die Unterschrift auf dem Abnahmebogen ist jedoch genau wie bei der Unterschrift auf dem Münchener Abkommen von 1938 noch nicht einmal die Tinte auf dem Papier wert, wenn das System im nachhinein im praktischen Einsatz versagt und den Benutzern auf Jahre das Leben schwermacht.

Welche Bedeutung hat die Systemabnahme durch die Benutzer folglich? Heißt dies soviel, daß sie auf ihr eingestandenes Recht, Beschwerde gegen die Unzulänglichkeiten des Systems nach dessen Installation erheben zu dürfen, verzichten müssen? Die Antwort lautet natürlich "Nein". Kein Benutzer wird stillschweigend Entwicklungsfehler hinnehmen, nur weil er ein Abnahmeformular unterzeichnet hat. Entbindet die Abnahme durch den Benutzer die DV-Abteilung von aller Verantwortung für das System? Diese Frage muß ebenfalls verneint werden, auch wenn ein gegengezeichnetes Abnahmeformular von der DV-Abteilung oft als Freibrief dafür betrachtet wird, Systemfehler nur widerstrebend und schleppend korrigieren zu müssen. Folglich werden Benutzer, die ein Abnahmedokument für ein System unterschreiben, das ein nicht zufriedenstellendes Ausführungsverhalten an den Tag legt, wohl manchen Rüffel von ihren Vorgesetzten einstecken müssen, wodurch eine lang anhaltende Feindseligkeit zwischen Benutzern und der DV-Abteilung vorprogrammiert ist.

Die Lösung für diese bei herkömmlichen Abnahmetests auftauchenden Probleme - mangelnde Gründlichkeit und unzureichende Widerspiegelung der praktischen Arbeitsbedingungen - besteht darin, den Abnahmetest zu unterteilen. Der erste Teil wird mit dem Systemtest kombiniert, und der zweite Teil wird zu einer periodischen Einsatzprüfung umfunktioniert, auf die in Abschnitt 11.2.7 eingegangen wird. Indem der Abnahmetest mit dem Systemtest kombiniert wird, entfällt das Problem mangelnder Gründlichkeit. Dies bedeutet jedoch, daß die Benutzer nicht involviert sind und der Test nicht in der praktischen Arbeitsumgebung der Benutzer durchgeführt wird. Aus diesem Grund sollte der Systemtest und dessen Überprüfung vor Ort von den Benutzern selbst oder vielmehr von technischen Qualitätsprüfern und für die Realisation des Projektziels verantwortlichen Personen durchgeführt werden. Als Projektleiter möchten Sie natürlich erst einmal Tests und Prüfungen in Ihrer eigenen Abteilung durchführen, bevor Sie mit dem System vor Ort zum Benutzer gehen.

Der Benutzer kann durch Verwendung solcher Techniken wie inkrementelle Implementation oder Prototyping frühzeitig in die Implementation einbezogen werden. Auf diese Weise wird er nicht ganz unvermittelt mit dem ihm ausgehändigten System konfrontiert. Indem der Benutzer in den Test einbezogen wird, können sich die Teilnehmer der Abnahmeprüfung zudem ein besseres Bild davon machen, ob das System letztlich den ursprünglich festgelegten Anforderungen gerecht wird.

Auch zum Zeitpunkt der Freigabe des Produkts für den praktischen Einsatz kommt es womöglich noch nicht allen langfristigen Benutzeranforderungen nach. Aus diesem Grund werden noch die Systemendabnahme und die periodische Einsatzprüfung dazwischengeschaltet.

11.2.7 Periodische Einsatzprüfung

Zweck

Die periodische Einsatzprüfung dient dem Zweck, nach der Systeminstallation Verbesserungsmöglichkeiten auszumachen und die Möglichkeiten einer zusätzlichen Verbesserung der Geschäftssituation des Unternehmens auszuloten.

Teilnehmer

Zu den Teilnehmern dieser Gruppe zählen zumindest ein Mitarbeiter der Strategiegruppe, ein Mitarbeiter der Analysegruppe, die fertigungsunterstützende Gruppe, die für die Systemprüfung verantwortlich ist, der technische Qualitätsprüfer, eine für die Realisation des Projektziels verantwortliche Person und - zumindest für die erste oder die ersten beiden Projektprüfungen - Mitglieder der ursprünglichen Entwicklungsgruppe.

Zielsetzung

Wie bereits erwähnt, bildet die Unterschrift des Benutzers auf dem Abnahmeformular keinen wirklichen Maßstab für die Systemqualität. Das Formular beweist nur, daß das System nach Ansicht des Benutzers zweckmäßig genug ist, um in der Praxis eingesetzt zu werden. Eine weitere gebräuchliche, wenn auch ähnlich unzweckmäßige Methode zur Beurteilung der Systemqualität besteht in der Prüfung, inwieweit das System der funktionalen Spezifikation entspricht, die während der Projektanalysephase erstellt wurde. Dieses Kriterium macht die Systemqualität zu einer Funktion der Spezifikationsqualität.

Was folglich zur zweckmäßigen Beurteilung eines installierten Systems benötigt wird, ist die Vergleichsmöglichkeit zwischen dem bereitgestellten System einerseits und den ursprünglich anvisierten Geschäftszielen andererseits. Dies wird in den periodischen Einsatzprüfungen gewährleistet, bei denen drei Aspekte untersucht werden: der Systembetrieb, die technische Systemqualität und die Realisierung der Benutzeranforderungen. Eine periodische Einsatzprüfung sollte regelmäßig während der Systemlebenszeit erfolgen, wobei die erste Überprüfung bereits nach etwa einem oder zwei Monaten nach Systeminstallation durchgeführt werden sollte. Diese erste Einsatzprüfung konzentriert sich auf den Systembetrieb und auf mögliche betriebsmäßige Probleme. Die nach drei bis sechs Monaten durchgeführte zweite periodische Einsatzprüfung richtet ihr Augenmerk hauptsächlich auf die technischen Systemaspekte. Nachfolgende Einsatzprüfungn werden in regelmäßigen Abständen von einem halben bis zu einem Jahr durchgeführt. Bei diesen richtet sich die Aufmerksamkeit darauf, welche Systemverbesserungen sich verzeichnen lassen und inwieweit das System zur Verbesserung der betrieblichen Geschäftssituation beiträgt.

In den nachfolgenden Abschnitten wird jede der drei Komponenten der periodischen Einsatzprüfung gesondert behandelt. Daran schließt sich eine Untersuchung des Verhältnisses von Einsatzprüfung und Systemwartung an.

Einsatzprüfung des Systembetriebs

Nachdem das System eine kurze Zeit im praktischen Einsatz ist, wird es einer ersten Einsatzprüfung unterzogen. Hierbei wird etwa überprüft, ob jede Systemkomponente ordnungsgemäß installiert wurde oder ob die korrekte Version jeder Softwarekomponente installiert ist. Zudem wird geprüft, ob die Hardware ordnungsgemäß funktioniert.

Geprüft wird aber auch, wie gut der Benutzer mittlerweile mit dem System vertraut ist. Hierbei sollte man sich auch die Frage stellen, ob die Schulungsmaßnahmen, Benutzerdokumentationen und Betriebsverfahren für die Benutzer und Operateure auf den jeweiligen Ebenen geeignet und diesen verständlich sind? Auch die Fähigkeiten der Benutzer in bezug auf den effizienten Systemeinsatz sollten hierbei begutachtet werden. Haben sich die Benutzer ein adäquates Verständnis des Systems angeeignet, oder haben sie irgendwelche nebulösen Vorstellungen vom Systemverhalten? So schlugen beispielsweise in einem mir zu Ohren gekommenen Fall etliche Benutzer die folgende Abhilfe für ein System mit einem manchmal recht außergewöhnlichen Systemverhalten vor: "Wenn auf dem Bildschirm plötzlich gar nichts mehr zu sehen ist, dann kippt man das Terminal einfach 20 Sekunden auf die Seite, und danach erscheint die Bildschirmdarstellung wieder." Zu fragen ist auch, ob die Benutzer mit den Hilfemöglichkeiten des Systems vertraut sind oder ob sie die Hartnäckigkeit eines Hackers aufbringen müssen, um an die gewünschten Informationen zu gelangen. Wie sieht es zudem mit den Antwortzeiten des Systems aus? Sind sie lang oder inkonsistent?

Sie sollten auch nicht vergessen, einen Aspekt zu prüfen, der eigentlich auf der Hand liegt, oft aber übersehen wird: Nutzen die Benutzer das ganze Funktionalitätsspektrum des Systems? Überraschend oft kommt es vor, daß die Benutzer aus irgendwelchen Gründen zahlreiche wertvolle Systemkomponenten ungenutzt lassen. In einem eklatanten Beispiel setzten die Benutzer zwei Monate nach der Systeminstallation an ihrem Remote-Arbeitsplatz überhaupt keine Systemfunktionen ein! Niemand hatte die Benutzer darauf hingewiesen, daß das System jetzt einsatzbereit sei. Ebensowenig waren irgendwelche Schulungsmaßnahmen durchgeführt worden. Dieses Problem wurde von einem aufmerksamen Manager der Fertigungsunterstützung entdeckt, der feststellte, daß sich bislang noch niemand über das System beschwert oder einen Änderungswunsch vorgebracht hatte.

Ebenso sollte die Systemeffizienz unter den tatsächlichen Arbeitsbedingungen geprüft werden. Wird das Systemverhalten bei Verarbeitung tatsächlicher, in der betrieblichen Datenbank abgelegter Geschäftsdaten und auf einem Rechner, an den die Benutzer der betrieblichen Fachabteilungen angeschlossen sind, überprüft, so treten womöglich Verarbeitungsdefizite zutage, auf die man während der Testphase nicht aufmerksam wurde und die sich auf verfahrensmäßige oder das Datenbankdesign betreffende Mängel zurückführen lassen. Hierbei sollten Sie Ihr besonderes Augenmerk möglichen organisatorischen Mängeln im Bereich der physikalischen Daten widmen, zu denen es eventuell durch allzu viele Lösch- und Hinzufügeoperationen kommt und die die Systemperformance mindern.[5]

Einsatzprüfung der technischen Systemmerkmale

Im Bestreben, das System möglichst schnell in den operativen Produktionsablauf einzugliedern, haben Sie womöglich den einen oder anderen technischen Qualitätsaspekt nicht genügend beachtet bzw. dessen mangelnde Berücksichtigung stillschweigend in Kauf genommen. Obwohl eine Behebung von Systemfehlern jetzt ungleich kostspieliger als vor der Systeminstallation ist, können solche Fehler natürlich auch nach der Eingliederung des Systems in den Fertigungsprozeß beseitigt werden. Mit dieser periodischen Einsatzprüfung verbinden sich die folgenden beiden technischen Zielsetzungen: technische Systemmängel aufzudecken und mögliche Bereiche für präventive Wartungsmaßnahmen aufzuzeigen.

Zunächst einmal sollten Sie sich mit den Fehlern beschäftigen, die Ihnen von den Benutzern gemeldet wurden. Zudem sollte die Ausgabe des Systems wie auch die Datenbank nach bislang unentdeckten Fehlern durchforstet werden. Falls in einem Systemabschnitt sehr viele Fehler entdeckt werden, sollte man sich vielleicht überlegen, diesen Teil neu zu entwickeln. Sie müssen nämlich damit rechnen, daß sich noch weitere Fehler in diesem Programmteil versteckt halten. Überprüft werden sollte auch, wie gut sich die Prozeduren zur Wiederherstellung des normalen Systembetriebs nach einem Systemausfall in der Praxis bewähren.

Als zweites sollte die Wartungsfreundlichkeit des Systems unter die Lupe genommen werden. Der Grund hierfür ist der, daß die verbesserte Wartungsfreundlichkeit eines Systems kurz nach dessen Installation Vorteile während des gesamten produktiven Systemlebenszyklus mit sich bringt. So lassen sich womöglich einige Module durch geringfügige Änderungen zu vielseitig verwendbaren Bibliotheksmodulen

5 In [Donaldson, 1978, S. 253-55] werden weitere Betriebscharakteristika aufgeführt, die ebenso überprüft werden sollten.

umfunktionieren. Vergessen sollte man hierbei auch nicht, die Wartungsfreundlichkeit von Datenstrukturen wie auch der Struktur des prozeduralen Programmcodes unter die Lupe zu nehmen. Auch wenn man sich während der Projektabwicklung der Methode des strukturierten Designs bedient hat, bildet dies noch keine Gewähr dafür, daß das System eine optimale Wartungsfreundlichkeit aufweist. So haben die Designer womöglich nicht stets solche Funktionen entworfen, die ein angemessenes Mischungsverhältnis aus Singularität und Allgemeinheit gewährleisten.

Im weiteren Lebenszyklus des Systems sollten jene Systemkomponenten einer Prüfung unterzogen werden, an denen umfassende Veränderungen vorgenommen werden, da sich Modifikationen negativ auf die Struktur und Wartungsfreundlichkeit auswirken. So sollten Sie in Erwägung ziehen, Systemkomponenten neu zu kodieren oder neu zu konzipieren und neu zu analysieren, um deren Wartungsfreundlichkeit wiederherzustellen. Wohl mag es kostengünstiger erscheinen, die mit den unzähligen Änderungen verbundenen Defizite durch Ausbesserungen zu beheben, insgesamt gesehen lohnen sich die Ausgaben für die intensive Pflege und Ausbesserung eines solchen Systems aber bestimmt nicht. Statt dessen sollten Sie sich lieber dafür entscheiden, eine alte Komponente, die horrende Wartungsgelder verschlingt, durch ein effizientes neues Subsystem zu ersetzen.

Einsatzprüfung der operativen Aspekte des Systems

Durch die periodische Einsatzprüfung verschafft man sich die erforderliche Rückkopplung, indem man die Geschäftsprobleme und -chancen, die zu Projektbeginn als Ziel ausgemacht wurden, mit den tatsächlich erzielten Lösungen vergleicht. Hierdurch bietet sich die Möglichkeit, den Erfolg eines Systems im praktischen Einsatz zu messen, sowie die Gelegenheit, Unzulänglichkeiten aufzudecken, Geschäftsprobleme, die bislang nicht durch das neue System realisiert werden konnten, aufzuzeigen und neue Geschäftsprobleme, die durch die Einführung des Systems oder durch andere Umstände hervorgerufen wurden, zu identifizieren.

Im Verlauf dieser Überprüfung sollten Sie jeden Geschäftsvorteil so exakt wie möglich quantifizieren. Auf diese Art und Weise können Sie anschließend beurteilen, in welchem Umfang die anfänglich aufgestellten Nutzaspekte des Systems wirklich realisiert werden konnten. Um weitere Beurteilungsgrundlagen zu erlangen, sollten Sie sich etwa die folgenden Fragen stellen: Welche Vorteile bringt das System mit sich, an die man im vorhinein noch nicht gedacht hat? Welche neuen Probleme haben sich durch die Installation des neuen Systems ergeben? Welche Funktionen entsprechen nicht den Erwartungen? Können Vorteile, die noch nicht in dem gewünschten Ausmaß realisiert werden, durch Modifizierung der entsprechenden Funktionen nachträglich noch realisiert werden?

Bei dieser Überprüfung sollten Sie auch die Kosten, die das System im praktischen Einsatz nach sich zieht, erfassen und diese mit den ursprünglichen Schätzkosten vergleichen. Bitten Sie den Vertreter der Analysegruppe, die ursprünglichen Zahlen vorzulegen und die aktuelle Kostenschätzung vorzunehmen.

Periodische Einsatzprüfung und Wartung

Damit die periodische Einsatzprüfung mehr ist als nur eine passivische Schätz- und Vergleichstätigkeit, sollten nach jeder durchgeführten Überprüfung die entdeckten Fehler behoben werden. Eine periodische Einsatzprüfung ist wie eine jährliche medizinische Vorsorgeuntersuchung, nach der Ihr Arzt einen Therapieplan entwickelt, um die ausgemachten Wehwehchen zu kurieren.

Natürlich haben Sie mit Ihrer Vermutung Recht, daß eine periodische Einsatzprüfung den Wartungsaufgaben sehr ähnlich ist. Ein Unterschied läßt sich allerdings verzeichnen: Die periodische Einsatzprüfung ist eine proaktive Tätigkeit, wohingegen die reine Wartungspraxis reaktiv ist, das heißt, auf bestimmte fehlerhafte Systemsymptome reagiert und diese zu beheben versucht. So bedeutet die herkömmliche Wartung, daß ein Benutzerwunsch, einen Fehler zu beheben oder eine Verbesserung am System vorzunehmen, an die mit der Wartung beauftragten Personen herangetragen wird. Solche Reklamationen des Benutzers können oft sehr große Schwierigkeiten mit sich bringen, da sie häufig aus dem Moment heraus entstehen, unzulänglich formuliert, wenig durchdacht und in ihrer Reichweite äußerst beschränkt sind, so daß sich in der Regel weitere Reklamationen daran anschließen. Eine Wartungsabteilung verfügt gewöhnlich über eine Liste mit Hunderten solcher Reklamationen, ohne sich doch ein wirkliches Bild von den primären Erfordernissen der Benutzer in Sachen Systemverbesserung machen zu können.

Durch eine periodische Einsatzprüfung können Sie die Systempflege jedoch vor Ort - im praktischen Arbeitsumfeld - an den Benutzer herantragen. Dies bringt drei Vorteile mit sich: Zum einen verbessert sich Ihre Beziehung zu den Benutzern, da man auf Benutzerseite Ihren Einsatz honoriert, und außerdem entfallen die üblichen Telefonanrufe verärgerter Benutzer, die Ihnen ihre Reklamationen mitteilen wollen. Durch die Planung von Wartungstätigkeiten lassen sich die Systemverbesserungen zweitens koordinieren und zeitlich terminieren, was zu einer Verringerung der Wartungskosten führt. Die unsystematische Vorgehensweise, gemäß derer viele DV-Abteilungen derzeit Wartungsänderungen an Systemen vornehmen, läßt sich mit dem konzeptlosen Verfahren eines Tiefbauunternehmens vergleichen, das mit Arbeiten am Bürgersteig betraut wurde: In der einen Woche wird ein Graben ausgehoben, um die Drainage neu zu verlegen. In der nächsten Woche kommt dann jemand vom Gaswerk, bricht den Graben erneut auf, um eine undichte Stelle in der Gasleitung zu beheben. Wiederum eine Woche später kommt jemand von der Post, um ein Kabel zu verlegen. Natürlich muß auch zu diesem Zweck der Boden wieder neu aufgegraben werden. Durch sorgfältig geplante Wartung muß ein System, bildlich gesprochen, nur einmal "aufgegraben" werden. Anschließend werden die Veränderungen vorgenommen, ausgetestet, und abschließend wird das System wieder in das operative Geschäft des Unternehmens als hinreichend definierte neue System-Release integriert. Hierdurch läßt sich der für Wartungsaufgaben benötigte Arbeitsaufwand deutlich reduzieren. In Kauf nehmen muß man dabei allerdings, daß sich die Implementation einiger Verbesserungen bis zur Fertigstellung der nächsten System-Release verzögert.

Zum dritten wird die Wartungstätigkeit wesentlich abwechslungsreicher. Vorbei sind dann die Tage, daß jeder tunlichst vermeidet, zu Wartungsaufgaben abkommandiert zu werden. Auf der Grundlage vorsorglicher Überprüfungen kann sich die Wartungstätigkeit zu einem Lernfeld für neue Projektmitarbeiter gestalten, die sich noch das erforderliche Wissen über ihr Unternehmen und dessen operatives Geschäft aneignen müssen. Da sich dieses neue Tätigkeitsmuster gänzlich von der herkömmlichen Wartung abhebt, ziehe ich auch den Begriff *Fertigungsunterstützung* oder *Verbesserung der Geschäftsdienste* als genauere Umschreibung dieser Tätigkeit vor dem herkömmlichen Begriff *Wartung* vor.

Eine solche fertigungsunterstützende Abteilung, die periodische Einsatzprüfungen durchführt, muß ähnliche Aufgaben wie die Strategiegruppe erledigen. Beide müssen sich beispielsweise mit den Geschäftsinteressen des Unternehmens beschäftigen. Der größte Unterschied zwischen beiden besteht darin, daß die fertigungsunterstützende Abteilung nach Möglichkeiten zur Verbesserung der Automationssysteme sucht, wohingegen die Strategiegruppe versucht, diese Möglichkeiten bei manuellen Systemen aufzuzeigen. Dies ist jedoch nur eine künstliche Unterscheidung, die gewiß dann hinfällig wird, wenn die Automation noch umfassender in alle Geschäftsbereiche Einzug hält.

Bis zu diesem Zeitpunkt müssen beide Gruppen zusammenarbeiten und sicherstellen, daß die während der periodischen Einsatzprüfungen zutage geförderten Informationen auch der Strategiegruppe bei deren weiteren Überprüfungen des Gesamtgeschäfts zur Verfügung stehen. Die fertigungsunterstützende Abteilung sollte auch personell in der Strategiegruppe vertreten sein, diese personelle Verflechtung dürfte mit der wachsenden Verbreitung des EDV-Einsatzes in den Unternehmen noch zunehmen.

11.2.8 Projektnachprüfung

Zweck

Der Zweck der Projektnachprüfung besteht darin, die Erfahrungen, die man im Verlauf der Projektabwicklung gemacht hat, festzuhalten und mitzuteilen.

Teilnehmer

Zu den Teilnehmern gehören die gesamte Projektgruppe, Führungskräfte aus anderen Projekten, Personalleiter und alle diejenigen, die von den im Projekt gemachten Erfahrungen profitieren können.

Zielsetzung

Die Projektnachprüfung bietet die Möglichkeit, praktische Informationen auszutauschen und eine fruchtbare Diskussion darüber zu führen, welche Möglichkeiten zur erfolgreichen Projektabwicklung verfügbar sind. Hauptzielsetzung der Projektnachprüfung ist, den Blick der DV-Beschäftigten für ihre eigentliche Aufgabe zu schärfen. Ein Kollege von mir brachte eine DV-Abteilung einmal auf den Boden der Tatsachen, die sich insgesamt 1.500 Mann-Jahre an DV-Projekterfahrung rühmte. Er fragte: "Um wieviel weiter ist Ihre DV-Abteilung denn jetzt, verglichen mit dem Zustand vor den 1.500 Mann-Jahren? Wohl kaum mehr als 20 Mann-Jahre, da Sie alle nur aus Ihren eigenen Erfolgen und Fehlern und nicht aus denen anderer Personen lernen. Aus diesem Grund wiederholt Ihre Abteilung in schönster Regelmäßigkeit Jahr für Jahr dieselben Erfolge und begeht immer wieder die alten Fehler, wobei jeder einzelne glaubt, daß er mit seiner Arbeit technologisches Neuland betritt."

Obwohl dies natürlich ein wenig überspitzt formuliert war, hatte mein Kollege im Grunde doch Recht. Die meisten DV-Abteilungen - wie auch unsere Branche allgemein - haben nur eine geringe Vorstellung davon, welche Faktoren manche Projekte reibungslos ablaufen lassen und für andere das unwiederbringliche Aus bedeuten. Warum wissen wir als DV-Verantwortliche so wenig über die Gründe, die für den Erfolg bzw. Mißerfolg von Projekten verantwortlich sind, oder über Projekte, deren Ergebnisse sich irgendwo zwischen diesen beiden Extremen ansiedeln lassen?

Es ist aber keine Überraschung, daß wir so wenig Kenntnisse über fehlgeschlagene Projekte haben. Der Leiter eines solchen Projekts versucht im Regelfall mit allen Mitteln, das Ganze so gut wie möglich zu vertuschen und so sein Gesicht zu wahren. Oder er wird strafweise zu einem unbedeutenden Projekt abkommandiert und verschwindet in der Versenkung, oder er bekommt einfach den Laufpaß. Der Leiter eines fehlgeschlagenen Projekts wird natürlich kaum an einer ausführlichen Erörterung der Projektbedingungen interessiert sein, da ihm daraus hauptsächlich Nachteile erwachsen. Dies ist natürlich sehr bedauerlich, da auf diese Weise der einzige Vorteil, den ein fehlgeschlagenes Projekt überhaupt mit sich bringen kann, nämlich die daraus zu ziehenden Lehren, unweigerlich verloren ist.

Warum wissen wir aber auch so wenig über erfolgreiche Projekte? Ein Grund dafür ist, daß DV-Leiter oft befürchten, daß bei näherer Überprüfung eines erfolgreichen Projekts womöglich nicht nur Glanzpunkte zutage gefördert werden. Kommt es folglich zur Überprüfung eines erfolgreichen Projekts, so gerät das Ganze gewöhnlich zu einer doch recht oberflächlichen Beweihräucherung, die sich nach dem folgenden Muster abspielt: "Herr Müller, worauf führen Sie denn Ihren Erfolg zurück?"

"Nun, bei diesem Projekt entschloß ich mich zur Verwendung der neusten Aufwandsschätzmethodologie von Angus Prune und der strukturierten Debugging-Techniken von James Riddle. Natürlich hätte ich dieses Projekt niemals ohne die engagierte Mithilfe meiner Mitarbeiter in dieser Art und Weise durchführen können." Die Unergiebigkeit einer solchen Antwort erinnert mich stark an ein Interview zwischen einem Reporter und einem hundertjährigen Mann. Natürlich stellt der Reporter die unvermeidliche Frage: "Auf was führen Sie denn Ihr hohes Alter zurück?", und der Greis gibt mit einem Augenzwinkern zur Antwort: "Och, die letzten 80 Jahre habe ich jeden Abend drei Glas Bier getrunken und eine rohe Zwiebel gelutscht."

Eine Projektnachprüfung soll dem Erfahrungsaustausch dienen, statt ein Verhüllungs- und Verschleierungsmanöver zu sein. Falls diese Zielsetzung für Ihren Geschmack etwas zu gewagt ist, sollten Sie sich einmal die persönlichen Vorteile einer solchen Projektnachprüfung vor Augen halten. Falls Ihr Projekt erfolgreich war, haben Sie die Möglichkeit, jedermann diese Tatsache vor Augen zu führen. War Ihr Projekt demgegenüber eine absolute Katastrophe, so gibt man Ihnen hiermit die Möglichkeit, sich auf diese Art und Weise der Sündenbockrolle zu entledigen und auf die tatsächlichen Gründe für diesen Fehlschlag aufmerksam zu machen. Aber behelfen Sie sich hierbei nicht mit Lügen oder dem Versuch, die eigentlichen Probleme herunterzuspielen oder sich selbst ins rechte Licht zu rücken. Falls Ihnen Fehler unterlaufen sind, so geben Sie sie auch zu. Gestehen Sie Ihre eigenen Fehler nicht ein, so wird ein anderer Ihnen Ihre Fehler über kurz oder lang ganz gewiß unter die Nase reiben. Auch wenn Ihr Projekt eine dermaßen große Katastrophe war, daß Sie wieder zu den niederen Chargen degradiert wurden, können Sie womöglich mit erhobenem Haupt aus dieser Sache herauskommen, und Sie haben die Gewißheit, anderen DV-Mitarbeitern eine womöglich unschätzbare Hilfe gegeben zu haben: Sie machen sie womöglich auf Fallen aufmerksam, in die sie ohne Ihre Ratschläge bei anderen Projekten eventuell selbst hineintappen würden.

Die wesentlichen Quellen, auf denen die Projektnachprüfung gründet, sind zum einen das Projektprotokoll und zum anderen die Materialien und Erfahrungsberichte, die von den Projektmitarbeitern (beispielsweise Spezifikationen des Analytikers oder beim Austesten aufgetretene Probleme, die die mit den Tests beschäftigten Personen berichten) beigesteuert werden. Bei dieser Nachprüfung werden die folgenden Themenbereiche abgehandelt:

- kurzer Projektüberblick.
- Vergleich der zu unterschiedlichen Projektphasen durchgeführten Aufwandsschätzungen mit den tatsächlichen Ergebnissen. Dies geschieht unter tätiger Mithilfe der Analysegruppe.
- verwendete Tools und ihre jeweiligen Vor- und Nachteile. Man sollte den Tools allerdings keine Schuld für die beim Projekt aufgetretenen Schwierigkeiten zuschieben, sofern sich dies nicht anhand eines konkreten Beispiels belegen läßt.
- Was Sie anders machen würden, wenn Sie dasselbe Projekt noch einmal durchführen würden.
- Andere aus dem Projekt gewonnenen Erfahrungen.

Diese Nachprüfung sollte ungefähr sechs Wochen nach der Systeminstallation erfolgen, wenn das ganze Projekt noch jedem Beteiligten frisch in Erinnerung ist. Das System kann sich nach nur sechs Wochen praktischen Einsatzes natürlich noch nicht so weit bewährt haben, daß sich jetzt schon eine gesicherte Aussage über den Projekterfolg in Sachen Realisierung der Unternehmensziele treffen läßt. An dieser Projektnachprüfung sollte jeder teilnehmen können, der aus den dargelegten Erfahrungen einen Nutzen ziehen kann. Da die Projektnachprüfung - unabhängig vom Projekterfolg - stets durchgeführt werden sollte, ist es irrig anzunehmen, daß eine Projektnachprüfung automatisch den Eindruck erweckt, ein konkretes Projekt sei ein Fehlschlag gewesen.

Unterliegen Sie auf keinen Fall der Versuchung, eine Projektnachprüfung zu einer kabarettistischen Einlage umzufunktionieren. Diesen Versuch unternahm einmal ein mir bekannter Projektleiter, der ein System auf die Beine gestellt hatte, das den Benutzerbedürfnissen nur mangelhaft entsprach. Nichtsdestoweniger veranstaltete er eine Projektnachprüfung, die sich zu einer amüsanten und ausgelassenen Veranstaltung entwickelte. Er lud Führungskräfte aus den Fachabteilungen und aus der DV-Abteilung des Unternehmens zu einer Party ein, die ein so großer Erfolg war, daß Sie ihm schließlich auch noch eine Beförderung einbrachte. Zwar wurden die Benutzer sehr schnell auf die Mängel des Systems aufmerksam, diese machten aber eher hinter vorgehaltener Hand die Runde. Mit gutem Recht hielten sie Beschwerden bei ihren Vorgesetzten für wenig erfolgversprechend. Immerhin hatten diese doch alle die "Projekt-Siegesparty" besucht, sich in platten Lobhudeleien ergangen und würden deshalb jetzt wohl schwerlich Projektfehler eingestehen wollen.

Kurzfristig mag eine solche Strategie, wie sie der besagte Projektleiter verfolgte, von Erfolg gekrönt sein, langfristig ist sie jedoch wenig erfolgversprechend. Auch dieser gewitzte Projektleiter stolperte später deshalb, weil ihn aufgebrachte Benutzer sehr schnell von seiner Karriereleiter herunterholten.

11.3. Zusammenfassung

Eine Projektprüfung stellt einen wichtigen Kontrollpunkt dar, an dem die bis zu diesem Zeitpunkt erledigte Arbeit überprüft und eine Strategie für die nächste Projektphase entwickelt wird. Die Projektprüfung besteht aus drei Teilen: einer Vorbesprechung, bei der die Informationsmaterialien für die eigentliche Projektprüfung zugänglich gemacht werden, der eigentlichen Projektprüfung, bei der das vorliegende Material diskutiert und die weitere Projektrichtung festgelegt wird, und der Nachbesprechung, in deren Verlauf die bei der Überprüfung festgelegten Tätigkeitspunkte durchgeführt und womöglich eine weitere Projektprüfung anberaumt wird.

Es gibt acht verschiedene standardmäßige Projektprüfungen Nichtsdestoweniger kann Ihre eigene Projektmethodologie natürlich auch ein davon abweichendes Überprüfungsschema vorschreiben. Projektprüfungen erfüllen nur dann ihren Zweck bzw. sind nur dann nützlich, wenn sie als ernsthafte Projektwerkzeuge betrachtet und nicht als Werbekampagne mißbraucht werden. Besonders die Analyseprüfung kann sehr leicht zu einer solchen Werbeaktion degenerieren, da sie dem Projektleiter die Möglichkeit gibt, sein Projekt den Benutzern zu "verkaufen" und so grünes Licht für die folgenden beiden Projektphasen, in die die Benutzer nicht mehr maßgeblich involviert sind, zu bekommen.

Mit der herkömmlichen Abnahmeprüfung läßt sich die Akzeptanz eines Systems nicht immer unter Beweis stellen. Diese läßt sich vielmehr erst feststellen, nachdem das System in seiner praktischen Arbeitsumgebung eine Zeitlang eingesetzt wurde. Herkömmliche Abnahmeprüfungen basierten bislang auch zumeist auf den dürftigen Ergebnissen der Abnahmetests. Die Abnahmeprüfung sollte jedoch ebenso gründlich wie die Systemprüfung sein, die sich als abteilungsinterne Probe für den beim Benutzer durchgeführten Übernahmetest anbietet.

Die periodische Einsatzprüfung beurteilt den Systemerfolg in Sachen Betrieb, technischer Qualität und - von besonderer Wichtigkeit - Realisierung der in der Planungsphase aufgestellten Geschäftsziele. Diese Einsatzprüfung hat zudem den Vorteil, daß hierdurch die Beziehung zwischen der DV-Abteilung und den Benutzern verbessert und die Qualität und das Interesse an Wartungsaufgaben gesteigert wird. Ebenso können Wartungsaufgaben wesentlich effizienter geplant und koordiniert werden. Aus Effizienzgründen sollte die fertigungsunterstützende Gruppe mit der Strategiegruppe zusammenarbeiten.

Die Projektnachprüfung bildet für die Projektgruppe ein Forum, um anderen Projektbeteiligten ihre während der Projektabwicklung gemachten Erfahrungen weiterzugeben. Mittels Projektnachprüfungen können Sie und andere Führungskräfte Ihrer DV-Abteilung sich ein besseres Verständnis derjenigen Faktoren verschaffen, die maßgeblich am Projekterfolg beteiligt sind. Durch ein solches Verständnis steigt auch die Wahrscheinlichkeit, daß künftige Projekte erfolgreich abgewickelt werden.

Kapitel 11: Ratschläge für die Anwendung

1. Welche Prüfungen werden in Ihrer DV-Abteilung regelmäßig als Bestandteil eines Projekts durchgeführt? Welche Zielsetzungen verbinden sich mit jeder Prüfung?

2. Vergegenwärtigen Sie sich die letzten fünf oder sechs Prüfungen, an denen Sie teilgenommen haben. Wie hätte man diese effizienter gestalten können, wenn Sie einmal an die in diesem Kapitel vorgestellten Projektprüfungen und Überlegungen denken? Zu welchen Veränderungen ist es bei der Projektabwicklung (oder in anderen Fällen) infolge solcher Prüfungen gekommen? Handelte es sich bei einer dieser Prüfungen um eine Projektnachprüfung und - wenn ja - wurden bei dieser Prüfung Erfahrungen, die man im Projektverlauf gesammelt hatte, an andere Teilnehmer weitergegeben?

Teil 3

Personal: Die größte Ressource der DV-Abteilung

Gewöhnlich wird eine Führungskraft als jemand umschrieben, der mit Hilfe seines Personals bestimmte Leistungen erzielt. Folglich hängt Ihre Leistung als Führungskraft hauptsächlich davon ab, wie Sie diejenigen richtig (bzw. falsch) einsetzen, die bestimmte Arbeiten für Sie ausführen. Ihre Führungsqualitäten hängen ebensosehr stark davon ab, wie Sie mit denjenigen zusammenarbeiten, die neben Ihnen bzw. in der Unternehmenshierarchie über Ihnen stehen, und wie Sie den persönlichen Anforderungen, die an Ihre Führungsposition geknüpft werden, gerecht werden.

In den Kapiteln 12 und 13 wird die Karriere eines Mitarbeiters einer betrieblichen DV-Abteilung nachverfolgt, wobei das besondere Augenmerk der Tatsache gilt, daß wertvolle menschliche Arbeitskraft durch eine unzureichend geplante Einstellungspraxis, Schulung, Beförderung und Entlassung von Mitarbeitern vergeudet wird. In Kapitel 14 wird auf einen anderen Grund für eine solche Unzulänglichkeit eingegangen - die Konfrontation von möglicherweise produktiven Mitarbeitern mit produktivitätsschädlichen Arbeitsbedingungen.

In Kapitel 15 wird auf das Konzept der *Mediokratie* eingegangen, einen Begriff, der ein wesentliches organisatorisches Defizit umschreibt, das das Arbeitspotential eines jeden in einer betrieblichen Abteilung auf ein Mindestmaß bringen kann. Eine solche Unternehmenskultur, die nur Raum für Mittelmäßiges und Durchschnittliches läßt und leider allzuoft anzutreffen ist, führt nicht nur zur Herstellung von Produkten minderer Qualität zu hohen Preisen, sondern läßt sich auch nur mit großen Schwierigkeiten durch Mitwirkung aller Beteiligten aus der Welt schaffen.

In Kapitel 16 wird auf die Unzulänglichkeit mancher Projektleiter eingegangen, der unangenehmen Realität ins Auge zu blicken. In manchen Fällen grenzt diese Unzulänglichkeit bereits an eine Psychose und läßt ein ganzes Projekt außer Kontrolle geraten.

Die Arbeitsbelastung, die die Aufgabe als Projektleiter mit sich bringt, kann sich negativ für Sie selbst, Ihre Familie und alle Ihre Kollegen auswirken. Auf diesen Aspekt wird in Kapitel 17 eingegangen. Natürlich können Sie allen auf Sie zukommenden Ärger in sich "reinfressen", dies ist aber alles andere als klug und schadet Ihrer Gesundheit. In diesem Kapitel werden Strategien vorgestellt, durch die ein Projektleiter vermeiden kann, daß er sich bei dem Versuch, ein Projekt erfolgreich durchzuziehen, selbst zugrunde richtet.

12

Einstellen und Entlassen

Mitarbeiter sind die wertvollsten Aktivposten einer DV-Abteilung. Deren Rekrutierung und Ausbildung erfordert sehr viel Zeit und Aufwand, was sich wiederum in den dafür erforderlichen finanziellen Aufwendungen niederschlägt. Zudem sind Mitarbeiter eine Investition, was die innerbetriebliche Verfahrenspraxis anbelangt: In nur wenigen Monaten erlernt ein neuer Mitarbeiter die informellen Spielregeln des Unternehmens und seiner Abteilung und eignet sich eine besondere Arbeitsroutine an, die eine effiziente Zusammenarbeit mit seinen Kollegen gewährleistet. Aus diesem Grund ist die Einstellung bzw. Entlassung eines Mitarbeiters eine Angelegenheit, die weitreichende Auswirkungen auf das Arbeitsklima haben kann und folglich gut überlegt sein will.

Führungskräfte können nur dann sachgerecht entscheiden, wann welche Mitarbeiter eingestellt bzw. entlassen werden sollen, sofern ihnen bekannt ist, welche besonderen Anforderungsprofile für die jeweiligen Positionen im Unternehmen benötigt werden. Nur wenn jede Position mit einem Mitarbeiter besetzt wird, der über das erforderliche Fertigkeitsprofil verfügt, ist eine optimale Arbeitseffizienz zu erwarten. Im vorliegenden Kapitel wird der Frage nachgegangen, nach welchen Kriterien Mitarbeiter ausgewählt werden. Zudem wird gezeigt, auf welchem Weg, d.h. aufgrund welcher Einstellungsverfahren die Auswahl des richtigen Mitarbeiters gewährleistet ist. Daneben wird auf die Gründe eingegangen, die zu einer Entlassung eines Mitarbeiters führen können.

12.1 Einstellen

Die Einstellung eines Mitarbeiters, der eine neue bzw. vakante Position bekleiden soll, erfolgt gemäß den folgenden sechs Schritten: Zunächst wird das neu zu besetzende Aufgabengebiet definiert. Danach wird die Stelle ausgeschrieben. Anschließend werden diejenigen Personen ausgewählt, die zum Einstellungsgespräch eingeladen werden sollen. Daran schließen sich die Einstellungsgespräche an. Abschließend wird ein Kandidat eingestellt und in die Abteilung integriert. In den folgenden Abschnitten soll näher auf die einzelnen Schritte eingegangen werden. Daran anschließend werden weitere Aspekte, denen hinsichtlich der Einstellung von Mitarbeitern eine besondere Bedeutung zukommt, angesprochen.

12.1.1 Anforderungsprofil der vakanten Position entwerfen

Bevor ein Mitarbeiter eingestellt wird, muß für jede in Betracht kommende Position ein Anforderungsprofil entwickelt werden, das derjenige, der diese Stelle besetzen soll, "mitbringen" muß. Falls Sie diesem Gesichtspunkt nicht die nötige Beachtung schenken, können Sie nur schwerlich eine aussagekräftige Annonce aufsetzen. Auch die Entscheidung für den geeignetsten Kandidaten dürfte Ihnen in diesem Fall alles andere als einfach fallen.

Viele DV-Abteilungen widmen der Stellenbeschreibung nicht die nötige Aufmerksamkeit. Einige Abteilungen suchen sich ihre neuen Mitarbeiter einfach durch Angabe einer Berufsbezeichnung und einer Verwaltungsposition. Eine Berufsbezeichnung ersetzt aber nicht die aussagekräftige Stellenbeschreibung, da sie nur die nominelle Stellung einer Person in einer Abteilung ausdrückt, nicht aber deren tatsächlichen Arbeitsbeitrag im Rahmen der betrieblichen Aufgaben umschreibt.[1] Berufsbezeichnungen wie Programmierer/Analytiker oder Systemspezialist sagen oft überhaupt nichts aus, da die Träger solcher Berufsbezeichnungen häufig die unterschiedlichsten und nach vordergründigen Gesichtspunkten zugewiesenen Aufgaben erledigen müssen. Eine Berufsbezeichnung ohne zugrundeliegende Stellenbeschreibung umschreibt weder das tatsächliche Tätigkeitsfeld einer bestimmten Aufgabe noch die damit verbundenen Zielsetzungen. Verwaltungspositionen sind kaum aussagekräftiger, da sie im Regelfall nur den ungefähren Besoldungsbereich, die Beschäftigungszeit im Unternehmen und die Position innerhalb der Abteilungshierarchie angeben.

Eine gute Möglichkeit der Stellenbeschreibung bietet ein sogenanntes *Rollenraster*. Dieses Raster trägt der Tatsache Rechnung, daß nur die wenigsten Aufgabengebiete einen monolithischen Charakter haben, sondern vielmehr aus den unterschiedlichsten Rollen bestehen. So kann das Arbeitsgebiet eines Chef-Systemanalytikers etwa die folgenden Rollen umfassen: Mitwirken in der Strategiegruppe, Quantifizierung der Geschäftsmöglichkeiten, Unterbreitung der DV-Pläne zwecks Billigung durch die Geschäftsleitung und Einweisung aller betreffenden Personen in das neue System.

---

1 Ich war einmal für ein kleines Softwareunternehmen als Berater tätig. Dort war man der Meinung, daß Berufsbezeichnungen völlig irrelevant seien. Aus diesem Grund ließ man den Mitarbeitern völlig freie Hand bei der Wahl ihrer Berufsbezeichnungen. Ein Programmierer ließ sich auf seine Visitenkarte die Berufsbezeichnung *Großwesir* drucken. Um dahinter nicht zurückstehen zu müssen, hielt sein Kollege ihm kurz danach seine Visitenkarte mit der Bezeichnung *Chef-Großwesir* unter die Augen. Eine Berufsbezeichnung, die auf mich besonderen Eindruck machte, war die eines Mitarbeiters der Textverarbeitung. Dieser hatte sich die Berufsbezeichnung *Textingenieur* einfallen lassen.

Ein Ausschnitt dieses Rollenrasters kann für diese Position etwa wie das in Bild 12.1 vorgestellte Schaubild aussehen. Die Größe des Rollenrasters hängt von den jeweiligen Aufgabenbereichen einer Abteilung ab. Ein Raster, das mir erst kürzlich in einer großen DV-Abteilung unter die Augen kam, sah für einen Aufgabenbereich 50 Spalten und für die jeweiligen Rollen rund 250 Zeilen vor. Es wurde in einer auf einem Rechner abgelegten Datei entwickelt und durch einige zweckmäßige Programme gewartet.

Aufgabengebiet / ROLLE	Chef-System-analytiker	Systemanalytiker	Mitarbeiter für Systemwartung			
Mitglied der Strategiegruppe	✓					
Analytiker mit Aufgabengebiet „Geschäftsmöglichkeiten“	✓					
DV-Pläne dem Management unterbreiten	✓					
Neue Systeme erklären	✓	✓				
Analytiker im Bereich „Spezialprozeduren“		✓				
Analytiker im Bereich „Spezialinformationen“		✓				
Wiederherstellung des Systembetriebs nach Ausfall			✓			
Software-ausbesserung			✓			

Bild 12.1 *Rollenraster für die Position eines Chef-Systemanalytikers.*

Der nächste Schritt der Stellenbeschreibung besteht darin, ein umfassendes Anforderungsprofil zu erstellen (siehe [Giegold, 1982]). Dieses Anforderungsprofil gibt für jede Rolle in der DV-Abteilung den Hintergrund vor, den der Rolleninhaber aufweisen muß: seine Fähigkeiten, Qualifikationen und Erfahrungen, zudem auch die mit der Rolle verknüpften Aufgabenbereiche. Ein Beispiel eines solchen Anforderungsprofils für einen Chef-Systemanalytiker wird ausschnittsweise in Bild 12.2 vorgestellt.

Anforderungen / Rolle	Persönlichkeit						Fähigkeiten, Qualifikationen, Erfahrungen						Aufgabe (Aufgabennummern)
	Reife	Ausdrucksvermögen	Tatkraft	Unerschütterlichkeit	Ausdauer	Kreativität	Bank- und Finanzgewerbe	Strukturierte Analyse	Informationsmodellierung	COBOL	JCL	Arbeits- und Betriebspsychologie	
Mitglied der Strategiegruppe	✓	✓	✓			✓		✓	✓				1, 2, 3, 4
Analytiker mit Aufgabengebiet „Geschäftsmöglichkeiten"	✓		✓		✓	✓	✓						4, 5, 6, 7
DV-Pläne dem Management unterbreiten	✓	✓					✓						8, 9
Neue Systeme erklären	✓	✓	✓				✓						8, 10, 11
Analytiker mit Aufgabengebiet „Spezialprozeduren"	✓	✓			✓	✓	✓	✓					12, 13, 14
Analytiker mit Aufgabengebiet „Spezialinformationen"	✓	✓			✓	✓	✓		✓				13, 14, 15
Wiederherstellung des Systembetriebs nach Ausfall				✓	✓	✓				✓	✓		16, 17, 18
Softwareausbesserung				✓	✓	✓				✓	✓		18, 19, 20
Softwareerweiterung						✓	✓	✓	✓	✓	✓	✓	18, 21, 22

Bild 12.2 Anforderungsprofil für einen Chef-Systemanalytiker.

In der Rubrik "Aufgabe" wird jede Rolle durch verschiedene Zahlen gekennzeichnet, denen jeweils eine bestimmte Aufgabenbeschreibung zugrundeliegt. Im folgenden wird ein Beispiel einer solchen Aufgabenbeschreibung für eine Rolle im Umfeld der Strategiegruppe aufgeführt:

Aufgabennummer: 3

Aufgabenbezeichnung: Teilnahme an von Banken veranstalteten Konferenzen.

Aufgabenbeschreibung: Erstellen einer Auswahlliste relevanter Konferenzen. Vermerk der wichtigsten Themenbereiche.

Einige DV-Abteilungen legen ein anderes Anforderungsprofil einer Rolle zugrunde. So kann man beispielsweise die individuellen Fertigkeiten als Rollenraster und die Aufgabenstellung in Form eines Datenflußdiagramms veranschaulichen.

Die Aufgaben werden anschließend in Form von Kleinstspezifikationen des Datenflußdiagramms aufgeführt, wobei die wissensspezifischen Anforderungen in der Kleinstspezifikation der jeweiligen Aufgabe enthalten sind.

Das Rollenraster kann auch so aussehen, daß die Anforderungen exakter als durch einfaches Ankreuzen bzw. Nicht-Ankreuzen bestimmter Merkmale (siehe Bild 12.1) spezifiziert werden. In einigen DV-Abteilungen gibt es eine Anforderungsskala von 0 (nicht erforderlich) bis 5 (wesentlich) in bezug auf die charakterspezifischen Eigenschaften und eine ähnliche Skala von 0 (ohne Vorkenntnisse) bis 5 (Fachwissen unbedingt erforderlich) für die wissensmäßigen Voraussetzungen. Bei einem solchen ausgefeilteren Verfahren müssen die Rollen wesentlich umfassender definiert werden als bei dem in Bild 12.1 vorgestellten Erfassungsmuster. Ein ausgefeilteres Verfahren empfiehlt sich insbesondere bei der Auswahl neuer Mitarbeiter für spezielle Aufgabenbereiche.

Obwohl die Aufstellung und Aktualisierung von Stellenbeschreibungen in die Verantwortlichkeit des Personalleiters fallen, sollte jeder in der DV-Abteilung Beschäftigte darauf achten, daß seine eigene Stellenbeschreibung den tatsächlichen Gegebenheiten entspricht. Die exaktesten Stellenbeschreibungen gibt es dann, wenn der Stelleninhaber seine Stellenbeschreibung selbst abfaßt. Sie als Personalleiter fungieren in diesem Fall nur als abschließende Prüfinstanz. Auf diese Weise gewinnen die Mitarbeiter ein besseres Verhältnis zu ihren Aufgabenbereichen, als wenn ihre Rollen und Aufgabengebiete "von oben" in starren und möglicherweise ungenauen Stellenbeschreibungen festgelegt würden.

12.1.2 Eine Stelle annoncieren

Nachdem erst einmal eine Beschreibung der neu zu besetzenden Stelle vorliegt, sind auch die Rollen und die Anforderungsprofile zur erfolgreichen Bewältigung dieser Rollen bekannt. Mit diesem Wissen können Sie dann eine Anzeige aufgeben, die die vakante Stelle exakt umschreibt.

Hier ist jedoch Vorsicht geboten: Die erforderlichen Kenntnisse sollten nicht überbetont werden. Man sollte stets daran denken, daß ein neuer Mitarbeiter nicht nur Wissen in ein Unternehmen einbringt, sondern auch ein besonderes Potential darstellt. DV-Abteilungen, die Mitarbeiter nur nach Maßgabe vorhandener Kenntnisse einstellen, und solchen Personen keine Chance geben, die ein wertvolles Potential bereitstellen könnten, lassen sich die Gelegenheit entgehen, talentierte Mitarbeiter einzustellen, die man in speziellen Fertigkeiten schulen kann. Meine Maxime bei Einstellungsverfahren ist, daß ich Personen mit wenig Erfahrung, die jedoch Kreativität und logisches Denken mitbringen, den Vorzug gebe vor Mitarbeitern mit vielen Jahren Berufspraxis, die die beiden genannten Fertigkeiten vermissen lassen.

Obwohl gerade in der DV-Branche Lernbereitschaft und Anpassungsfähigkeit an künftige Gegebenheiten von besonderer Bedeutung ist, kommen einem oft recht seltsam anmutende Stellenanzeigen in EDV-Fachblättern unter die Augen, in denen von den gesuchten Mitarbeitern ein ganz spezielles Fachwissen gefordert wird. So wurde in einer Anzeige beispielsweise Erfahrung in SNIBBOL 3.7.1/B gefordert, das auf einer 3033N unter MVS/TSO eingesetzt wird. Ich denke, daß jemand, der Erfahrungen in SNIBBOL 3.7.1/A mitbringt, sich auch mühelos das nötige Wissen für SNIBBOL 3.7.1/B aneignen kann. Der wahre Grund für dieses verlangte Spezialwissen bestand wohl darin, daß die Annonce bereits auf einen ganz bestimmten Mitarbeiter zugeschnitten war.

Eine andere Annonce, die zu dem Zeitpunkt erschien, als der HP 3000 ungefähr ein Jahr auf dem Markt war, richtete sich an jemanden, der bereits über zwei Jahre COBOL-Erfahrung auf dem HP 3000 unter MPE verfügte. Auf diese Annonce hat sich wohl kaum einer melden können! Viele DV-Abteilungen führen in ihren Annoncen aus, daß sie jemanden suchen, der womöglich eine fünfjährige Erfahrung in COBOL unter DOS/VSE mitbringt, ohne daß diese Anforderung weiter spezifiziert wird. Bei einer solch vagen Stellenbeschreibung bekommt man gewöhnlich nicht die Mitarbeiter, die man sich eigentlich wünscht.

Ein gediegenes Fachwissen ist natürlich für viele Positionen absolute Voraussetzung. So könnte man nur schwerlich die Empfehlung aussprechen, eine Person, die zwar über viel Potential, dafür aber über keine tatsächlichen Datenbankerfahrungen verfügt, als Chefdatenbankdesigner eines Projekts einzustellen. Ebensowenig sollten Sie Mitarbeiter, die ein gehöriges Maß an Potential mitbringen, einstellen, wenn in Ihrem Unternehmen keine Möglichkeiten vorhanden sind, dieses Potential zielgerichtet in das für Ihre Zwecke erforderliche Wissen umzusetzen. Ansonsten nehmen Sie ihnen alle Motivation und sorgen für soviel Frustration, daß sie über kurz oder lang ihre Kündigung einreichen. Folglich sollte eine wichtige Zielsetzung Ihrer Einstellungsstrategie sein, ein gesundes Mischungsverhältnis von bisheriger Tätigkeit (Erfahrung) und künftiger Tätigkeit (Potential) zugrunde zu legen.

12.1.3 Auswahl des Stellenbewerbers

Nach der Annoncierung der vakanten Stelle gehen die Bewerbungsunterlagen ein. Der nächste Schritt besteht dann darin, anhand der eingegangenen Bewerbungsunterlagen und gemäß dem Anforderungsprofil der Stellenbeschreibung eine Vorauswahl zu treffen, welche Kandidaten zum Vorstellungsgespräch eingeladen werden sollen. Da Bewerber ihre Vorzüge in Bewerbungsunterlagen allzu stark ins rechte Licht rükken, sollte man die Angaben nicht unbedingt für bare Münze nehmen. Einige Bewerbungsunterlagen zeichnen sich durch eine dermaßen hohe Kunstfertigkeit aus, daß sie fast schon einen Literaturnobelpreis verdienten. Ein Bewerber führte einmal in seinen Bewerbungsunterlagen aus, daß er die gesamte Software für das NASA-Apolloprogramm eigenhändig entwickelt hätte. Beim Vorstellungsgespräch sprach ich ihn daraufhin an und fragte, wie er denn diesen Bravourakt geschafft hätte. Er gab kleinlaut zu, daß sein Stellenvermittler die Bewerbung geschrieben und er keinen Einblick in den Bewerbungstext gehabt hätte.

Mit diesem Gesichtspunkt im Hinterkopf sollten Sie die Bewerbungsunterlagen dazu verwenden, um die Spreu vom Weizen zu sondern. Scheinen sehr viele Bewerber für die ausgeschriebene Stelle geeignet zu sein, sollten Sie sich auf die sechs aussichtsreichsten beschränken. Falls keiner unbedingt geeignet zu sein scheint, sollten Sie sich überlegen, wie dringend eine Besetzung der Vakanz erforderlich ist, und sich noch einmal die annoncierten Anforderungen zu Gemüte führen und prüfen, ob Ihnen dabei womöglich ein Fehler (unrealistische Anforderungen oder ungenaue Angaben) unterlaufen ist.

Lassen Sie die Bewerbungsunterlagen auf keinen Fall in den Papierkorb wandern. Sie bieten eine wertvolle Hilfestellung bei der Durchführung der Vorstellungsgespräche. So können Sie womöglich auf der Grundlage der in den Bewerbungsunterlagen gemachten Angaben zielgerichtetere Fragen stellen, um so wichtige Voraussetzungen besser abklopfen zu können.

12.1.4 Durchführung des Bewerbungsgesprächs

Der wichtigste Schritt bei der Durchführung eines Bewerbungsgesprächs besteht in der Überlegung, welche Fragen gestellt werden sollen und welche speziellen Informationen der Bewerber mitteilen soll. Um diese beiden Zielsetzungen zu gewährleisten, sollten Sie das Bewerbungsgespräch genau auf diese Aspekte hin planen. Eine solche Struktur braucht nicht pedantisch befolgt zu werden, Sie sollten sich während des Gesprächs der gesetzten Zielsetzungen aber ständig bewußt sein und versuchen, alle gewünschten Informationen aus dem Gespräch herauszuholen. Allzuoft gleiten Bewerbungsgespräche ins Belanglose ab, so daß nach dem Gespräch keine bessere Beurteilungsgrundlage als davor gegeben ist.

Im folgenden soll ein fünfphasiger Ablaufplan eines Bewerbungsgesprächs vorgestellt werden. Zunächst einmal sollten Sie dem Bewerber Gelegenheit geben, sich auf Sie und die Gesprächssituation einzustellen. Geben Sie ihm einen kurzen Überblick über Ihre Abteilung und das Unternehmen. Klären Sie ihn über die Zielsetzungen und Pläne Ihrer Abteilung auf, und teilen Sie ihm mit, wie diese mit dem operativen Geschäft des Unternehmens harmonieren. Beschreiben Sie ihm die technischen Einrichtungen und allgemeinen Arbeitsbedingungen der DV-Abteilung. Unterbreiten Sie ihm seine Karrieremöglichkeiten innerhalb des Unternehmens, und machen Sie ihn mit seinem Aufgabenbereich und angrenzenden Aufgabengebieten vertraut. Teilen Sie ihm alle Möglichkeiten mit, die für ihn in Frage kommen könnten. Machen Sie ihn schließlich auch mit der allgemeinen Organisation der DV-Abteilung bekannt, beispielsweise den Kriterien für Beförderung, Weiterbildung, Spezialbereichen der Abteilung und anderen Gegebenheiten. Stellen Sie ihm diese Möglichkeiten in Aussicht, sofern er sich als geeignet erweisen sollte.

Stellen Sie danach Fragen zum Hintergrund und zur Persönlichkeit des Bewerbers. Ich gehe gewöhnlich so vor, daß ich interessante Aspekte in den Bewerbungsunterlagen anstreiche und die zu stellenden Fragen am Rand vermerke. Mit Hilfe solcher Fragen versuche ich, mehr über den Hintergrund des Bewerbers in Erfahrung zu bringen. Bei Ihrer Befragung sollten Sie höflich, aber bestimmt zu Werke gehen. Denken Sie zudem daran, nicht nur Fragen zu stellen, sondern sich auch die Antworten des Kandidaten aufmerksam anzuhören. Erstellen Sie beispielsweise einen Fragebogen, in dem die unterschiedlichsten Anforderungsmerkmale aufgelistet sind, und lassen Sie den Kandidaten sich selbst Noten zwischen Null und Fünf zuordnen.[2] Hierdurch können Sie in Erfahrung bringen, wie der Bewerber seine Stärken und Schwächen einschätzt.

Drittens sollten Sie ihm zusätzliche Fragen stellen, die mit der ausgeschriebenen Position zusammenhängen. Ist der Bewerber derzeit als Analytiker beschäftigt und bewirbt er sich auf eine Stelle als Analytiker, sind die folgenden Fragen denkbar:

(a) Welche Aufgaben hat ein Analytiker?

(b) Welche Voraussetzungen muß ein Analytiker mitbringen?

(c) Welche Persönlichkeitsstruktur eignet sich für die Aufgabe eines Analytikers am besten?

(d) Beschreiben Sie die persönlichen Eigenschaften des besten Analytikers, der Ihnen jemals untergekommen ist.

(e) Gesetzt den Fall, Sie bekommen diese Stelle: Bei welchen Aufgaben benötigen Sie am meisten Hilfe?

(f) Falls ich als Ersatz für Sie bei Ihrer derzeitigen Arbeit einspringen würde und Sie mich nur kurz in meine Aufgaben einweisen könnten: Welche Aspekte Ihrer Tätigkeit würden Sie hervorheben?

(g) Welche Aufstiegsmöglichkeiten rechnen Sie sich in den kommenden zwei bis fünf Jahren aus?

(h) Welche Fähigkeiten müssen Sie mitbringen, um dieses Ziel zu erreichen?

(i) Was gefällt Ihnen an unserer Abteilung und unserem Unternehmen am besten?

(j) Was würden Sie bemängeln?

(k) Warum geben Sie Ihre derzeitige Stellung auf? (Fragen Sie ihn auch, warum er eine frühere Stelle aufgegeben hat.)

Die Fragen (a) bis einschließlich (d) helfen Ihnen festzustellen, ob Sie und der Bewerber die gleichen Vorstellungen über das Anforderungsprofil eines Analytikers haben. Die Antwort auf Frage (e) zeigt Ihnen, wo der Kandidat seine Schwachpunkte

2 Siehe hierzu [Singer, 1982].

sieht, während die Frage (f) beleuchtet, wie gut der Bewerber seine derzeitige Position im Griff hat und wie deutlich er sein Aufgabenfeld skizzieren kann. In den Fragen (g) und (h) werden die Aufstiegsabsichten des Bewerbers beleuchtet. In Frage (h) soll er seine Stärken mitteilen. Die Fragen (i) und (j) decken die Einschätzung des Kandidaten in bezug auf Ihre Abteilung und Ihr Unternehmen auf. Falls seine Einschätzungen falsch sind, sollten Sie ihn darüber in Kenntnis setzen! Die letzte Frage gibt Ihnen eine Vorstellung darüber, welche arbeitsspezifischen Aspekte dem Bewerber wichtig sind und aus welchen Gründen er wohl auch Ihre DV-Abteilung verlassen würde.

Zur Beantwortung seiner Fragen sollten Sie dem Bewerber eine gewisse Bedenkzeit geben. Allerdings sollten Sie ihn auch mit Fragen überraschen, um so seine Fähigkeit zu überprüfen, gedanklich schnell auf bestimmte Situationen und Anforderungen zu reagieren.[3]

Viertens sollten Sie den Bewerber um eine Stichprobe seiner Arbeit bitten. Dies ist ein wichtiger Gesichtspunkt, da es keine bessere Beurteilungsgrundlage für die Fähigkeiten eines Bewerbers gibt. Falls der Bewerber beispielsweise in seiner Bewerbung ausgeführt hat, daß er kürzlich an einer strukturierten Analyse gearbeitet hat, sollten Sie ihn beispielsweise darum bitten, zum Bewerbungsgespräch einen kleinen Teil einer strukturierten Spezifikation, an der er tätig war, mitzubringen. Falls Sie eine mögliche Führungskraft befragen, sollten Sie sie womöglich um die Vorlage eines von ihr entwickelten Plans bitten. Auch wenn der Bewerber keine DV-Erfahrung hat, sollten Sie ihn um die Vorlage einer Arbeit, die er bei einem vorherigen Arbeitgeber oder auf der Universität angefertigt hat, bitten. Lassen Sie ihn seine Arbeit erklären, und stellen Sie ihm einige Fragen, um sicherzustellen, daß es sich dabei wirklich auch um seine eigene Arbeit handelt. Als ich beispielsweise den Herrn, der angeblich das ganze NASA-Programm programmiert hatte, hinsichtlich der Mondlandung von Apollo 13 befragte, und er mir nicht entgegenhielt, daß Apollo 13 gar nicht auf dem Mond gelandet war, begann ich zu vermuten, daß er doch nicht so maßgeblich an dem NASA-Projekt mitgearbeitet hatte, wie es in seinen Bewerbungsunterlagen zum Ausdruck kam.

Abschließend sollten Sie sich um organisatorische Dinge wie die Erstattung der für die Vorstellung erforderlichen Aufwendungen kümmern und dem Bewerber auch mitteilen, in welcher Form Sie ihn von Ihrer Entscheidung in Kenntnis setzen. Falls ein zweites Gespräch zur Entscheidungsfindung notwendig ist, sollten Sie mit ihm jetzt schon einen möglichen Termin vereinbaren.

Bei einem Vorstellungsgespräch sollten aus folgenden drei Gründen mehrere Teilnehmer anwesend sein: Zunächst einmal können Sie sich nach Abschluß eines Gesprächs mit Ihrem/n Kollegen zusammen eine Meinung über den Bewerber bilden. Zum zweiten können anwesende Kollegen andere Fertigkeiten des Bewerbers abklopfen, sofern die in Frage stehende Position weitreichende Fertigkeiten und Fähigkeiten

3 Zu den hier vorgestellten Fragen und den aus den Antworten zu ziehenden Erkenntnissen siehe [Giegold, 1982, 122-24] und auch [Steger *et al.*, 1975].

erfordert. Zum dritten fallen Ihre eigenen Vor- und Abneigungen nicht so stark ins Gewicht, wenn noch andere Kollegen an der Auswahl eines geeigneten Mitarbeiters mitwirken.

12.1.5 Wahl des Mitarbeiters

Aufgrund des zunächst erarbeiteten Anforderungsprofils sind Ihnen die erforderliche Persönlichkeit, Fertigkeiten und Erfahrungen des gesuchten Stelleninhabers sowie das Aufgabenfeld der ausgeschriebenen Stelle bekannt. Diese bilden eine Richtschnur, anhand derer Sie jeden im Vorstellungsgespräch begutachteten Bewerber beurteilen können. Unmittelbar nach dem Bewerbungsgespräch sollten Sie und Ihr(e) Kollege(n) vermerken (auf der Skala von Null bis Fünf), wie Sie den Kandidaten hinsichtlich seiner Fähigkeiten einschätzen. Falls es zwischen Ihnen und Ihrem/n Kollegen hinsichtlich der Beurteilung des Bewerbers in einem speziellen Bereich große Unterschiede gibt, sollten Sie den Bewerber noch einmal einer Befragung unterziehen.

Nachdem alle Vorstellungsgespräche durchgeführt wurden, entscheiden Sie, welcher Bewerber dem Anforderungsprofil der ausgeschriebenen Stelle am besten gerecht wird. Da Sie nur in den seltensten Fällen jemanden bekommen, der Ihren Vorstellungen in vollster Weise gerecht wird, sollten Sie einige Schwächen in bestimmten Bereichen, insbesondere bei wissensspezifischen Aspekten, in Kauf nehmen. Diese lassen sich nämlich durch Schulungsmaßnahmen beheben. Charakterliche Schwächen lassen sich jedoch nur sehr schwer korrigieren, so daß ernsthafte Bedenken hinsichtlich der charakterlichen Eignung eines Bewerbers für Sie Grund genug sein sollten, ihn von Ihrer Liste zu streichen. Bevor Sie jemanden streichen, sollten Sie zunächst sein Potential in Augenschein nehmen, indem Sie sich seine bisherigen Arbeitsergebnisse, seine Intelligenz und auch seine Arbeitseinstellung vor Augen führen. Wie bereits ausgeführt, könnte eine zweckgerichtete Kanalisierung dieser Qualitäten für Ihre DV-Abteilung ungleich wertvoller sein als Jahre an Berufserfahrung, die jemand in einem bestimmten Arbeitsbereich mitbringt.

Falls Sie Pech haben, kann es Ihnen passieren, daß kein Kandidat für die ausgeschriebene Stelle geeignet ist. In diesem Fall müssen Sie die Stelle neu ausschreiben, um weitere Bewerber zu bekommen. Womöglich haben Sie auch eine unzweckmäßige Annonce in die Zeitung gesetzt oder in den falschen Medien bzw. im falschen geographischen Bereich annonciert. Vielleicht stimmt auch das von Ihnen gebotene Gehalt nicht (obwohl Ihnen hier womöglich Grenzen "von oben" gesetzt sind), oder Sie haben sich von vornherein auf ältere Mitarbeiter mit mehr Erfahrung versteift (die gewöhnlich auch höhere Gehaltsansprüche haben), statt geeignete Berufsanfänger in nähere Betrachtung zu ziehen. Eventuell sind die Anforderungen der ausgeschriebenen Stelle auch so hoch, daß ihnen niemand gerecht werden kann. Versuchen Sie zuerst die Gründe zu finden, warum Sie keinen geeigneten Mitarbeiter gefunden haben, und starten Sie danach einen erneuten Versuch.

Gelegentlich kommt es auch vor, daß Sie im Bewerbungsgespräch auf jemanden treffen, der die idealen Voraussetzungen mitbringt - jedoch für eine andere

Stelle. So bewirbt sich beispielsweise jemand auf die Stelle eines Analytikers, im Gespräch stellen Sie dann jedoch fest, daß er eher das Zeug zum Entwickler von Softwaretools hat. In diesem Fall bieten Sie ihm womöglich den Posten eines Entwicklers von Softwaretools an (immerhin ist es nicht so einfach, qualifizierte Leute zu bekommen) und setzen Ihre Suche nach einem geeigneten Analytiker fort.

Nachdem Sie und Ihre Kollegen sich für den geeigneten Mitarbeiter entschieden haben, sollten Sie noch seine Referenzen überprüfen, sofern diese erbeten wurden. Referenzen sollten nur dann angefordert werden, wenn Sie auch wirklich überprüft werden. Hierbei sollten Sie jedoch bedenken, daß Unternehmen heutzutage nur ungern bereit sind, fundierte Beurteilungen über Ex-Mitarbeiter abzugeben. So sind viele Arbeitgeber nicht bereit, die Beschäftigungszeiten, den Aufgabenbereich und das Gehalt eines früheren Mitarbeiters mitzuteilen. Aber auch diese Information ist einen Telefonanruf wert.

12.1.6 Integration des neuen Mitarbeiters in die Abteilung

Der neu eingestellte Mitarbeiter muß ab dem ersten Tag in die DV-Abteilung integriert werden und gewöhnlich auch eine bestimmte Ausbildung durchlaufen. Hierbei braucht es sich um keine formelle Schulung zu handeln. Nichtsdestoweniger sollte die Einweisung in sein neues Arbeitsgebiet geplant werden. Gänzlich fehl am Platze ist eine übermäßige Eile in der Absicht, den neuen Mitarbeiter möglichst schnell produktiv einsetzen zu können.

In Ihrer Abteilung sollte es zumindest eine für neue Mitarbeiter gedachte Broschüre geben, in der die regulären Arbeitszeiten, die betrieblichen Einrichtungen, die Sozial- und Sonderleistungen des Unternehmens und die geltenden Unternehmensvorschriften aufgeführt sind. Der Begriff "Einarbeitung" kann auch einfach die Tatsache umschreiben, daß man dem neuen Mitarbeiter die Zeit gibt, sich durch entsprechende Lektüre oder in Gesprächen mit Kollegen auf sein neues Arbeitsfeld vorzubereiten. Solche Schulungsmaßnahmen sollten natürlich nicht dann enden, wenn der Mitarbeiter sich in seine neue Position eingearbeitet hat, sondern vielmehr eine ständige, arbeitsbegleitende Einrichtung sein.

Führen Sie Buch über die Leistungen des neuen Mitarbeiters, und überprüfen Sie Ihre Einstellungsentscheidung nach etwa einem halben Jahr. Vergleichen Sie seinen Wissensstand mit Ihren diesbezüglichen Annahmen zum Einstellungszeitpunkt. Versuchen Sie Ihre (eventuelle) Fehleinschätzung zu begründen, und nutzen Sie diese Erkenntnisse in späteren Einstellungsverfahren.

12.1.7 Weitere Empfehlungen

Es gibt drei weitere Regeln, an die Sie sich beim Einstellungsgespräch und der Rekrutierung von Mitarbeitern halten sollten: Zunächst einmal sollten Sie den Bewerber nicht mit aus der Luft gegriffenen Versprechungen oder in Aussicht gestellten Möglichkeiten zu ködern versuchen. In meinen ersten Berufsjahren bewarb ich mich bei einem Unternehmen, das auf die Entwicklung von Softwareprodukten für den wissenschaftlichen und Ingenieursbereich spezialisiert war. Derjenige, der mit mir das Gespräch führte, war äußerst liebenswürdig und jovial. Der größte Teil des Vorstellungsgesprächs bestand aus einem Mittagessen, an dem auch noch andere Mitarbeiter des Unternehmens teilnahmen. Alles lief äußerst überschwänglich, harmonisch und freundschaftlich ab, und man versicherte mir von allen Seiten, wie gut man mich gebrauchen könnte.

Ich nahm die Stelle an, weil mir zum einen das augenscheinlich entspannte Arbeitsklima zusagte und ich zum anderen in einem ähnlichen Bereich bereits tätig gewesen war. Die Stelle sagte mir insbesondere deshalb zu, weil man mir beim Vorstellungsgespräch versprach, daß ich binnen Jahresfrist der Leiter einer neuen Abteilung, die aus der alten gebildet werden sollte, werden würde. Im nachhinein kann ich mich nur wundern, wie leichtgläubig ich damals war. Ich fragte noch nicht einmal, aus welchem Grund eine solche interne Umstrukturierung eigentlich geplant war.

An meinem ersten Arbeitstag mußte ich feststellen, daß das Arbeitsklima doch nicht so harmonisch war, wie ich es erwartet hatte. Die Arbeit war jedoch nicht uninteressant. Bald schon stellte ich fest, daß man sich in der DV-Abteilung wegen der hohen Mitarbeiterfluktuation eine besondere Taktik für Vorstellungsgespräche ausgedacht hatte, um Kandidaten zu ködern. Nach acht Monaten wurde ein weiterer Programmierer in unserer Abteilung eingestellt. Nochmals zwei Monate später wurde jemand als Leiter der DV-Abteilung eingestellt. Nachdem sechs weitere Monate verstrichen waren, in denen sich sonst nichts Besonderes ereignet hatte, machte ich mir doch langsam meine Gedanken. Warum hatten sie die Abteilung nicht umstrukturiert und mich als Führungskraft berufen? Warum hatten sie mir einen neuen Vorgesetzten vor die Nase gesetzt? Ich stellte meinen damaligen Gesprächspartner vom Vorstellungsgespräch, der jetzt einer anderen Abteilung angehörte, zur Rede. Als ich ihn an sein damals gegebenes Versprechen erinnerte, konnte er sich an nichts mehr erinnern, und mein neuer Chef versuchte mir mit einem nichtssagenden "Man kann nicht immer alles haben" Trost zuzusprechen. Ich war verärgert und fühlte mich hintergangen. Innerhalb eines Monats reichte ich meine Kündigung ein und schwor mir, nie mehr leichtfertig auf in Vorstellungsgesprächen gemachte Versprechungen hereinzufallen.

Solche unrealistischen Versprechungen bei Vorstellungsgesprächen sind aber auch heute noch an der Tagesordnung. Erst kürzlich traf ich eine Programmiererin, der man bei ihrer Einstellung versprochen hatte, daß sie nach Abschluß von Projekt A zur Projektanalytikerin befördert und danach Projektleiterin von Projekt B werden würde. Doch es kam weder zur einen noch zur anderen Beförderung. Nachdem sie sich schließlich beschwerte, machte man sie widerstrebend zur Programmiererin/Analytikerin bei Projekt C. Auch sie fühlte sich betrogen und wechselte ihren Arbeitgeber.

Stellen Sie folglich in Einstellungsgesprächen nie Beförderungsmöglichkeiten in Aussicht, die Sie nicht wirklich vorhersagen, maßgeblich beeinflußen oder an die Sie sich später nicht mehr erinnern können. Falls Sie solche Versprechungen machen, die für den Bewerber so verlockend sind, daß er nicht Nein sagen kann, die Sie jedoch nicht halten können, so haben Sie sehr bald einen verbitterten Mitarbeiter, der alles andere als eine gute Meinung von Ihnen hat.

Die zweite Regel ist: Hüten Sie sich vor den Empfehlungen eines Ihrer Mitarbeiter. Behandeln Sie einen Bewerber, der mit einem derzeit in Ihrer Abteilung beschäftigten Mitarbeiter befreundet bzw. ein ehemaliger Arbeitskollege von diesem ist, genauso wie jeden anderen Bewerber. Natürlich kann dies schwierig werden, wenn der Bewerber etwa der Neffe des Abteilungsleiters ist. Lassen Sie sich aber nicht zu sehr durch persönliche Empfehlungen beeindrucken, da eine Freundschaft das Urteilsvermögen einer Person hinsichtlich der Arbeitsqualitäten des Betreffenden trüben kann. Falls der Bewerber aber sehr eng mit jemandem, der in Ihrer Abteilung tätig ist, zusammengearbeitet hat, können Sie von diesem wertvolle Informationen aus erster Hand über die Stärken und Schwächen des Betreffenden in Erfahrung bringen.

Während des Vorstellungsgesprächs sollten Sie alle Hinweise auf den gemeinsamen Bekannten vermeiden, da Sie hierdurch in dem Bewerber nur unberechtigte Hoffnungen wecken. Bei der Wahl des neuen Mitarbeiters müssen Sie auch bereit sein, sich gegen den Protegé eines Ihrer Kollegen zu entscheiden. Dieser Situation können Sie von vornherein aus dem Weg gehen, indem Sie jedermann klipp und klar sagen, daß Sie auf persönliche Empfehlungen nichts geben.

Darüber hinaus sollten Sie sich auch überlegen, ob Sie für eine bestimmte Aufgabe einen Mitarbeiter nicht lieber zeitweise statt fest einstellen sollten. Die Entscheidung für einen Berater oder einen Auftragsprogrammierer bietet sich insbesondere in drei Fällen an. Der erste Fall ist, daß Spezialfertigkeiten erforderlich sind, die nur kurzfristig in Ihrer DV-Abteilung benötigt werden und für die folglich keine Vollzeitstelle ausgeschrieben zu werden braucht. So benötigen Sie womöglich einen Experten des von Ihnen eingesetzten Betriebssystems, der die Verarbeitungsleistung der von Ihnen verwendeten Hardware begutachten und optimieren soll. Diese Aufgabe erfordert nur wenige Wochen und fällt nur einmal im Jahr an. Falls dies der einzige Grund ist, warum Sie in Ihrer DV-Abteilung einen Betriebssystemexperten brauchen, könnten Sie wohl kaum Ihre Entscheidung rechtfertigen, einen für diese Aufgabe abgestellten Mitarbeiter in Vollzeit zu beschäftigen. Vorteilhafter ist es in diesem Fall, ihn bei Bedarf zeitweise anzustellen.

Eine zweite Möglichkeit für ein zeitweises Beschäftigungsverhältnis bietet sich an, falls Sie eine objektive Analyse bestimmter betriebsinterner Strukturen benötigen. So ist beispielsweise denkbar, daß ein externer Berater eine Untersuchung zur Organisationseffizienz Ihrer DV-Abteilung durchführt. Für diese Aufgabe bringt er wohl nicht nur bessere Voraussetzungen mit, sondern es kommt noch hinzu, daß ein interner Mitarbeiter zu sehr in die Organisation und Strukturmuster der DV-Abteilung involviert ist, um noch eine objektive Strukturanalyse durchführen zu können. Allerdings ist die Beschäftigung eines externen Beraters auch mit einem Risiko verbunden: So ist er möglicherweise nicht nur objektiv, sondern auch gänzlich unvertraut mit den speziellen Rahmenbedingungen Ihres Unternehmens und Ihrer Abteilung. So sind mir in der Praxis eine Vielzahl von Beratern untergekommen, die Ignoranz mit Arroganz zu übertünschen suchten, sich selbstherrlich an eine Untersuchung machten und mit Lösungen für Probleme aufwarteten, die sie augenscheinlich überhaupt nicht verstanden hatten.

Ein dritter Grund für eine zeitweise Beschäftigung von Mitarbeitern ist, daß man das vergrößerte Arbeitsaufkommen nach etwa zwei Dritteln der Projektabwicklung in den Griff bekommen will. Hierzu bietet sich auch der Einsatz von "Gastarbeitern" an. "Gastarbeiter" im DV-Vokabular meint Auftragsprogrammierer. So können zusätzliche Programmierer auf Auftragsbasis angeworben werden, die nach Projektabschluß wieder von der Lohnliste gestrichen werden. Auf diese Weise wird Ihnen die Personalplanung wesentlich einfacher gemacht. Zudem können Sie Ihren eigenen Mitarbeitern interessante und anspruchsvolle Aufgaben zuweisen und die eher unangenehmen Tätigkeiten wie beispielsweise die Auflistung von Kriterien zur Datenvalidierung externen Mitarbeitern überlassen. Ich persönlich setze Auftragsprogrammierer gerne zum Austesten von Routinen ein, eine Aufgabe, die meine Programmierer nur ungern erledigen.

Jede Lösung bringt aber auch andere Probleme mit sich. Die Arbeit von Auftragsprogrammierern muß verstärkt überwacht werden, um beispielsweise sicherzustellen, daß die Ergebnisse den Qualitätskriterien und Standards der DV-Abteilung entsprechen. Aus diesem Grund stellen viele DV-Abteilungen keine Auftragsprogrammierer einzeln ein, sondern beziehen ihre "Gastarbeiter" von mit der Auftragsprogrammierung beschäftigten Unternehmen, die hohe Qualitätsansprüche an ihre Mitarbeiter stellen und darauf aus sind, eine langfristige Geschäftsbeziehung mit der DV-Abteilung aufzubauen.

Viele DV-Leiter befürchten auch, daß der Kontakt mit Auftragsprogrammierern ihre eigenen Mitarbeiter dazu verleiten kann, das Unternehmen zu verlassen und sich selbst als Auftragsprogrammierer zu versuchen. Dies kommt jedoch weitaus seltener vor, als manche befürchten, und diejenigen Programmierer, die gehen, hätten das Unternehmen wohl ohnehin verlassen. Mitarbeiter, die sich mit dem Gedanken tragen, selbst als Auftragsprogrammierer tätig zu werden, sollten Sie nicht krampfhaft zu halten versuchen. Allerdings sollten Sie Ihnen aufzeigen, daß sie in diesem Fall ein festes Beschäftigungsverhältnis aufgeben, eine Entscheidung treffen, die womöglich ihrer Karriere abträglich ist, und auch womöglich ein festes monatliches Einkommen aufs Spiel setzen.

Schwerwiegender im Hinblick auf den Einsatz von Auftragsprogrammierern dürfte sein, daß Ihre Abteilung womöglich von vielen Beratern überschwemmt wird. Dies dürfte sich insbesondere in solchen Fällen negativ auf den Abteilungsbetrieb auswirken, wenn diese von unterschiedlichen Unternehmen kommen. Denkbar wäre auch, daß Sie womöglich das Interesse daran verlieren, Ihre eigenen Mitarbeiter weiter zu schulen, weil Sie sich allzu sehr auf externes Fachwissen verlassen. Als Folge davon verlassen womöglich die besten Kräfte Ihre Abteilung, um sich sonst irgendwo eine anspruchsvolle Aufgabe zu suchen, die ihnen auch ein besseres Fortkommen verspricht.

12.2 Entlassung

Da die Mitarbeiter einer DV-Abteilung eine gewaltige finanzielle Investition darstellen, was die zur Rekrutierung und Weiterbildung benötigte Zeit und Aufwand anbetrifft, sollte man sich jede Entlassung tunlichst zweimal überlegen. Nichtsdestotrotz soll es Führungskräfte geben, die sich über eine Ausgabe in Höhe von 50 DM den Kopf zerbrechen, aber nicht mit der Wimper zucken, wenn es um die Entlassung eines Mitarbeiters geht, der dem Unternehmen bereits zehn Jahre angehört. Solche Führungskräfte bedenken weder den großen Kapitalverlust, der dem Unternehmen durch ihre Handlungsweise zugefügt wird, noch überschauen Sie den psychologischen Schaden, den sie womöglich beim entlassenen Mitarbeiter und dessen - verbleibenden - Kollegen anrichten. Ein mir bekannter Manager vertrat die unglaubliche Ansicht, daß es gelegentlich sogar heilsam wäre, einen Mitarbeiter auf die Straße zu setzen, um die anderen zu einer besseren Arbeitsleistung anzuspornen. Diese Führungskraft wäre nie auf den Gedanken gekommen, daß es noch andere Möglichkeiten zur Mitarbeitermotivation oder Produktivitätssteigerung gibt.

Aus welchen Gründen entlassen Führungskräfte Mitarbeiter? Entlassungen sind gewöhnlich die Lösung eines der folgenden Probleme: eine unzufriedenstellende Arbeitsleistung eines Mitarbeiters, disziplinarische Probleme oder negative Arbeitseinstellung.

Insgesamt gesehen ist es jedoch immer die schlechteste Lösung, einen Mitarbeiter im Falle eines solchen Problems zu entlassen. Da die Entlassung eines Mitarbeiters nicht nur soziale Probleme heraufbeschwören kann, sondern zudem unproduktiv und eine Verschwendung von Investitionskosten ist, sollte man zuallererst einmal herauszufinden versuchen, warum der Mitarbeiter den gesetzten Ansprüchen nicht gerecht wird. Die beste Methode ist hierbei, den Mitarbeiter hierzu zu befragen. Womöglich kann er sich aber selbst nicht dezidiert dazu äußern, bringt eventuell nur allgemeine Vorbehalte gegen den Führungsstil in Ihrer Abteilung vor oder will Ihnen als Vorgesetztem nicht offen seine wirkliche Meinung sagen. Womöglich möchte er Ihnen auch nicht seine persönlichen Probleme mitteilen, die zur Schmälerung seiner Arbeitsleistung geführt haben.

Falls eine offene Aussprache mit dem Mitarbeiter nicht zu den gewünschten Ergebnissen führt, sollten Sie versuchen, selbst die Gründe in Erfahrung zu bringen. Stellen Sie sich beispielsweise die folgenden Fragen: Bezieht sich seine mangelhafte Arbeitsleistung nur auf ein bestimmtes Aufgabengebiet? Ab welchem Zeitpunkt kam es zu der unzureichenden Arbeitsleistung, und gab es irgendwelche Vorkommnisse, die sich damit in Verbindung bringen lassen? Wie schlecht ist seine Leistung eigentlich genau? Wie bin ich eigentlich zu meiner Einschätzung gekommen? Welche Informationen standen mir dazu zur Verfügung? An welchen Beispielen läßt sich diese unzureichende Arbeitsleistung konkret belegen? Ist mir eine ähnliche Problemstellung bereits schon mal untergekommen? Welche Erklärungen habe ich für die Ursache des Problems? Um diese und ähnliche Fragen besser beantworten zu können, werden im folgenden neun mögliche Gründe für eine verminderte Arbeitsleistung eines Mitarbeiters angeführt. Diese lassen sich sowohl auf spezielle Führungsprobleme als auch auf den jeweiligen Mitarbeiter selbst zurückführen.

Zur Veranschaulichung des im vorherigen Gesagten soll zunächst ein Beispiel einer unzulänglichen Arbeitsleistung eines Mitarbeiters vorgestellt werden, die sich nahezu ausschließlich auf meine eigene unzulängliche Organisation zurückführen ließ. Ich erteilte einmal einem als Programmierer und Analytiker beschäftigten Mitarbeiter die Aufgabe, die Dialog- und Bildschirmformate eines umfassenden interaktiven Online-Systems zu entwerfen. Nachdem er sich ungefähr sechs Wochen damit beschäftigt hatte, fragte ich ihn, wie er denn mit seiner Aufgabe zurecht käme. Er kam überhaupt nicht damit zurecht! Der von ihm entworfene Dialogtext war nur mühsam verständlich, die Felder waren auf dem Bildschirm sehr unsystematisch angeordnet, und jede Bildschirmmaske war so überladen, daß man schwerlich als Benutzer damit zurande kommen würde. Mir blieb keine andere Wahl, als die Arbeit dieses Mitarbeiters in den Papierkorb zu befördern und einen anderen Mitarbeiter mit dieser Aufgabe zu betrauen.

Da diese Aufgabe nur mit zeitlicher Verzögerung fertiggestellt werden konnte und sich zudem im kritischen Pfad des Projekts befand, mußte ich umgehend bei meinem Vorgesetzten vorsprechen. Er wollte natürlich wissen, was aus dieser speziellen Aufgabe geworden war, und mir blieb nichts anderes übrig, als ihm reinen Wein einzuschenken. Er wurde sehr ungehalten und verlangte, daß ich den Mitarbeiter umgehend entlassen sollte. Mir blieb nichts anderes übrig, als dieser Aufforderung zuzustimmen und ich bereitete die Entlassungspapiere vor.

An diesem Abend dämmerte mir jedoch, daß von allen an dieser mißlichen Situation Beteiligten den Mitarbeiter die geringste Schuld traf. Der hauptsächliche Schuldige war nämlich ich. Ich hatte gewußt, daß der Mitarbeiter noch keine Erfahrung im ergonomischen Gestalten von Bildschirmmasken hatte, hatte ihm nichtsdestoweniger aber die Aufgabe gegeben, da mir derzeit niemand zur Verfügung gestanden hatte. Zudem hatte ich ihm weder eine Schulung noch entsprechende Fachliteratur zukommen lassen. Obwohl mir kaum Zeit für Ad-hoc-Schulungen zur Verfügung stand, war dies keine Entschuldigung für meine unzulängliche Organisation. Monate vorher war mir ja bereits bekannt gewesen, daß für die Projektabwicklung Fähigkeiten in bezug auf die Mensch-Maschine-Schnittstelle erforderlich waren, und ich hätte dafür Sorge tragen können, daß der mit der Aufgabe betraute Mitarbeiter sich vor Projektbeginn mit der Materie vertraut machen konnte.

Noch gravierender war, daß ich dem Mitarbeiter bei der Zuweisung der Bildschirmgestaltungsaufgabe weder irgendwelche Zielvorgaben lieferte, noch seinen Arbeitsfortschritt frühzeitig genug kontrollierte. Der Mitarbeiter war über alle Maßen erstaunt, als ich ihm mitteilte, daß seine Aufgabe danebengegangen war. Vielmehr hatte er jedem erzählt, welchen Spaß ihm die Aufgabe bereitete und daß er vor dem eigentlichen Zeitplan war. Ich kam zu dem Schluß, ihn nicht zu entlassen, sondern ihm eine andere Aufgabe im Bereich der Programmierung zuzuweisen. Er war sichtlich gekränkt, und sein Selbstbewußtsein war tief erschüttert. Mein Vorgesetzter konnte es nicht fassen, daß ich ihn nicht entließ. "Sie können sich doch nicht immer schützend vor ihn stellen", teilte er mir mit. Nichtsdestoweniger war ich froh, daß ich meinen Fehler frühzeitig eingesehen und der Mitarbeiter durch mich nicht noch größere Nachteile hatte.

12.2.1 Mögliche Gründe für die Unzulänglichkeit von Mitarbeitern

Ein Mitarbeiter kann eine unzulängliche Arbeitsleistung an den Tag legen, weil er keine exakten Zielvorgaben für seine Aufgabe mitgeliefert bekommt. Hat jemand sein Ziel klar und deutlich vor Augen, so ist er auch besser motiviert, auf dieses Ziel hinzuarbeiten. Da ich versäumte, besagtem Mitarbeiter die Zielsetzungen mitzuteilen, die mit der Aufgabe zur Gestaltung der Bildschirmmaske verbunden waren, und da er nicht über die notwendige Erfahrung verfügte, sich selbst die entsprechenden Ziele zu setzen, konnte er seine Aufgabe nicht ordnungsgemäß erfüllen. Statt Bildschirmdarstellungen zu entwerfen, auf denen die benötigten Informationen systematisch und intuitiv angeordnet sind, versuchte er einen neuen Weltrekord darin aufzustellen, möglichst viele Felder in eine einzige Bildschirmdarstellung hineinzupacken.

Ein zweiter möglicher Grund für eine geminderte Arbeitsleistung ist, daß ein Mitarbeiter nicht genügend geschult wurde, um seine Aufgabe ordnungsgemäß erledigen zu können. Auch wenn ich dem oben erwähnten Mitarbeiter für seine Aufgabe eine klare Zielsetzung mitgeliefert hätte, hätte er seine Aufgabe womöglich nicht zufriedenstellend erledigen können, weil er weder über einschlägige Erfahrungen verfügte noch durch Schulung auf diese Arbeit vorbereitet war. Wie hätte er beispielsweise wissen sollen, was eine wohldefinierte Informationsmenge ist? Als Projektleiter war es meine Aufgabe sicherzustellen, daß er vor Aufgabenbeginn hinlänglich geschult war, da der Erfolg meines Projekts davon abhing.

Eine schlechte Beurteilung eines Mitarbeiters kann auch daher rühren, daß seine Arbeitsleistung nicht exakt genug entsprechend den Zielsetzungen festgehalten wird. Folglich sollten Sie sicherstellen, daß Sie die Leistung eines Mitarbeiters, den Sie aus Gründen mangelnder Arbeitsleistung zu entlassen gedenken, auch korrekt ermittelt haben. Was sich auf den ersten Blick als mangelnde Produktivität herausstellt, läßt sich womöglich auf eine unzulängliche oder unvollständige Beurteilungsmethode zurückführen.

So stand beispielsweise ein Programmierer in einer DV-Abteilung, in der man großen Wert auf die Geschwindigkeit bei der Programmkodierung legte, im Ruf, extrem langsam zu sein. Früher einmal war er einer derjenigen mit den besten Arbeitsergebnissen gewesen, jetzt jedoch brauchte er zur Kodierung eines Programms zwei- bis dreimal so lang wie andere Programmierer in seiner Abteilung. Als ein Vorgesetzter der angeblich mangelhaften Arbeitsleistung dann aber einmal nachging, stellte sich heraus, daß der Programmierer nur 20 Prozent seiner Arbeitszeit mit Programmieraufgaben beschäftigt war. Die übrige Zeit ging für inoffizielle Nachhilfestunden für neue Programmierer drauf, die zu ihm geschickt wurden, wenn sie irgendwelche Probleme hatten, zudem für Meetings über Programmierstandards und für die Beratung der Wartungsgruppe in Sachen "Verbesserung alter Systeme", an denen besagter Programmierer bei der Entwicklung beteiligt war. Unter Berücksichtigung der wenigen Zeit, die ihm zur Ausführung seines eigentlichen Aufgabenbereichs zur Verfügung stand, war seine Leistung ausgezeichnet - sowohl was Quantität als auch Qualität anbetraf.

Wollen Sie die Arbeitsleistung eines Mitarbeiters nach Maßgabe eines bestimmten Ziels beurteilen, so sollten Sie darauf achten, daß es sich hierbei um dasselbe Ziel handelt, das Sie dem Mitarbeiter ursprünglich gesetzt haben. Ein solcher Fall ist mir in meiner Praxis auch schon einmal untergekommen. In einem Unternehmen, in dem ich einmal beschäftigt war, lag das Hauptgewicht bei jeder Aufgabe auf der Durchführungszeit. Meinen Kollegen und mir wurde einmal eine besonders harte Programmiernuß zugewiesen. Nachdem wir das Problem gelöst hatten, waren wir mit dem Ergebnis rundum zufrieden. Der entwickelte Programmcode entsprach unseren Vorstellungen, und wir konnten auch die uns gesetzte knappe Fertigstellungsfrist einhalten.

Doch unsere Ansichten wurden nicht von unserem Vorgesetzten geteilt. Dieser hatte nämlich einen internen Kurs für Führungskräfte besucht, auf dem man ihm beigebracht hatte, daß die Ergebnisse einer Aufgabe nach deren Beendigung mit den ursprünglichen Zielsetzungen verglichen werden sollten. Diese Zielsetzungen waren aber jetzt nicht mehr Schnelligkeit, wie wir gedacht hatten, sondern auf einmal kamen ganz andere Prioritäten ins Spiel: Er beraumte eine Prüfungsgruppe an, die die Hardwareeffizienz des von uns entwickelten Programmcodes überprüfen sollte. Natürlich fand man hierbei eine Unmenge redundanten Programmcode, ineffiziente COBOL-Verben und andere nachteilige Aspekte.

Natürlich waren wir sehr ungehalten. Von da ab bestanden wir alle darauf, daß man uns für jede künftige Aufgabenzuweisung eine Liste der damit verbundenen Zielsetzungen in schriftlicher Form mitliefern sollte. Falls schon unsere Arbeitsleistung beurteilt werden sollte, wollten wir auch, daß sie nach Maßgabe der angegebenen Ziele und nicht nach irgendwelchen im nachhinein aufgestellten Zielen beurteilt werden sollte.

Ein anderer möglicher Grund für eine mangelhafte Leistung eines Mitarbeiters ist, daß man ihm Zielsetzungen vorlegt, die ihn über- oder unterfordern. Die Erledigung einer Aufgabe, mit der sich große Zielsetzungen verbinden, kann für einen Mitarbeiter eine beachtliche Herausforderung und eine unschätzbare Erfahrung bedeuten, solange diesem Mitarbeiter auch bewußt ist, daß er diese Aufgabe sehr systematisch in Angriff nehmen muß. Ist ihm dies nicht bewußt, wird er sich verzetteln und letztendlich die Segel streichen müssen. Dies läßt folgenden Schluß zu: Lassen Sie einen Mitarbeiter nie mit einer größeren Aufgabe beginnen, bevor Sie seinen Plan gesehen haben, wie er diese Aufgabe in Angriff nehmen will. Auf diese Weise können Sie entscheiden, ob er die mit seiner Aufgabe verbundene Zielsetzung verstanden hat und ob er die Aufgabe letztendlich bewältigen kann.

Bekommt ein Mitarbeiter andererseits ständig triviale Aufgaben erteilt, so dürfte dies insbesondere für einen erfahrenen Mitarbeiter besonders frustrierend sein. Er fühlt sich übergangen, verliert das Interesse an seiner Arbeit, ist untätig oder entschließt sich dazu, die Reichweite seiner Aufgabe aus eigenem Gutdünken heraus zu vergrößern oder sich einer ganz anderen Arbeit zuzuwenden, als er eigentlich soll. Er bekommt allmählich eine negative Arbeitseinstellung und beneidet die Kollegen, die eine interessantere Aufgabe haben. Lösen läßt sich dieses Problem nur, indem man dem betreffenden Mitarbeiter eine anspruchsvollere Tätigkeit zuweist, die ihn befriedigt. Am effizientesten macht man sich die Fertigkeiten und das Potential seiner Mitarbeiter zunutze, indem man ihnen Aufgaben zuweist, die sie weder über- noch unterfordern.

Gelegentlich kommt es auch vor, daß ein Mitarbeiter aus disziplinarischen Gründen und nicht wegen mangelhafter Arbeitsleistung entlassen wird. Hierzu gibt es eine Geschichte über Henry Ford, deren Wahrheitsgehalt nicht hundertprozentig verbürgt ist. Um die Effizienz seines Unternehmens zu verbessern, beauftragte Ford einen Ergonomieexperten mit einer Untersuchung über sein Unternehmen und die Produktivität seiner Mitarbeiter. Nach mehreren Wochen unterbreitete der beauftragte Berater Ford seine vorläufigen Ergebnisse: "Herr Ford, ich bin sehr froh, Ihnen mitteilen zu können, daß es in Ihrem Unternehmen nur ein paar Probleme gibt, von denen die meisten zudem kaum ins Gewicht fallen. Allerdings gibt es da eine Ausnahme. Ganz unten in der Fertigungshalle gibt es jemanden, der den ganzen Tag nichts anderes macht, als sich in seinem Sessel zu strecken, die Füße auf seinen Schreibtisch zu pflanzen und an die Decke zu starren. Der Mann kostet Sie doch im Jahr Tausende von Dollar, ohne daß er Ihnen etwas bringt."

Henry Ford entgegnete: "Der Mann, von dem Sie da gerade sprechen, hatte irgendwann einen Vorschlag, der uns Millionen Dollar gespart hat. Als er damals diesen Einfall hatte, befanden sich seine Füße gerade dort, wo sie jetzt auch sind."

Ford stellte damals unter Beweis, daß er die Qualitäten hatte, die eine gute Führungskraft auszeichnen: Er konnte nämlich zwischen der Leistung und der Verhaltensweise eines Mitarbeiters unterscheiden. Wichtig ist allein der Beitrag, den ein Mitarbeiter im Rahmen der Aufgabenerfüllung seiner Abteilung liefert. Solange sich das Verhalten des Mitarbeiters in allgemein erträglichen Grenzen hält, kommt ihm nicht die allergrößte Bedeutung zu und kann manchmal sogar, wie im Falle Fords, gänzlich unberücksichtigt bleiben.

Gerade DV-Mitarbeiter und Programmierer sind bekannt dafür, daß sie sich durch abstruse und oft auch bizarre Arbeitsweisen und Praktiken auszeichnen. Das ungewöhnliche Verhalten mancher Programmierer hängt oft auch mit der ihnen gestellten Aufgabe zusammen. So sind manche beispielsweise zur Nachtarbeit genötigt, weil da die Antwortzeiten von stark belasteten Rechnern deutlich besser sind. Aus diesem Grund und auch weil er weniger Unterbrechungen durch Telefonanrufe, Meetings und den alltäglichen Berufsverkehr befürchten mußte, entschloß sich ein mir bekannter Programmierer dazu, generell nur ab dem Nachmittag bis in den Abend hinein zu arbeiten. Da er aber immer später aus seinem Büro nach Hause kam, erschien er am darauffolgenden Morgen auch immer später. So konnte man nach einer gewissen Zeit schon die Uhr danach stellen, daß er erst gegen Mittag eintrudelte und bis Mitternacht arbeitete. Seine Produktivität verdoppelte sich, die Qualität seiner Programme verbesserte sich und auch sein Arbeitseinsatz ließ nichts zu wünschen übrig.

Das schöne Leben dieses Programmierers endete aber jäh, als sein Vorgesetzter eines schönen Tages in das Büro stürmte und feststellte: "Mir ist zu Ohren gekommen, daß unsere Programmierer zu allen möglichen und unmöglichen Zeiten, gerade wie sie es wollen, ihrer Arbeit nachgehen. Haben wir hier eine DV-Abteilung oder einen Taubenschlag?" Das Resultat war eine allgemeine Verfügung der Geschäftsleitung: "Die offiziellen Arbeitsstunden liegen zwischen 8.30 Uhr und 17.00 Uhr. Alle Mitarbeiter müssen ausnahmslos während dieser Kernarbeitszeit anwesend sein." Auch der nachts tätige Programmierer mußte sich diesem Erlaß fügen. Dies hatte nachteilige Auswirkungen auf seine Arbeitsqualität und auch seine Arbeitshaltung. Zudem machten ihm viele seiner Kollegen den Vorwurf, daß er für die allgemeine Misere verantwortlich sei. Nur wenige Wochen später wechselte er den Arbeitgeber.

Als Führungskraft sollten Sie die Produktivität und das Arbeitsverhalten Ihrer Mitarbeiter nach individuellen Gesichtspunkten beurteilen. Auf keinen Fall sollten Sie den Fehler begehen zu glauben, daß ungewöhnliche Arbeitsweisen notwendigerweise auch schlecht sind. Natürlich sind sie auch nicht von vornherein gut. Extreme Arbeitsgewohnheiten können so in der Tat die Produktivität eines Mitarbeiters verringern, sich negativ auf die Arbeitsleistung seiner Kollegen auswirken, den Benutzern ein Dorn im Auge sein oder Ihnen zusätzlichen Verwaltungsaufwand bescheren. Im Falle des oben erwähnten Programmierers beeinträchtigten die ungewöhnlichen Arbeitszeiten nicht nur die Kommunikation mit Führungskräften und Analytikern, sondern führten auch zu Problemen mit den Kollegen. Einige glaubten womöglich sogar, daß ihm seine Vorgesetzten eine Extrawurst brieten. Wie sollten sie beispielsweise auch wissen, daß er zwar später am Morgen zur Arbeit kam, dafür aber bis Mitternacht durcharbeitete? Ihnen war nur bekannt, daß er einen Fünf-Stunden-Arbeitstag hatte. Als Führungskraft kommt Ihnen die Aufgabe zu, sorgfältig abzuwägen, welche Mitarbeiter ordnungsgemäß ihre Arbeit verrichten, wer sich drückt und wirklich seine Füße auf den Tisch legt und wer Ihrem Unternehmen auf diese Art und Weise womöglich Millionen einspart.

Da kein Mensch jede nur denkbare Arbeit zufriedenstellend ausführen kann, läßt sich die schlechte Arbeitsleistung eines Mitarbeiters womöglich auch darauf zurückführen, daß ihm eine Arbeit zugewiesen wurde, für die er sich nicht eignet. Falls Sie folglich einem Mitarbeiter eine Aufgabe zuweisen, der zur Erledigung dieser Aufgabe aufgrund seiner Vorkenntnisse und Ausbildung durchaus befähigt ist, in seiner Arbeitsleistung aber im Vergleich zu seinen Kollegen zurückbleibt, so ist er möglicherweise für diese Aufgabe ungeeignet. Sie können ihm natürlich etwas mehr Eingewöhnungszeit in sein neues Aufgabengebiet geben, damit er Erfahrung sammeln kann. Der für Sie ausschlaggebende Gesichtspunkt sollte jedoch sein, daß Sie ihm eine Aufgabe zuweisen, die seinen Fertigkeiten und Neigungen eher entspricht. So hatte ich beispielsweise einmal einen Mitarbeiter, den ich zum Programmierer ausbilden wollte. Als Programmierer erwies er sich als gänzlich ungeeignet, dafür gab er später einen ausgezeichneten DV-Bibliothekar ab. Alternativ dazu können Sie einem solchen Mitarbeiter natürlich auch einen Aufgabenbereich zuweisen, der weniger, leichtere oder nicht so kritische Anforderungen an ihn stellt.

Natürlich sind Sie derjenige, der in diesem Fall die Entscheidung trifft. Nichtsdestoweniger sollten Sie Ihre Überlegungen aber mit dem betreffenden Mitarbeiter besprechen. Hierdurch gelangen Sie nicht nur zu einer besseren Entscheidungsgrundlage, sondern der Mitarbeiter hat auch das Gefühl, daß er maßgeblich an dieser Entscheidung, ihm ein neues Aufgabengebiet zuzuweisen, beteiligt war.

Durch die Demoralisierung eines Mitarbeiters kommt es zu ähnlichen Ergebnissen wie bei einer mangelnden Arbeitsmotivation (siehe Kapitel 13). Bei einer schwerwiegenden Demoralisierung verliert ein Mitarbeiter womöglich seinen ganzen Tatendrang und sein Selbstvertrauen. Hierbei kann es soweit kommen, daß er noch nicht einmal die Energie aufbringen kann, sein Arbeitsverhältnis zu kündigen, sondern statt dessen einfach abwartet, bis Sie ihm den Laufpaß geben. Ein demoralisierter Mitarbeiter hat gewöhnlich eine psychologische Krise am Arbeitsplatz durchlaufen. Sofern keine persönlichen Probleme dahinterstecken, sind es gewöhnlich abteilungsinterne Probleme oder Probleme mit den Benutzern aus den Fachabteilungen, möglicherweise auch mit seinem Personalvorgesetzten, seinem Projektleiter oder einem Leiter einer Fachabteilung.

Ein Beispiel eines demoralisierten Mitarbeiters war der Programmierer, den ich mit der Aufgabe der Bildschirmmaskenerstellung betraute. Ein anderes Beispiel, das mir noch im Gedächtnis ist, war ein gewisser Herbert, ein talentierter Entwickler von Softwaretools, der einmal einem mir bekannten Projektleiter namens Thomas Gründel zugewiesen wurde. Thomas teilte Herbert mit, daß er innerhalb von zwei Wochen ein Tool zur Berichterstellung bräuchte. Herbert legte sich sofort ins Zeug, arbeitete 16 Stunden am Tag und auch an den Wochenenden, um das Tool wie auch das Benutzerhandbuch in der gewünschten Zeit fertigzustellen. Nachdem Herbert das Tool entwickelt hatte, hörte man nie mehr etwas von seinem Berichtgenerator. Wegen Unstimmigkeiten zwischen Thomas und der betreffenden Fachabteilung wollten die Benutzer das Tool nicht mehr. Nur einen Monat später bat Thomas Herbert, eine allgemeine Hilfefunktion für interaktive Systeme zu entwickeln. Unmittelbar bevor Herbert damit zum Abschluß kam, teilte ihm Thomas mit, die Arbeit an dem Tool einzustellen, weil er jetzt ein anderes Tool viel notwendiger bräuchte.

Nach dieser Begebenheit zeigte Herbert Motivationsschwierigkeiten, er wurde verschlossen und unzugänglich. Seine anschließende Jahresbeurteilung fiel so schlecht aus, daß er noch demoralisierter wurde. Kurze Zeit später wurde er aus disziplinarischen Gründen und wegen mangelhafter Arbeitseinstellung entlassen.

Demoralisierung ist ein ernsthaftes Problem, dem man nur beikommt, wenn man bis zu den Wurzeln des Problems vorstößt. In den seltensten Fällen reicht es aus, den Mitarbeiter durch irgendeinen externen Motivationsschub wieder aufs rechte Gleis zu bringen. Das Beste in solchen Fällen ist, daß jeweilige Arbeitsumfeld eines Mitarbeiters zu ändern. So sollten im vorherigen Beispiel Herbert und Thomas nicht mehr zusammenarbeiten müssen, damit Herbert in einem anderen Arbeitsgebiet wieder eine neue und positivere Arbeitseinstellung gewinnen kann. Damit sich eine solche Demoralisierung eines Mitarbeiters nicht wiederholt, ist es von besonderer

Wichtigkeit, daß Leute wie Thomas aus ihren Fehlern lernen und im Falle von Herbert beispielsweise einsehen, daß man die Gründe für das plötzliche Verhalten des Mitarbeiters aus der Welt schafft, bevor es hierdurch zu schwerwiegenden Konsequenzen kommt.

Ein letzter Grund, warum die Arbeitsleistung eines Mitarbeiters zu wünschen übrig läßt, sind womöglich persönliche oder gesundheitliche Probleme. In *Management: Tasks, Responsibilities, Practices* schreibt Drucker, daß niemand nur allein eine Hand einstellt. Hinter der Hand steht auch immer ein ganzer Mensch [Drucker, 1973]. Genausowenig können Sie als DV-Manager einfach nur irgendein Gehirn einstellen. Mit dem Gehirn, daß Sie benötigen, hält auch ein Körper, eine Seele, kurzum eine Persönlichkeit in Ihre DV-Abteilung Einzug. Dies ist auch von Vorteil, da nur der ganze Mensch im Zusammenspiel der einzelnen physiologischen und psychologischen Komponenten die Kreativität entwickeln kann, die für seine Arbeit erforderlich ist. Dies kann jedoch auch von Nachteil sein, wenn beispielsweise das gesundheitliche Wohlbefinden des Mitarbeiters zu wünschen übrig läßt.

Einige Führungskräfte verlangen von ihren Mitarbeitern, daß sie ihr Privatleben aus ihrem Arbeitsbereich heraushalten. Diese Anforderung wird natürlich nicht den tatsächlichen Gegebenheiten gerecht, da sich ein Mensch nicht gänzlich in Teile aufspalten und einen Teil seiner Persönlichkeit am Werkstor zurücklassen kann. Falls ein Mitarbeiter persönliche oder gesundheitliche Probleme hat, schlagen sich diese auch auf seine Arbeit nieder. Von daher sollten Sie Ihre Mitarbeiter dazu ermutigen, offen mit Ihnen über ihre Probleme zu sprechen, sofern sie dazu in der Lage und auch bereit sind. Denjenigen Mitarbeiter, der sein Privatleben nicht offenlegen will, jedoch anhand seiner Arbeitseinstellung und seinem Verhalten gegenüber Kollegen zeigt, daß er irgendwelche Probleme hat, sollten Sie behutsam auf seine Probleme ansprechen. Womöglich hat seine mangelnde Arbeitsleistung oder sein inakzeptables Sozialverhalten gegenüber den Kollegen seinen Grund darin, daß er in der Abteilung Probleme hat, die Ihnen noch nicht bekannt sind. Vielleicht sollten Sie zunächst einmal mit einem Mitarbeiter sprechen, der mit dem Betreffenden befreundet ist, und diesen nach den möglichen Gründen befragen.

Falls Sie auf diese Weise nicht zum eigentlichen Problem vorstoßen können, sollten Sie den betreffenden Mitarbeiter dazu ermutigen, Ihnen die Gründe mitzuteilen, die zu seinem geänderten Verhalten geführt haben. Hierbei kann es sich um gesundheitliche Probleme (einschließlich Alkoholismus), soziale Veränderungen (beispielsweise eine Scheidung) oder auch finanzielle Probleme handeln. In solchen schwerwiegenden Fällen sollten Sie nicht versuchen, den Problemen selbst zu Leibe zu rücken. Wenden Sie sich vielmehr an Ihre Personalabteilung. Schlagen Sie vor, daß sich der Mitarbeiter entweder an die betriebsinterne Beratungsstelle oder an eine externe Stelle wendet. Sie sollten ihm fairerweise versprechen, daß Sie seine Stelle während seiner Behandlung nicht mit einem anderen Mitarbeiter besetzen, sofern er wirklich den Versuch unternimmt, aus eigener Kraft seine Schwierigkeiten aus der Welt zu schaffen.

12.2.2 Mögliche Gründe für die Entlassung eines Mitarbeiters

Obwohl man die Entlassung von Mitarbeitern möglichst vermeiden sollte, gibt es Situationen, in denen Entlassungen unvermeidlich sind. Die wichtigsten vier Gründe für Entlassungen werden im folgenden aufgeführt: Unehrlichkeit oder ein moralisch verwerfliches Handeln, Insubordination, Unternehmensumstrukturierung oder -verkleinerung und extreme Unvereinbarkeit der jeweiligen Voraussetzungen.

Falls ein Mitarbeiter eine Straftat begeht oder etwas ähnliches, ist dies ein eindeutiger Grund für seine Entlassung und womöglich auch für ein strafrechtliches Verfahren. Beispiele hierfür sind etwa das mutwillige Löschen von Masterfiles, die Sabotage eines Projekts, die Weitergabe von Unternehmensgeheimnissen oder eine Unterschlagung. Auch in solchen Extremfällen sollten Sie den Versuch unternehmen festzustellen, warum sich der Mitarbeiter so verhalten hat. So können Sie nämlich eventuell Vorsorge dafür treffen, daß es nicht noch einmal zu einem solchen Fall kommt.

Hinsichtlich Insubordination halte ich mich an den Ausspruch von Voltaire: "Ich billige keineswegs, was Sie sagen, werde aber bis zu meinem Tod Ihr Recht, dies sagen zu können, verteidigen." Anders als viele Führungskräfte, die mit Entlassungen sehr schnell bei der Hand sind, entlasse ich nie jemanden einfach deshalb, weil er anderer Meinung als ich ist. Im Gegenteil: Ich ermutige meine Mitarbeiter, mir Fehler in meiner Planung aufzuzeigen. Denn nur so kann ich wirklich feststellen, ob ich alle Gesichtspunkte in meinem Planungsvorhaben berücksichtigt habe. Nachdem jedoch jeder seine Meinung kundtun konnte und ich eine Entscheidung über eine bestimmte Vorgehensweise getroffen habe, erwarte ich von meinen Mitarbeitern die nötige Kooperationsbereitschaft. Es gibt Situationen, in denen man als Führungskraft einfach von oben herab Entscheidungen fällen muß. Falls ich beispielsweise nach einer Aussprache entscheide, daß alle Programme in Pascal entwickelt werden, kann mir keiner mehr kommen, der seine Module in BASIC programmieren will.

Falls ein Mitarbeiter ständig an Ihren Entscheidungen herumnörgelt und in keinster Weise Kooperationsbereitschaft zeigt, wenn eine Entscheidung gegen seinen Willen getroffen wird, so haben Sie das Recht, ihn zu entlassen. Ansonsten müssen Sie nämlich damit rechnen, daß er zunehmend innerhalb der Abteilung Zwietracht sät und Sie in absehbarer Zeit die Kontrolle über Ihre Abteilung verlieren. Allerdings sollte die Entlassung die letzte Möglichkeit sein. Verwarnen Sie ihn vorher, oder lassen Sie ihm eine Abmahnung zukommen, und geben Sie ihm so die Chance, daß er seine Haltung noch einmal überdenken kann.

Falls Ihr Unternehmen oder Ihre Abteilung umstrukturiert bzw. verkleinert wird, haben Sie womöglich mehr Mitarbeiter auf der Lohnliste als Aufgaben, die zur Erledigung anstehen. In diesem Fall müssen Sie Mitarbeiter entlassen, die sich nichts zu Schulden haben kommen lassen. Wie auch immer Sie in diesem Fall zurande gehen, zurück bleibt ein mißliches Gefühl. Auch in diesem Fall sollten Sie sich am zweckmäßigsten von einem Entscheidungsmuster leiten lassen, daß Sie auch bei der Einstellung von Mitarbeitern zugrunde legen. Definieren Sie jeden Aufgabenbereich in der neuen Abteilung. Ordnen Sie jedem spezifizierten Aufgabenbereich die für diesen Zweck geeignetste Person zu, wobei Sie sowohl deren Potential als auch bisherige Erfahrungen in Ihre Entscheidung einfließen lassen. Die Mitarbeiter, die danach übrig bleiben, müssen entlassen oder - falls möglich - in andere Abteilungen versetzt werden.

Viele Unternehmen haben für solche Massenentlassungen besondere Sozialpläne entwickelt. So werden in vielen Unternehmen solche Mitarbeiter nicht entlassen, die eine bestimmte Anzahl von Jahren im Unternehmen beschäftigt sind. Alternativ werden auch Abfindungen für freiwillig ausscheidende Mitarbeiter angeboten, bevor man zum Mittel der Zwangsentlassung greift. Ebenso ist möglich, daß sich ein Unternehmen bemüht, für die entlassenen Mitarbeiter neue Arbeitsplätze zu beschaffen. Unternehmen, die es sich leisten können, verzichten auch gänzlich auf Massenentlassungen und vertrauen darauf, daß sich die Belegschaft im Zuge altersbedingter Ausscheidungen auf natürlichem Wege reduziert.

Falls ein Mitarbeiter besonders ungeeignet für Ihr Unternehmen ist, das heißt, Sie keine Aufgabe finden können, die er zufriedenstellend erledigen kann, beziehungsweise Sie keinen Arbeitsplatz wissen, auf dem er mit seinen Kollegen auskommt, sollten Sie sich mit dem Gedanken tragen, ihn zu entlassen. Eine Entlassung eines Mitarbeiters ist auch dann gerechtfertigt, wenn dessen Charakter oder Probleme sich nachhaltig auf seine Arbeitsleistung auswirken und nicht korrigierbar erscheinen. Natürlich kann Ihnen hierbei keine allgemeine Regel von Hilfe sein, sondern Sie müssen sich stets am Einzelfall orientieren und sich fragen, welche Auswirkungen eine Entlassung für alle Beteiligten nach sich zieht und dementsprechend Ihre Entscheidung treffen.

12.3 Zusammenfassung

Zwei der wichtigsten Führungsaufgaben sind die Einstellung und Entlassung von Mitarbeitern. Um diesen beiden Aufgabenbereichen in zweckmäßiger Weise nachkommen zu können, müssen Sie als Führungskraft genau wissen, welche Fertigkeitsmuster und Anforderungsprofile Sie benötigen, um die Aufgabe, mit der man Sie betraut hat, ordnungsgemäß erledigen zu können.

Die Einstellung des geeigneten Mitarbeiters erfolgt in sechs Schritten. Zunächst einmal wird die vakante Position nach den erforderlichen Rollen und der Persönlichkeit, den Fertigkeiten und Voraussetzungen, die zur Erledigung jeder Rolle erforderlich sind, definiert. Danach wird die Stelle annonciert, wobei darauf geachtet werden sollte, daß keine zu speziellen Fertigkeiten oder Erfahrungen verlangt werden. Nach sorgfältiger Prüfung der Bewerbungsunterlagen wird eine Vorauswahl der Bewerber getroffen, die zum Vorstellungsgespräch eingeladen werden sollen. Eine Richtschnur hierfür bildet das Anforderungsprofil der vakanten Position.

Beim Vorstellungsgespräch, an dem möglicherweise auch Kollegen von Ihnen teilnehmen, versuchen Sie durch gezielte Fragen in Erfahrung zu bringen, ob die Voraussetzungen des jeweiligen Bewerbers den Anforderungen der ausgeschriebenen

Stelle gerecht werden. Nach Beendigung eines jeden Vorstellungsgesprächs vergleichen Sie Ihre Einschätzung des betreffenden Kandidaten mit den Beurteilungen Ihrer Kollegen. Unter all den Bewerbern wird derjenige ausgewählt, der dem Anforderungsprofil der vakanten Stelle am nächsten kommt. Sie sollten daran denken, daß Defizite, die Sie hinsichtlich der Persönlichkeit entdecken konnten, sich wesentlich schwerer korrigieren lassen als Wissensdefizite. Dem neuen Mitarbeiter sollten Sie ab dem ersten Arbeitstag in Ihrem Unternehmen die nötige Hilfestellung geben, damit er sich in seiner neuen Abteilung und im Unternehmen zurechtfinden kann.

Neben Mitarbeitern in Festanstellung gibt es auch noch die Möglichkeit, Mitarbeiter in Teilzeit anzuwerben: Auftragsprogrammierer oder Berater, die nur zeitweise oder sporadisch eingestellt werden, eignen sich insbesondere, um zu bestimmten Zeitpunkten bestehende Arbeitsüberhänge abzudecken oder das für eine bestimmte Aufgabe erforderliche Spezialwissen bereitzustellen. Zudem haben solche Personen auch die erforderliche Distanz zum Unternehmen, wenn es um bestimmte Untersuchungen geht, die eine besondere, nur Außenstehenden mögliche Objektivität erfordern. Nachteilig an Teilzeitmitarbeitern ist jedoch, daß ihre Arbeit eingehender kontrolliert werden muß und daß sie sich eventuell nachteilig auf das Arbeitsklima in einer Abteilung auswirken können.

Entlassen Sie nie einen Mitarbeiter, sofern Sie es vermeiden können, da die Entlassung eines Mitarbeiters einen gewaltigen Investitionsverlust für Ihr Unternehmen bedeutet und auch für Ihre Abteilung einen Kontinuitätsverlust darstellt. Bevor Sie sich mit dem Gedanken tragen, einen Mitarbeiter zu entlassen, sollten Sie erst mal nach den Gründen für seine schlechte Arbeitsleistung, für disziplinarische Probleme, die Sie mit ihm haben, oder für seine mangelhafte Arbeitseinstellung fragen. Versuchen Sie das Problem gemeinsam mit ihm zu lösen. Vielleicht läßt sich eine Lösung dadurch erzielen, daß Sie sein Aufgabengebiet vergrößern, verkleinern oder ihm einfach eine andere Aufgabe zuweisen. Eine mögliche Lösung kann auch darin bestehen, daß Sie versuchen, seine Arbeitsmoral zu heben oder auf seine persönlichen Probleme einzugehen. Die schlechteste Lösung ist auf jeden Fall eine schnelle Entlassung, ohne daß der Versuch gemacht wird, das Problem auf eine andere Art und Weise zu beheben.

Kapitel 12: Ratschläge für die Anwendung

1. Gesetzt den Fall, Sie führen ein Vorstellungsgespräch mit einem möglichen Bewerber durch. Der Bewerber macht auf Sie einen guten Eindruck, verlangt von Ihnen aber die Zusicherung, daß er nach einem Jahr in Ihrem Unternehmen an einem CICS-System mitarbeiten darf. Er will die Stellung nur unter dieser Bedingung annehmen. Derzeit gibt es jedoch in Ihrer DV-Abteilung kein derartiges Projekt, jedoch ist eins innerhalb des nächsten halben Jahres geplant. Wie würden Sie sich entscheiden?

2. Es liegt dieselbe Situation vor, nur daß der Bewerber sofort an einem CICS-System mitarbeiten will und andernfalls die Stelle nicht antreten will. Das Projekt, für das Sie den Bewerber einstellen wollen, erfordert nicht den Einsatz von CICS, jedoch ein anderes Projekt in Ihrer Abteilung. Wie verhalten Sie sich?

3. Gesetzt den Fall, man hat sich in Ihrer Abteilung plötzlich dazu entschlossen, auf Datenbanktechnologie umzustellen. Es fällt Ihnen jedoch schwer, einen geeigneten Mitarbeiter mit dreijähriger IDMS-Erfahrung zu finden. Ein Grund dafür mag sein, daß Sie dem Bewerber kein übermäßiges Gehalt bieten können. Zu guter Letzt erscheint jedoch ein augenscheinlich geeigneter Kandidat, der aber nur eine IDMS-Erfahrung von einem Jahr mitbringt. Wie verhalten Sie sich?

4. Führen Sie sich die Entlassungen vor Augen, die Sie in Ihrem Berufsleben ausgesprochen haben. Welchen Grund gab es für jede Entlassung? Glauben Sie im nachhinein, daß Sie eine dieser Entlassungen hätten vermeiden können?

5. Welchen der in Ihrer Abteilung beschäftigten Mitarbeiter würden Sie entlassen, wenn es nach Ihnen ginge? Aus welchem Grund? Welche Maßnahmen könnten Sie vor der Entlassung in jedem Fall ergreifen, die für Ihre Abteilung gewinnbringender wären?

6. Entscheiden Sie in jedem der acht folgenden Fälle, ob der Mitarbeiter eine Verhaltensweise an den Tag legt, die seiner oder der Arbeitsleistung von anderen abträglich ist, ob sein Verhalten seiner Arbeitsleistung oder derjenigen seiner Kollegen nicht abträglich ist oder ob er ein spezielles, seine Arbeitseinstellung betreffendes Problem hat. Wie würden Sie in jedem dieser Fälle verfahren?

   a. Ein Analytiker, der die Vorstellungen seiner Kollegen immer wieder öffentlich als "mentale Dünnbrettbohrerei" abtut.

   b. Ein Programmierer, der nie vor vier Uhr nachmittags am Arbeitsplatz eintrifft und dafür bis etwa zwei Uhr nachts arbeitet.

   c. Ein Analytiker, der selten vor vier Uhr nachmittags an seinem Arbeitsplatz eintrifft und dafür bis nach zwei Uhr nachts arbeitet.

   d. Ein Analytiker, der Ihnen immer wieder Geschichten von seinen Kollegen auftischt, in denen deren schlechtes Verhältnis zu den Benutzern zum Ausdruck kommen soll.

   e. Ein bislang untadeliger Mitarbeiter, der plötzlich seine Kollegin sexuell belästigt.

   f. Ein Analytiker, der immer nur in Sandalen und ohne Socken herumläuft, Science Fiction-Filme als einziges Gesprächsthema hat und in einem kleinen orangefarbenen Zelt lebt (im Unternehmen weiß man davon nichts), daß er hinter einer kleinen Hecke auf dem Betriebsgelände aufgestellt hat.

   g. Ein Programmierer, der allen außer Ihnen offen sagt, daß er Sie für unfähig hält, ein Projekt abwickeln zu können.

   h. Eine andere Führungskraft, die jedem außer Ihnen mitteilt, daß sie Sie für unfähig hält, ein Projekt abwickeln zu können.

7. Was für eine Beurteilung sollten Sie jemandem ausstellen, den Sie entlassen: eine gute Beurteilung, eine schlechte Beurteilung oder überhaupt keine Beurteilung? Hinweis: Es gab mittlerweile bereits einige Gerichtsverfahren, die von Mitarbeitern wegen Beurteilungen ihrer früheren Arbeitgeber angestrengt wurden. Wie sieht die Strategie Ihres Unternehmens im Hinblick auf Beurteilungen aus?

13

Mitarbeiterführung

Eine Ihrer primären Aufgaben als DV-Führungskraft besteht in der Mitarbeiterführung. Im vorliegenden Kapitel wird auf drei wesentliche Aspekte der Mitarbeiterführung eingegangen: die Befähigung von Mitarbeitern zu einem wesentlichen Arbeitsbeitrag, die Bereitstellung der dafür erforderlichen Möglichkeiten und der notwendigen Anreize. Diese drei Gesichtspunkte lassen sich den Bereichen *Weiterbildung*, *Beförderung* und *Motivation* zuordnen.

13.2 Weiterbildung

In Kapitel 12 wurde der Vorschlag unterbreitet, unerfahrene Mitarbeiter einzustellen, die ein gewisses Potential mitbringen. Ein Potential jedoch, das nicht sinnvoll genutzt wird, ist genauso nutzlos wie ein Schlauchboot in der Sahara. Auch gediegene Kenntnisse werden in der sich schnell entwickelnden Computertechnologie schnell hinfällig, sofern sie nicht ständig durch Weiterbildungsmaßnahmen aufgefrischt werden. Folglich besteht eine Ihrer wichtigsten Aufgaben darin, Ihren Mitarbeitern die für ihre speziellen Tätigkeitsbereiche relevanten Fortbildungsmöglichkeiten zu bieten.

Schulungsmaßnahmen haben natürlich ihren Preis, sie kosten Ihr Unternehmen jedoch wesentlich weniger, als Sie im Endeffekt für unzureichendes Fachwissen bezahlen müssen. Falls Sie jedoch der Überzeugung sind, daß Sie es sich budgetmäßig nicht leisten können, Ihre Mitarbeiter herkömmliche Fortbildungskurse besuchen zu lassen, sollten Sie interne Schulungsmaßnahmen durchführen, wobei Sie sich nach den Stoffvorgaben in entsprechenden Fachbüchern richten können. Denkbar ist auch der Erwerb und Einsatz von Schulungsfilmen, Videobändern oder computergestützten Lernverfahren.

Wofür Sie sich auch immer bezüglich der Fortbildung Ihrer Mitarbeiter entscheiden: Wälzen Sie die Verantwortung für die Mitarbeiterweiterbildung nicht gänzlich auf die dafür vorgesehenen betrieblichen Einrichtungen ab. Ebensowenig sollten Sie die Fortbildung allein den Projektleitern überlassen. Natürlich kann Ihnen die betriebliche Fortbildungseinrichtung eine wertvolle Hilfe bei der Fort- und Weiterbildung Ihrer Mitarbeiter sein. Auch können Projektleiter ihre Aufgaben wesentlich problemloser bewältigen, wenn sie qualifizierte Mitarbeiter zur Verfügung haben. Zunächst einmal sollte jedoch für die DV-Abteilung ein Fort- und Weiterbildungsplan entwickelt werden. Ihrer Verantwortlichkeit unterliegt es festzulegen, welche Schulungsmaßnahmen erforderlich sind. Zudem ist es Ihre Aufgabe sicherzustellen, daß diese den Anforderungen entsprechend durchgeführt werden.

Falls kein Plan vorliegt, werden die Schulungen unsystematisch bzw. unzweckmäßig durchgeführt, ohne Ihren Mitarbeitern für die praktische Arbeit von wirklichem Nutzen zu sein. In einem Unternehmen konnte ich feststellen, daß den zahlreichen von der DV-Abteilung durchgeführten Seminaren und Workshops überhaupt keine Systematik zugrunde lag. Alle Mitarbeiter besuchten zunächst Kurse, in denen drei Methoden zur Durchführung von Analysen vorgestellt wurden. Als nächstes folgte ein Kurs über strukturiertes Design. Wiederum zwei Wochen später wurde ein Designkurs anberaumt, in dem den Mitarbeitern nahegebracht wurde, daß die strukturierten Methoden überhaupt unzweckmäßig seien und sie statt derer alternative Methoden verwenden sollten.

Es lassen sich mehrere Vorteile verzeichnen, wenn Schulungsmaßnahmen der Verantwortlichkeit von Personalvorgesetzten unterliegen, statt von Projektleitern oder einer Fachabteilung durchgeführt zu werden. Zunächst einmal kann im Rahmen eines Schulungsplans ein Themenbereich in seiner ganzen Breite abgehandelt werden. Anders ist dies bei einer Schulungsmaßnahme im Rahmen einer Projektabwicklung, bei der natürlich ein großes Interesse daran besteht, daß nur die für die Projektdurchführung relevanten Aspekte zur Sprache kommen. Die Weiterbildung ist im ersteren Fall womöglich auch anregender. Dies deshalb, weil nicht nur die im Rahmen der Projektabwicklung erforderlichen Verfahren zur Sprache kommen, sondern neue Methoden der Softwareentwicklung vorgestellt werden. Des weiteren lassen sich der Personalleitung unterstehende Schulungsmaßnahmen besser vereinheitlichen als im Rahmen von Einzelprojekten durchgeführte Fortbildungsmaßnahmen.

Liegt die Verantwortung für die Mitarbeiterweiterbildung ganz beim Projektleiter, so beschränken sich die Schulungsmaßnahmen gewöhnlich auf ein spezielles, mit dem Projekt zusammenhängendes Themengebiet. Zudem kann es keinesfalls die Aufgabe eines Projektleiters sein, ständig umfassende Schulungsmaßnahmen für seine Projektmitarbeiter durchzuführen. Die Hauptzielsetzung eines Projekts besteht ja bekanntlich darin, die Unternehmenssituation zu verbessern, und nicht in der Mitarbeiterweiterbildung, obwohl dies natürlich ein nützlicher Nebeneffekt sein kann. Den hier genannten Beschränkungen unterliegt jede formelle, projektorientierte Weiterbildung. Sie ist äußerst spezifisch und auf die direkten Erfordernisse des Projekts ausgerichtet. Sie hat kurzfristige Zielsetzungen, ist in ihrem Vermittlungsansatz konservativ und dürfte im Regelfall keine neuen und ausgefallenen Techniken nahebringen. Zudem werden ihr durch die relativ knappe Projektzeit und den beschränkten Etat Grenzen gesetzt.

Im Rahmen eines Fort- und Weiterbildungsplans können die Personalvorgesetzten die Anforderungen derzeitiger und künftiger Projekte festlegen und die Mitarbeiterschulung zeitlich und thematisch entsprechend den anstehenden Projekten durchführen. Auf diese Weise ist eine Schulung in Gruppen möglich, wodurch sich die Ausbildungskosten verringern. Die Projektleiter haben zudem die Gewißheit, daß ihnen bei Bedarf Mitarbeiter mit erforderlichem Kenntnisstand zur Verfügung stehen.

Das Ganze ist natürlich leichter gesagt als getan. Eine sorgfältige Planung kostet Zeit und Geld. Aus diesem Grund haben viele DV-Leiter auch ihre Ressentiments gegen die Mitarbeiterweiterbildung. Die folgenden Feststellungen stehen für viele: "In unserer Abteilung müssen wir uns tagtäglich mit so vielen Problemen beschäftigen, daß uns unmöglich Zeit für irgendwelche Weiterbildungsmaßnahmen bleibt" oder: "Wir haben eine sehr große Fluktuation, und ich sehe nicht ein, daß ich anderen Unternehmen die Ausbildung ihrer Mitarbeiter finanziere" oder: "Ich brauche keine Weiterbildung. Was ich brauche, sind Mitarbeiter, die keine Ausbildung mehr benötigen, sondern das erforderliche Wissen mitbringen." Dem habe ich nur entgegenzusetzen, daß ein DV-Verantwortlicher, der Weiterbildungsmaßnahmen kein Gewicht beimißt, sich auf Dauer nur zusätzliche Probleme auflädt. Ohne Fortbildung sind sowohl die Systeme als auch die Menschen, die sie entwickeln, technologisch sehr bald hinter dem Mond. Zudem läßt sich wohl auch die Fluktuationsrate vermindern, wenn man den Mitarbeitern eine Möglichkeit zur Weiterbildung bietet. Übrigens: Einen Mitarbeiter, der überhaupt keine Ausbildung mehr benötigt, gibt es nicht.

Personalvorgesetzte stehen oft vor sehr schwerwiegenden Entscheidungen, müssen sie doch den projektspezifischen Bedarf an geschulten Mitarbeitern mit den allgemeinen Schulungsbedürfnissen der Mitarbeiter in Einklang bringen und unterschiedlichste Anforderungen der verschiedenen Projekte in einem Ausbildungsschema zusammenbringen, das allen diesen Anforderungen gerecht wird. Wie es bei den meisten Kompromissen der Fall ist, so gibt es auch hier keine optimale Lösung. Als Alternative bleibt allerdings nur ein ausbildungsmäßiger Wildwuchs und eine unsystematische und unzweckmäßige Mitarbeiterweiterbildung. Eine unsystematische, unkontrollierte Weiterbildung mag kurzfristig zufriedenstellend sein, auf lange Sicht ist sie aber für die Abteilung und jeden darin Beschäftigten von Nachteil.

13.2 Beförderung

Mitarbeiter werden im Zuge zunehmender Erfahrung in ihrem Arbeitsgebiet befördert, oft sogar in Führungspositionen, um so einen größeren Arbeitsbeitrag innerhalb ihrer Abteilung erbringen zu können. Eine Beförderung ist nur dann erfolgversprechend, wenn die Personalvorgesetzten zuvor sowohl den jeweiligen Aufgabenbereich als auch die zu befördernde Person genaustens unter die Lupe nehmen. Zudem sind Schulungsmaßnahmen erforderlich, damit sich die beförderten Mitarbeiter erfolgreich in ihren neuen Aufgabengebieten in Szene setzen können. Ein solches Programm ist Bestandteil eines langfristigen Plans zur Mitarbeiterfort- und -weiterbildung.

Oft stellt sich jedoch heraus, daß eine Beförderung nicht nur für die DV-Abteilung, sondern auch für die beförderte Person von Nachteil war. Wenn es zu einer solchen Entwicklung kommt, wird als Erklärung oft auf das sogenannte Peter-Prinzip verwiesen.[1] Natürlich kann eine solche Feststellung nur eine oberflächliche Erklärung abgeben. Damit lassen sich aber noch nicht die zugrundeliegenden Probleme aufdecken, ebensowenig werden mögliche Lösungen aufgezeigt.

Gegen dieses Peter-Prinzip, wonach in jedem Unternehmen mit schöner Regelmäßigkeit schließlich nur Stümper das Sagen haben, sollen im folgenden Möglichkeiten aufgezeigt werden, die dieses ungeschriebene Gesetz entkräften und Beförderungen zum Nutzen aller Beteiligten gereichen lassen. Anschließend werden die Gründe vorgestellt, warum besagtes Prinzip in der Unternehmenspraxis so oft zuzutreffen scheint.

13.2.1 Erfolgreiche Beförderungen

Das Peter-Prinzip ist keine gottgegebene Tatsache: Die Inkompetenz neuer Führungskräfte ist nicht unvermeidlich, bleibt allerdings ein Problem, das vermieden werden kann, wenn Beförderungen sorgfältig geplant werden. Mit einer Beförderung eines Mitarbeiters verbinden sich zwei Zielsetzungen: Zum einen sollen die Möglichkeiten und Fähigkeiten eines Mitarbeiters bestmöglich genutzt werden, und zum anderen soll eine vakante Position mit dem geeignetsten verfügbaren Mitarbeiter besetzt werden. Diese beiden Zielsetzungen stehen aber miteinander in Widerstreit, weil jemand, der auf eine Position befördert wird, per definitionem nur wenig Erfahrung für diese Position mitbringt und folglich wohl kaum der geeignetste Kandidat ist. Andererseits könnten Sie wohl nie das Potential Ihrer Mitarbeiter ausschöpfen, wenn Sie Vakanzen nur mit ganz erfahrenen Personen (entweder extern oder aus einer anderen Abteilung Ihres Unternehmens) besetzen würden.

Dieser Konflikt ist aber keinesfalls unlösbar. Jeder von uns hat zu bestimmten Zeiten seines Berufswegs eine Position bekleidet, deren Anforderungen er noch nicht voll gewachsen war. Gerade beim Arbeitsplatzwechsel zeigt man anfängliche Inkompetenz in seiner neuen Position, bis man sich die nötige Erfahrung erworben hat. Obwohl ein interner Mitarbeiter womöglich nicht über die Erfahrung verfügt, die ein externer Bewerber für eine Stelle mitbringt, hat er gegenüber dem externen Bewerber doch zwei gewichtige Vorteile. Zunächst einmal ist er mit den betrieblichen Spielregeln und Ablaufmustern vertraut, und des weiteren können Sie sich ein besseres Bild von den Stärken und Schwächen eines Mitarbeiters machen, der schon etliche Zeit in Ihrem Unternehmen beschäftigt ist, und dessen Fertigkeiten gezielt durch entsprechende Schulungsmaßnahmen verbessern.

1 Das Peter-Prinzip besagt: In einem Unternehmen steigt ein Mitarbeiter gewöhnlich so lange, bis er seinen Posten nicht mehr gut erfüllen kann [Peter und Hull, 1970].

Wie stellt man aber fest, welche Fertigkeiten verbessert werden müssen? Die beste Methode ist, eine Beförderung genauso wie die Neueinstellung eines Mitarbeiters abzuwickeln. Folgen Sie den in Kapitel 12 vorgestellten Richtlinien, um das Anforderungsprofil eines Aufgabenbereichs mit dem Fertigkeitsprofil eines Mitarbeiters zu vergleichen: Legen Sie zunächst die Rollen fest, die für die vakante Position benötigt werden, und beschreiben Sie dann jede Rolle entsprechend ihrer charakterlichen, tätigkeits- und wissensspezifischen Anforderungen.[2] Anschließend werden die charakterlichen und sonstigen Eigenschaften eines jeden Kandidaten begutachtet und die Unterschiede zwischen den Anforderungen der vakanten Position und den vom jeweiligen Kandidaten mitgebrachten Voraussetzungen vermerkt. Auf diese Weise läßt sich nicht nur der geeignetste Bewerber für die vakante Position ermitteln, sondern es können auch gleichzeitig die Bereiche aufgedeckt werden, in denen der Mitarbeiter zusätzliche Ausbildung benötigt.

13.2.2 Erfolglose Beförderungen

Drei wesentliche Gründe lassen sich anführen, warum Beförderungen nicht den gewünschten Erfolg versprechen: ein unzweckmäßiges Arbeitsgebiet, eine zu geringe Auswahl an möglichen Kandidaten und eine nach falschen Kriterien erfolgte Beförderung. Auf jeden dieser Aspekte wird im folgenden kurz eingegangen.

Der erste Fall, daß jemand in eine Position befördert wird, der er unmöglich gerecht werden kann, wird in den seltensten Fällen als Problem angesehen. In Kapitel 5 wurde jedoch bereits deutlich, daß es recht häufig vorkommt, daß Mitarbeitern ein Aufgabengebiet zugeteilt wird, das sie entweder unter- oder überfordert oder auf die Fertigkeiten einer ganz speziellen Person zugeschnitten ist. Trifft die neu ernannte Führungskraft dann eine Fehlentscheidung, ist jedermann sehr schnell mit dem Peter-Prinzip bei der Hand. Niemand sieht hierbei, daß womöglich niemand der Aufgabenstellung gerecht werden kann. Erst nachdem sich mehrere Mitarbeiter erfolglos in dieser Position versucht haben, macht man sich über das Aufgabengebiet Gedanken.

Der zweite Grund dafür, daß eine Beförderung nicht den gewünschten Erfolg verspricht, liegt darin, daß eine Beförderung hastig erfolgt, wobei entweder keine Auswahlmöglichkeit hinsichtlich geeigneter Mitarbeiter gegeben ist oder keine Möglichkeiten bestehen, den neuen Stelleninhaber durch entsprechende Schulungsmaßnahmen adäquat auf seine neue Aufgabe vorzubereiten. Einige Führungskräfte scheinen immer noch der irrigen Vorstellung anzuhängen, daß zu einer Beförderung weiter nichts gehört, als jemandem wohlwollend auf die Schulter zu klopfen, ihm ein Beförderungsschreiben in die Hand zu drücken und ihn anschließend mit dem lapidaren Spruch: "So, jetzt sind Sie Chef, dann machen Sie mal!" aus dem Zimmer

2 In Anhang C werden zwölf Voraussetzungen aufgeführt, die eine Führungskraft mitbringen sollte. Jede Führungsposition erfordert jedoch zusätzliche spezielle charakterliche sowie tätigkeits- und wissensspezifische Qualitätsmerkmale. [Albrecht, 1983] stellt eine Methode vor, mit Hilfe derer sich ein solcher Plan entwickeln läßt und die möglichen Karrieremuster eines DV-Mitarbeiters veranschaulichen lassen.

herauszukomplimentieren. Die folgende Unterhaltung ist keinesfalls völlig aus der Luft gegriffen:

Chef: Frank, ich glaube, Sie haben Ihre Arbeit als Designer beim YUPP-Projekt sehr gut gemacht. Ich werde Sie zum Leiter des RATS-Projekts befördern. Was sagen Sie dazu?

Frank: Oh, danke Chef! Bekomme ich eine Gehaltserhöhung?

Chef: Natürlich, ungefähr 15 Prozent. Glauben Sie, daß Sie der Aufgabe gewachsen sind?

Frank: Ich denke schon. Ich komme schon irgendwie damit zurande. Wann fange ich an?

Chef: Montag. (denkt sich) Ich frage mich, ob ich da eine gute Entscheidung getroffen habe. Na ja, mal sehen, wenn es nicht hinhaut, kann ich ihn ja immer wieder abkommandieren.

Das Problem hierbei ist, daß jemand nicht als guter Designer schlafen geht und am anderen Morgen als geborene Führungskraft aufwacht. Um eine effiziente Führungskraft zu sein, benötigt man die verschiedensten Fertigkeiten. Diese werden keinem Menschen bei der Geburt in die Wiege gelegt. Durch entsprechende Schulungen kann man aber den gestellten Anforderungen gerecht werden. Ein designierter Manager, der allzu schnell befördert wird, hat keine Gelegenheit, an seinen Schwächen zu arbeiten und sich adäquat auf seine Position vorzubereiten. Vom ersten Tag in ihrer neuen Position muß dann so manche Führungskraft ihre ganze Arbeitskraft darauf verwenden, Fehler auszubügeln, die ihr infolge mangelnder Kenntnisse und Routine unterlaufen.

Der dritte Grund dafür, warum eine Beförderung nicht den in sie gesetzten Erfolg verspricht, liegt darin, daß die Beförderung nach falschen Kriterien erfolgte. Wie bereits erwähnt, sollten Beförderungen vorgenommen werden, damit die Fertigkeiten von Mitarbeitern bestmöglich zum Nutzen des Unternehmens eingesetzt werden können und die geeignetsten Mitarbeiter die anspruchsvolleren Positionen im Unternehmen bekleiden. Jedoch erfolgen Beförderungen oft aus Gründen, die nur wenig mit den oben genannten Zielsetzungen zu tun haben. Natürlich gibt es eine Unmenge Kriterien, die fälschlicherweise bei einer Beförderung zugrundegelegt werden, im folgenden sollen aber nur deren zehn vorgestellt werden, wobei die letzten vier Kriterien die sind, die eine Beförderung ungerechtfertigterweise verhindern.

- Eine Beförderung als Belohnung erfolgt gewöhnlich nach dem folgenden Muster: "Petra hat beim STEPS-System gute Arbeit geleistet. Als Belohnung sollten wir ihr den Posten einer Projektleiterin geben." Könnten Sie, falls Sie Petras Vorgesetzter wären, wirklich sicher sein, daß sie mehr Voraussetzungen mitbringt, als die, die sie augenscheinlich zu einer guten technischen Fachkraft machen? Kann sie mehr, als nur ihre eigenen Arbeitsmuster koordinieren und verwalten? Oder könnte sich herausstellen, daß die gedachte Belohnung für sie und die ihr Untergebenen zu einem absoluten Fiasko wird? Möchte Petra wirklich befördert werden, oder wird sie der Beförderung nur deshalb zustimmen, weil sie dadurch eine Gehaltserhöhung, ein höheres Ansehen und bessere Aufstiegsmöglichkeiten bekommt? Da Petra ihre Arbeit gut durchgeführt hat, stehen die Chancen gut, daß sie sich eher zu einer guten Führungskraft eignet als jemand, der seine Arbeit nur mittelmäßig oder unzufriedenstellend erledigt hat. Die Tatsache, daß sie ihre Arbeit gut erledigt hat, enthebt Sie als ihren Vorgesetzten jedoch nicht der Aufgabe, ihre speziellen Führungsqualitäten abzuklopfen.

- Beförderung aufgrund einer ultimativen Forderung eines Mitarbeiters. Ein solches Ultimatum könnte so aussehen, daß ein Mitarbeiter zu Ihnen sagt: "Ich kündige, falls Sie mir nicht sofort eine leitende Position geben." In solchen Fällen bin ich immer versucht zu sagen: "Auf Wiedersehen!" Da Ihnen der Mitarbeiter andererseits so aber auch unmißverständlich seine persönlichen Zielsetzungen kundgetan hat, sollten Sie versuchen, sich ein Bild über seine Beweggründe und Möglichkeiten zu machen. Falls er das Zeug zu einer Führungskraft hat, dürfte es eigentlich keine größeren Schwierigkeiten geben. Falls nicht, sollten Sie versuchen, für ihn einen angemessenen Aufgabenbereich zu finden. Lassen Sie sich auch durch den Kopf gehen, warum er mit einer Kündigung gedroht hat. Vielleicht sollten Sie ihm klarmachen, daß er bei Ihnen mit ultimativen Forderungen nichts erreichen kann. Ebenso sollten Sie sich aber auch einmal überlegen, ob man Ihnen als Vorgesetztem vielleicht nicht anders beikommen kann?

- Beförderung der Person, die sich am meisten in den Vordergrund schiebt. Daß ein Mitarbeiter auffällt, muß nichts Schlechtes heißen. Dies kann mit seinem Ansehen zusammenhängen, das er im Unternehmen genießt, mit seinem hervorragenden Arbeitseinsatz usw. Oft sind es jedoch weniger lobenswerte Eigenschaften, warum sich ein Mitarbeiter in den Vordergrund spielt. Von daher wäre eine Beförderung nur deshalb, weil ein Mitarbeiter bei einem Meeting ständig das Wort ergreift, alles andere als stichhaltig. Zu fragen hätte man hierbei nämlich, ob seine Beiträge stets originell und zweckdienlich sind? Oder versucht er nur, durch unqualifizierte Beiträge auf sich aufmerksam zu machen? Sinnvolle und fundierte Beiträge, die jemand zu einem bestimmten Themengebiet beisteuern kann, sind natürlich gewisse Anhaltspunkte für Führungsqualitäten. Allein genommen reichen sie aber nicht aus. Falls Sie nicht durch aussagekräftigere Merkmale wie beispielsweise Talent und Eignung für eine bestimmte Position ergänzt werden, stellen sie nur eine recht fadenscheinige Rechtfertigung für eine Beförderung dar.[3]

- Ein vierter ungerechtfertigter Beförderungsgrund besteht darin, einer ineffizienten Person einen anderen Aufgabenbereich zuzuweisen, wo ihre Inkompetenz

3 In Anhang C werden einige dieser Voraussetzungen vorgestellt. Siehe auch Kapitel 1 von [Schoenberg, 1980].

nicht so sehr ins Auge sticht. Ein solches Verfahren führt zu keiner Lösung. Im Gegenteil: Die Probleme werden nur noch verschärft, wenn die Kollegen feststellen müssen, daß Inkompetenz noch belohnt wird. Überdies hat ein inkompetenter Mitarbeiter in einer höheren Position noch mehr Möglichkeiten, dem Unternehmen schwerwiegenden Schaden zuzufügen.

Eine solche Situation ist mir in einer DV-Abteilung untergekommen, in der ich einmal beschäftigt war: "Der Müller ist ja alles andere als ein guter Analytiker", sagte der Leiter der DV-Abteilung am Tag von Müllers Beförderung. "Als Projektleiter kann er wesentlich weniger Schaden anrichten." Besser wäre es gewesen, der Abteilungsleiter hätte zuerst einmal versucht, den Grund dafür zu suchen, warum Müller eigentlich kein guter Analytiker war. Ließen sich seine analytischen Fähigkeiten verbessern, oder sollte man ihn lieber auf einen Posten versetzen, der überhaupt keine Führungsqualitäten verlangte? Wenn Müller schon als Analytiker ein hoffnungsloser Fall war, wie sollte man dann berechtigte Hoffnung haben können, daß er plötzlich eine gute Führungskraft abgeben könnte? Wenn er schon als Analytiker nur Schaden anrichtete, so konnte man mit Fug und Recht davon ausgehen, daß er als Führungskraft noch größere Kreise der Inkompetenz ziehen würde.

Wirksam neutralisieren infolge einer Beförderung läßt sich jemand wie dieser Müller nur, indem man ihn zu einer Führungskraft ohne Aufgabenbereich macht. Danach schleicht er überall im Unternehmen herum, nimmt an Meetings teil, hört schweigend zu und verschwindet danach wieder. Er drückt sich in Kaffee-Ecken herum, verwickelt die Mitarbeiter in belanglose Gespräche, wird zu einer Plage wegen seiner unsinnigen Rundschreiben, die ihm einzig Beschäftigungstherapie sind, und wartet angestrengt auf den Feierabend. In einem mir bekannten Unternehmen laufen viele solcher Müllers herum, und das Ganze ähnelt einem Panoptikum, bei dem man sich in eine Szene des Films *Die Nacht der lebenden Toten* versetzt sieht. Kurzum, es ist eine reine Ressourcenverschwendung, inkompetente Mitarbeiter die Treppe hinauffallen zu lassen.

- Auch Beförderungen aus Tradition sind unzweckmäßig. Einige Positionen innerhalb eines Unternehmens werden traditionell mit einem internen Mitarbeiter besetzt. Falls kein interner Mitarbeiter verfügbar ist, der für eine solche Führungsposition qualifiziert ist, sollte man ruhig die Tradition über Bord werfen und sich nach einem externen Mitarbeiter umschauen. Durch externe Mitarbeiter finden neue Vorstellungen und Ideen in eine DV-Abteilung Einzug, die sehr schnell verkrustet und inflexibel wird, wenn keine neuen Mitarbeiter frischen Wind in diese kleine verschworene Gemeinschaft hineinbringen.
- Auch eine Beförderung nach Proporzgesichtspunkten ist denkbar ungeeignet. Insbesondere dann, wenn diese Proporzgesichtspunkte überhaupt nichts mit der Position, die besetzt werden soll, zu tun haben. Die Beförderung einer Frau allein aus dem Grund, weil Frauen im Unternehmen stärker in Führungspositionen vertreten sein sollen, kann so nicht akzeptiert werden. Natürlich sieht die Sache

anders aus, wenn diese Frau auch die erforderlichen Führungsqualitäten mitbringt.

- Genauso unzweckmäßig wie die Beförderung aufgrund falscher Voraussetzungen ist die Verhinderung von Beförderungen aufgrund falscher Voraussetzungen. So kann beispielsweise eine Beförderung unterbleiben, weil sie womöglich irgendwelchen Proporzgesichtspunkten zuwiderlaufen würde. Falls Sie beispielsweise Hans-Peter befördern wollen, Männer jedoch schon übermäßig in der Führungsstruktur des Unternehmens vertreten sind und die Geschäftsleitung darauf besteht, daß nun einfach einmal eine Frau an der Reihe ist, so ist dieser Grund allein nicht stichhaltig. Falls Hans-Peter der geeignetste Kandidat für die Stelle ist, so sollten Sie ihn auch befördern. Natürlich sollten Sie zuvor überprüfen, ob es keine Frau in Ihrem Unternehmen gibt, die die vakante Stelle ebensogut besetzen könnte.
- Eine Beförderung kann einem Mitarbeiter auch aus persönlichen Gründen versagt werden, weil er entweder kahlköpfig, zu dick, zu dünn, schwarz oder weiß ist, weil er etwas anderes glaubt, einer anderen Volksgruppe angehört oder Ihnen einfach seine Nase nicht behagt. Diese Gesichtspunkte spielen gewöhnlich nur im Unterbewußten eine Rolle. Jedoch läßt sich im Regelfall die Tendenz verzeichnen, daß die Geschäftsleitung eines Unternehmens eine homogene Gruppe mit einem bestimmten soziologischen Hintergrund ist, in die nur Mitglieder mit demselben Hintergrund Eingang finden. Ein solches Entscheidungskriterium, wonach Mitarbeiter, die einen anderen soziologischen Hintergrund mitbringen, von vornherein von einer Beförderung ausgeschlossen werden, ist nicht nur aus moralischen Gesichtspunkten verwerflich, sondern bedeutet auch eine Verschwendung knapper Ressourcen. Zwar züchtet man sich auf diese Weise eine sehr homogene Gruppe von Führungskräften heran, diese zeichnet sich dann aber auch durch die Merkmale aus, die einer allzu homogenen Gruppe eigen sind: mangelnde Kreativität, Konservatismus und übermäßiger Selbstbezug.
- Genauso nachteilig ist es, wenn externen Mitarbeitern stets vor internen bei Beförderungen der Vorzug gegeben wird. Obwohl es von Vorteil ist, auf diese Weise frischen Wind in ein Unternehmen hineinzutragen, sollten Sie nicht vergessen, das Potential, das in Ihrer Abteilung vorhanden ist, in zweckmäßiger Weise zu nutzen. Zudem bringt eine solche Beförderungspraxis den Nachteil mit sich, daß infolge der daraus resultierenden übermäßigen Fluktuationstendenzen die Homogenität und Kontinuität der Unternehmenskultur verlorengeht, was sich langfristig nachteilig auf die Produktivität auswirken kann.
- Verweigerung einer Beförderung, um den dadurch bewirkten Verlust eines guten Arbeiters zu vermeiden. Ein solcher Gedankengang ist zwar nachvollziehbar, nichtsdestoweniger aber unangebracht. Keine Führungskraft schätzt es, einen qualifizierten Mitarbeiter zu verlieren, weil dieser in eine Führungsposition befördert wird. Nichtsdestoweniger sollten Sie ihn befördern, wenn er die entsprechenden Voraussetzungen mitbringt und den ihm gestellten Aufgaben gewachsen

ist. Immerhin haben Sie, sofern Ihre Beurteilung seiner Person zutrifft, einen Mitarbeiter, der Ihrem Unternehmen noch sehr viel Nutzen bringen kann, da er sowohl die technischen Fertigkeiten einer hervorragenden DV-Fachkraft als auch Führungsqualitäten mit sich bringt.

13.2.3 Erfolgreiche Arbeitsleistung nach der Beförderung

Natürlich kann man bei der Beförderung von Mitarbeitern nicht hundertprozentig sicher sein, daß die getroffene Entscheidung ein voller Erfolg wird. Gewiß lassen sich in der Theorie viele Qualitätsmerkmale nennen, die eine Führungskraft mitbringen muß, der eigentliche Bewährungstest bleibt jedoch die Praxis, denn nur im praktischen Einsatz läßt sich letztendlich sagen, ob jemand als Führungskraft erfolgreich ist. Und Fehler macht jeder neue Manager.

Das heißt jedoch noch nicht, daß das Peter-Prinzip allgemeine Gültigkeit hat. Um diese Fehler so gering wie möglich zu halten, sollten Führungskräfte mit einer langjährigen Praxis in Ihrem jeweiligen Aufgabenbereich frisch ernannten Führungskräften mit Rat und Tat nicht nur vor deren Beförderung, sondern auch danach zur Seite stehen. Dies kann im Rahmen von regulären Fortbildungsmaßnahmen für Führungskräfte erfolgen.

Solche Fortbildungsmaßnahmen dienen zwar hauptsächlich der Verbesserung der Führungsqualitäten, nichtsdestoweniger benötigen Führungskräfte aber auch das Rüstzeug, um mit den rasanten technologischen Neuerungen und Weiterentwicklungen Schritt halten zu können. Diese Aussage hat natürlich nirgendwo mehr Gültigkeit als im Bereich der Datenverarbeitung. Ein Projektleiter beschrieb mir einmal seine Schwierigkeiten, auf seinem Gebiet auf dem Laufenden zu bleiben: "Ich habe das Gefühl, als würde ich mit meinem Kanu gegen eine reißende Technologiestromschnelle anpaddeln. Ich muß alle meine Kräfte aufbringen, um nur an derselben Stelle zu bleiben. Ich versuche beständig, mich aus der Gefahrenzone herauszupaddeln, da ich genau weiß, daß ich von der Strömung weggerissen werde, wenn ich mit dem Paddeln aufhöre."

Um ihren Aufgabenbereich zweckmäßig versehen zu können, muß jede DV-Führungskraft zumindest mit den neuen Hardware- und Softwareprodukten und den Methoden, die die Mitarbeiter einsetzen bzw. einsetzen sollten, vertraut sein. Dies soll nicht heißen, daß Sie unbedingt das technische Fachwissen und die Spezialkenntnisse der Fachkräfte in Ihrer Abteilung aufweisen müssen. Wenn sich eine Führungskraft jedoch technologisch nicht auf dem Laufenden hält, gerät sie in ihrem Unternehmen sehr schnell auf das Abstellgleis und befindet sich in einem, bildlich gesprochen, betrieblichen Vorruhestand, noch bevor sie die Rente eingereicht hat.

13.3 Motivation

Ihre Mitarbeiter werden eher bereit sein, sich fortzubilden, hohen Anforderungen zu genügen und einen größeren Arbeitsbeitrag in Ihrer DV-Abteilung zu leisten, wenn sie richtig motiviert werden. Unmotivierte Mitarbeiter machen nur gerade soviel, wie sie müssen, um damit ohne Schwierigkeiten über die Runden zu kommen. Sie unternehmen hingegen keine zusätzlichen Anstrengungen, um ihre Arbeitsleistung bzw. die Leistung der Abteilung zu heben. Unmotivierte Mitarbeiter lassen sich noch nicht einmal effizient weiterbilden, da man jemanden, der unwillig und uninteressiert ist, nicht zum Lernen zwingen kann.

Wie motiviert man aber seine Mitarbeiter? Am besten schaut man zunächst einmal in den entsprechenden Fachbüchern über Motivationsforschung und -theorie nach. Diese Theorien liefern ein Grundmuster des menschlichen Verhaltens und ein allgemeines Erklärungsmodell dafür, welche Faktoren Mitarbeiter sehr wahrscheinlich motivieren bzw. ihnen alle Motivation nehmen. Leider herrscht in der wissenschaftlichen Diskussion noch keine Einigkeit darüber, wie Mitarbeiter mit Gewißheit motiviert werden können. Eignet sich beispielsweise die Belohnung oder die Bestrafung besser, um sie zu einem bestimmten Verhaltensmuster zu veranlassen (Theorie X und Behaviorismus)? Oder kann man davon ausgehen, daß Mitarbeiter grundsätzlich arbeiten möchten und dadurch eine Grundvoraussetzung für ein konstruktives Miteinander geschaffen ist (Theorie Y)? Oder sollten Sie den Versuch unternehmen, die Gesamtpersönlichkeit eines Mitarbeiters in das Unternehmen zu integrieren und diese in verschiedene kooperative Verhaltensmuster zu kanalisieren, um so die projekt- oder abteilungsspezifischen Zielsetzungen zu realisieren (Theorie Z)?[4]

Von den zahlreichen Theorien, die sich mit der Motivation von Menschen beschäftigen, scheint mir insbesondere Maslows schon klassische Theorie einen guten Ausgangspunkt für das Verständnis der Motivation zu bieten.[5] Maslow unterscheidet fünf Stufen des menschlichen Bedürfnisses, die in Tabelle 13.1 in der Reihenfolge ihrer Bedeutung aufgeführt sind.

---

4 Vertreter von Theorie X und Theorie Y ist [MacGregor, 1967]. Der Behaviorismus ist ein Bereich der Psychologie, der zuerst von [Watson, 1919] vertreten und von [Skinner, 1953] einer breiteren Diskussion zugänglich gemacht wurde. Theorie Z läßt sich auf [Ouchi, 1981] zurückführen.

5 Zur Weiterführung des Maslowschen Theorieansatzes [Maslow, 1954] durch den Psychologen Walter F. Hubner und Hubners 88 Möglichkeiten der Motivationsförderung und der Beseitigung mangelnder Motivation siehe [Giegold, 1982]. Ein Überblick über die Ergebnisse des Spätwerks Maslows findet sich auch im dritten Kapitel von [Thomsett, 1980].

	Stufen	Beispiele
GRUND-BEDÜRFNISSE	psychologisch	Hungergefühl
	sicherheitsmäßig	sicherer Arbeitsplatz
	sozial	Gruppenzugehörigkeit
DIE SOZIAL-PRESTIGE BETREFFENDEN BEDÜRFNISSE	Achtung	Gefühl der Befriedigung über eine gute Arbeit.
	Selbstverwirklichung	Berufliches Weiterkommen

Tabelle 13.1 Menschliche Bedürfnisstufen nach Maslow.

Er geht davon aus, daß jeder Mensch zunächst einmal versucht, seine wichtigsten psychologischen Bedürfnisse zu befriedigen. Anschließend versucht der Mensch, die zweitwichtigsten Bedürfnisse zu realisieren usw. Übertragen wir die Erkenntnisse dieser Theorie auf die Motivation eines DV-Mitarbeiters, so ist festzustellen, daß drei wesentliche Bedürfnisse des Mitarbeiters befriedigt sein müssen, damit er seiner Arbeit wunschgemäß nachkommt. Sind diese zufriedengestellt, so bedeutet für ihn eine zusätzliche Erfüllung dieser Bedürfnisse keinen weiteren Motivationsschub. Eine Person beispielsweise, die bereits ein zufriedenstellendes Gehalt bekommt, wird durch eine Sondergratifikation nicht dazu motiviert, sich noch stärker in ihre Arbeit hineinzuknien. Andererseits verliert ein Mitarbeiter aber sehr schnell seine Motivation, falls eines der Grundbedürfnisse zu kurz kommt. Ein Mitarbeiter, der beispielsweise damit rechnen muß, jeden Moment gekündigt zu werden, wird sich kaum noch mit seiner Arbeit identifizieren können, da ihm das Gefühl der Sicherheit fehlt.

Die beiden das Sozialprestige betreffenden Bedürfnisse beeinflußen demgegenüber in starkem Maße die Motivation. Falls die Selbstachtung oder die Selbstverwirklichung durch die von einem Mitarbeiter verrichtete Arbeit vergrößert wird, wird er eine gute Arbeitseinstellung an den Tag legen und seiner Arbeit gerne nachgehen. Er wird zudem bemüht sein, seine Arbeitsleistung immer noch zu verbessern, um so sein Selbstwertgefühl und womöglich seine Selbstverwirklichung noch zu steigern.

Trotz aller Motivationstheorien glaube ich, daß jeder einzelne Mitarbeiter seine spezielle Motivationsgrundlage hat, aus der heraus er eine bestimmte Aufgabe so gut wie möglich erledigen will. Wenn ich einem Mitarbeiter eine Aufgabe zuweise, versuche ich mich in ihn hineinzudenken und stelle mir die folgende Frage: "Warum sollte ich eigentlich diese Arbeit erledigen? Was bringt mir das Ganze?" Hierauf lassen sich so viele Antworten finden, wie Mitarbeiter in der DV-Abteilung beschäftigt sind. Zu diesen gehören beispielsweise:

- "Ich will meine Arbeit gut erledigen, weil meine Beurteilung kurz vor der Tür steht."
- "Ich will meine Arbeit gut verrichten, weil ich auf eine Beförderung aus bin."
- "Ich will nur so viel machen, wie ich muß, um nicht gefeuert zu werden."
- "Ich bin einfach ein Perfektionist und muß meine Arbeit gut machen."
- "Ich will dieselbe Arbeitsleistung wie meine Kollegen bringen. Ich möchte nämlich nicht anders als sie dastehen."
- "Ich möchte mich ja in meine Arbeit reinknien, kann es aber nicht, da ich mit meinen Mitarbeitern nicht gut auskomme."
- "Ich möchte der beste Analytiker in der DV-Abteilung sein."
- "Ich hasse diese Arbeit wie die Pest. Ich bin heilfroh, wenn ich einen anderen Arbeitgeber gefunden habe."

Die Motivationen von DV-Mitarbeitern sind so unterschiedlich wie die DV-Mitarbeiter selbst. Und gerade bei DV-Beschäftigten gibt es die seltsamsten Charaktere. An einem meiner Projekte arbeitete ein Programmierer mit, der eine Vorliebe dafür hatte, strukturierte Programme in seinen Computer einzugeben. Diese Neigung war so ausgeprägt, daß er auch die Programme anderer Programmierer eintippte. "Ich mag nun einmal die Einzüge", erklärte er mir. Nachteilig bei dem Ganzen war nur, daß er mehr Zeit damit zubrachte, seine Programme zu formatieren, als damit, sie auf ihre Richtigkeit zu überprüfen. Mir ist bislang keine Motivationstheorie untergekommen, die eine Erklärung für dieses Verhalten bieten könnte.

Trotz aller Bücher über Motivationstheorie bleibt doch festzustellen, daß keine Theorie bislang in der Lage zu sein scheint, eine exakte Erklärung dafür zu bieten, wie jeder einzelne Mitarbeiter motiviert wird. Wir wissen beispielsweise von Maslow, daß ein Mitarbeiter um seine Motivation gebracht wird, wenn man ihm das Sicherheitsgefühl nimmt. Was heißt dies aber genau? So mag sich der Projektleiter Karl-Eberhard Naßkopf ziemlich sicher fühlen, obwohl viele seiner Kollegen den Laufpaß bekommen haben. Der Analytiker Berthold Flammer zeigt hingegen bereits neurotische Symptome, wenn man nur seinen Schreibtisch an eine andere Stelle in seinem Büro verschiebt.

Wir wissen zudem, daß Mitarbeiter durch ihren Bedarf an Selbstachtung motiviert werden. Hans Beckers Selbstachtung steigt aber womöglich nur durch eine lukrative Beförderung, wohingegen die Selbstachtung von Rita Schmidt bereits dadurch gesteigert wird, daß ihr die Benutzer anerkennend auf die Schulter klopfen.

Folglich kann keine Theorie die Frage zufriedenstellend beantworten, wie man jeden einzelnen Mitarbeiter in der DV-Abteilung richtig motiviert. Im Endeffekt sind

Sie bei der Lösung dieses Problems auf sich allein gestellt, und Sie müssen versuchen, die besonderen Bedürfnisse Ihrer Mitarbeiter auszumachen, die für diese einen besonderen motivationsmäßigen Anreiz darstellen. Anschließend müssen Sie entscheiden, wie Sie diesen individuellen Bedürfnissen entgegenkommen können, ohne damit den Zielen Ihrer DV-Abteilung und deren Projekten entgegenzuwirken.

Dies ist nicht immer ganz einfach, da Sie hierzu ein Verhältnis zu Ihren Mitarbeitern aufbauen müssen, das sich nicht immer leicht realisieren läßt. Falls Sie jedoch keine solche persönliche Beziehung aufbauen, laufen Sie ständig Gefahr, Ihre Mitarbeiter unbewußt zu demotivieren.

13.4 Zusammenfassung

Einer der Hauptaufgabenbereiche einer Führungskraft besteht darin, ihre Mitarbeiter durch Weiterbildung, Beförderung und Motivation zu fördern. Die Weiterbildung erfolgt am besten, indem diese Aufgabe der Personalleitung übertragen wird, statt im Rahmen der Projektabwicklung durchgeführt zu werden. Durch die Weiterbildung sollen nämlich langfristige Ergebnisse erzielt werden, die sich notwendigerweise nicht im Rahmen eines Projekts mit eng begrenzten Zielsetzungen realisieren lassen. Des weiteren stehen dem Projektleiter nicht genügend Ressourcen zur Verfügung, um eine allgemeine Weiterbildung durchführen zu können. Betriebliche Fortbildungseinrichtungen eignen sich vorzüglich zur Durchführung solcher Schulungsmaßnahmen, es ist jedoch nicht deren Aufgabe, eine Schulungsstrategie für die DV-Abteilung zu entwickeln. Dies ist vielmehr die Aufgabe des DV-Personalleiters.

Beförderungen werden vorgenommen, um zwei Zielsetzungen zu gewährleisten: um den bestmöglichen Nutzen aus den Möglichkeiten der jeweiligen Mitarbeiter zu ziehen und um eine vakante Position mit dem geeignetsten Kandidaten zu besetzen. Beförderungen haben sich jedoch in der Realität so oft als Fehlschlag erwiesen, daß bereits ein allgemeines Prinzip (Peter-Prinzip) formuliert wurde, das diesen Mißerfolg erklären soll. Indem man sich ein Verständnis davon verschafft, warum Beförderungen nicht den gewünschten Erfolg bringen, ist man auch in der Lage, daß Peter-Prinzip Lügen zu strafen. Es lassen sich drei Gründe dafür ausmachen, daß Beförderungen nicht den gewünschten Erfolg bringen: Das jeweilige Aufgabenfeld läßt sich nicht bewältigen, die beförderte Person durchläuft nach und vor ihrer Beförderung nur unzureichende Schulungsmaßnahmen, die sie auf ihre neue Position vorbereiten, oder die Beförderung wird aus den falschen Gründen heraus ausgesprochen.

Um eine erfolgversprechende Beförderung zu gewährleisten, sollten Sie als Verantwortlicher zunächst einmal den Arbeitsbereich, den der zu Befördernde ausfüllen soll, analysieren und anschließend die Voraussetzungen prüfen, die der Kandidat mitbringt. Die Defizite, die sich beim Vergleich der Stellenanforderungen und der vom Kandidaten mitgebrachten Voraussetzungen auftun, zeigen Ihnen, in welchen Bereichen der Betreffende vor seiner Beförderung noch zusätzlich geschult werden muß.

Eine neu ernannte Führungskraft sollte nicht einfach ins kalte Wasser geworfen werden, sondern benötigt eine besondere Hilfestellung. So sollte ihre Ausbildung auch nach der Beförderung weitergeführt werden, wobei ihr nicht nur spezielle Führungsqualitäten, sondern auch Kenntnisse im Bereich der aktuellen DV-Technologie vermittelt werden. Solche Fortbildungsmaßnahmen sollten für alle Führungsebenen verpflichtend gemacht werden. Ansonsten reichen womöglich die innovativsten Kräfte in Ihrer Abteilung frustriert ihre Kündigung ein, da sich ihre Vorstellungen und die ihrer Vorgesetzten immer weiter auseinanderentwickeln.

Die dritte Aufgabe hinsichtlich der Mitarbeiterführung betrifft die Motivation von Mitarbeitern. Obwohl es zahlreiche Theorien über menschliche Motivation einschließlich der Bedürfnishierarchie von Maslow gibt, kann Ihnen keine Theorie die persönliche Beziehung zu Ihren Mitarbeitern ersetzen. Die Theorie ist eine Sache, eine andere ist es jedoch, sich in der Praxis und im tagtäglichen Umgang mit Mitarbeitern ein Bild von den Idiosynkrasien zu machen, die jede Person in Ihrer DV-Abteilung auf eine andere Art und Weise motivieren.

Kapitel 13: Ratschläge für die Anwendung

1. Gesetzt den Fall, Schulungsmaßnahmen wurden bislang in Ihrer DV-Abteilung vernachlässigt. Im Laufe der Jahre wurden dafür viele Ausreden angeführt. Derzeit ist die Abteilungsleitung gegen Schulungsmaßnahmen eingestellt, die über ein Mindestmaß hinausgehen, weil es in Ihrer Abteilung eine sehr hohe Fluktuationsrate (mehr als 30 Prozent im Jahr) gibt. Wie würden Sie als DV-Personalvorgesetzter auf diese Situation reagieren? Wie würden Sie darauf als DV-Projektleiter reagieren?

   Hinweis: Überlegen Sie sich die verschiedenen Gründe für einen häufigen Arbeitsplatzwechsel. Wie versuchen Sie, sich diesem Problem zu nähern? In welcher Weise hängen die Methoden, mit denen Sie dieser Situation begegnen würden, von den Gründen für die hohe Fluktuation ab?

2. Betriebliche Sondergratifikationen betragen bei einem Mitarbeiter einen bestimmten Prozentsatz seines Gehaltes und werden in Anerkennung seines Gesamtbeitrags zum Unternehmen ausgezahlt. Dieser Prozentsatz schwankt von Person zu Person je nach relativer Leistung. Andere betriebliche Bonusleistungen haben die Form von Gewinnanteilen, wobei jeder Mitarbeiter denselben Prozentsatz seines Gehalts als Bonus erhält. Entwickeln Sie ein Gratifikationsschema, das sowohl die Leistungen eines Mitarbeiters in einem gegebenen Jahr berücksichtigt als auch die bisherigen Investitionen in diesen Mitarbeiter, beispielsweise Schulungsmaßnahmen, berücksichtigt. Welche Vor- und Nachteile hätte dieses Modell?

3. Gesetzt den Fall, Sie wären der Chef in der am Anfang dieses Kapitels vorgestellten fiktiven Unterhaltung. Was würden Sie tun, wenn sich Frank als schlechte Führungskraft herausstellte?

4. Gesetzt den Fall, ein zufriedenstellendes Gehalt reicht aus, um die psychologischen Bedürfnisse eines Menschen (beispielsweise Nahrung und Unterkunft) zu befriedigen. Welchen motivationsmäßigen Wert hat in diesem Fall eine Gehaltserhöhung?

   Hinweis: Bedenken Sie hierbei auch die symbolische Bedeutung des Gehalts. Ebenso sollten Sie berücksichtigen, daß das Gehalt eine Verbindung zwischen dem Arbeits- und Privatleben einer Person herstellt. In welcher Weise könnte sich das Gehalt als Mittel erweisen, im Privatleben eine Änderung der Bedürfnishierarchie zu bewirken?

5. Eine abwechslungsreiche Arbeit wird oft als wesentlicher Motivationsfaktor genannt (zumindest als ein wichtiger Stimulus). Worin bestehen die Vor- und Nachteile für eine DV-Abteilung und den jeweiligen Mitarbeiter, falls man jedem Mitarbeiter immer wieder andere Aufgabenbereiche zuweist? Welcher Personentyp wäre womöglich hierdurch eher irritiert statt stimuliert?

14

Schaffung einer produktiven Arbeitsumgebung

Die Produktivität von DV-Fachkräften hängt im wesentlichen von der Qualität ihrer unmittelbaren Arbeitsumgebung ab. Sie können Fortbildungsmaßnahmen durchlaufen, befördert werden und in jeder erdenklichen Weise motiviert werden: Dies nützt alles nichts, falls unzulängliche Arbeitsbedingungen ihre Arbeitsleistung beeinträchtigen.

Dies soll natürlich nicht heißen, daß jeder Analytiker, Designer oder Programmierer unbedingt ein mit Brokatteppich ausgelegtes Büro und einen Privatsekretär braucht. Gemeint ist vielmehr, daß jeder Mitarbeiter eine Arbeitsumgebung benötigt, die bestmöglich Störungen von ihm fernhält. Zudem muß jeder problemlos auf die für seine Arbeit erforderlichen Tools und Einrichtungen zugreifen können.

Schlechte Arbeitsleistungen und mangelnder Arbeitseinsatz kosten eine DV-Abteilung wesentlich mehr als die Schaffung angemessener Arbeitsbedingungen. Schon kleine Extras verbessern häufig die Leistungen der Mitarbeiter. So kann beispielsweise schon ein Epidiaskop in einem Tagungsraum für die Durchführung effizienter Meetings und Planungsvorhaben von unschätzbarer Hilfe sein. Solche zusätzlichen Ressourcen machen sich infolge der gesteigerten Arbeitseffizienz mehr als bezahlt.

14.1 Auswirkungen unzulänglicher Arbeitsbedingungen auf die Produktivität

Obwohl eigentlich jedem die Bedeutung eines angemessenen Arbeitsplatzes bewußt sein dürfte, muß ich immer wieder erstaunt feststellen, wie wenig man sich in einigen DV-Abteilungen um eine zufriedenstellende Arbeitsumgebung bemüht. Für unzureichende Arbeitsbedingungen lassen sich im wesentlichen vier Gründe veranschlagen: überfüllte Arbeitsräume, eine störanfällige Umgebung, Kommunikationsschwierigkeiten und unzureichende Einrichtungen und Möglichkeiten.

14.1.1 Überfüllte Arbeitsräume

Zweifellos kann man Büromiete sparen und teilweise auch organisatorische Probleme aus der Welt schaffen, wenn man möglichst viele Mitarbeiter in ein Arbeitszimmer setzt. Eine solche Überbelegung kommt jedoch einem Sparen an der falschen Stelle gleich, da sie die Arbeitsleistung der Mitarbeiter nachhaltig beeinträchtigt. Das dürfte anhand des folgenden Beispiels deutlich werden: Ein Freund von mir war in einem großen Unternehmen als Programmierer beschäftigt. Sein Büro, in dem in der Mitte ein großer Arbeitstisch stand, war ungefähr fünf mal vier Meter groß. Diesen Raum mußte er sich mit fünf anderen Programmierern teilen, von denen nicht alle am selben Projekt arbeiteten. Ihnen standen keine Privatfächer zur Verfügung, einzig Regale, die von allen benutzt wurden und auf denen abends alles abgelegt wurde, damit die Putzfrau den Tisch abstauben konnte.

Am Kopfende des Tisches stand ein Telefonapparat. Im Telefonverzeichnis des Unternehmens waren die Durchwahlnummern durcheinandergekommen, so daß die sechs Programmierer ständig Telefonanrufe entgegennahmen, die nicht für sie bestimmt waren. Folglich wurde dieser unbegehrte Platz immer dem Programmierer zuteil, der die kürzeste Zeit bei dem Unternehmen beschäftigt war. Zuweilen teilte man den sechsen auch unvermittelt mit, daß sie für ein kurzfristig anberaumtes Meeting ihr Zimmer verlassen müßten. Während der Mittagszeit diente der Tisch zudem der betrieblichen Skatrunde als Spielfläche.

Erstaunt darüber, daß mein Freund sich diese unglaublichen Arbeitsbedingungen gefallen ließ, fragte ich ihn: "Wie kannst du das denn nur ertragen? Wie kann man denn bei solchen Zuständen überhaupt arbeiten?" Er antwortete mir: "Och, das ist gar nicht so schlecht, wenn man sich erst einmal daran gewöhnt hat. Nächste Woche kriegen wir auch noch eine Kaffeemaschine ins Zimmer."

Nicht jeder Programmierer verfügte über den stoischen Gleichmut meines Freundes, wie sich im Laufe der Zeit angesichts der hohen Fluktuationsrate der in diesem Zimmer untergebrachten Programmierer herausstellte. Nicht anders war es auch in der übrigen DV-Abteilung, wo ähnliche Arbeitsbedingungen herrschten. Wie schon zu erwarten, war auch die Qualität und Quantität der gefertigten Software sehr dürftig. Unverständlicherweise weigerte sich die Geschäftsleitung jedoch, mehr Büroräume für die DV-Abteilung anzumieten. Man nahm lieber einen großen, aber nicht quantifizierbaren Verlust in Sachen DV-Produktivität in Kauf, um eine vergleichsweise geringe, aber berechenbare Summe an Betriebskosten zu sparen.

14.1.2 Störanfällige Arbeitsbedingungen

Zu einer unzulänglichen Arbeitsumgebung kommt es oft durch Unachtsamkeit und Gedankenlosigkeit. Müssen beispielsweise aus Platzgründen mehrere Mitarbeiter in einem Raum untergebracht werden, kann man schon allein dadurch eine erträgliche Arbeitsumgebung für jeden schaffen, daß man den Raum durch Trennwände unterteilt. Oft geht die so geschaffene Arbeitsatmosphäre gleich wieder verloren, wenn es mehrere Durchgänge gibt oder ein Schreibtisch sich unmittelbar neben einer Kaffeemaschine oder einer Kochnische befindet.

Die Raumunterteilung ist oft auch derart unzweckmäßig, daß hierdurch keine professionelle Büroumgebung geschaffen wird, sondern das Ganze mehr einer Basarstraße in Mekka ähnelt. Eine solche Anordnung ist natürlich für Unterbrechungen und Störungen geradezu prädestiniert.

Mitarbeiter einer DV-Abteilung müssen sich jedoch bei ihrer Arbeit konzentrieren können, um den in puncto Qualität und Quantität gestellten Anforderungen gerecht zu werden. Auch wenn sich wegen der räumlichen Gegebenheiten Ihrer DV-Abteilung keine optimale Arbeitsatmosphäre realisieren läßt, sollten Sie doch auf ein Betriebsklima hinwirken, daß jeder Mitarbeiter die Arbeitssphäre der Kollegen respektiert und sein Verhalten darauf abstellt, andere nicht unnötig bei der Arbeit zu stören. Eine störungsfreie Arbeitsatmosphäre läßt sich auch dadurch schaffen, daß Schilder mit der Aufschrift "Bitte nicht stören" Verwendung finden, an deren Aufforderung man sich dann auch hält. Überhaupt sollten Sie im Rahmen des Möglichen alles tun und gestatten, was einer erträglichen, störungsfreien, produktiven und reibungslosen Arbeitsatmosphäre Vorschub leistet.

14.1.3 Kommunikationsschwierigkeiten

Die Schaffung störungsfreier Kommunikationsmuster zwischen Mitarbeitern ist auch ohne eine abträgliche Arbeitsumgebung schwierig genug. Nichtsdestoweniger scheinen viele Führungskräfte nicht die einfachsten Regeln für eine effiziente Kommunikation zu kennen. So kann beispielsweise schon der eigentlich banale Gesichtspunkt, wie die Mitarbeiter eines Projekts räumlich untergebracht sind, von entscheidender Bedeutung für den Projekterfolg sein. Natürlich kann es aufgrund bestimmter räumlicher Gegebenheiten unmöglich sein, daß alle Projektmitglieder gemeinsam in einem Arbeitszimmer untergebracht werden. Nichtsdestoweniger bleibt es mir ein Rätsel, warum oft die ungünstigsten Arbeitsbedingungen vorherrschen.

Bei einem mir bekannten Projekt waren beispielsweise die Analytiker/Designer im 16. Stock, die Hälfte der Programmierer im 8. Stock des Gebäudes und die andere Hälfte im 9. Stock des gegenüberliegenden Gebäudes untergebracht. Das Projekt litt unter einem übermäßigen Kommunikationsbedarf, es mußten zahlreiche Telefonate geführt und viele formelle Meetings anberaumt werden. Viele leicht vermeidbare Fehler infolge falscher Auslegung der Designentwürfe ließen sich unmittelbar auf die ungünstige räumliche Aufteilung der Projektbeteiligten zurückführen. Die Lehre, die man hieraus ziehen sollte: Mitarbeiter, die an demselben Projekt arbeiten, sollten - wenn möglich - auch in angrenzenden Räumen arbeiten.[1]

1 Melcher ist diesbezüglich anderer Meinung, da er von einer Zunahme der persönlichen Konflikte innerhalb einer Projektgruppe ausgeht, sofern die Projektbeteiligten räumlich zu eng zusammenarbeiten [Melcher, 1976]. Ich gehe aber davon aus, daß eine Projektgruppe, die mehr zu Streitigkeiten als zur Kooperation aufgelegt ist, sich kaum als Projektgruppe bezeichnen läßt.

14.1.4 Unzureichende Ressourcen und Einrichtungen

Die Bereitstellung von Ressourcen und Einrichtungen, worunter alle möglichen Dinge von der verfügbaren Rechnerzeit bis zu Notizblöcken und Bleistiften zu verstehen sind, kann sich unmittelbar auf die Produktivität der Mitarbeiter auswirken. Manchmal machen sich diese Dinge nur unterschwellig bemerkbar. In einer DV-Abteilung, in der ich als Berater tätig war, durften die Programmierer nicht in den Druckerraum, um ihre Ausdrucke abzuholen. Das ist auch nicht mehr als richtig, werden Sie womöglich sagen, da es ähnliche Auflagen in den meisten DV-Abteilungen gibt, um den uneingeschränkten Zugang zum Betriebsbereich zu unterbinden. In dieser DV-Abteilung war es jedoch so, daß die Listings gesammelt und alle vier Stunden verteilt wurden. Falls man so zum Beispiel ein Programmlisting um 12.00 Uhr ausdruckte, erhielt man es entweder bereits um 12.10 Uhr oder erst um 16.10 Uhr.

Infolge dessen sank die Produktivität, da die Programmierer gezwungenermaßen mit veralteten Listings arbeiten mußten. Die Programmierer druckten auch immer weniger Listings aus, weil sie nicht übermäßig lang auf die Ausgabe warten wollten.

Die Geschäftsleitung entschloß sich schließlich, einen Durchgang zwischen dem Drucker- und Terminalraum zu schaffen und Verteilerfächer für die Programmierer einzurichten. In diese legten die Operateure dann die Ausgabe, nach jeweiligem Programmierer sortiert, ab, und der Programmierer konnte sich seine Listings nach Belieben abholen. Sowohl Programmierer als auch Operateure stimmten später darin überein, daß dieses neue Verfahren eine große Verbesserung bedeutete und sie auf diese Weise ihre Arbeit schneller und akkurater erledigen konnten.

14.2 Eine besondere Alternative

Eine weitere Lösung dieser und ähnlicher Probleme brachte der Personalcomputer. Statt einer Verbesserung der Arbeitsplatzsituation bietet sich jetzt eine völlige Umgestaltung an: nämlich die Verlegung des Arbeitsplatzes nach Hause. Im Zuge der Telearbeit arbeitet ein Mitarbeiter eines Unternehmens zuhause, ist jedoch über Kommunikationsleitungen mit seinem Büro verbunden.[2]

Im folgenden Beispiel soll veranschaulicht werden, wie mangelhafte Arbeitsbedingungen der Programmierer durch eine völlig neue Arbeitsmethode wettgemacht werden konnten. Einige DV-Abteilungen sind bekannt dafür, daß sie mehr Programmierer als Rechnerterminals haben. Nicht ausreichendes Arbeitsgerät unterbricht den

2 Der Begriff *Telecommuting*, in deutscher Übersetzung Telearbeit, wurde von [Nilles *et al.*, 1976] geprägt.

Arbeitsprozeß, ist kostspielig und für alle Beteiligten frustrierend. In einer DV-Abteilung, in der ich einmal tätig war, mußten die Programmierer manchmal mehrere Stunden auf einen freien Bildschirmarbeitsplatz warten. Der Abteilungsleiter teilte mir mit, daß es mehrere Versuche gab, die Nutzung zu regeln, beispielsweise Platzkarten, Begrenzung der Arbeitssitzung auf eine Stunde, Benutzungspläne, wechselndes Benutzungsrecht nach geraden und ungeraden Tagen oder Wechselschicht. Leider war keine der Methoden von Erfolg gekrönt.

Auf meine Frage, warum nicht mehr Terminals installiert würden, musterte mich der Abteilungsleiter von oben herab und öffnete statt einer Antwort eine Tür zum Lagerraum. In diesem waren zahlreiche ungenutzte CRT-Bildschirme gestapelt. "Falls wir die noch anschließen würden", erklärte er mir, "könnten wir unsere Antwortzeiten ganz vergessen." Ich hielt es für klüger, diese Unterhaltung nicht dadurch fortzuführen, daß ich das Gespräch auf eine leistungsfähigere CPU oder zusätzliche Hauptspeicherkapazität lenkte.

Telearbeit kann die Probleme dieser DV-Abteilung auf zweierlei Weise lösen. Durch die Verwendung eines Homecomputers, der ein Online-Terminal in der DV-Abteilung ersetzt, können fehlende physikalische Terminals wettgemacht werden. Nicht gelöst wird hierdurch das Problem, zu dem es infolge eines zu großen Arbeitsaufkommens des Host-Mainframes kommt. Womöglich sind auch langsamere Kommunikationspfade zwischen dem Kleincomputer und dem Host-Rechner erforderlich. Von daher bietet sich eher der Einsatz eines Homecomputers mit Kommunikationssoftware an, der Informationen im Stapelverarbeitungsbetrieb überträgt. Hierdurch wird der Homecomputer nicht nur zu einem zusätzlichen Terminal umfunktioniert, sondern auch der Mainframe entlastet. Der Programmierer kann seine Daten entweder am Abend über die vorhandenen Kommunikationseinrichtungen übertragen oder auf Disketten ins Büro bringen.

Die Arbeit in der heimischen Umgebung bringt Vorteile mit sich, die über die Verfügbarkeit zusätzlicher Terminals hinausgehen.[3] Problematisch am herkömmlichen Arbeitsplatz ist oftmals, daß die dort vorfindbaren Arbeitsbedingungen den Leistungen, die von DV-Fachkräften erbracht werden müssen, abträglich sind. Insbesondere beim Softwaredesign und der Programmierung gibt es Arbeitsphasen, die eine hohe Konzentration erfordern. Dann gibt es auch wieder Phasen, in denen sich der Programmierer in einer entspannten Atmosphäre kreativ mit speziellen Problemen auseinandersetzen muß. Die herkömmliche Büroumgebung bringt jedoch viele unvermeidliche Störungen und Ablenkungen mit sich, beispielsweise Telefonanrufe, Kollegen, die einen zum Mittagessen abholen wollen, oder Fragen wie "Weißt du, wo der JOBS-Aktenordner ist?"

In einer DV-Abteilung, die ihren Mitarbeitern gestattete, zwei Arbeitstage in der Woche zuhause zu arbeiten, führte ich unter den betreffenden Programmierern eine Befragung durch. Die Antworten der Programmierer ließen den Schluß zu, daß sich ihre Arbeitsproduktivität im besten Fall um 100 Prozent steigerte und im

3 Detailliert wird dieser Aspekt bei [Olson, 1983] und [Deken, 1981] behandelt.

schlechtesten Fall um 25 Prozent verminderte. Die Programmierer, deren Produktivität sich verbesserte, machten hierfür folgende Gründe verantwortlich: die Zeiteinsparung dadurch, daß sie nicht mehr zwischen Arbeitsstelle und Wohnung hin- und herpendeln mußten, eine entspanntere Arbeitsumgebung ("Ich laufe gerne hin und her, wenn ich nachdenke"), bessere Konzentrationsmöglichkeiten infolge weniger Störungen und Wegfall endloser Meetings, zudem die Möglichkeit, zu den unmöglichsten Stunden arbeiten zu können ("Ich bin ein Nachtmensch, und mir paßt es eher, wenn ich bis zwei Uhr nachts arbeiten kann").

Die Programmierer, deren Arbeitsleistung sich verschlechterte, gaben als Gründe dafür an: eine häufigere Ablenkung ("Meine Frau will einfach nicht wahrhaben, daß ich zuhause genauso wie im Büro arbeiten muß, und verlangt von mir, daß ich die Garage streichen soll") und größere Ablenkungsmöglichkeiten ("Ich langweile mich zuhause dermaßen, daß ich mich kaum zur Arbeit zwingen kann" und "Zuhause mache ich alles, außer tatsächlich zu arbeiten. Ich wasche Geschirr ab, gehe aus, schaue fern... !").

Da die Arbeit in der häuslichen Umgebung nicht jedermanns Fall ist, sollte bei der Entscheidung pro und contra Telearbeit immer der Einzelfall berücksichtigt werden. Ebenso müssen mögliche nachteilige Auswirkungen bei den Mitarbeitern bedacht werden, die weiterhin im Büro arbeiten müssen. Ein Problem ist beispielsweise auch, daß sich Meetings nur schwer organisieren lassen, weil wichtige Teilnehmer nicht anwesend sind. Ebenso kann unter Mitarbeitern eine Mißstimmung aufkommen, die ebenfalls gerne zuhause arbeiten würden. Dies kann soweit führen, daß sich das Betriebsklima drastisch verschlechtert und auch der Kommunikationsfluß innerhalb der DV-Abteilung zu wünschen übrig läßt, falls ständig nur 20 Prozent der Belegschaft anwesend ist.

Nichtsdestoweniger dürfte sich die Telearbeit in der DV-Landschaft der Zukunft einen festen Platz erobern. Dies insbesondere deshalb, weil das Pendeln zwischen Wohnung und Arbeitsplatz immer zeitaufwendiger und kostspieliger wird. Trotz der angeführten Nachteile verspricht die Telearbeit eine neue und kreativitätsfördernde Arbeitsumgebung, bei der statt der Mitarbeiter nur noch die Bytes hin- und herwandern.

14.3 Zusammenfassung

Als Personalleiter sind Sie für Arbeitsbedingungen verantwortlich, die Ihren Mitarbeitern eine optimale Arbeitsproduktivität ermöglichen. Gerade unter wirtschaftlichen Gesichtspunkten ist es wichtig, von den Mitarbeitern alle Schwierigkeiten fernzuhalten, die ihre Arbeitsproduktivität mindern könnten. Hierzu gehört auch, daß man alternativen Arbeitsbedingungen wie etwa der Telearbeit aufgeschlossen gegenübersteht.

Kapitel 14: Ratschläge für die Anwendung

1. Ein Großraumbüro ist, wie der Name schon sagt, ein sehr großer Raum, in dem viele Mitarbeiter (meist ohne Raumabteilung) zusammenarbeiten. Welche Nachteile in puncto allgemeine Arbeitsbedingungen bringt ein Großraumbüro in einer DV-Abteilung mit sich? Welche Vorteile hat ein solches Großraumbüro?
2. Lassen Sie Ihre Mitarbeiter (a) die Aspekte aufzählen, die sich negativ auf ihre Produktivität auswirken, und (b) diesbezügliche Lösungsmöglichkeiten vorschlagen. Welche Probleme bringen diese Lösungen für Sie als Führungskraft mit sich?

15

Mittelmaß als Norm

Unter dem Begriff *Mediokratie* soll im folgenden ein Unternehmen verstanden werden, dessen Unternehmenskultur sich durch keine besonders hohen Zielvorgaben auszeichnet. Das Gros der in einer Mediokratie beschäftigten Mitarbeiter hat eine ebensolche mittelmäßige Einstellung, und die meisten Produkte des Unternehmens weisen keine besonderen qualitativen Vorzüge auf. Womöglich gibt es einige Beschäftigte in der Mediokratie, die mehr als nur zweitklassig sein wollen, entsprechende Versuche von ihrer Seite werden aber wegen der vorherrschenden Grundhaltung von vornherein vereitelt.

Leider kann man sich nicht der Erkenntnis verschließen, daß auch viele DV-Abteilungen solche Mediokratien sind. Sie setzen sich keine besonderen Ziele, können sich nie zu hohen Qualitätsstandards aufraffen, vermeiden es aber ebenso, in ihren Leistungen unter das noch erträgliche Maß abzurutschen. Solche Abteilungen stellen Systeme bereit, die kaum noch akzeptabel sind, und beschäftigen Mitarbeiter, die keine höheren Ansprüche an sich selbst und die von ihnen gefertigten Produkte stellen. Sie leisten gerade so viel, um nicht ins Kreuzfeuer der Kritik zu geraten.

Im vorliegenden Kapitel werden zuerst die Gründe für eine solche DV-Mediokratie vorgestellt und anschließend deren negative Folgeerscheinungen behandelt. Im Anschluß daran werden Möglichkeiten aufgezeigt, wie Sie eine mittelmäßige Unternehmens- bzw. Abteilungskultur - je nach Ihrer Position innerhalb der Unternehmenshierarchie - beseitigen können.

15.1 Gründe für eine Mediokratie

Die vorherige Definition könnte den Eindruck erwecken, daß es sich bei einer Mediokratie einfach um eine Abteilung handelt, die unzulängliche Einstellungspraktiken verwendet oder eines der in den vorherigen Kapiteln beschriebenen Mankos aufweist. In der Tat sind alle Probleme, die kursorisch unter dem Begriff Peter-Prinzip subsummiert werden, auch Merkmale, die einer Mediokratie Vorschub leisten. Jedoch unterscheidet sich eine Mediokratie von einer Abteilung, die einfach nur mit speziellen Problemen zu kämpfen hat. Die Gründe und Bedingungsfaktoren einer Mediokratie lassen sich aber nicht in einem oder zwei Sätzen zusammenfassen, da eine Mediokratie durch die unterschiedlichsten Ursachen konstituiert wird.

Die Gründe für eine Mediokratie sollen im folgenden mit Hilfe eines Ursache-Wirkung-Diagramms veranschaulicht werden. Dieses Werkzeug, das in Anhang B näher erklärt wird, findet sich in Bild 15.1. Die folgenden eng miteinander verknüpften Ursachen führen hier zur Mediokratie: Dies ist zum einen Grüppchenbildung, wobei sich die Gruppierungen bei ihrer Arbeit von ihren eigenen Zielsetzungen, statt den Zielsetzungen des Unternehmens leiten lassen; zudem die Bestrebung der Mitarbeiter, auf der Karriereleiter durch Schmälerung der Leistung von Kollegen voranzukommen. Jedem Aspekt liegen eigene Ursachen zugrunde (siehe Diagramm). Entsprechend Bild 15.1 lassen sich fünf Hauptgründe für eine Mediokratie verzeichnen: fehlende festumrissene Zielsetzungen für Projekte und die Abteilung; Schwächen der formalen Organisation; übermäßig karriereorientierte Mitarbeiter, deren Arbeitsverhalten auf dem Wettbewerb statt der Kooperation mit Kollegen basiert; abteilungsspezifische Probleme, die einer größeren Arbeitseffizienz der Mitarbeiter entgegenstehen; eine chronische Fortführung der Mediokratie.

15.1.1 Fehlende festumrissene Zielsetzungen

Falls festumrissene Zielsetzungen für Aufgaben vorliegen, gibt es einen absoluten Maßstab, an dem die Leistungen der Mitarbeiter gemessen werden. Auf diese Weise ist es möglich, die wirklichen Beiträge, die Mitarbeiter zum Arbeitsauftrag der Abteilung beisteuern, recht objektiv zu beurteilen.

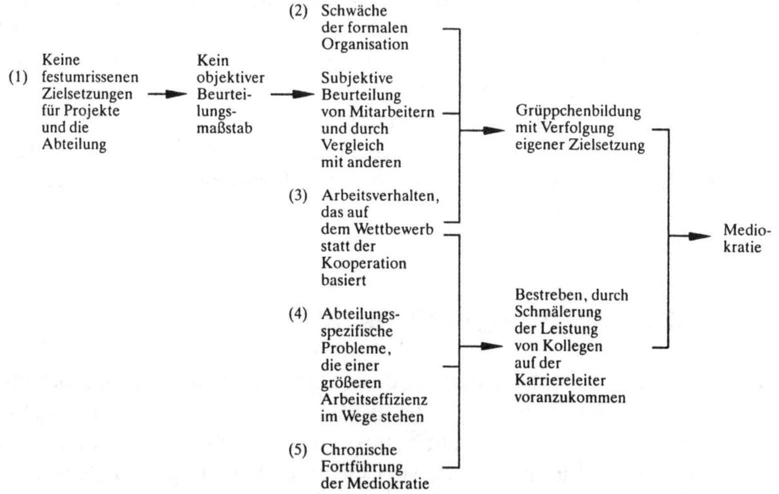

Bild 15.1 Ursache-Wirkung-Diagramm.

Ebenso ist es möglich, weitgehend objektiv darüber zu befinden, welche Mitarbeiter für ihre Arbeitsleistung belohnt werden sollen.

Ohne festumrissene Zielsetzungen haben Führungskräfte keine Anhaltspunkte, nach denen sie die Leistung ihrer Mitarbeiter objektiv beurteilen können. Ebensowenig gibt es eine solide Beurteilungsgrundlage für Beförderungen usw. Statt dessen werden die Arbeitsbeiträge der Mitarbeiter nach subjektiven Gesichtspunkten - nach Gutdünken des Beurteilenden oder relativ zu den Arbeitsleistungen anderer Mitarbeiter - beurteilt. Dies führt dazu, daß Mitarbeiter dazu tendieren, sich statt durch Verbesserung ihrer eigenen Arbeitsleistung eher durch Schmälerung der Leistungen von Kollegen ins rechte Licht zu rücken versuchen. Dies führt auch dazu, daß Mitarbeiter ihren Führungskräften gegenüber ein kriecherisches Verhalten an den Tag legen, statt ihnen offen und ehrlich gegenüberzutreten. Hierdurch stellt sich ein unproduktives, auf "Gesichtsmassage" bedachtes Verhaltensmuster ein, das produktiver Arbeit abträglich ist.

15.1.2 Schwächen der formalen Organisation

Wie bereits in Kapitel 5 ausgeführt, wird unter formaler Organisation im wesentlichen die Unternehmensstruktur verstanden, wie sie in den offiziellen Personalplänen eines Unternehmens mit den durch Stellenbeschreibungen und Aufgabenbereiche gekennzeichneten Positionen gegeben ist. Die informelle Organisation entspricht der formalen Organisation unter Berücksichtigung der tatsächlichen Arbeitsbedingungen und der sozialen Beziehungsgeflechte der im Unternehmen Beschäftigten. Eine effiziente formale Organisation ist nur dann möglich, wenn die informelle Unternehmensstruktur den Anforderungen der formalen Organisation gerecht wird. Ein Unternehmen ist den zufälligen Kräften unterschiedlicher Persönlichkeiten ausgesetzt, die sich zu Gruppierungen zusammenschließen und das formale Organisationsmuster in die Richtung zu lenken versuchen, die ihren eigenen sozialen und geschäftlichen Zielsetzungen am nächsten kommt. Diese oft unausgesprochenen Zielsetzungen sind dem Gesamtunternehmen oft abträglich. So finden sich beispielsweise etliche Mitarbeiter in einer Arbeitsgruppe, die ihre Arbeitskraft einem Steckenpferd der Beteiligten widmet, wie etwa der Entwicklung eines Roboters, der in technologischer Hinsicht womöglich eine besondere Herausforderung darstellt, für den es aber auf dem Markt keine Abnehmer gibt.

Einige Mitarbeiter gehören womöglich auch keiner Gruppierung an und fühlen sich in der Abteilung isoliert, da sich ihnen keine Möglichkeit der Teilnahme an sozialen Aktivitäten bietet. Sie werden zu Außenseitern, die den Handlungen ihrer Kollegen mit Neid und Mißachtung begegnen. Sie werden verbittert und pflegen keine Sozialbeziehungen mehr zu den Kollegen. Sie kommen in nahezu jeder Mediokratie vor.

15.1.3 Karrierestreben mittels dem Betriebsklima abträglichen Wettbewerbsdenken

Wettbewerbsdenken und Individualität sind die beiden Ecksteine der westlichen Kultur. Ein Wettbewerbsdenken in gewissen Grenzen ist eine durchaus akzeptable Erscheinung, da es gewöhnlich die Kreativität der Mitarbeiter fördert und ihrem Wunsch nach Verbesserung Vorschub leistet. In der Geschäftswelt bedeutet dies beispielsweise, daß zwei miteinander konkurrierende Fluggesellschaften sich permanent um eine Verbesserung ihres Kundendienstes bemühen müssen. Eine Fluggesellschaft mit einer monopolistischen Stellung wird hingegen auf dem erreichten Stand stehenbleiben, da sie von außen keinen Anreiz hat, sich verbessern zu müssen.

Ein ungezügeltes Wettbewerbsdenken kann jedoch zu einem großen Schaden führen. So nützt es niemandem, falls die Fluggesellschaft A ihre Abflugzeiten so legt, daß die Passagiere die Anschlußflüge der Fluggesellschaft B nicht erreichen können. Auch falls Fluggesellschaft B im Gegenzug ein Gerücht in die Welt setzt, daß die bei Fluggesellschaft A beschäftigten Piloten allesamt vorzeitige Abgänger einer Fliegerschule sind, dürfte dies der kommerziellen Luftfahrt insgesamt nicht förderlich sein.

Ein solches amoralisches und unproduktives Wettbewerbsdenken ähnelt dem Verhalten von Gladiatoren im Alten Rom, die ohne irgendwelche Regeln um ihr nacktes Überleben kämpfen mußten. Für hochqualifizierte Fachkräfte eines Unternehmens ist dies jedoch ein ganz und gar inakzeptables Verhaltensmuster. In einer Mediokratie ist eine solche mörderische Wettbewerbshaltung jedoch gang und gäbe.

Die Leistungen einer Abteilung sind die Leistungen der darin beschäftigten Mitarbeiter. In einer effizient funktionierenden Abteilung trägt jeder Mitarbeiter zur Erfüllung des Arbeitsauftrags der Abteilung insgesamt bei. In einer Mediokratie und deren schädlichem Wettbewerbsdenken verwenden die Mitarbeiter hingegen den Großteil ihrer Arbeitsenergie darauf, sich selbst ins rechte Licht zu rücken, und vernachlässigen dabei die Bedürfnisse der Abteilung. Dieses Verhalten spiegelt sich im Versuch wider, gut vor den Vorgesetzten dazustehen.

Der Kult des individuellen Überfliegertums ist ein weiterer Aspekt unserer Kultur. Obwohl eine amüsante Anekdote, ist und bleibt die Legende vom brillianten Genie, das einstens mit einer Idee das Geschick des Unternehmens maßgeblich beeinflußte, ein Mythos, der nichts in einem modernen Unternehmen zu suchen hat. Den unabhängigen und individuellen Erfolg kann es innerhalb des komplexen Organisationsmusters heutiger Unternehmen gar nicht mehr geben, weil keine Person allein die Probleme lösen kann, mit denen eine Abteilung oder ein Unternehmen heutzutage konfrontiert wird. Ein solches Denken begünstigt zudem Mißtrauen und Zwietracht unter den Mitarbeitern, deren Arbeitsbeiträge sich gewöhnlich neutralisieren. Wie ein Bauer, der weiß, daß er sein Feld schneller pflügen kann, wenn die vor den Pflug gespannten Pferde in dieselbe Richtung ziehen, so müssen auch alle "Arbeitspferde" der DV-Abteilung am selben Strang ziehen, insbesondere weil die technischen Gegebenheiten die umfassende Kooperation vieler qualifizierter Fachkräfte statt sporadisches und unsystematisches Einzelkämpfertum erfordern.

Eine ungezügelte Wettbewerbshaltung führt nicht nur zu einer mangelhaften Koordination der gemeinsamen Bemühungen, sondern auch zu ständigen Vergleichstests, wer der Beste ist. Aus einer solch schädlichen Wettbewerbssituation kann keiner als wirklicher Sieger hervorgehen. Die Belegschaft einer Mediokratie bringt oft mehr Zeit mit solchen Vergleichstests als mit tatsächlicher, nützlicher Arbeit zu. Oft versucht man hierbei, Mitarbeiter dadurch auszustechen, daß man ihre Arbeitsleistung sabotiert oder schmälert. Folglich verschwendet ein Intrigant in einer solchen Mediokratie nicht nur seine eigene Arbeitszeit, sondern auch die vieler anderer Mitarbeiter. Sein Motto lautet: "Vorwärtskommen, egal um welchen Preis", und er geht dabei über Leichen. Wenn sich jeder dieses Motto zu eigen macht, gibt es im Unternehmen zahlreiche Reibereien und Streitigkeiten, jedoch nur sehr wenige Fortschritte. Ich fragte einmal einen in einer Mediokratie tätigen DV-Leiter, wie viele Mitarbeiter seiner Abteilung arbeiten würden. "Etwa die Hälfte", entgegnete er mit einem Grinsen. Zu guter Letzt gelangt eine Mediokratie an einen Punkt, an dem kein Mitarbeiter mehr einen zweckmäßigen Arbeitsbeitrag leisten kann, weil er befürchten muß, daß ihm der kleinste Fehler zu großem Schaden gereicht.

Ein bereits sehr lange in einer Mediokratie beschäftigter Mitarbeiter beschrieb die Situation einmal wie folgt: "Man kommt hier am besten zu Rande, wenn man einfach seine Arbeit macht, dabei aber im Hintergrund bleibt und überhaupt nicht auffällt. Ansonsten wird man von jedem kritisiert, und jeder ist eifrig bemüht, einem seine Unzulänglichkeiten und Mißerfolge unter die Nase zu reiben. Je besser Ihre Arbeitsleistung oder das von Ihnen gefertigte Produkt ist, um so rühriger werden die Kollegen und um so größer ist die Gefahr, daß man ins Kreuzfeuer der Kritik gerät."

"Gerade jetzt beispielsweise", fuhr er fort, "reibt Edgar Petermann jedem unter die Nase, daß Walter Bambergers Projekt schon im Juni fertiggestellt sein sollte, und Walter hält dagegen, indem er jedem erzählt, daß Edgars Projekt den ursprünglichen Finanzrahmen weit überzogen hat. Jeder versucht, den anderen bei den Benutzern schlecht zu machen. Wir sind an einem Punkt angelangt, an dem kein Benutzer mehr irgendeinem aus der DV-Abteilung traut."

Kurzum, eine ungezügelte Rivalität innerhalb der DV-Abteilung bewirkt folgendes: Die Arbeitsbeiträge der Mitarbeiter sind nicht aufeinander abgestimmt. Diese bringen mehr Zeit mit gegenseitigem Wettbewerb als mit sinnvoller Arbeit zu. Jeder versucht, die Arbeit des anderen zu desavouieren. Die Mitarbeiter tendieren dazu, sich im Hintergrund zu halten und sich hinter ihrer Arbeit zu verstecken, um nicht in das Kreuzfeuer der Kritik ihrer Kollegen zu geraten.

15.1.4 Abteilungsspezifische Probleme, die einer größeren Arbeitseffizienz der Mitarbeiter entgegenstehen

Eine Abteilung rutscht um so schneller in die Mittelmäßigkeit ab, falls sie mit Problemen zu kämpfen hat, die einer zufriedenstellenden Arbeitsleistung ihrer Mitarbeiter in irgendeiner Art und Weise entgegenstehen. So bietet beispielsweise ein ungenügendes Schulungsangebot den Mitarbeitern weniger Möglichkeiten, ihre Arbeit zufriedenstellend zu verrichten. Hierunter leidet nicht nur die Qualität und Quantität des Arbeitsbeitrags der Abteilung, sondern dies wirkt sich auch negativ auf die Arbeitsmoral der Mitarbeiter aus. Solche Frustrationen wiederum heizen das Wettbewerbsdenken an, da man sich durch Schmälerung der Arbeit anderer bequem ins rechte Licht setzen kann, wenn die eigene Arbeitsleistung durch Faktoren, die nicht der eigenen Kontrolle unterliegen, negativ beeinträchtigt wird.

Abteilungsprobleme sind folglich oft der Katalysator für das Abrutschen in die Mittelmäßigkeit. Die Beseitigung solcher Probleme führt jedoch nicht notwendigerweise dazu, daß sich eine Abteilung vom Zustand der Mediokratie zu einer höheren Arbeitsleistung aufschwingen kann.

15.1.5 Chronische Fortdauer einer Mediokratie

Eine Mediokratie verdankt ihr Bestehen ihren eigenen Ursachen und tendiert dazu, ihren Zustand auf unabsehbare Zeit beizubehalten. Drei Faktoren sind es insbesondere, wodurch eine Mediokratie die Gesamtarbeitsleistung ihrer Belegschaft permanent drosselt: Eine Führungskraft in einer Mediokratie stellt zunächst einmal nur solche neue Mitarbeiter ein, die keine Konkurrenz für sie bedeuten. Hierdurch läuft sie nicht Gefahr, durch jemanden, der eine größere Befähigung als sie selbst mitbringt, ersetzt zu werden. Dies führt zu einem sattsam bekannten Phänomen in einer Mediokratie, wonach Unfähige von Unfähigen geführt werden. Einige Arbeitsvermittlungsunternehmen begünstigen diese Tendenz noch, indem sie Unternehmen, die für ihre Mittelmäßigkeit bekannt sind, nur entsprechende Kandidaten vermitteln.

Zweitens verlassen Mitarbeiter, die kompetent sind und einen besonderen Arbeitsbeitrag in einer Abteilung erbringen wollen, sehr bald eine Mediokratie, und zurück bleiben die Intriganten und der unproduktive Troß. Ich nenne dies die Umkehrung von Greshams Gesetz: Eine Mediokratie sammelt um sich mittelmäßige Personen und zwingt gute Leute zum Arbeitsplatzwechsel.

Drittens macht eine chronische Mediokratie die Mittelmäßigkeit zum Bestandteil der Unternehmenskultur. Solche Mediokratien lassen sich nur unter den größten Schwierigkeiten ändern, wie in Abschnitt 15.2 gezeigt wird.

Im folgenden Beispiel sollen die produktivitätsmindernden Auswirkungen einer Mediokratie veranschaulicht werden. Albert Spranger war Projektleiter in einer großen, auf dem Prinzip der Mediokratie basierenden DV-Abteilung. Peter Haffner arbeitete an Alberts Projekt mit. Peter war weder begabt, noch bei seinen Mitarbeitern beliebt. Albert konnte ihn jedoch nicht loswerden, weil ihn kein anderer Projektleiter haben wollte.

Dann hatte Albert jedoch eine Idee: Roland Schmidt, ein neuer Projektleiter, brauchte für sein Projekt einen Datenbankdesigner. Albert konnte sich seines Problems entledigen, indem er Peter seinem neuen Kollegen als IMS-Experten empfahl und abstellte, obwohl Peters Wissensstand darauf beschränkt war, Datenbankaufrufe in COBOL-Programmen zu entwickeln. Jeder andere Projektmanager wußte dies natürlich, Roland Schmidt war jedoch dankbar, daß er Peter bekommen konnte. Albert war überglücklich. Mit einem Schlag war er Peter losgeworden und hatte ihn überdies in Rolands Projekt auch noch als eine Art trojanisches Pferd einschleusen können.

Es kam, wie es kommen mußte. Mit Peter Haffner im kritischen Pfad kam Roland Schmidts Projekt immer mehr in Verzug und konnte schließlich nur mit einer völlig unzulänglichen Datenbank aufwarten. Zu guter Letzt enthob Roland Schmidt Haffner von seiner Datenbankaufgabe, aber es war schon zu spät. Rolands Vorgesetzter entzog Roland die Verantwortung für das Projekt. Wer hatte im Vergleich zu Roland Schmidt gut abgeschnitten? Jeder natürlich, insbesondere aber Albert Spranger. Dieser hatte seine Arbeitskraft aber nicht dazu genutzt, die Zielsetzungen der Abteilung zu fördern, sondern um die Arbeit eines Kollegen zunichte zu machen. Dies ist ein typisches Beispiel dafür, wie eine Mediokratie funktioniert.

15.2 Abhilfemaßnahmen

Die jeweiligen Möglichkeiten zur Abschaffung einer Mediokratie richten sich danach, welche Position man in einem Unternehmen bekleidet. Falls Sie sich ganz am unteren Ende der Hierarchie befinden, haben Sie nahezu keine Möglichkeiten. Jeder auf dieser Ebene unternommene Versuch wird wegen des besonderen Charakters einer Mediokratie neutralisiert. Die einzige Möglichkeit besteht darin, die Basis durch viel Überzeugungsarbeit zu einem einheitlichen Handeln zu bewegen und dann gemeinsam den Versuch zu unternehmen, die herrschende Abteilungskultur zu beseitigen. Hierbei laufen Sie jedoch Gefahr, daß Ihre Bemühungen mißverstanden und von vornherein von den maßgeblichen Kräften vereitelt werden. Was in diesem Fall bleibt, ist, die DV-Abteilung zu verlassen und sich eine neue zu suchen, die den eigenen Ansprüchen eher gerecht wird.

Bekleiden Sie hingegen eine Position im mittleren Management des Unternehmens, so stehen Ihre Chancen gar nicht so schlecht, die Mediokratie allmählich aus dem Sattel zu heben. Versuchen Sie einen neuen Geist in das Unternehmen hineinzutragen, der nicht durch wildes Konkurrenzdenken, sondern durch Hilfsbereitschaft und Ehrlichkeit geprägt ist. Haben Ihre Kollegen erst einmal gemerkt, daß Sie es wirklich ehrlich meinen, werden sie Ihrem Beispiel womöglich folgen und auf diese Weise für ein vorteilhafteres Arbeitsklima Sorge tragen.

Versuchen Sie die Ihnen unterstellten Mitarbeiter zu inspirieren. Durch Schulungsmaßnahmen und die in Kapitel 13 vorgestellten Möglichkeiten der Mitarbeiterführung bieten Sie ihnen Anregungen zu einer produktiveren Arbeitshaltung und geben ihnen auch eine Perspektive, die es ihnen möglich macht, ihr Desinteresse abzulegen und sich selbst höhere Ziele zu setzen. Dabei sollte Ihnen aber immer bewußt sein, daß Sie nach wie vor in einer Mediokratie beschäftigt sind und alle Ihre guten Vorsätze sehr schnell zunichte gemacht werden können. Den meisten Mitarbeitern behagt womöglich Ihr neuer Ansatz nicht, und Sie sehen sich vielleicht sehr schnell Mitarbeitern gegenüber, die Ihnen permanent Knüppel zwischen die Beine zu werfen versuchen. Auch Ihr Vorgesetzter entwickelt womöglich infolge Ihrer Rührigkeit eine Profilneurose, befürchtet, daß Sie auf seine Stelle aus sind, und unternimmt alles nur Denkbare, um Ihre Bestrebungen schon im Ansatz zu vereiteln. In einem solchen Fall bleibt Ihnen eigentlich nur eins: sich einen neuen Arbeitgeber zu suchen.

Falls Sie in einem vom Geist der Mediokratie geprägten Unternehmen eine führende Stelle bekleiden, beispielsweise Leiter der DV-Abteilung sind, haben Sie ausgezeichnete Chancen, die Mediokratie zu beseitigen. Hierbei sollten Sie sich zuallererst den drei primären Ursachen einer Mediokratie zuwenden: nicht vorhandenen festumrissenen Zielsetzungen, Schwächen der formalen Organisation und abteilungsinternen Problemen, die einer zufriedenstellenden Arbeitsleistung der Mitarbeiter entgegenstehen. Als eine der obersten Führungskräfte im Unternehmen sind Sie in der Lage, eine effektive formale Organisation auf die Beine zu stellen, beispielsweise eine Matrixorganisation, und gültige Zielsetzungen für die DV-Abteilung festzulegen, die den ersten beiden genannten Schwachpunkten begegnen. Als leitende Führungskraft einer Mediokratie sind Sie offensichtlich auch in einer ausgezeichneten Position, um jedes Problem in Angriff zu nehmen, das der Arbeitsleistung der Mitarbeiter abträglich ist.

Ihre weitreichendste Möglichkeit ist jedoch, daß Sie allein die beiden schwerwiegendsten Ursachen einer Mediokratie beseitigen können: das Verhalten der Mitarbeiter, sich durch eine krankhafte Wettbewerbshaltung ins rechte Licht zu rücken, und die Tendenz einer Mediokratie, sich auf ewig fortzusetzen. Diese beiden Muster sind in der Unternehmenskultur begründet und lassen sich nur mühsam ändern. Die Unternehmenskultur wird in der Chefetage eines Unternehmens durch ungeschriebene Gesetze, machtvolle Persönlichkeiten und Präzedenzfälle begründet. Verbreitung findet sie im Unternehmen durch die Mitarbeiter, die diese Vorstellungen im Rahmen ihrer Positionen und im Zuge praktischer Beispiele umsetzen. Folglich kann nicht nur die Geschäftsleitung die herrschende Unternehmenskultur ändern.

Zur Abschaffung der Mediokratie müssen folglich die Aspekte der Unternehmenskultur beseitigt werden, die die Mediokratie begründen und perpetuieren. Welche konkreten Maßnahmen sollten hier getroffen werden? Zunächst einmal sollten alle Konkurrenzkämpfe und Intrigen innerhalb der Abteilung unterbunden werden, wobei jedermann beigebracht wird, daß die Intrige die erste Zuflucht des inkompetenten Mitarbeiters ist. Gehen Sie mit gutem Beispiel voran, indem Sie sich nicht an derartigen Verhaltensmustern beteiligen, und stellen Sie solche Machenschaften unter Strafe - wobei Sie letztendlich auch nicht das Mittel der Entlassung scheuen sollten.

Ermutigen Sie Ihre Mitarbeiter zur Kooperation und zum Teamgeist. Begünstigen Sie eine Erwartungshaltung, wonach nur die eigentliche Arbeitsleistung zählt. Versuchen Sie, die herrschenden Egoismen durch gruppenorientierte Verhaltensmuster wie beispielsweise Walkthroughs abzubauen. Versuchen Sie, die Qualitätsmaßstäbe zu heben, indem Sie Qualitätsprüfungsgruppen einrichten, denen die Qualitätssteigerung der DV-Abteilung insgesamt aufgetragen wird. Gehen Sie auch hier mit gutem Beispiel voran. Stellen Sie unter Beweis, daß Sie keine unliebsame Konkurrenz fürchten. Stellen Sie folglich hochqualifizierte Mitarbeiter ein, und versuchen Sie so, das Leistungspotential Ihrer Belegschaft zu steigern.

Machen Sie jedem klar, daß kooperative Mitarbeiter insgesamt eine weitaus funktions- und leistungsfähigere DV-Abteilung ergeben als Mitarbeiter, die sich zu stark vom Wettbewerbsdenken leiten lassen und als Einzelkämpfer in Erscheinung treten. Machen Sie ihnen klar, daß alle gemeinsam die anstehenden Probleme lösen müssen und gemeinsam auch besser lösen können.

Vermitteln Sie Ihren Mitarbeitern das Bewußtsein, daß Kooperationsbereitschaft zur Realisierung der Abteilungs- und Unternehmensziele von ausschlaggebender Bedeutung ist. Was dem Gesamtunternehmen nützt, ist auch jedem einzelnen Beschäftigten von Nutzen. Umgekehrt gilt auch, daß sich Nachteile für das Gesamtunternehmen ebenso nachteilig auf jeden einzelnen Beschäftigten auswirken.

Natürlich können Sie Ihre nach dem Muster einer Mediokratie strukturierte Abteilung nicht über Nacht umkrempeln. Je länger die Mediokratie besteht, um so mehr Zeit werden Sie zu ihrer Veränderung brauchen. Auch nach der Abschaffung der Mediokratie werden sich im Unternehmen und in der DV-Abteilung die unterschiedlichsten Strömungen, Zielsetzungen und Bestrebungen verzeichnen lassen. Taktisches Geplänkel und Intrige gibt es, solange mehr als nur ein Mitarbeiter in Ihrer DV-Abteilung beschäftigt ist. Falls Ihre Abteilung jedoch eine solide formale Organisation, festumrissene Zielsetzungen und eine durch Leistung und Kooperationsbereitschaft gekennzeichnete Grundhaltung aufweist, können Intrige und Kabale nicht mehr so leicht größeren Schaden anrichten, da Sie sie durch feste Vorgaben wie Qualität und Leistung in die Schranken weisen können.

Abschließend muß noch darauf eingegangen werden, was man im Falle einer Mediokratie tunlichst vermeiden sollte. Zunächst einmal sollte man keine horrenden Geldsummen für Strategien ausgeben, die für die Verbesserung eines mangelhaften Betriebsklimas gedacht sind. Verschwenderisch gestaltete Weihnachtsfeiern oder Tagungen im sonnigen Süden bringen langfristig nicht die gewünschte Verbesserung des Betriebsklimas. Sie können das Problem einer schlechten formalen Organisation nicht aus der Welt schaffen.

Des weiteren sollten Sie den Rat beherzigen, keine detaillierten Standards, Prozeduren und Verfahrensregeln in Ihrer DV-Abteilung festzuschreiben, ohne deren Auswirkungen auf das Unternehmen zu kennen. Das Ziel solcher Prozeduren und Verfahrensregeln ist, alles genaustens zu definieren, damit jeder nach Kochbuchmanier qualitativ hochwertige Produkte fertigen kann. Jedoch bringt eine solche Verfahrensweise aus zwei Gründen negative Auswirkungen für eine Mediokratie mit sich. Der erste Grund besteht darin, daß die Prozeduren, sofern sie intern entwickelt werden, selbst das Ergebnis der Mediokratie sind und von daher wohl auch dieselben mittelmäßigen Qualitätsmerkmale aufweisen.

Zweitens begründet die Bürokratie, die mit den detaillierten Verfahrensweisen, Standards und Prozeduren Einzug in eine Mediokratie hält, eine Struktur, die noch ungleich starrer und inflexibler ist. Hierdurch wird die Mediokratie womöglich durch ein mittelmäßiges Schema aus genaustens festgelegten Verfahrensregeln auf alle Zeiten festgeschrieben. Die Prozeduren werden zu einer gottgegebenen Tatsache, denen man unbefragt Folge leisten muß. Und sobald jemand eine andere als die vorgeschriebene Lösung versucht, wird er mit Verweis auf die geltenden Vorschriften zur Rechenschaft gezogen. Die Befolgung der Verfahrensregeln wird zu guter Letzt zum Selbstzweck und ein wichtigeres Ziel als die Herstellung von Produkten. Kurzum, die Mediokratie erreicht eine neue Stufe der Unzweckmäßigkeit.

Aus diesem Grund sollten Sie sich, bevor Sie versuchen, in Ihrem Unternehmen Standards, Verfahrensregeln und Vorschriften einzuführen, ein Buch wie das von [Mintzberg, 1979] zu Gemüte führen, in dem auf die Vor- und Nachteile einer bürokratischen Organisationsform und deren Auswirkungen auf kreative technische Arbeit eingegangen wird. Wer sich danach dazu entschließt, Verfahrensregeln aufzustellen und durchzusetzen, sollte sich zunächst einmal vergewissern, daß alle mit der Mediokratie zusammenhängenden Probleme aus dem Unternehmen verschwunden sind. Falls Sie beispielsweise in Ihrer DV-Abteilung Standards, Prozeduren und Verfahrensweisen festsetzen, jedoch keine Zielsetzungen und praktischen Hilfestellungen mitliefern, haben Sie sehr schnell eine Arbeitsumgebung, die nur für geistlose Automaten geeignet ist: das Paradebeispiel einer Mediokratie.

15.3 Zusammenfassung

Eine Mediokratie, die sich leider in vielen DV-Abteilungen vorfindet, ist eine Organisationsform, in der das Mittelmäßige vorherrscht. Mediokratien werden gewöhnlich von undisziplinierten Gruppierungen mit übersteigertem Konkurrenzdenken konstituiert, die sich wegen irgendwelcher Vorteile bekämpfen. Für eine Mediokratie lassen sich fünf wesentliche Ursachen anführen: das Fehlen festumrissener Zielsetzungen, die Schwäche der formalen Organisation, das Bestreben der Mitarbeiter, durch den Wettstreit mit Kollegen Verbesserungen für sich zu erzielen, abteilungsmäßige Probleme, die den Möglichkeiten der Mitarbeiter, zufriedenstellende Leistungen zu erbringen, Grenzen setzen, und die Tendenz einer Mediokratie, den gegenwärtigen Zustand zu verewigen.

Die Möglichkeiten zur Abschaffung einer Mediokratie hängen in großem Maße von Ihrer jeweiligen Position im Unternehmen ab. Falls Sie zu den niederen Chargen gehören, haben Sie kaum eine Chance, irgendetwas zu bewirken, und Ihnen bleibt wohl kaum eine andere Lösung als die, Ihre Kündigung einzureichen. Gehören Sie zum mittleren Management, so bietet sich Ihnen die Möglichkeit, mit gutem Beispiel voranzugehen und so das Bewußtsein für zweckdienlichere Zielsetzungen zu stärken.

Ohne die entsprechenden Mitstreiter werden Sie aber auch in diesem Fall nur geringe Chancen haben, Ihre Vorstellungen in die Tat umzusetzen.

Gehören Sie dem Top-Management Ihres Unternehmens an, haben Sie ausgezeichnete Möglichkeiten, den Ursachen für die Mediokratie zu Leibe zu rücken. Hierzu zählt auch die Beharrungstendenz der mediokratischem Muster folgenden Unternehmenskultur. Gehen Sie energisch gegen die Mediokratie vor, und schreiten Sie dabei selbst mit gutem Beispiel voran. Hierbei sollten Sie jedoch auf die herkömmlichen Allheilmittel wie die Aufwendung großer Summen zur Hebung des Betriebsklimas oder die Schaffung bürokratischer Verfahrensweisen zur Qualitätssteigerung verzichten. Diese tendieren eher dazu, die Mediokratie noch fester in Ihrem Unternehmen zu verankern.

Kapitel 15: Ratschläge für die Anwendung

1. Welche Merkmale einer Mediokratie finden sich in Ihrer DV-Abteilung? Welche Ursachen der Mediokratie sind dafür im wesentlichen verantwortlich zu machen? Wie sehen Ihre Lösungsvorschläge aus, um diese Ursachen in Ihrer DV-Abteilung zu beseitigen?

2. In diesem Kapitel wurde die Bedeutung von Zusammenarbeit und Teamarbeit betont. Viele DV-Mitarbeiter sind jedoch aus den unterschiedlichsten Gründen Einzelgänger. Wie sollte man mit diesen umgehen? Sollte man sie in eine Gruppe stecken, entlassen oder ihnen solche Aufgaben zuweisen, die von einer Person bewältigt werden können?

3. Wäre der oben vorgestellte Schachzug von Albert, der Peter benutzt, um einen Kollegen auszustechen, auch in Ihrer DV-Abteilung möglich? Falls dem so ist, geben Sie hierfür die Gründe an. Falls dem nicht so ist, sollten Sie auch die Gründe dafür nennen. Wie lassen sich solche Schachzüge künftig verhindern?

16

Blick für die Realität

Anfang des 11. Jahrhunderts herrschte über England ein gütiger und mächtiger König mit dem Namen Canute, der Däne, dessen Streitmacht das Meer von Grönland bis zum Baltikum befehligte. Canutes Macht war so groß, daß viele seiner Untertanen glaubten, daß er auch der Herr über den Wind und die Stürme des Meeres sei.

Dieser Irrmeinung wollte Canute mit einem augenscheinlichen Beispiel entgegentreten. Er befahl seinen Untergebenen, seinen Thron zur Küste Südenglands zu schaffen und dort am Ufer der Nordsee aufzubauen. Mit den Insignien seiner königlichen Macht ausgestattet, nahm er Platz und erwartete mit seinen Höflingen die Flut. Als das Wasser langsam stieg, erhob er sich und befahl mit all seiner königlichen Autorität: "Flut, hiermit befehle ich dir feierlich, nicht mehr zu steigen!" Die Flut scherte sich jedoch in keinster Weise um sein königliches Geheiß, und Canute und seine Lakaien bekamen nasse Füße. Mit diesem Exempel stellte Canute eindrucksvoll unter Beweis, daß Anordnungen von Menschen nichts auszurichten vermögen, sofern sie sich nicht im Einklang mit der Realität befinden.

16.1 Drei Möglichkeiten, wie man den Blick vor der unangenehmen Wirklichkeit verschließen kann

Eine vorteilhafte Wirklichkeit wird von jedermann willkommen geheißen. Oft jedoch, insbesondere im Bereich der Datenverarbeitung, ist die Wirklichkeit alles andere als vorteilhaft, bringt beachtliche Kostenüberhänge, nicht eingehaltene Fertigstellungstermine und technische Fehler mit sich. Dies sind Aspekte einer Realität, die von DV-Führungskräften gefürchtet und gehaßt werden. Viele Führungskräfte versuchen, dieser unangenehmen Wirklichkeit beizukommen, indem sie sie für nicht vorhanden erklären. Ein solcher Prozeß vollzieht sich gewöhnlich in drei Phasen: zuerst Verleugnung, dann Zorn und schließlich Selbsttäuschung. Nicht alle Führungskräfte durchlaufen jedoch alle Phasen, noch machen sie sie in der angegebenen Reihenfolge durch. Im folgenden werden diese Phasen nacheinander kurz vorgestellt.

16.1.1 Leugnen der unangenehmen Wirklichkeit

Die erste Phase, einer unangenehmen Nachricht auszuweichen, besteht darin, sie für nicht existent zu erklären. Dieser Vorgang kann je nach Persönlichkeit der betreffenden Führungskraft drei Formen annehmen: nämlich Leugnung der Realität, Vergewisserung der Hilfe jener, die genauso denken, und Vertrauen darauf, daß sich das Problem von selbst löst.

Um der Realität nicht ins Auge blicken zu müssen, leugnen viele Führungskräfte einfach die Realität oder bauen darauf, daß sich ein Problem einfach von selbst löst. Dies ist genauso, als würde man seinen Kopf in den Sand stecken und hoffen, daß sich ein Problem von selbst verflüchtigt. Wer jedoch bei einen Projekt den Kopf in den Sand steckt, verzichtet gleichzeitig auch auf jegliche Projektplanung und -kontrolle und läßt das Projekt einfach treiben in der vagen Hoffnung, daß es sich doch noch zum Guten wendet. Eine solche Strategie eignet sich nur für den Projektleiter, für den sechs Richtige im Lotto der Regelfall sind. Soviel Glück haben allerdings nur die wenigsten Projektleiter. Wer das Schicksal seines Projekts dem Zufall überläßt, muß in den allermeisten Fällen mit einer Katastrophe rechnen.

Einige Führungskräfte versuchen aber nicht nur, krampfhaft die Realität zu verkennen, sondern legen auch einen schon pathologisch anmutenden Zweckoptimismus an den Tag und finden auf jede neuerliche Schreckensmeldung eine floskelhafte Antwort wie "Irgendwas wird sich schon ergeben" oder "Nur keine Angst, das wendet sich noch alles zum Guten". Ich kann mich noch an die Reaktion eines Projektleiters erinnern, dessen Zeitplan schon in der Analysephase durcheinander kam und der darauf mit stoischem Gleichmut antwortete: "Ich bin heilfroh, daß wir schon so früh in Verzug gekommen sind, weil wir so noch sehr viel Zeit haben, wieder mit dem Zeitplan gleichzuziehen." Tatsache ist jedoch, daß ein Projekt eine immer ungünstigere Entwicklung nimmt, falls der Projektleiter nicht energisch versucht, den anstehenden Probleme zu Leibe zu rücken, sondern sich statt dessen der illusorischen Hoffnung hingibt, daß sich die Probleme irgendwie von selbst lösen.

Ein Projektleiter, auf den die Hiobsbotschaften nur so einstürzen, wird alle Hebel in Bewegung setzen, um doch noch eine erfreuliche Nachricht in Erfahrung zu bringen. Falls ihm nur eine Person sagt, daß sein Projekt sich zufriedenstellend entwickelt, wird er guten Gewissens die gegenteiligen Meinungen von hundert anderen in den Wind schlagen. Folglich wird sich auch ein sorgengeplagter Projektleiter sehr schnell mit der Meinung des unerfahrensten Projektbeteiligten solidarisch erklären, wonach alles in bester Ordnung sei, und die gegenteilige Meinung seiner erfahrensten Mitarbeiter bedenkenlos als Schwarzmalerei abtun.

Ein anderes Verfahren, doch noch einen rettenden Strohhalm zu finden, besteht darin, seine Kollegen und Untergebenen so lange zu bearbeiten, bis schließlich doch einer eingesteht: "Sie haben ganz recht, das Ganze ist so, wie Sie sagen." In der folgenden fiktiven Unterhaltung zwischen einem Projektleiter und einer erfahrenen Projektmitarbeiterin hegt der Projektleiter die Befürchtung, daß sich die aktuelle Projektphase um bis zu einem Jahr hinauszögern könnte:

Projektleiter: Wie Sie wissen, Frau Kassandra, müssen wir dem Benutzer die nächste Phase des BRUTUS-Systems bis zum 15. März liefern. Jetzt haben wir schon fast November, und ich brauche eine realistische Schätzung des Fertigstellungstermins. Was glauben Sie, wann wir exakt soweit sind?

Kassandra: Nun, Chef, Sie wissen, daß Meier gekündigt hat, Petermann ist immer noch krank, und Kainzmayer kann erst dann beginnen, wenn Lachmann die erste Phase des OATS-Projekts fertig hat. Ich würde sagen, irgendwann Ende Juni, ich brauche aber noch etwas Zeit, um eine genauere Berechnung durchzuführen.

Projektleiter: (irritiert) Juni? Ich habe den Benutzern versprochen, daß das System am 15. März installiert ist. Lassen Sie mich doch mal Ihre Zahlen sehen. Warum soll die Programmierung vier Monate dauern?

Kassandra: Weil zur Entwicklung eines jeden Programms durchschnittlich vier Mann-Tage erforderlich sind, und es müssen noch 55 Programme entwickelt werden. Ich gehe mal davon aus, daß wir drei Programmierer und 19 Arbeitstage im Kalendermonat zur Verfügung haben.

Projektleiter: Moment mal! Das galt am Anfang des Projekts. Jetzt sind die Programmierer aber doch schon viel routinierter, wir haben neue Debugging-Tools, und die Stelle von Meier wird neu ausgeschrieben. Einen zusätzlichen Programmierer haben wir doch im Nu. Ich würde zwei Monate für das Programmieren veranschlagen. Was halten Sie davon?

Kassandra: Chef, Sie haben gesagt, Sie wollten meine Meinung hören, und ich bleibe bei vier Monaten.

Projektleiter: Frau, Kassandra, also ich bin enttäuscht von Ihnen. Ich dachte, Sie wären mit Herz und Seele bei diesem Projekt bei der Sache. Wieso wollen Sie jetzt plötzlich, daß wir die Frist nicht einhalten können?

Kassandra: (mit einem Seufzer) In Ordnung, Chef, dann also zwei Monate fürs Programmieren.

Projektleiter: Sie haben hier zwei weitere Monate für das Testen und die Integration vermerkt, wir können uns diesen Luxus aber bei einem zeitkritischen Projekt wie diesem überhaupt nicht leisten. Wir sparen sehr viel Zeit, wenn wir warten, bis alle Programme kodiert sind, und sie dann alle gemeinsam testen. Mehr als zwei Wochen für das Testen kommen nicht in Frage.

Kassandra: Dann müssen wir uns aber mit den ganzen Fehlern auf einmal herumschlagen. Das gibt doch ein Chaos.

Projektleiter: Jetzt hören Sie aber mal, man kann das Testen auch übertreiben. Sie haben doch selbst gesagt, daß wir in der letzten Phase nicht viele Probleme hatten. Ich bin ganz sicher, daß uns unsere Programmierer nicht viele Fehler hineinmogeln. Immerhin verdienen die genug Geld, daß man erwarten kann, daß sie fehlerfrei arbeiten. Was halten Sie also vom 15. März?

Kassandra: (resigniert) Na ja, wollen wir mal hoffen, daß wir das schaffen.

Projektleiter: Prima! Ich sag' den Benutzern dann Bescheid, daß sie sich auf den 15. März als Fertigstellungstermin einrichten können. Ach ja, gibt es irgendeine Chance, daß wir vor dem 15. März fertig sind, so daß wir unser Produkt nicht auf den letzten Drücker abliefern müssen?

Die Absicht, die dieser Projektleiter mit dem Gespräch verfolgt, besteht augenscheinlich darin, einen Verbündeten für seine unrealistischen Anschauungen zu finden. Das Gespräch dient ihm womöglich dazu, sich selbst von der Gültigkeit seiner Position zu überzeugen, einen Sündenbock zu haben, auf den er im Falle des Mißerfolgs alles abschieben kann ("Aber Sie haben mir doch gesagt, daß Sie das System bis 15. März fertig haben würden") oder einfach dazu, im Falle einer Krise besser dazustehen. Natürlich kann dieser Projektleiter so viele Mitarbeiter auf seine Seite ziehen, wie er will, das Fristversäumnis kann er ganz gewiß nicht abwenden.

Einige Führungskräfte versuchen auch der Realität zu trotzen, indem sie bewußt ihre Augen davor verschließen. Dabei ergeht es ihnen natürlich nicht anders als einstens dem Dänenkönig Canute. Ich erinnere mich an ein Projekt, das vor einigen Jahren insbesondere wegen seiner mangelhaften technischen Qualität in beträchtliche Bedrängnis geriet. Während der Programmierphase schien das Projekt verschiedene Zyklen zu durchlaufen, wobei einem Schritt vorwärts zwei zurück folgten. Die Benutzer wurden verständlicherweise recht ungehalten über die andauernde Verzögerung und die Ausreden der DV-Abteilung. Schröder, der hitzköpfige Leiter der Abteilung, für die das System gedacht war, stellte schließlich ultimativ fest, daß das System bis zum 1. September geliefert werden müßte, also in weniger als einem Monat.

Hansen, der Projektleiter in der DV-Abteilung, war ähnlich hitzköpfig wie Schröder. Als Reaktion auf Schröders Ultimatum legte er fest, daß jedes Projektmitglied an der Programmkodierung mitarbeiten müßte und sowohl Überstunden als auch Wochenendarbeit in Kauf nehmen müßte, damit das System bis zum 1. September fertig sei. Jeder, der dagegen zu widersprechen wagte oder sich nicht voll einsetzte, wurde von Hansen umgehend aus der Projektgruppe entfernt.

Trotz aller Bemühungen und trotz allen Einsatzes war das Ganze natürlich ein Hirngespinst, das nichts mehr mit den tatsächlichen Gegebenheiten des Projektmanagements zu tun hatte. Schröder und Hansen konnten sich trotz ihrer ultimativen Forderungen nicht den Gesetzmäßigkeiten der Wirklichkeit entziehen. Auf das Ende dieser Geschichte wird im nächsten Abschnitt eingegangen.

16.1.2 Zorn

Kann sich eine Führungskraft nicht länger den Imperativen der Wirklichkeit entziehen, wechselt sie oft in die zweite Phase der Wirklichkeitsverleugnung: Zorn. Führungskräfte, die der Wirklichkeit durch willkürliche Bestimmungen ein Schnippchen schlagen wollen, wie Hansen und Schröder, sind später auch besonders anfällig für Zornesausbrüche. In dieser Phase versucht eine unrealistische Führungskraft, sich ihrer Verantwortung dadurch zu entledigen, daß sie ihr Problem auf ihre Mitarbeiter abzuwälzen versucht und sich Opfer sucht, denen sie die Schuld für ihr eigenes Versagen anlasten kann.

Auch im obigen Beispiel waren Schröder und Hansen kurze Zeit nach dem Beginn der Programmiertätigkeiten sehr ungehalten. Als die Systemtester jeden Tag etliche Dutzend Fehler entdeckten, dämmerte ihnen die Erkenntnis, daß die Behebung der Fehler den Projektfertigstellungstermin um Monate verschieben würde. Hansen war darüber so aufgebracht, daß er das ganze Testteam wegen mangelnder Loyalität entließ. Am 1. September war das System noch lange nicht fertiggestellt. Nichtsdestoweniger bestand Hanser auf der Installation dessen, was bislang vorhanden war (samt Fehlern), während er sich gleichzeitig bitter über das mangelnde Verständnis der Benutzer und deren allgemeine Undankbarkeit beschwerte, mit der man seine gewaltige Anstrengung belohnte. Seine Attacken richteten sich aber nicht nur gegen die Benutzer, sondern auch gegen seine eigenen Programmierer, und die Köpfe rollten schneller als in den Tagen der Französischen Revolution. Sein Zornesausbruch war aber nur von kurzer Dauer: Schröder machte gegen ihn Front, und Hansen mußte sehr schnell nach einem stürmisch verlaufenden Treffen mit den Benutzern seinen Hut nehmen.

16.1.3 Der Trugschluß einer unerwarteten Rettung

In der dritten Phase, die auf die zweite folgen, dieser vorhergehen oder sie ganz ersetzen kann, gibt sich der unrealistische Manager der Täuschung hin, daß irgendein günstiges Geschick ihn doch noch retten kann. Diese Phase durchlaufen besonders jene Führungskräfte, die bereits in der ersten Phase auf irgendeinen Fingerzeig des Himmels gewartet haben. Zu diesem späteren Zeitpunkt, wo die Zeit immer knapper wird, wird frenetisch nach irgendeinem Rettungsanker Ausschau gehalten.

Der schier verzweifelte Manager stellt sich unter diesem Rettungsanker ein wunderkräftiges Tool oder eine Technik vor, die ein Projekt, das sich kurz vor dem Aus befindet, noch unversehens zu einem grandiosen Erfolg werden läßt. Von dieser Möglichkeit versucht er auch andere zu überzeugen. Hier kann man sich beispielsweise eine Szene mit einem reuigen Projektleiter vorstellen, der eine Gruppe von unerbittlichen Benutzern um eine letzte Chance anbettelt. "Wir haben jetzt ein Tool, mit dem wir Ihnen in drei Wochen ein perfektes System liefern können."

Ein gebeutelter Projektleiter hat zahlreiche Rettungsanker, unter denen er seine Auswahl treffen kann. Derzeit gibt es auf dem Markt mehr DV-Produktivitätstools als Diätvorschläge in Frauenzeitschriften. Zu diesen Tools und Techniken zählen beispielsweise die unterschiedlichsten strukturierten Techniken, Methodologien, Tools für das Prototyping, quasi-relationale Datenbanken und Sprachen der vierten Generation. Obwohl die meisten Hersteller solcher Produkte mit offenen Karten spielen und ihre Produkte nie als Allheilmittel anpreisen, gibt es doch den einen oder anderen Hersteller, der sich dieses Etikett auf seine Fahnen schreibt, um sein Produkt so besser zu vertreiben. Ein etwas zwielichtiger Hersteller erzählte mir einmal: "Im Markt gibt es eine wahnsinnige Leichtgläubigkeit." "Viele Manager", fuhr er fort, "warten doch nur auf eine Lösung, die alle ihre Probleme auf einmal vom Tisch fegt. Einige Manager stecken so tief in ihren Problemen, daß sie nach jedem Produkt, das ich ihnen anbiete, die Hand ausstrecken."

Dies passierte auch bei dem Projekt, an dem Schröder und Hansen beteiligt waren. Hansens Projekt geriet nach einer unzulänglichen Analyse- und Designphase beim Programmieren dann völlig in die Bredouille, und Hansen wurde gefeuert. Das Projekt wurde Schröder, dem Leiter der Fachabteilung, unterstellt. Die bisherigen Ergebnisse konnten kaum zur Verbesserung seiner Stimmung beitragen. Die Lieferfrist des Systems war längst überschritten. Die Hälfte der Programmierer war ausgeschieden. Der meiste Programmcode, der das Licht der Welt erblickt hatte, schien unbrauchbar zu sein. Zu allem kam noch, daß Schröder keine Erfahrung im DV-Projektmanagement mitbrachte. In der Stunde der Not erschien jedoch ein Verkäufer auf der Bildfläche, der die erhoffte Rettung in Form eines Anwendungsgenerators versprach. "Der Norman I-Anwendungsgenerator", versprach der Hersteller Schröder "reduziert die für das Programmieren erforderliche Zeit um 70 Prozent und senkt auch die Testzeit auf nahezu Null. Das ist aber noch nicht alles!", fuhr er fort. "Wenn Sie das Produkt jetzt bestellen, können wir Ihnen einen 50prozentigen Rabatt als besondere Serviceleistung für unseren ersten Kunden einräumen."

Schröder war im siebten Himmel. Gerade zu dem Zeitpunkt, als es den Anschein hatte, sein Projekt würde sang und klanglos den Bach runtergehen, war doch noch jemand aufgetaucht, der ihm den Rettungsring zugeworden hatte. Zu alldem bekam er den Rettungsring auch noch zum halben Preis. "Das ist wirklich ein Geschenk des Himmels", dachte Schröder. Leider stellte sich sehr bald heraus, daß der Norman I-Anwendungsgenerator nicht das hielt, was der Vertreter versprochen hatte. Der so bezeichnete umfassende Anwendungsgenerator war eine Datenbankmanipulationssprache auf hoher Ebene nebst einer rudimentären Routine zur Bildschirmverwaltung. Zudem nutzte das System überaus einfache Transaktions-Rollback- und Dateisperralgorithmen, die nicht ordnungsgemäß funktionierten. Einige weitere Fehler, die dieses Produkt aufwies, führten zur Entwicklung von fehlerhaftem Programmcode. Schröder ging jedoch über diese Fehler hinweg. Ihn interessierte allein, wie schnell seine Projektgruppe Anweisungszeilen für die Erzeugung von Anwendungen auf die Beine stellen konnte und wie lange es noch bis zur Lieferung eines einsatzfähigen Systems dauern würde.

In der ganzen Hektik bemerkte niemand, daß die für das Projekt durchgeführte Analysearbeit alles andere als zufriedenstellend war. So konnte beispielsweise ein Kundeneintrag aus der Datenbank gelöscht werden, auch wenn der Kontostand des Kunden ungleich Null war oder von diesem noch ein Auftrag offenstand. Das Endergebnis war, daß das Projektteam infolge der Verwendung eines Tools, dessen Eignung nicht sicherstand, nur noch schneller als vorher Programmiermüll produzierte.

Wie man schon vermutet, endete das Projekt in einem totalen Mißerfolg. Die Benutzer weigerten sich erneut, das ausgelieferte System zu akzeptieren, und Schröder wurde des Postens eines Projektleiters enthoben. Das Projekt mußte ganz von vorne durchgeführt werden.

Dies soll jedoch nicht heißen, das man den Einsatz von arbeitsersparenden Tools vermeiden sollte. Vielmehr ist damit gemeint, daß der Leiter eines Projekts, das in Schwierigkeiten steckt, den tatsächlichen Gegebenheiten ins Auge blicken muß. Natürlich ist es dem Projektleiter, der mit unzähligen Problemen konfrontiert wird, nur allzu recht, wenn er auf eine umgehende Lösung all seiner Probleme in Form eines Wundermittels hoffen darf. Falls dieses Wundermittel aber nicht vorhanden ist oder es den Problemen nicht wirksam zu Leibe rücken kann, ist man schneller seiner Position enthoben, als einem lieb ist.

16.2 Wessen Realität?

Bei den bisherigen Ausführungen, bei denen es darum ging, die Nachteile der Realitätsverkennung aufzuzeigen, wurde noch nicht auf die wichtige Frage eingegangen, wie Realität überhaupt definiert wird. Bislang wurde zugrunde gelegt, daß es sich bei Realität um einen objektiven, absoluten Begriff handelt. Tatsächlich ist Realität jedoch sowohl subjektiv als auch relativ. Realität, so könnte man etwa sagen, ist nur im Geiste des Betrachters vorhanden. Wie kann man folglich die Realität im Auge behalten, falls jeder in der DV-Abteilung Beschäftigte von Realität eine andere Vorstellung hat?

Eine Antwort darauf bietet die Integration. Wie bereits in Kapitel 6 erwähnt, besteht eine der Hauptfunktionen einer effizienten Führungskraft darin, die vielfältigen Wirklichkeiten, d.h. die individuellen Anschauungen der sie umgebenden Menschen, zu einer einzigen Wirklichkeit - einem Gruppenbewußtsein - zu integrieren. Des weiteren ist ihre Aufgabe, das Realitätsgefühl der Gruppe mit den Anschauungen anderer Projektgruppen oder Abteilungen wie auch mit den Ansichten der Geschäftsleitung in Einklang zu bringen. Dies erfordert viel Zeit und Aufwand und läßt sich nur in den seltensten Fällen vollkommen realisieren, da wir in einer unzulänglichen Welt leben. Zudem werden die investierte Zeit und der Aufwand durch die Produktivitätssteigerung mehr als wettgemacht, wenn Menschen in Gruppen zusammenarbeiten, statt ihre Arbeit als Einzelkämpfer zu verrichten.

Der Schlüssel zur Integration differierender Anschauungen zu einer einzigen Anschauung heißt effiziente Kommunikation. Der Aspekt der Kommunikation in Unternehmen ist ein umfassender Themenbereich, in den auch Gesichtspunkte wie effizientes Schreiben, Lesen, Sprechen und Präsentation, effizientes Zuhören und Durchführung von Meetings hineingreifen (das Thema von Kapitel 10). Andere Aspekte umfassen die Kommunikationsrichtung, wie beispielsweise die Kommunikationsschiene vom Untergebenen zum Vorgesetzten oder den lateralen Kommunikationsfluß zwischen Gleichgestellten. Da sich an dieser Stelle nicht jede Facette der effizienten Kommunikation abhandeln läßt und da [Giegold, 1982] das Thema der effizienten Kommunikation umfassend abhandelt, will ich mich im folgenden auf die wichtigste Möglichkeit beschränken, die einer Führungskraft zur Synthetisierung der verschiedenen Wirklichkeiten ihrer Untergebenen zur Verfügung steht: effizientes Zuhören nach oben.

Der nach oben verlaufende Kommunikationskanal ist gewöhnlich öfter blokkiert als andere Kanäle. Wie oft hatten Sie wohl schon das Gefühl: "Er versteht nicht, was ich will", wenn Sie ihrem Vorgesetzten einen Vorschlag unterbreiteten? Jeder der beiden Kommunikationspartner kann für den unzulänglichen Kommunikationsfluß im Kanal verantwortlich sein, jedoch ist es Ihre Pflicht als Vorgesetzter, diese Störungen zu beseitigen. Im folgenden werden einige Vorschläge unterbreitet, wie sich der Kommunikationsfluß bereinigen läßt, indem Sie sich bewußt bemühen, bei einer Mitteilung eines Untergebenen aufmerksam zuzuhören.

Zunächst einmal sollten Sie Ihren Untergebenen das Gefühl vermitteln, daß Sie auch wirklich an ihren Anschauungen interessiert sind. Sie sollten sich Zeit zum Gespräch nehmen, statt Diskussionen auf unbestimmte Zeit zu vertagen. Lassen Sie es nicht so weit kommen wie der Vorgesetzte, dessen Projektmitarbeiter nicht offen seine Meinung unterbreiten wollte, weil er von seinem Chef glaubte: "Er hat keinen Bezug zur Realität."

Verdrängen Sie für die Dauer des Gesprächs Ihre eigene Meinung, und schenken Sie der Mitteilung Ihres Untergebenen Ihre Aufmerksamkeit. Versuchen Sie noch während des Gesprächs, die Quintessenz des Gesagten zu erfassen, und haken Sie nach, indem Sie die gehörten Vorstellungen noch einmal rekapitulieren, um sicherzustellen, daß Sie alles richtig verstanden haben.

Reagieren Sie auf die Vorstellungen Ihres Untergebenen, auch wenn Ihre einzige Reaktion darin besteht, daß Sie ihm mitteilen, daß derzeit für seine Vorstellungen kein Handlungsbedarf besteht. Setzen Sie Ihren Untergebenen auch von Ihren Anschauungen in Kenntnis, und achten Sie auch auf seine Gestik und Mimik, die Ihnen mehr über seine Einstellungen verraten. Bestrafen Sie niemanden dafür, daß er Ihnen eine unangenehme Mitteilung macht. Danken Sie ihm lieber dafür, denn jemandem eine unangenehme Mitteilung zukommen zu lassen, ist alles andere als angenehm. Machen Sie niemanden dafür verantwortlich, daß er um ein Gespräch mit Ihnen nachgesucht hat.

Einigen Führungskräften mögen meine Ausführungen, wonach sie aufmerksam zuhören sollen, gänzlich unhaltbar erscheinen. "Ich kann meine Abteilung nicht nach Manier eines Ausschusses führen" oder "Sich zurückzulehnen und einfach zuzuhören ist ein Zeichen von Schwäche und Unentschlossenheit - ich verliere allen Respekt bei meinen Mitarbeitern" oder "Wenn ich mich so verhalte, tanzen mir meine Untergebenen doch auf dem Kopf herum." Diese und ähnliche Gründe dürften hier vorgebracht werden. Darum geht es aber auch überhaupt nicht. Natürlich müssen Sie als Führungskraft über die Autorität zur Durchsetzung einer Entscheidung verfügen und auch die Verantwortung für die möglichen Folgen der Entscheidung tragen. Vorgeschlagen wird hier vielmehr, daß Sie die Ansichten Ihrer Mitarbeiter einholen, bevor Sie eine Entscheidung treffen. Falls Sie dies nicht tun, dürften Sie viel schneller den

Respekt und die Kooperationsbereitschaft Ihrer Mitarbeiter verlieren, als wenn Sie sie zu Rate ziehen.

Falls Sie sich zudem mit einem Problem hinter der betrieblichen Führungshierarchie verschanzen, eine einsame Entscheidung treffen und diese verbindlich vorschreiben, laufen Sie Gefahr, daß Sie eine falsche Lösung für ein richtig erkanntes Problem bzw. die richtige Lösung für ein falsch erkanntes Problem treffen oder bei Ihren Untergebenen Zorn, Unsicherheit, Ablehnung, Verwirrung und viele ähnliche emotionale Reaktionen hervorrufen. Hierdurch nehmen Sie ihnen alle Motivation, Ihre Entscheidung tatkräftig umzusetzen.

Ich kannte eine Führungskraft, die glaubte, daß man einen Konsens dadurch erzielt, daß man jedem seine eigene Meinung aufzwingt. In einem Fall entschied er, daß in seinem Büro ein neues Textverarbeitungssystem installiert werden sollte. Die Art und Weise, wie er seine Entscheidung traf, ließ ihn jedoch einige der oben aufgeführten Fehler begehen. Er wählte sich das Textverarbeitungssystem zwar gezielt aus, indem er sich von mehreren Herstellern die Leistungsmerkmale der jeweiligen Systeme vorführen ließ und sich anschließend für das von ihm am besten beurteilte System entschied.

Jedoch versäumte er, diejenigen Mitarbeiter, die das Textverarbeitungssystem bereits nutzten, nach ihrer diesbezüglichen Meinung zu fragen, da er wohl glaubte, dadurch an Autorität einzubüßen. Die Mensch-Maschine-Schnittstelle des Systems war völlig unzulänglich, und jedermann im Büro beklagte sich über die Unzweckmäßigkeit der neuen elektronischen Tools. Jeder suchte jedoch den Fehler bei sich und seiner Unfähigkeit, mit den neuesten Errungenschaften der Informationstechnologie Schritt halten zu können, da das Textverarbeitungssystem ja vom Chef eingeführt worden war.

Der wirkliche Sachverhalt blieb den Mitarbeitern aber nicht lange verborgen. Eine Sekretärin traf eine Kollegin aus einer anderen Abteilung, und man kam auf das neue Textverarbeitungssystem zu sprechen. Hierbei kam zutage, daß der Manager ein völlig veraltetes System gekauft hatte und daß sich leistungsfähige moderne Textverarbeitungssysteme viel einfacher benutzen lassen. Dieser Sachverhalt machte allmählich auch in der Abteilung die Runde, und viele der dort mit Textverarbeitung Beschäftigten setzten alle Hebel in Bewegung, um in andere Abteilungen versetzt zu werden, oder verließen sogar das Unternehmen.

16.3 Zusammenfassung

Einige DV-Führungskräfte reagieren alles andere als rational, wenn sie mit einer unliebsamen Wirklichkeit konfrontiert werden. Sie zeigen gewöhnlich die eine oder andere Verhaltensweise beim Versuch, die unliebsame Wahrheit zu unterdrücken. Dies sind: Wirklichkeitsleugnung; Zorn auf andere Mitarbeiter; Hoffnung auf ein Wunder. Jedes dieser Verhaltensmuster ist dem Projekt oder der Abteilung abträglich.

Einen Blick für die Realität gewinnt man nur dadurch, daß man sich ein Bild von den tatsächlichen Gegebenheiten verschafft. Dies ist nur möglich, indem man andere Personen, insbesondere untergebene Mitarbeiter, nach ihren Anschauungen zu einem bestimmten Problem befragt. Dies ist nur dann gewährleistet, wenn eine effiziente Kommunikation und insbesondere eine entsprechende Zuhörbereitschaft besteht, was nicht nur einfach Zuhören, sondern auch das Bemühen um das Verständnis des Gesagten beinhaltet.

Das Ergebnis einer solchen Problembeurteilung kann alles andere als erfreulich für Sie sein. Ihr Projekt befindet sich womöglich nicht in dem Zustand, in dem Sie es gerne sähen. In solchen Situationen müssen Sie womöglich harte Entscheidungen treffen und Führungsaufgaben wahrnehmen, da sich ein Problem weder von selbst noch durch Ihr Hoffen in Luft auflöst. Natürlich fällt es nicht immer leicht, der Realität - gerade in unerfreulichen Situationen - ins Auge zu blicken, nichtsdestoweniger bleibt einem nichts anderes übrig, und man muß versuchen, das Steuer durch adäquate Entscheidungen noch herumzureißen. Nie sollte man sich dabei jedoch mit dem Dänenkönig Canute solidarisieren, da man dann genauso nasse Füße wie dieser bekommt.

Kapitel 16: Ratschläge für die Anwendung

1. Betrachten Sie einmal den hinter Ihnen liegenden Berufsweg: Welche Realitäten haben Sie am meisten verdrängt? Was waren die Folgen davon? Was machen Sie heute anders, um den Gegebenheiten ins Auge zu blicken?

2. Welche Auswirkungen hat der mangelnde Blick für die Realität in Ihrer DV-Abteilung? Verhält sich diesbezüglich jeder anders, oder gibt es gemeinsame Verhaltensmuster? Zu welchen Schwierigkeiten kam es in letzter Zeit in Ihrer DV-Abteilung, weil jemand der Wahrheit nicht ins Auge blicken wollte?

17

Die Arbeitsbelastung im Rahmen des Erträglichen halten

Ist Ihr Projekt zeitlich in Verzug, oder hat es beachtliche Mehrkosten verursacht? Konfrontieren Ihre Benutzer Sie permanent mit unrealistischen Forderungen? Zieht jede Forderung, auf die Sie eingehen, zwei weitere nach sich?

Haben Sie eine ungewöhnlich hohe Fluktuationsrate? Werfen Ihre besten Leute mit schöner Regelmäßigkeit das Handtuch? Verlangen Ihre schlechtesten Mitarbeiter phantastische Gehaltserhöhungen? Weigern sich Ihre Mitarbeiter strikt dagegen, zwecks Einhaltung unmöglicher Fertigstellungstermine noch weitere unbezahlte Überstunden zu leisten?

Geht Ihnen ein Großteil Ihrer Arbeitszeit für strategische Scharmützel verloren? Fallen Ihnen Ihre Kollegen in den Rücken, wenn Sie einen guten Vorschlag einbringen? Leiden Sie unter Verfolgungswahn, oder haben Sie bereits ein Magengeschwür?

Haben Sie Ihre derzeitige Tätigkeit angenommen, weil dies die einzige Möglichkeit war, eine Gehaltserhöhung und eine Beförderung zu bekommen? Sehnen Sie sich nach dem Arbeitsfeld des Technikers, der Sie immer schon sein wollten? Befürchten Sie, in technischer Hinsicht den Anschluß zu verlieren?

Macht Ihnen Ihr Vorgesetzter das Leben zur Hölle, indem er Ihnen völlig unzusammenhängende Arbeiten zuweist? Ändert er jeden Tag deren Ausführungspriorität? Verwenden Sie dermaßen viel Zeit auf Meetings, daß Ihnen keine Zeit mehr bleibt, um Ihrer eigentlichen Arbeit nachgehen zu können? Haben Sie völlig unregelmäßige Arbeitszeiten? Arbeiten Sie jeden Tag bis Mitternacht, um Ihrer Arbeit überhaupt noch nachkommen zu können? Hängt zuhause Ihr Bild an der Wand, damit sich Ihre Kinder erinnern können, wie ihr Vater aussieht? Träumen Sie davon, am weißen Strand einer Südseeinsel zu liegen und von einheimischen Schönen verwöhnt zu werden? Würden Sie alles dafür geben, einmal einen Sonntag frei zu haben, um Ihren Rasen mähen zu können?

Diese und ähnliche Fragen kommen vielen Beschäftigten in DV-Mediokratien nur allzu bekannt vor. Falls Sie mehr als die Hälfte der Fragen mit Ja beantworten, gehören Sie womöglich auch zu denjenigen, die den besonderen Arbeitsbelastungen, die eine Mediokratie mit sich bringt, ausgesetzt sind. Die Folgen dieser Arbeitsbelastung für den Menschen sind nicht nur unerquicklich, sondern auch kostspielig. Hierzu zählen schlechte Arbeitsleistungen, Lethargie, häufige Abwesenheit, Persönlichkeitsveränderung, psychischer oder physischer Zusammenbruch, Alkoholismus und Arbeitsplatzwechsel. Streß ist nicht nur aus menschlichen und moralischen Erwägungen, sondern auch aus rein wirtschaftlichen Gründen unerwünscht.

Mediokratien verursachen Streß, indem Sie den Beschäftigten übermäßig viel Arbeit aufhalsen und ein ungesundes Arbeitsumfeld schaffen.

Im vorliegenden Kapitel wird zuerst den Gründen für den Streß in Mediokratien nachgegangen und auch auf die persönlichen Charaktermerkmale eingegangen, die solchen Streßsituationen Vorschub leisten. Den Abschluß dieses Kapitels bilden einige Vorschläge, wie sich Streß vermeiden oder zumindest reduzieren läßt.

17.1 Übermäßige Arbeitsbelastung

An verschiedensten Stellen in diesem Buch wurden Beispiele für eine übermäßige Arbeitsbelastung vorgestellt, zu der es in Mediokratien kommt. Dies sind: der zu komplexe Aufgabenbereich, den eine Person realistischerweise nicht bewältigen kann; ein aus unterschiedlichen zusammenhanglosen Aufgaben bestehendes Tätigkeitsfeld; unzweckmäßige Arbeitsbedingungen; unmögliche Fertigstellungstermine; absurde, zeitaufwendige Berichtanforderungen; endlose und völlig unergiebige Meetings usw.

Ich war einmal bei einem großen, nach dem Prinzip der Mediokratie organisierten Unternehmen als Berater tätig, wo man mir bei der Einstellung versicherte, daß ich in eine anspruchsvolle und lohnenswerte Position hineinwachsen könnte und bei meiner Arbeit praktisch den Himmel auf Erden hätte. Leider war das Gegenteil der Fall. Ich landete in einer DV-Abteilung, in der man einer nahezu unerträglichen Arbeitsbelastung ausgesetzt und fast rund um die Uhr beschäftigt war.

An meinem ersten Arbeitstag hatte einer der Manager, mit denen ich zusammenarbeitete, erst um 20 Uhr Zeit für mich. "Zuviel zu tun", sagte er entschuldigend. Wir begaben uns in ein nahe gelegenes Restaurant. Peter Becker war für drei umfangreiche Projekte verantwortlich, von denen eins bereits ausreichte, einen Projektleiter den ganzen Tag vollauf zu beschäftigen. Die Arbeitsbelastung von Peter Becker resultierte aus einem personellen Engpaß infolge Einsparungsmaßnahmen.

Nach seinem vierten Bier gestand mir Peter Becker: "Das ist das erste Mal in diesem Monat, daß ich vor elf Uhr abends aus der Abteilung rausgekommen bin. Ich habe die schlimmste Arbeit, die man sich überhaupt vorstellen kann. Manchmal habe ich den Eindruck, daß sich alles gegen mich verschworen hat. Ich habe ständig das Gefühl, daß ich irgendetwas Wichtiges übersehen habe und ein riesiges Damoklesschwert an einem seidenen Faden, der jederzeit zerreißen kann, über mir schwebt. Nachts kann ich nicht einschlafen, weil ich immer noch an meine Arbeit denken muß."

"Verschlimmert wird alles noch dadurch, daß ich jeden Tag noch mehr Arbeit aufgehalst bekomme. Als wenn ich nicht schon genug hätte, um das ich mich kümmern muß." Bereits um 6.30 Uhr am nächsten Morgen war Peter Becker wieder an seinem Schreibtisch, weil er noch einen Statusbericht fertigstellen mußte, den er wegen unseres Gesprächstermins am Vorabend nicht mehr beendet hatte.

Peter erledigte seine Arbeit mit bewundernswertem Einsatz, ich fragte mich in der Folgezeit aber, wann irgendetwas passieren würde. Ich rechnete mit einem Nervenzusammenbruch, einem Herzanfall oder einem Magengeschwür wegen seiner unregelmäßigen Essenszeiten. Vielleicht würde ihn auch seine Frau verlassen, weil er keine Zeit mehr für sie hatte.

Peter Becker war in jenen Teufelskreis hineingeraten, wo das Management dem "Arbeitstier" der Abteilung übermäßig viele Aufgaben aufhalst, die dann auch prompt erledigt werden, statt sie an die Müßiggänger weiterzugeben, deren Trägheit und Unzuverlässigkeit sie davor schützt, zusätzliche Arbeit aufgebürdet zu bekommen.

17.2 Ungesunde Arbeitsumgebung

Infolge der besonderen Symptome einer Mediokratie (siehe Kapitel 15) leiden die Mitarbeiter unter einem gewaltigen psychischen Druck. Eine schwache formale Organisation oder eine, die sich beständig ändert, vermittelt einem beispielsweise das Gefühl der Unsicherheit. Die Mitarbeiter wetteifern gnadenlos miteinander um die Rangordnung in der Mediokratie, Karriere winkt nur denjenigen, denen Intrige, Ränke und ungezügeltes Wettbewerbsdenken nicht fremd sind: den Blendern und Strategen, die womöglich nur mittelmäßige Arbeitsleistungen vorzeigen können. Auf der Strecke bleiben hingegen womöglich leistungsmäßig hervorragende Mitarbeiter, die in Intrige, Selbstdarstellung und Machtstrategie weniger geübt sind. Letztere, die bei diesem Wettbewerbskrieg aller gegen alle den kürzeren ziehen, stehen bei dem Versuch, unter diesen Bedingungen ihrer tagtäglichen Arbeit nachzugehen, unter beachtlichem Streß.

In Mediokratien kommunizieren auch die Mitarbeiter nur wenig miteinander. Hierdurch steigen Spannung, Argwohn und Isolation. Mediokratien, die auf Schwächen in der formalen Organisation zurückzuführen sind, zeigen oft äußerst komplexe, statt einfacher bzw. nicht vorhandener Kommunikationsstrukturen. Hierdurch kommt es zu beachtlichen Frustrationen, da zur Absegnung einer einfachen Tätigkeit zahllose Vermerke geschrieben, unzählige Telefonate geführt und verschiedene Meetings veranstaltet werden müssen. Dieser Aufwand ist oft größer als die eigentliche Tätigkeit.

Ein weiterer Grund für eine Mediokratie, das Fehlen fest umrissener Zielsetzungen, kann dazu führen, daß man Verantwortung, jedoch keine Autorität hat. Im Extremfall führt dies zu Frustration und Zorn, da sich die Mitarbeiter durch Faktoren geleitet und beurteilt fühlen, über die sie keine Kontrolle besitzen. Ist dies ein dauerhafter Zustand, so kann er zu einem völlig apathischen Verhalten am Arbeitsplatz führen.

Wenn Entscheidungen einfach über die Köpfe der Beteiligten hinweg getroffen werden, so führt auch dies zu erheblichen Belastungen, da die Mitarbeiter sich übergangen fühlen ("Der Chef trifft die Entscheidungen. Ich habe überhaupt nichts zu sagen"). Falls die so getroffenen Entscheidungen falsch sind, wandelt sich die Einstellung der Mitarbeiter in Verachtung für den Vorgesetzten und mangelnde Bereitschaft, diesen Entscheidungen Folge zu leisten.

Wenn Mitarbeiter befürchten müssen, daß bereits Meinungsverschiedenheiten mit Vorgesetzten ein Entlassungsgrund sind, macht sich ein Gefühl der Unsicherheit breit, da niemand mit Gewißheit sagen kann, was als Meinungsverschiedenheit ausgelegt wird. Dies führt auch zu psychischen Konflikten, da der Beschäftigte im Endeffekt zwischen der Arbeitsstelle und seiner eigenen Selbstachtung wählen muß. Hierdurch kommt es auch dazu, daß der Blick für die Realität schwindet, da die Mitarbeiter tunlichst vermeiden, ihrem Vorgesetzten eine unangenehme Wahrheit zu unterbreiten, weil sie befürchten müssen, daß er eine solche Mitteilung bereits als Zeichen von Insubordination interpretiert.

Schließlich mindern eine unzulängliche Ausbildung oder der falsche Arbeitsplatz die Selbstachtung und die Motivation und fördern ein übermäßiges Rechtfertigungsbedürfnis, das den Kontakt zu anderen Menschen erschwert.

17.3 Persönliche Charaktermerkmale und Streß

Menschen reagieren je nach ihrer psychologischen Konstitution unterschiedlich auf Streßbedingungen an ihrem Arbeitsplatz. Folglich kann sich die Arbeitsumgebung bei den Mitarbeitern in einer Mediokratie unterschiedlich bemerkbar machen. Vier Faktoren lassen sich insbesondere veranschlagen, die eine Vorhersage darüber ermöglichen, wie ein Beschäftigter auf die Arbeitsbedingungen in einer Mediokratie reagiert.

Der erste Faktor ist das Selbstbewußtsein einer Person. Jeder in einer Mediokratie Beschäftigte gerät unweigerlich mit den in einer Mediokratie herrschenden Kräften in Berührung. Viele interpretieren diese Gegebenheiten als persönliche Angriffe, gegen die sie sich schützen müssen. Dies führt infolge der unvermeidlichen Streitigkeiten zu einem äußerst schlechten Verhältnis zu den Kollegen. Als Folge davon steht man permanent im Kreuzfeuer der Kritik, was die kleinste Tätigkeit zu einer Belastung macht.

Der zweite Faktor ist die Neigung, die man der eigenen Arbeit entgegenbringt. Wenn jemand wegen einer Gehaltserhöhung oder eines höheren Sozialprestiges eine Tätigkeit annimmt, die er eigentlich nicht mag, wird er womöglich sehr schnell unglücklich und gestreßt. Dies kann in jeder DV-Abteilung vorkommen, ohne daß es sich dabei notwendigerweise um eine Mediokratie handeln muß. Wenn dies jedoch in einer Mediokratie passiert, fällt wohl niemandem das Desinteresse des Mitarbeiters an seiner Arbeit auf. Der desinteressierte Arbeiter dürfte seine Arbeitsenergie wohl zudem auf das Intrigenspiel in der Mediokratie verwenden, was ihm womöglich mehr Spaß als seine Arbeit macht. Hierdurch gewinnt die DV-Mediokratie einen neuen und willigen Mitstreiter, der unter der unerwünschten Arbeit leidet und auch zur Belastung für alle anderen wird.

Bei dem dritten Faktor handelt es sich um persönliche Probleme, die zu Streßsymptomen führen können. Obwohl viele Führungskräfte dies glauben, läßt keiner seine persönlichen Probleme am Werktor zurück, wenn er zur Arbeit kommt. Solche Probleme verstärken die Belastungen noch, die einem der Arbeitsplatz auferlegt. Ich kann mich noch an einen Projektleiter erinnern, der besondere finanzielle Schwierigkeiten und auch noch andere Probleme hatte. Er war unausgeglichen, aufbrausend und beschuldigte seine Projektgruppe, das Projekt kaputtzumachen. Natürlich ging ihm jeder aus der Gruppe möglichst aus dem Weg, bis schließlich die Projektmitglieder nacheinander ihre Kündigung einreichten, wobei sie den unleidlichen Projektleiter als Kündigungsgrund angaben. Schließlich bekam auch dieser den Laufpaß. Dies half natürlich niemandem, was die Mediokratie aber nicht im geringsten interessierte.

Der vierte Faktor betrifft die Arbeitseinstellung. Ein "Arbeitstier" - auch als *Workaholic* bezeichnet - zeichnet sich durch die folgenden Merkmale aus: Er hat gewöhnlich einen sehr langen Arbeitstag, investiert mehr Stunden, als seine Aufgabe eigentlich erfordert (was ihn von Peter Becker unterscheidet, der viele Überstunden einschob, um seine Arbeit überhaupt bewältigen zu können) und nimmt in der Regel noch nicht einmal seinen Jahresurlaub. Falls er dies dann doch einmal tut, findet er alle möglichen Entschuldigungen, um in seinem Büro anzurufen oder vorzeitig wieder auf der Bildfläche zu erscheinen. Er sucht sich ständig weitere Aufgaben und wird ungehalten, wenn ihm die Arbeit auszugehen droht. Andere Kollegen werden von ihm gewöhnlich danach beurteilt, wie viele Stunden sie arbeiten, statt nach dem, was bei ihrer Arbeit herauskommt. So ist es denkbar, daß er genaustens vermerkt, wer nach 7 Uhr kommt oder vor 22 Uhr geht.

Ohne dies verallgemeinern zu wollen, zeichnen sich die meisten Workaholics, die mir bislang untergekommen sind, durch nur mittelmäßige Arbeitsleistungen aus. Ihre Produktivität war nicht besonders, und falls sie mehr als andere produzierten, so ließ sich dies einzig auf ihre Überstunden zurückführen. Sie sprangen von Aufgabe zu Aufgabe, wirbelten eine Unmenge Staub auf, zeigten aber nur geringe Fortschritte. Einige Workaholics hassen es auch, eine Aufgabe zu beenden, da es sie dann ja nicht mehr gibt.

Führungskräfte, die solche Arbeitstiere sind, setzen sich, ihre Familien und auch ihre Untergebenen unter Streß. Ich arbeitete einmal für einen solchen Manager, der zudem hochgradig neurotisch war. Stefan Burger hatte die unangenehme Angewohnheit, seine Mitarbeiter mitten in der Nacht anzurufen oder sie am Sonntagabend ins Büro zu bestellen, nur um ihnen mitzuteilen, daß ihm irgendeine Sache gegen den Strich ging. Während den normalen Arbeitszeiten rannte er wie von der Tarantel gestochen in der DV-Abteilung herum und steckte jeden mit seiner Nervosität an.

Die kleinste Kleinigkeit schlug ihm auf den Magen. Er gestand mir einmal: "Ich mache mir Sorgen wegen Herbert Kasper. Er kodiert so langsam, daß er nie und nimmer rechtzeitig mit dem Abstimmungsprogramm fertig wird." Etwas später sagte er: "Ich mache mir Sorgen über das Abstimmungsprogramm. Herbert Kasper hat es viel zu schnell kodiert. Sie wissen, daß ist wahnsinnig wichtig, und wir dürfen da keine Fehler drin haben." Dann nahm er sich das Abstimmungsprogramm vor und überprüfte es eine ganze Nacht lang Zeile für Zeile auf Fehler. Er fand keine, unterstrich jedoch Programmcodezeilen, bei denen er "irgendwelche Probleme" vermutete.

Stefan Burger konnte auch keine Arbeit delegieren. Er wollte die meisten Projektaufgaben selbst erledigen und versuchte dies auch, wobei er sich in die Arbeit jedes Projektmitarbeiters einmischte. Obwohl er versuchte, seine Mitarbeiter zu entlasten, erwartete er doch, daß jeder Projektbeteiligte Tag und Nacht an seiner Projektarbeit sitzen müßte. Darüber wurden wir sehr ungehalten, und viele verließen das Projekt bei der erstbesten Gelegenheit.

17.4 Streß minimieren

Die Bewältigung von Streß, der bei der Arbeit in einer Mediokratie oder in anderen DV-Abteilungen zutage tritt, ist auf zweierlei Weise möglich: Zum einen werden die Hauptursachen des Stresses beseitigt oder minimiert, und zum anderen wird der Umgang mit dem verbleibenden Streß gelernt.

17.4.1 Nein sagen

Wenn sich auf Ihrem Schreibtisch (wie bei Peter Becker) mehr Arbeit häuft, als Sie beim Einschieben einer zusätzlichen Nachtschicht realistischerweise bewältigen können, müssen Sie einfach Nein sagen. Sagen Sie Nein zu den unrealistischen Anforderungen Ihres Jobs, Ihres Vorgesetzten und auch Ihrer Untergebenen.

Als ich Peter Becker diesen Ratschlag gab, antwortete er mir: "Wie soll ich denn Nein sagen? Ich kann doch meine Leute nicht im Stich lassen. Falls ich Nein zu meinem Chef sage, gibt er mir sofort den Laufpaß. Ich weiß zwar nicht, was Sie mit dem Nein-Sagen zur Arbeit meinen, aber ich kann mir unmöglich Urlaub nehmen. Mir wächst die Arbeit auch so schon über den Kopf."

Nein sagen ist nicht genug und scheint nahezu unmöglich, wenn man einer unerträglichen Belastung und dem Gefühl der eigenen Unzulänglichkeit und Unfähigkeit ausgesetzt ist. Falls Sie weiterhin übermäßig viele Anforderungen akzeptieren und sich auch Aufgaben aufhalsen lassen, die einfach nicht zu bewältigen sind, nur um Ihrem Vorgesetzten zu gefallen, dürfte das passieren, was Sie am meisten fürchten: das Versagen auf der ganzen Linie. Davon dürfte Ihr Vorgesetzter bestimmt nicht angetan sein. Falls er Sie einfach deswegen feuert, weil Sie ihm sagen müssen, daß Sie derzeit genug Arbeit haben, dann sollten Sie ihm dankbar sein. Er hat sich als schlechte Führungskraft disqualifiziert, und Sie sind viel besser dran, wenn Sie für sonst jemanden arbeiten. Dies ist natürlich leichter gesagt als getan, denn eine Entscheidung zu treffen zwischen einem untragbaren momentanen Zustand und einer unbekannten Zukunft bringt natürlich auch wieder Streß und Unsicherheit mit sich.

Sagen Sie offen heraus Nein, so kann dies auch zu einer zusätzlichen Belastung führen. Dieses Nein läßt sich aber auch diplomatischer ausdrücken. Erstellen Sie beispielsweise eine Liste mit Ihren derzeitigen Tätigkeiten nebst Schätzwerten, wie lange Sie dafür brauchen, und gehen Sie damit zu Ihrem Vorgesetzten und bitten ihn um eine Arbeitsentlastung. Da Ihr Chef womöglich anderer Ansicht ist, sollten Sie Ihre Schätzungen belegen können. Womöglich ist Ihrem Vorgesetzten aber auch Ihr Problem nicht bewußt, und diese Methode beschert Ihnen umgehend die gewünschte Arbeitsentlastung.

Falls er Ihre Schwierigkeiten herunterspielt, sollten Sie sich die folgenden Möglichkeiten durch den Kopf gehen lassen: Erstens, er ist im Recht, und Sie machen aus einer Ameise einen Elefanten. Zweitens, er schert sich den Teufel um Ihre Probleme. Drittens, er kann Ihr Problem nachvollziehen, scheut aber das offene Wort mit seinen Vorgesetzten, die ihn mit Arbeit überhäufen. Viertens, er kann Ihr Problem nachvollziehen, ihm sind jedoch die Hände durch finanzielle Engpässe gebunden, und er kann keine zusätzlichen Mitarbeiter bzw. Tools zur Produktivitätssteigerung einsetzen.

Im zweiten, dritten und vierten Fall sollten Sie Ihrem Vorgesetzten die Stundenzahl unter die Nase halten, die Sie in den vergangenen Monaten für Ihr Unternehmen gearbeitet haben. Sagen Sie ihm, daß Sie sich zur Kündigung gezwungen sehen, wenn Sie weiterhin diesen Anforderungen ausgesetzt sind. Bringen Sie dies ruhig und sachlich vor, und lassen Sie es nicht als Drohung oder Ultimatum erscheinen, was es ja auch nicht ist. Vielmehr führen Sie eine sachliche Unterhaltung mit Ihrem Vorgesetzten darüber, wie sich für beide Seiten eine vorteilhafte Lösung finden läßt. Sie reichen nicht einfach die Kündigung ein, wenn der Streß überhand nimmt. Dies bringt keinem etwas - weder Ihnen, Ihrem Vorgesetzten noch den Kollegen in der DV-Abteilung.

17.4.2 Entspannen

Einen langen Arbeitstag legt man nicht einfach aus Spaß an der Arbeit ein, eine Ausnahme bildet hier womöglich der Workaholic oder derjenige, der hierdurch einem unglücklichen Familienleben zu entfliehen sucht. Auch die harte Arbeit wie etwa im Falle von Peter Becker ist nicht immer produktiv, falls die mit der Arbeit verbundenen Anforderungen die Qualität der Arbeit beeinträchtigen. Manchmal besteht die effizienteste Arbeitsweise darin, den Hammer einfach einmal fallen zu lassen, wenn die Arbeit droht, einem über den Kopf zu wachsen.

Auch wenn Sie Ihr Arbeitsaufkommen auf ein erträgliches Maß reduziert haben, bringt Ihre Arbeit womöglich noch manchmal Streß mit sich. Kämpfen Sie bei diesen Gelegenheiten dagegen an, daß die Arbeit oder die Kollegen Sie unterkriegen. Nehmen Sie zur Kenntnis, daß Sie keine Maschine sind, und nehmen Sie sich Zeit für sich selbst. Ansonsten fügen Ihnen unregelmäßige Essenszeiten, mangelnder Schlaf und andere Angewohnheiten körperlichen Schaden zu. Falls Sie völlig in Ihrer Arbeit aufgehen, haben Sie auf Dauer womöglich auch das Gefühl, etwas zu vermissen. Fehlt Ihnen die nötige Ablenkung, verlieren Sie auch Ihre geistige Flexibilität, und Ihr Projekt leidet darunter, daß ein stumpfsinniger und unkreativer Geist den Projektkurs vorgibt.

Wie es während eines Projektes Zeiten gibt, in denen man sowohl hart als auch lang arbeiten muß, bieten sich ebenso Gelegenheiten zur Entspannung. Diese sollten Sie auch nutzen. Indem man mit seinen Kräften haushaltet und auch mal in Phasen, die dies erlauben, den Schongang einlegt, erzielt man oft bessere Erfolge. Falls Sie sich von den Spannungen in der DV-Abteilung, dem stets lärmenden Telefon und den gewaltigen Stößen von Arbeitsanweisungen, Vermerken und Meeting-Einladungen frei machen können, so nützt dies sowohl Ihnen als auch Ihrem Projekt. In einer gemütlichen und entspannten Atmosphäre können Sie sich dann die Probleme noch einmal in aller Ruhe durch den Kopf gehen lassen, die im Büro auf Sie eingestürzt sind. In einer entspannten Atmosphäre lassen sich Probleme oftmals viel leichter lösen als in der Hektik des Büroalltags. Statt Trübsal zu blasen, sollten Sie einfach einmal abschalten und Arbeit Arbeit sein lassen.

Wie sollte man entspannen? Dies ist jedem selbst überlassen. Manche Menschen lehnen sich einfach zurück und geben sich ihren Gedanken hin, andere schauen sich einen Film oder hören sich eine Symphonie an. Andere wiederum schwören auf Sport wie etwa Tennis oder Golf. Es soll auch Leute geben, die zur Entspannung Bücher über Datenverarbeitung lesen, vielleicht um ihr Gewissen zu beruhigen, daß sie augenblicklich etwas anderes tun als arbeiten. Vielleicht finden Sie in der DV-Literatur aber auch Trost, können Sie doch anhand der geschilderten Beispiele erkennen, daß es anderen Berufskollegen genauso geht wie Ihnen selbst.

Gelegenheiten für längere Phasen der Entspannung ergeben sich von Zeit zu Zeit. Nutzen Sie Ihren Jahresurlaub. Dies verschafft Ihnen nicht nur einen Abstand, sondern kommt auch Ihrer Familie und den Arbeitskollegen zugute. Falls Sie das Gewissen plagen sollte, können Sie ja ein DV-Seminar in dieser Zeit belegen. Etwa auf den Bahamas!

17.5 Zusammenfassung

Streß am Arbeitsplatz ist ungesund, sowohl für den streßgeplagten Mitarbeiter als auch für sein Unternehmen. Mediokratien erzeugen bei ihren Mitarbeitern dadurch Streß, daß sie ihnen übermäßig viel Arbeit aufbürden oder sie ungesunden Arbeitsbedingungen aussetzen. Psychischer Streß entsteht beispielsweise durch undurchschaubare Kommunikationsstrukturen, Verantwortung ohne Autorität, autokratische Entscheidungsstrukturen, eine hohe Fluktuationsrate oder schwache formale Organisation, Furcht vor der Entlassung infolge Meinungsverschiedenheiten mit Vorgesetzten, unzureichende Ausbildung, eine Arbeit, die keinen Spaß macht, übermäßiges Wettbewerbsdenken und mangelnden Sozialkontakt.

Diese arbeitsspezifischen Streßsymptome werden je nach Persönlichkeit eines Mitarbeiters verstärkt. Wichtig für die Möglichkeit zur Streßbewältigung sind vier Faktoren. Diese sind: das Selbstbewußtsein, das Interesse an der Arbeit, persönliche Probleme und Arbeit als Selbstzweck. Jeder kann die Streßsituation innerhalb seiner Arbeitsumgebung selbst beeinflußen. Es bleibt nicht nur die Wahl zwischen der widerspruchslosen Hinnahme einer erdrückenden und ständig wachsenden Arbeitslast und der Kündigung. Vielmehr können Sie sich auch der übermäßigen Arbeit, die man Ihnen aufhalst, verweigern und in einem Gespräch mit Ihrem Vorgesetzten sachlich und rational nach möglichen Lösungen für Ihr Problem suchen.

Um den schädlichen Auswirkungen von Streß am Arbeitsplatz entgegenzuwirken, sollten Sie jede Chance zur Entspannung und zur Auffrischung Ihrer Gehirnzellen nutzen. Schaffen Sie sich selbst Möglichkeiten der Entspannung, falls diese sich nicht von selbst einstellen. Diese Entspannung nützt nicht nur Ihnen, sondern auch jedem, der mit Ihnen unmittelbar zu tun hat. Sie werden Ihre Arbeit zudem wesentlich effektiver erledigen. Gelegentliche Entspannung ist nicht nur für die meisten Menschen angenehmer als in einem fort durchzuarbeiten, sondern bringt auch wesentlich mehr.

Kapitel 17: Ratschläge für die Anwendung

1. Welche Tätigkeiten im Rahmen Ihrer Arbeit bringen für Sie den meisten Streß mit sich? Welche Streßsymptome werden dadurch in Ihnen hervorgerufen? Haben Sie oder sonst jemand in Ihrer DV-Abteilung jemals versucht, etwas daran zu ändern?

2. Wer in Ihrer Abteilung ist für den meisten Streß verantwortlich und warum? Gesetzt den Fall, Sie sind diese Person. Welche Verhaltensmaßnahmen würden Sie sich in diesem Fall selbst verordnen?

3. Welche Tätigkeiten im Rahmen Ihrer Arbeit machen Ihnen am meisten Spaß? Welche bereiten Ihnen die größte Unlust? Könnte Ihre Arbeit so gestaltet werden, daß sie Ihnen mehr Erfüllung verspricht? Gibt es ein anderes Arbeitsgebiet mit einem vorteilhafteren Tätigkeitsprofil, das Sie womöglich übernehmen könnten?

4. Falls Ihre Arbeitsstelle erst kürzlich geschaffen wurde, sollten Sie einmal herauszufinden versuchen, warum dies geschah und welche ursprünglichen Zielsetzungen, Tätigkeiten, Kommunikationsmuster, Entscheidungsstrukturen und Autoritäts- und Verantwortungsaspekte damit verbunden waren. Sind diese unverändert gültig, oder ist Ihre heutige Arbeit gänzlich anders? Wo liegen die Unterschiede begründet? Falls es Ihre Arbeitsstelle schon sehr lange gibt, sollten Sie sich einmal die Arbeitsleistungen Ihrer Vorgänger vergegenwärtigen. Welche Qualifikationen brachten diese mit? Für welche Aufgaben waren sie verantwort-

lich? Wie gut kamen sie mit ihrer Arbeit zurecht? Aus welchen Gründen sind sie ausgeschieden? Wohin sind sie gewechselt? Gefällt es ihnen in ihrer heutigen Position besser?

5. Falls Sie Ihren Arbeitsplatz beispielsweise durch Beförderung, Versetzung oder Kündigung aufgeben würden: Wen könnten Sie sich wohl als Ihren Nachfolger vorstellen? Wie stehen Sie dazu?
6. Mögen Sie Wochenenden lieber als Werktage?
7. Gesetzt den Fall, Ihr Gehalt, Ihr Urlaubsanspruch und andere Vergünstigungen würden sich durch eine andere Beschäftigung nicht gravierend ändern. Welche der folgenden Aussagen träfe wohl für Sie zu:

   a. Ich würde mein früheres technisches Arbeitsgebiet bevorzugen.
   b. Mir gefällt die derzeitige Stelle, ich würde mir aber mehr Schulungsmaßnahmen für Führungskräfte wünschen.
   c. Ich mag am liebsten die technische Arbeit. Ich hoffe aufgrund meiner Erfahrungen und meiner langen Abteilungszugehörigkeit die Stelle eines internen technischen Beraters zu bekommen.
   d. Ich will keine Schwierigkeiten machen. Ich nehme alles so, wie es kommt - bis zu meiner Pensionierung.
   e. Ich kann dem Unternehmen auf der derzeitigen Hierarchieebene, jedoch in einer anderen Position, mehr nützen.
   f. Meinem Unternehmen wäre besser damit gedient, wenn ich eine höhere Position innerhalb des Unternehmens bekleiden würde.
   g. Ich mag die Datenverarbeitung nicht, aber ich habe keine andere Ausbildung.
      - Man verdient gut in der EDV.
      - Ich bin zu alt, um noch einmal zu wechseln.
      - Computer sind die Zukunft.
   h. Meine Berufskarriere ist blockiert, weil es bei den Positionen über mir keine Mobilität gibt.
   i. Ich sorge mich, daß jüngere Leute mit dem neusten Kenntnisstand, die noch unter mir stehen, mich womöglich bald verdrängen.
   j. Ich mag/mag nicht/habe Angst vor dem Umgang mit meinen Benutzern/Untergebenen/Kollegen/Vorgesetzten.
   k. Ich erhielt diese Arbeit aufgrund:
      - eigenen Zutuns.
      - eines Angebots, das ich gerne angenommen habe.

- eines Angebots, das ich nicht ablehnen wollte.
- anderer Gründe (beispielsweise Degradierung oder Entlassung durch ein anderes Unternehmen).

1. Ich beabsichtige, diese Arbeitsstelle in ___________ Jahren aufzugeben. Ich möchte als nächstes gern als ________________________ arbeiten. Ich gehe davon aus, daß meine nächste Arbeit die eines _____________________ ist.

Nachwort

Die folgende Begebenheit beruht auf der Erzählung eines guten Bekannten. Sie verdeutlicht nicht nur die immer wiederkehrende Gleichförmigkeit der Probleme, mit denen man es in der DV-Branche zu tun hat, sondern hält auch zu steter Wachsamkeit an, egal an welchem Fleckchen der Erde man sich befindet, damit eine hohe Qualität des Managements und der gefertigten Systeme gewährleistet ist.

Das Leben eines Programmierers ist nicht so wunderbar, wie sich viele das vorstellen. Es ist auf jeden Fall nicht das, was ich mir ursprünglich vorstellte, als ich mich vor gut 20 Jahren für diesen Beruf entschied. Die Datenverarbeitung wurde mir im Fernsehen und Kino durch Bilder von Computern schmackhaft gemacht - mit ihren funkelnden Lichtern und den rotierenden Magnetbändern. Irgendwie waren Computer für mich damals wie Düsenflugzeuge oder Sportwagen. Ich dachte, daß mir der Beruf des Programmierers ein aufregendes und abwechslungsreiches Leben bescheren würde und war Feuer und Flamme für diese Technologie und deren vielfältige Möglichkeiten.

Es kam jedoch anders, als ich dachte. 20 Jahre später habe ich immer noch nichts erreicht, während meine früheren Kollegen mittlerweile zu Analytikern, Führungskräften und Datenbankberatern aufgestiegen sind. Obwohl ich offiziell den Titel eines Chef-Systemspezialisten führe, besteht meine Aufgabe letztendlich darin, die Arbeiten zu erledigen, die keiner sonst in der Abteilung machen will.

Nehmen Sie beispielsweise letzten Mittwoch. Ich war bis Mitternacht mit dem Debuggen eines Programms beschäftigt, das am folgenden Morgen ausgeliefert werden sollte. Ich war kaum bei mir zuhause die Tür hereingekommen, da klingelte auch schon das Telefon. Das nachts eingesetzte Kundenabrechnungssystem war wieder einmal ausgefallen, und der reguläre Wartungsprogrammierer war in Urlaub. So war ich es wieder einmal, dessen Name man ganz oben auf der Bereitschaftsliste gefunden hatte. Ich hatte mich aber mittlerweile so sehr daran gewöhnt, daß ich schon nicht mal mehr fragte, warum man immer auf mich kam.

Ich behob das Problem und kam so gegen sechs Uhr morgens nach Hause zurück, gerade noch Zeit für ein paar Stunden Schlaf bis zum Projektmeeting um 13 Uhr. Ich wußte, daß ich womöglich wieder bis Mitternacht arbeiten müßte, um noch einige dringende Änderungen an dem Forderungsbearbeitungssystem vorzunehmen. Ausgerechnet an diesem Morgen klingelte um 9 Uhr das Telefon. Es war Karl-Heinz Andau.

Ich hatte über fünf Jahre nichts mehr von Karl-Heinz gehört oder gesehen. Er war eine Zeitlang mein Vorgesetzter gewesen und anschließend der Chef meines Vorgesetzten. Dann war er plötzlich aus unerklärlichen Gründen verschwunden. Eine

Zeitlang hielten sich die Gerüchte über seine möglichen Aufenthaltsorte. Irgendjemand wollte ihn in einem Segelboot in der Nähe von Maui gesehen haben, ein anderer hatte eine Postkarte von ihm bekommen, die in Sumatra oder Bhutan abgestempelt worden war. Anderen Berichten zufolge war er als Ausbilder für Windsurfen auf den Kanarischen Inseln beschäftigt. Das Interesse an ihm nahm allmählich ab, und ich gehörte zu den wenigen in der DV-Abteilung, die sich noch an Karl-Heinz Andau erinnern konnten.

Dabei hatte ich noch nicht einmal die besten Erinnerungen an ihn. Er war ein kleiner, untersetzter Mann mit einem grauen Spitzbart. Er erinnerte an einen jener Gartenzwerge, die sich manche Leute auf ihren Rasen stellen. Er war sarkastisch und konnte sich für die abstrusesten Ideen begeistern, wobei er jeden, der nicht seiner Anschauung war, mit Verachtung strafte. Einmal nahm er beispielsweise eine Woche lang nur Brot und Wasser zu sich, um damit gegen die grausame Behandlung von Gemüse in Massenhaltung zu demonstrieren. Nichtsdestoweniger ging er seiner Arbeit gewissenhaft nach und war gerade dabei, in seiner Abteilung Karriere zu machen, als er urplötzlich verschwand.

Und jetzt rief er mich nach all diesen Jahren an. Gerade mich! Und mitten in der Nacht, jedenfalls für mein Gefühl. Wollte er seine alte Arbeitsstelle zurückhaben? Falls dem so war, hatte er sich an den Falschen gewendet. Ich hatte keine Beziehung zur Chefetage in unserem Unternehmen. Ich hatte noch nicht mal meinem eigenen Bruder eine Arbeit als Hausmeister beschaffen können.

"Helmut?", er schrie in den Telefonhörer, um die Hintergrundgeräusche zu übertönen. Es hatte den Anschein, daß er aus einer U-Bahn-Station oder einer Abfertigungshalle im Flughafen anrief. "Haben Sie Lust, mit mir heute abend zu essen?"

Ich verwies auf meinen überquellenden Terminkalender. Er war freundlich, aber bestimmt. "Dann Mittagessen. Ich kenne ein prima japanisches Restaurant. Treffen Sie mich dort um 11.30 Uhr, so daß wir einen Platz bekommen, bevor der Mittagsandrang losgeht." Ich stimmte schließlich zu, er beschrieb mir den Weg und hängte auf.

Das "Sushi Gizmo" war ein interessantes kleines Restaurant, das nicht nur die Liebe der Japaner für rohen Fisch, sondern auch ihren Hang zu technischem Schnickschnack unter Beweis stellte. An jeder Wand waren Roboterpuppen aufgehängt, die wohl wie Figuren aus Kabuki-Stücken kostümiert waren. Etwas abseits im Hintergrund war die Sushi-Bar, wo ich Karl-Heinz traf. Er übersah meine ausgestreckte Hand und umarmte mich so heftig, daß mir ein Moment die Luft wegblieb.

"Helmut, schön, daß Sie gekommen sind. Setzen Sie sich her." Ich nahm Platz, gab meine Bestellung auf und fragte: "Na, Karl-Heinz, was haben Sie denn in den vergangenen fünf Jahren gemacht? Ich hab ja die phantastischsten Sachen von Ihnen gehört."

Er lächelte. "Alles wohl war, denke ich. Die meiste Zeit davon habe ich aber im pazifischen Raum verbracht."

"Japan?"

"Nein, ein ganz anderer Teil des Pazifiks", erwiderte er rätselhaft." Die Inscitischen Inseln."

"Habe nie davon gehört."

"Das haben nur wenige bisher. Sie wurden erst vor 20 Jahren für den Tourismus zugänglich, die Touristen dürfen aber nur auf persönliche Einladung von König Zoot einreisen. Auf diese Weise erhalten die Inselbewohner Devisen, vermeiden aber, daß ihr Land von Unmengen von entdeckungsfreudigen Europäern und Amerikanern überflutet wird."

"Wie haben Sie denn davon gehört?"

"Ein unglückliches Geschick brachte mich dorthin", antwortete er. "Begonnen hat alles, nachdem ich nach Europa gereist war und mehr oder weniger pleite war. Ich brauchte unbedingt eine Arbeit, wollte aber weiterhin auf Reisen gehen. Dann bot sich mir eine günstige Gelegenheit.

Ein kleines europäisches Computerunternehmen brauchte jemanden, der den Export seiner Rechner nach Australien überwachte. Zu meiner Arbeit gehörte es, die Verladung der Rechner am Hafen bis zur Installation im Unternehmen des Kunden zu beaufsichtigen. Ich war der geeignete Mann für den Job, überdies kam mir diese Aufgabe sehr gelegen. Das Schicksal hat dann aber meinen Plänen einen Strich durch die Rechnung gemacht.

Die erste Rechnerladung war an Bord verstaut, und ich bereitete mich auf die Reise nach Australien vor. Die Reise verlief ganz gewöhnlich, bis kurz vor unserem Ziel ein schlimmer Sturm aufkam. Der Kapitän konnte das Schiff nicht mehr unter Kontrolle halten, und wir liefen vor der Inselgruppe auf ein Riff auf. Wir mußten das Schiff in Rettungsbooten verlassen.

Viele von der Mannschaft ertranken. Die Rettungsboote mit den Überlebenden trieben an verschiedenen Stellen an Land, und ich war der einzige, der an der Küste der Insel Toog an Land gespült wurde.

Als ich wieder zu mir kam, war der Sturm abgeflaut, und ich entdeckte einige einheimische Fischer. Mit Hilfe von Handzeichen konnte ich sie dazu bringen, die Ladung aus dem Wrack zu bergen. Sie brachten den Großteil der Computerausrüstung an Land, und wie durch ein Wunder funktionierten einige noch."

Hier unterbrach ich ihn. "Aber woher um alles in der Welt hatten Sie denn den Strom für die Rechner?"

"Nun, Elektrizität war eine der Errungenschaften, die mit dem Tourismus ins Land gekommen waren, und die Insel Toog war zu dem Zeitpunkt eine ungewöhnliche Mischung aus Medizinmännern, Grashütten und Fernsehapparaten. Jetzt hatte sie dank meiner tatkräftigen Mitwirkung auch noch Computer. So gab es jetzt Steinzeit und Elektronische Datenverarbeitung in trauter Eintracht nebeneinander.

Es dauerte natürlich nicht lange, bis auch König Zoot von den unerwarteten Gerätschaften, die an seine Ufer gespült worden waren, hörte. Er befahl, daß alles zur Hauptinsel geschafft werden sollte, damit es von der staatlichen Fluggesellschaft Garusum Airways verwendet werden könnte. Um auch den Wünschen der Bewohner von Toog entgegenzukommen, ließ er ihnen ein kleines, aber vollständiges Rechnersystem, das mittlerweile zu einem Kultobjekt geworden war. Ich hielt dies für mehr als übertrieben, da ich mir nicht vorstellen konnte, wie die Bewohner von Toog auch nur einen Bruchteil der Rechnerleistung nutzen sollten. Es sollte sich jedoch zeigen, daß ich mit meiner Vermutung gänzlich daneben lag."

Wieder hakte ich ein: "Warum hat das europäische Unternehmen denn seine Ausrüstung nicht zurückgefordert?"

"Das hat es auch. Das heißt, die Versicherungsgesellschaft tat es. König Zoot war aber zu schlau für sie. Er bestand darauf, daß ein Inscitisches Gericht darüber entscheiden müßte. Als das Verfahren vor einen Richter kam, der zufälligerweise König Zoots Schwager war, wies dieser die Klage ab. Auf diese Weise blieben die Rechner auf der Insel.

Sie hielten auch mich fest. König Zoot erließ eine - wie soll ich es nennen - sehr bestimmte Einladung, daß ich auf der Insel bleiben sollte, bis ich für die Luftfahrtgesellschaft Software entwickelt und einige Einheimische soweit ausgebildet hätte, bis sie die erforderlichen Aufgaben erledigen konnten. Ich kann mich noch gut an den Telefonanruf des Königs erinnern. Obwohl man seine Stimme kaum durch das Knacken in der Leitung hörte, vernahm ich seine Anweisungen in gebrochenem Englisch, worin er mich zum Bleiben aufforderte.

Ich brauchte ungefähr 18 Monate, um die wichtigsten Buchhaltungsanwendungen zum Laufen zu bringen und die Personen, die das System betreiben sollten, entsprechend zu schulen. Kurz bevor ich das Land verlassen wollte, lud mich König Zoot auf seine besondere Art erneut zum Bleiben ein, um dem Volk von Toog zu helfen."

Wir hatten unsere Gläser geleert, und ich bestellte eine neue Runde. "Zwei große Pils, bitte." Karl-Heinz fuhr mit seiner Geschichte fort.

"Überraschenderweise hatten die Bewohner von Toog viele Anwendungen, die geradezu für die Verarbeitung auf Rechnern prädestiniert waren. Zum einen waren die Priester sehr erfahren in der Astronomie. Sie hatten gewaltige Datenmengen aufgezeichnet und verfügten auch über bestimmte Algorithmen, um Vorhersagen treffen zu können. Die vorhandenen Methoden waren sozusagen der in Stein geschlagene Beweis ihrer naturwissenschaftlichen Fertigkeiten: Die Priester benutzten eine ausgeklügelte Anordnung von Felssäulen, deren spezielle Formation und Schattenlinien sowohl zur Aufzeichnung als auch zur Vorhersage bestimmter astrologischer Ereignisse verwendet wurden. Leider kam es unter den Felssäulen zu Absenkungen des Gesteins, so daß man die Säulen ständig kontrollieren und begradigen mußte. Auch wurden die astronomischen Daten von den Hohen Priestern recht unsystematisch gesammelt, da niemals genau festgelegt worden war, welche Informationen eigentlich aufgezeichnet werden sollten. Aus diesem Grund mußten eigens dafür bestimmte Mannschaften die riesigen Säulen ab und zu ausgraben und an einem neuen Standort aufpflanzen. Eine wahrhaft monumentale Anstrengung!"

Als die Bedienung das Bier vor uns hinstellte, fuhr Karl-Heinz mit seiner Geschichte fort. "Ich brauchte nicht sehr lange, um ihre astronomischen Systeme von Stein und Papyrus auf EDV umzustellen. Dann hatten wir aber mit einem großen Problem zu kämpfen. Toog besteht eigentlich aus zwei Hälften: Das Land östlich der Berge, wo ich mich aufhielt, ist Ost-Toog, wo ein zahlenmäßig großer, machtvoller Stamm lebt. Westlich der Berge, in West-Toog, leben nur ein paar kleinere, aber auf ihre Unabhängigkeit bedachte Volksgruppen, die mit Ost-Toog nicht viel gemein haben.

So verwenden die Ost- und West-Tooger beispielsweise unterschiedliche Alphabete. Das Ost-Tooger-Alphabet ist ziemlich komplex, aber nicht immer logisch strukturiert. Das West-Tooger-Alphabet ist hingegen einfacher und leichter verständlich. Ich verwendete das Ost-Tooger-Alphabet zur Entwicklung der Rechnersysteme, die West-Tooger waren aber durch meine Wahl dermaßen aufgebracht, daß sie die Benutzung der Rechnerausgabe verweigerten und sich um diese Angelegenheit ein heftiges Gerangel anbahnte.

Als König Zoot von diesen Unruhen im Land hörte, war er außer sich. Das letzte, was er sich für sein Königtum wünschte, war ein Bürgerkrieg. So erließ er ein Dekret, das es den Ost-Toogern verbot, ihr Alphabet als Defacto-Standard festzuschreiben. Die Ost-Tooger bemühten daraufhin Anwälte, die dieser Anordnung mit einer Klage entgegentreten sollten, und der Rechtsstreit ist bis zum heutigen Tage anhängig. Ich wäre nicht überrascht, falls das Ganze nie zur Zufriedenheit aller gelöst werden kann.

Das Problem war aber noch nichts, verglichen mit dem, das wir mit den Fischern von Toog hatten. Diese sind ein argwöhnischer und streitsüchtiger Menschenschlag. Kein Tooger kann Fischer werden, sofern nicht schon sein Vater Fischer war. Um ihr Monopol beim Fischfang nicht preisgeben zu müssen, wachen sie mit Argusaugen über ihre Berufsgeheimnisse."

"Was hatten Sie denn mit den Fischern zu tun?", fragte ich.

"Sie baten mich um Hilfe bei der Berechnung der Wanderbewegung der Fischschwärme. Die Wanderbewegung der Fische wird nämlich durch verschiedene Faktoren beeinflußt, und die Beziehungen zwischen den unterschiedlichen Faktoren sind äußerst komplex. Just zu dem Zeitpunkt, als die Fischer herausgefunden hatten, wo sich ein Fischschwarm aufhielt, war er schon wieder woanders hingewandert. Da es ja die Fischer gewesen waren, die den Rechner gerettet hatten, meinten sie, daß er ihnen bei der Vorhersage der Wanderbewegung der Fische helfen müßte.

Sie waren jedoch recht uneinsichtig. So weigerten sie sich beispielsweise, die Flutvorhersagen, die die Priester ausgearbeitet hatten, zu nutzen, da sie die Priester haßten und ihnen mißtrauten. Folglich bestanden die Fischer auf der Verwendung ihrer eigenen ungenauen Flutvorhersagen. Von daher mußten wir zwei inkonsistente Mengen von flutspezifischen Informationen in unserer Datenbank speichern. Das Ganze wurde noch chaotischer, als wir andere saisonale Informationen eingaben, die die Fischer benötigten.

Nichtsdestoweniger hatten wir letztendlich Erfolg, und das GHOTI-Projekt erfüllte die in es gesetzten Erwartungen voll und ganz. Wir nannten es GHOTI, da dies das Wort der Einheimischen für Fisch ist. Als wir phantastisch genaue "Fischflußdiagramme" auf einem Farbplotter ausgaben, schnellten die Fischfangraten und die Profite der Fischer in die Höhe. Meine Geschichte hört damit jedoch nicht auf.

Ein Priester, der den Computer während der Nachtschicht betrieb, entwendete Kopien der Fischflußdiagramme und gab sie an seinen Schwager weiter. Dieser zog mit einigen Mithelfern einen Fischwildererring auf. Da die Wilderer im selben

Gebiet wie die Fischer operierten, mußten sie ständig damit rechnen, von diesen gefaßt zu werden.

Um seinem Schwager zu helfen, änderte der Priester, der die Diagramme gestohlen hatte, einige Zahlen in der Datenbank, um die Fischer von den besten Fischfanggründen und somit auch von den Wilderern wegzulocken.

Gerüchte über diese Wildererbande gelangten schließlich auch zur Tooger Polizei. Um die Wilderer zu fangen, rief man bei der Polizei eine Sonderkommission mit dem Decknamen Operation *Goldfischschale* ins Leben. Hierbei gaben sich Beamte als Hehler aus, die die Wilderer mit außergewöhnlichen Zahlungsversprechungen für ihr Diebesgut in die Falle lockten. Das Ganze fand in einem abgeschiedenen Hotelzimmer statt, und andere Beamte hielten sich im Nebenzimmer bereit, um die Falle zuschnappen zu lassen.

Nach anfänglicher Weigerung, ihre Methoden preiszugeben, gestanden die Wilderer schließlich alles. Bald wußte nicht nur die Polizei, daß es mit unserer Datensicherheit nicht zum Besten bestellt war. Sobald die Fischer davon hörten, fand ihr Mißtrauen gegenüber den Priestern neue Nahrung, und sie griffen auf ihre herkömmlichen Fischfangmethoden zurück. Unser Erfolg war über Nacht plötzlich zum Mißerfolg geworden, und alles wegen unserer unzulänglichen Datensicherheit."

Eine Sache hatte mich während seiner Erzählung nicht ruhen lassen. "Karl-Heinz", fragte ich, "mir scheint, daß keines der Projekte in Toog ganz einfach war."

"Das stimmt."

"... Wie haben Sie das Ganze aber allein bewältigen können? Ich meine, Sie müssen doch irgendeine Hilfe gehabt haben, oder?"

"Oh, natürlich. An jedem Projekt arbeiteten so rund zehn Tooger mit."

"Wie haben Sie diese bunt zusammengewürfelte Gruppe von Möchtegern-DVlern aber kontrollieren und steuern können?"

"Das ist eine gute Frage, Helmut, die ich Ihnen am besten anhand eines kurzen Überblicks über die Gesellschaftstrukturen von Toog beantworte. Die Priester hatten die absolute Kontrolle. Sie glaubten an eine Struktur, die man womöglich als dynamisch bezeichnen könnte. Jeden Monat, beim ersten Erscheinen des Neumonds, erfolgte unter den Priestern eine Umstrukturierung: Jeder bekam ein neues Aufgabengebiet und einen neuen Verantwortungsbereich: Analytiker wurden zu Programmierern, Programmierer übernahmen die Aufgaben von Operateuren und so weiter und so fort. Diese Umstrukturierung wurde von umfassenden Stammeszeremonien begleitet. Das Ganze ging mit Tanz, Palaver und Menschenopfern vonstatten und dauerte einen ganzen Tag und eine Nacht."

"Das muß aber doch eine beträchtliche Störung des regulären Ablaufs gewesen."

"Oh, natürlich, die Arbeit ruhte während dieser Zeremonien, wo die Tooger auf ihre neuen Anweisungen warteten, vollständig."

"Nein, ich meinte eigentlich, daß die dauernde Umstrukturierung sich doch äußerst nachteilig ausgewirkt haben muß."

"Nun, das stimmt schon, aber nicht in dem Ausmaß, wie Sie das vielleicht denken. Die Tooger Priester ließen die produktivsten Personen auf ihrem Posten. Reorganisiert wurde nur die Arbeit derjenigen, die sowieso nicht viel leisteten. Die Umstrukturierung hatte eigentlich nur den einen Zweck, daß Störenfriede kaum Zeit hatten, auf einer Arbeitsstelle viel Unheil anzurichten, da sie ja umgehend wieder mit einer anderen Aufgabe betraut wurden."

Da ich gerade mit Aufwandsschätzungen für das Programmieren zu tun hatte, fragte ich Karl-Heinz nach den von ihm eingesetzten Techniken zur Aufwandsschätzung.

"Die Tooger verwendeten eine einfache, aber sinnvolle Methode zur Projektschätzung. Es wurden zwei Gruppen gebildet. Die eine Gruppe bestand aus Analytikern, Programmierern und anderen Mitarbeitern, und die andere setzte sich aus Führungskräften zusammen. Jede Gruppe schätzte die Zeit, die zur Fertigstellung des Projekts erforderlich war. Die Gruppen begaben sich anschließend an die beiden Enden eines langen Seils und zogen daran, so fest sie nur konnten. Zugrunde gelegt wurden die Schätzungen derjenigen Gruppe, die bei diesem Seilziehen den Sieg davontrug.

Um die Wettbewerber zusätzlich zu motivieren, wurden zwischen die beiden Mannschaften rotglühende Kohlen geschüttet. Da die meisten Führungskräfte besser genährt und folglich auch stärker als die Programmierer waren, gewann das Team mit den Führungskräften nahezu immer, und die Analytiker und Programmierer holten sich immer wieder heiße Füße."

Diese sogenannte Schätztechnik war sowohl barbarisch als auch absurd, dachte ich bei mir selbst. Ich war froh darüber, daß es in unserer DV-Abteilung solche Praktiken nicht gab. Karl-Heinz erriet meine Gedanken: "Falls Sie dies für außergewöhnlich halten, dann werden Sie bei der Methode für die Qualitätskontrolle noch mehr zu staunen haben. Jedes neue Programm hat Fehler, und unsere Programme waren da natürlich keine Ausnahme, auch nachdem die Programmierer sie gedebuggt hatten. Aus diesem Grund wurde dem Medizinmann die Aufgabe erteilt, die Fehler wie einen bösen Geist auszutreiben. Er versetzte sich in Trance, stimmte ein markerschütterndes Geschrei an und tanzte wie besessen um den Computer herum. Als nächstes schüttete er Kokosmilch über das Programmlisting und stach zu guter Letzt lange Nadeln in ein Bildnis desjenigen, der das Programm kodiert hatte."

"Das hat doch wohl nicht funktioniert?", antwortete ich ungläubig.

"Nein, es hat aber gut ausgesehen. Der Medizinmann zog aber schließlich den Zorn auf sich, weil er ein fehlerhaftes astronomisches Programm freigab, und der Chefastronom die ganze Nacht vergeblich auf die Aszendenz der Jungfrau im Sternkreiszeichen von Jupiter wartete."

"Was passierte mit ihm?"

"Der Priester verkaufte ihn an einige Kopfjäger im Norden der Insel. Man kann sich wohl gut vorstellen, was dort mit ihm passiert ist. Das Leben auf Toog kann recht brutal sein."

Mir schien das überhaupt nicht so brutal zu sein. Eigentlich ganz fair. Ich konnte mir einige Leute in unserer Abteilung vorstellen, die ganz froh darüber wären, in den Norden von Toog auswandern zu dürfen. Ich schaute auf meine Uhr und mußte mit Schrecken feststellen, daß mein Projektmeeting schon vor zehn Minuten begonnen hatte. "Karl-Heinz, ich muß mich auf den Weg machen."

"Wollen Sie denn nicht hören, wie ich von Toog weggekommen bin?"

"Tut mir leid, Karl-Heinz, ich muß mich unbedingt auf den Weg machen. Irgendwann einmal, vielleicht." Wir bezahlten und verließen das Restaurant. Ich überlegte mir mögliche Beförderungsalternativen und entschied mich dann für das Taxi. Karl-Heinz umarmte mich noch einmal, und ich sagte ihm, er solle mich doch mal anrufen.

Als ich durch die Stadt chauffiert wurde, kamen mir die Betonklötze und Glasfassaden unwirklich vor. Wo waren die Mangrovensümpfe und der dichte Dschungel? Im Geiste war ich immer noch auf der Insel von Toog.

Als ich zurück in die Abteilung kam, wartete Hans-Hubert Zabrowski (der Chefanalytiker unseres Projekts) bereits auf mich. Er war alles andere als erfreut. "Helmut, Sie hätten doch schon um 13 Uhr hier sein sollen."

"Warum, was ist denn passiert?", fragte ich.

Er warf mir einen giftigen Blick zu. Ich erzählte ihm über mein Essen mit Karl-Heinz, merkte aber bald, daß das keinen Sinn hatte. "Ich glaube, daß die Nachtarbeit Sie jetzt endlich mürbe gemacht hat", sagte er. "Kommen Sie, Helmut. Peter ist bereits im Meetingraum."

Peter Lindlein, unser Projektleiter, schaute mürrisch drein. "Helmut", sagte er, "Ich bin gerade mit einigen Führungskräften aus den Fachabteilungen die programmierspezifischen Schätzergebnisse für das PISCES-Projekt durchgegangen. Wir stimmen alle darin überein, daß Ihre Zahlen viel zu hoch gegriffen sind. Es wäre besser für alle Beteiligten, falls Sie sie auf ein realistisches Maß herunterschrauben könnten."

Ich schaute rüber zu Zabrowski, der mir bei den Schätzungen Rückendeckung geben sollte, er rührte sich aber nicht. Auf mich allein gestellt, blieb mir keine andere Wahl, als einzulenken. "Ist in Ordnung, Peter, ich gehe noch mal über die Zahlen und versuche, sie noch etwas zu drücken."

Peter machte ein zufriedenes Gesicht, seine nächsten Worten ließen mir aber das Blut in den Adern gerinnen: "So, jetzt will ich Ihnen aber mal alles über unsere bevorstehende Umstrukturierung mitteilen....."

Anhang A

Abweichung vom CPM-Chart eines Projekts

Ein CPM-Chart (*Critical Path Method*) ähnelt einem Netzplandiagramm, mit dessen Hilfe sich die verschiedenen Tätigkeiten und Ereignisse eines Projekts zeitlich planen und koordinieren lassen [Gallagher und Watson, 1980]. Ein weiteres Beispiel eines Netzplandiagramms ist ein PERT-Chart (*Program Evaluation and Review Technique*). Bei der Erstellung von CPM-Charts finden gewöhnlich die folgenden vier Symbole Verwendung (siehe Bild A.1).

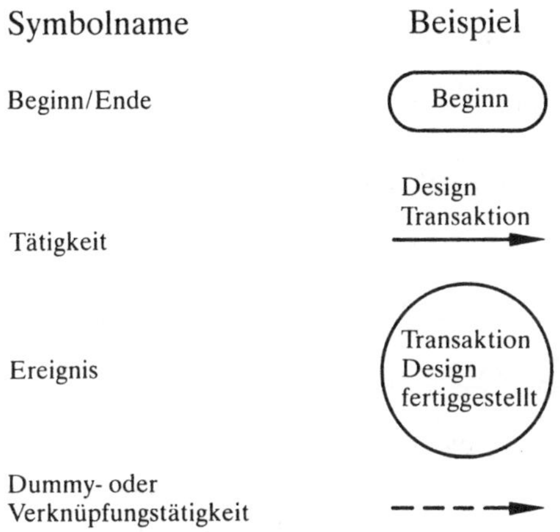

Bild A.1 *Symbole im CPM-Chart.*

In Bild A.2 wird beispielhaft ein CPM-Chart für ein einfaches Projekt, die Zubereitung einer Tasse löslichen Kaffees mit Schlagsahne, vorgestellt. Beachten Sie die Zeitachse unter dem Chart. Das Projekt wird zum Zeitpunkt Null begonnen, Ereignis A folgt nach zwei, Ereignis B nach drei Minuten usw., bis das Projekt nach einer Gesamtzeit von acht Minuten abgeschlossen ist. Beachten Sie auch die dreiminütige Karenzzeit zwischen den Ereignissen B und C. Folglich verschiebt sich das Projektende nicht, falls sich das Einfüllen des Kaffeepulvers um drei Minuten verzögert. Die Zuteilung des Kaffeepulvers liegt somit nicht im kritischen Pfad des Projekts, nämlich dem Pfad BEGINN/A/C/D/ENDE. Falls sich die Beendigung einer im kritischen Pfad befindlichen Tätigkeit verzögert, wird das Gesamtprojekt um dieselbe Zeitspanne verschoben.

Ich zeichne im CPM-Chart gewöhnlich nicht nur alle Ereignisse ein, sondern schreibe auch die Annahmen dazu, von denen die Gültigkeit des CPM-Charts abhängt. Im vorliegenden Beispiel setze ich voraus, daß die folgenden Bestandteile vorhanden sind: Wasser, Kessel, Hitzequelle, Maßeinheit (beispielsweise Teelöffel), Tasse, Schlagsahne und Kaffee. Falls eine dieser Voraussetzungen nicht gegeben ist, muß das CPM-Chart entsprechend modifiziert werden, und es enthält dann beispielsweise die Aktivität "Zum Geschäft laufen und Kaffee kaufen".

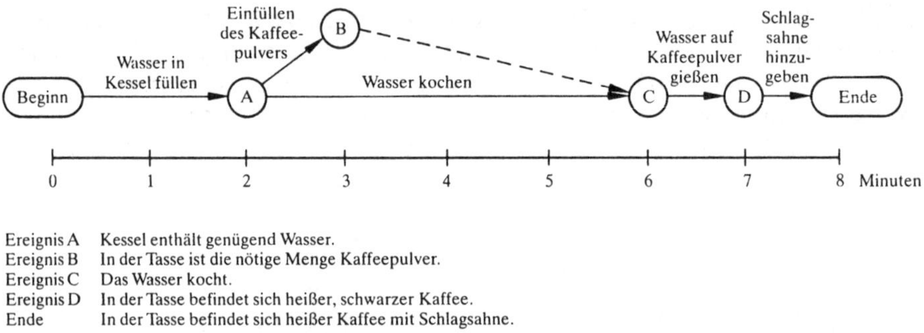

Bild A.2 *CPM-Chart für das Projekt "Zubereitung einer Tasse Kaffee".*

A.1 Entwicklung eines CPM-Charts aus einem Datenflußdiagramm

Wie gelangt man zu einem CPM-Chart für ein Projekt? Dies kann beispielsweise dadurch geschehen, daß ein Datenflußprogramm des Projekts in ein CPM-Chart umgewandelt wird, was keine besondere Anstrengung erfordert:

1. Die im Datenflußdiagramm enthaltenen Kreise werden im CPM-Chart zu Tätigkeitspfeilen.
2. Die Pfeile zwischen den Kreisen im Datenflußdiagramm werden zu Ereignissen, die eine Verbindung zwischen der Fertigstellung einer Aktivität und dem Beginn der nächsten herstellen.

Einige Feinheiten bei der Umwandlung eines Datenflußdiagramms in ein CPM-Chart sollten Sie jedoch berücksichtigen. Im folgenden soll das in Bild A.3 dargestellte Datenflußdiagramm für das Kaffeezubereitungsprojekt in ein CPM-Chart umgewandelt werden. Falls der Vorgang wie im vorherigen beschrieben erfolgt, erhält man das CPM-Chart in Bild A.2.

Zunächst einmal wird ein Ereignis mit dem Namen BEGINN eingezeichnet. Als nächstes werden die Tätigkeiten oder Kreise im Datenflußdiagramm gesucht, die sofort beginnen können. Dies sind die Kreise mit den Nummern 1 und 3, deren Eingabe nur von der ersten Voraussetzung des Projekts (d.h. dem Vorhandensein eines Kessels und einer Maßeinheit wie etwa einem Teelöffel) abhängt. Hieraus resultiert das ausschnittsweise CPM-Chart in Bild A.4.

Jetzt müssen die Tätigkeiten identifiziert werden, die beginnen können, sobald die Ereignisse A oder B realisiert sind. "Wasser kochen" kann beginnen, nachdem der Kessel genügend Wasser (Ereignis A) enthält. Hieraus ergibt sich Bild A.5. Fährt man so fort, erhält man Bild A.6. Die in der Graphik dargestellte gestrichelte Linie von B nach C macht kenntlich, daß C zwar von der Fertigstellung von B abhängig, zwischen B und C jedoch keine Tätigkeit erforderlich ist. Um das CPM-Chart für das Kaffeezubereitungsprojekt zu vervollständigen, muß nur noch die Zeit geschätzt werden, die zur Abwicklung jeder im Chart aufgeführten Tätigkeit erforderlich ist (was gewöhnlich alles andere als einfach ist). Anschließend dürfte das CPM-Chart der Darstellung in Bild A.2 entsprechen.

Die Bilder A.2 und A.6 sind jedoch keineswegs identisch. Zum einen wird der Kaffee in den beiden Charts zu unterschiedlichen Zeitpunkten in die Tasse gefüllt. Dies hat seinen Grund darin, daß das Einfüllen des Kaffees und das Füllen des Kessels parallel erfolgen. Folglich hängen beide Tätigkeiten nicht voneinander ab. In Bild A.6 wird jedoch vorausgesetzt, daß zwei Personen verfügbar sind, die beide Tätigkeiten zum selben Zeitpunkt ausführen. Diesem Gesichtspunkt kommt jedoch keine Bedeutung zu. Da Ereignis B nicht im kritischen Pfad liegt, besteht keine besondere Eile für die Durchführung dieser Tätigkeit. Aus diesem Grund kann das Ereignis "Einfüllen des Kaffees" wieder an seine ursprüngliche Position in Bild A.2 verschoben werden. So kann derjenige, der nach Ereignis A nichts zu tun hat, den Kaffee einfüllen, während das Wasser kocht. Hierbei soll vorausgesetzt werden, daß der Ofen ohne weiteres menschliches Zutun das Wasser zum Kochen bringt.

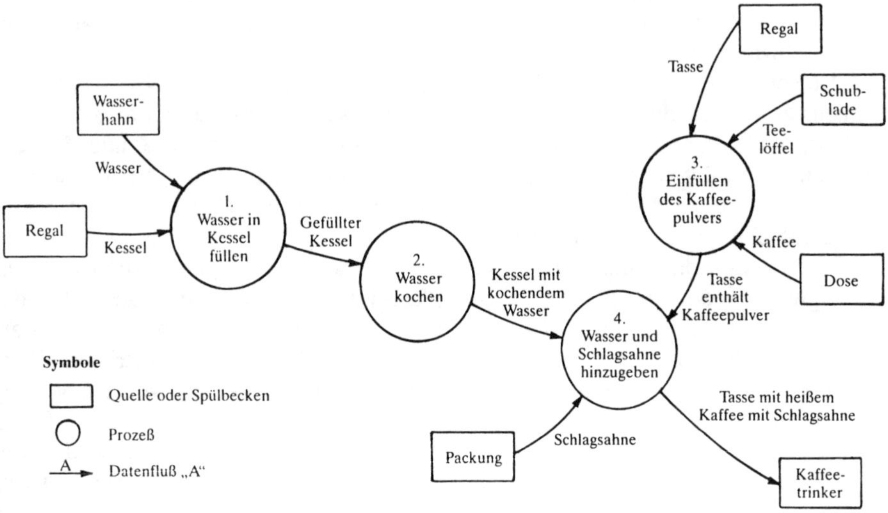

Bild A.3 *Datenflußdiagramm für das Kaffeezubereitungsprojekt.*

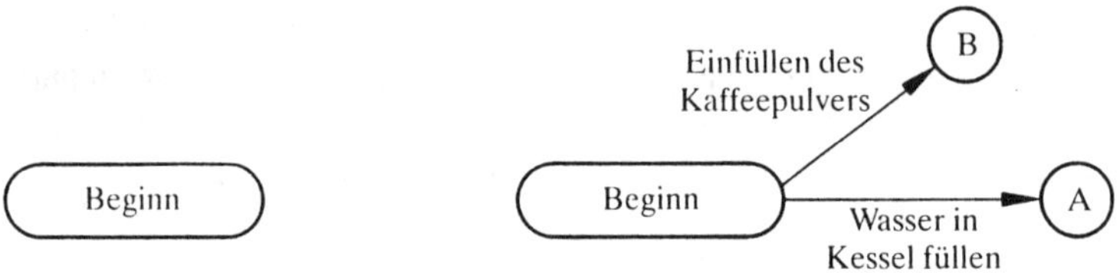

Bild A.4 *Ausschnitt eines CPM-Charts.*

Zu beachten ist, daß die abschließende Tätigkeit im Chart in Bild A.6 "Wasser und Schlagsahne hinzugeben" tatsächlich aus zwei Tätigkeiten besteht. Sie müßte im Datenflußdiagramm eigentlich durch zwei Kreise dargestellt werden. Da gewöhnlich für eine solche Tätigkeit nur ein Kreis eingezeichnet wird, wurde auch hier so verfahren. Zur Zerlegung der Tätigkeit in ihre Bestandteile gibt es zwei Möglichkeiten: seriell und parallel. Wie in Bild A.7 ersichtlich, führt die serielle Unterteilung der Aktivität zum in Bild A.2 vorgestellten CPM-Chart. Die parallele Unterteilung hat aber einen entscheidenden Vorteil gegenüber der seriellen. Da sich das Hinzufügen des Wassers und der Schlagsahne im kritischen Pfad des Projekts befindet, führt jede denkbare Beschleunigung dieser Tätigkeit zu einer schnelleren Beendigung des Gesamtprojekts. Andererseits ist bei der parallelen Unterteilung eine weitere Person erforderlich. Womöglich führt die gleichzeitige Hinzugabe von Wasser und Schlagsahne auch zu einem Kaffee minderer Qualität. Welche Auswirkungen möglich sind, läßt sich der Spezifikation von Kreis 4 des Datenflußdiagramms in Bild A.3 entnehmen.

A.2 Vorzüge von CPM-Chart und Datenflußdiagramm

Falls sich ein CPM-Chart aus einem Datenflußdiagramm ableiten läßt, werden Sie als Projektleiter wissen wollen, warum Sie sowohl ein CPM-Chart als auch ein Datenflußdiagramm benötigen. Hierfür gibt es zwei Gründe. Beide lassen sich auf die Unterschiede der Tools zurückführen: Ein Datenflußdiagramm zeigt, was getan werden muß, wohingegen das CPM-Chart verdeutlicht, wie es getan werden muß.

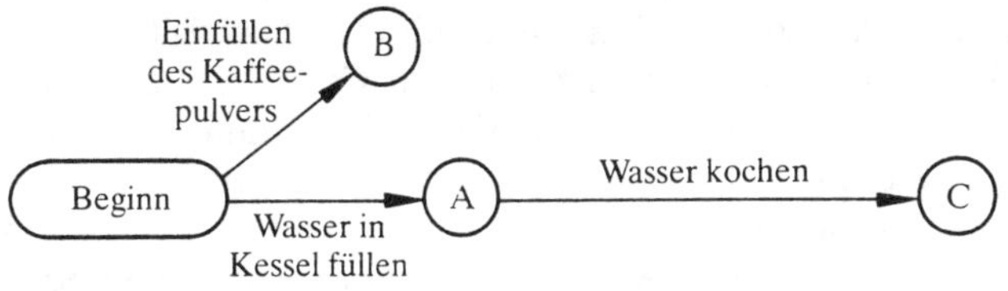

Bild A.5 Ausschnitt eines CPM-Charts.

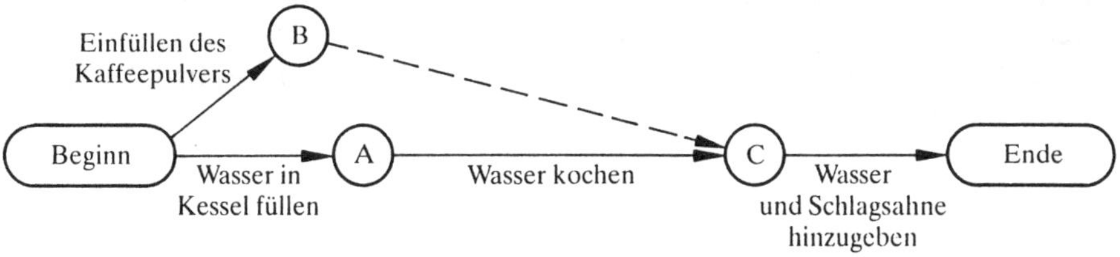

Bild A.6 CPM-Chart für das Kaffeezubereitungsprojekt.

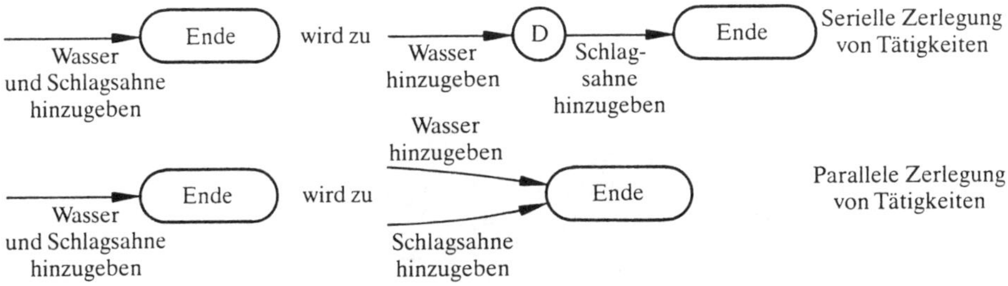

Bild A.7 Serielle und parallele Unterteilung der Tätigkeiten im Kaffeezubereitungsprojekt.

Der erste Grund für den Einsatz beider Tools besteht darin, daß sich aus einem Datenflußdiagramm eine Vielzahl verschiedener CPM-Charts entwickeln läßt. Welches CPM-Chart man wählt, hängt von der jeweiligen Strategie in bezug auf die verfügbaren Projektressourcen ab. So bieten sich beispielsweise je nach Einsatzplanung der verfügbaren Ressourcen mehrere Möglichkeiten der seriellen oder parallelen Anordnung der Tätigkeiten.

Der zweite Grund besteht darin, daß ein CPM-Chart - anders als ein Datenflußdiagramm - den genauen zeitlichen Ablauf der Tätigkeiten verdeutlicht. Dies ist für die Bestimmung des kritischen Projektpfads von besonderer Bedeutung, für dessen Tätigkeiten eine äußerst sorgfältige Planung vonnöten ist. Viele Projektleiter erstellen ihr CPM-Chart jedoch ohne Zeitachse (siehe Bild A.2). Dies deshalb, weil man sich die Aktualisierung des Charts ersparen will, wenn der Zeitplan durcheinandergerät. Nichtsdestoweniger sollte im CPM-Chart stets die Dauer jeder Aktivität vermerkt werden, damit sich der kritische Pfad jederzeit ermitteln läßt. Ein Computer bietet Ihnen bei der Entwicklung und Pflege eines CPM-Charts eine große Hilfe.

Womöglich fragen Sie sich, warum Sie ein Datenflußprogramm für Ihr Projekt brauchen, wenn Sie sowieso ein CPM-Chart verwenden? Dies hat seinen Grund darin, daß Sie Ihre Projektstrategie nur schwer entwickeln können, sofern Sie keine genaue Vorstellung von den Projekttätigkeiten und deren Wechselbeziehungen haben. Sie müssen insbesondere wissen, welche Tätigkeiten eingabemäßig von der Ausgabe welcher anderen Tätigkeiten abhängen, was im Datenflußdiagramm ersichtlich wird. Ihre Aufgabe als Projektleiter besteht darin festzulegen, nach welchem Muster Sie das Projekt bei gegebenen Rahmenbedingungen am besten abwickeln, damit es für das Benutzergeschäft den größtmöglichen Vorteil bringt. Das von Ihnen erstellte CPM-Chart spiegelt Ihre Entscheidung in Form eines exakten Plans und der Organisation der Tätigkeiten wider.

Anhang B

Problemlösung

Das Grübeln über einem Problem kann mit den langen Monaten der Schwangerschaft verglichen werden, während die Lösung eines Problems dem Tag der Geburt gleichkommt. Über einem Problem zu grübeln heißt, es lösen.

Mao Tse-tung, 1930

Ein Problem ist die Ursache einer oder mehrerer unerwünschter Wirkungen. Bei der Problembestimmung werden die Ursache bzw. Ursachen in der Regel dadurch ermittelt, daß man sich rückwärts von den negativen Wirkungen an das Problem herantastet. Die Problemlösung entspricht der Beseitigung der unerwünschten Wirkungen, indem eine oder mehrere der dafür verantwortlichen Ursachen aus der Welt geschafft werden. Eine solche unerwünschte Wirkung könnte beispielsweise eine unzulängliche Terminal-Antwortzeit bei einem im Multiuser-Betrieb genutzten Mainframe sein. Worin liegt das Problem, die Ursache dieser Wirkung, begründet? Es kann mehrere Ursachen geben, die miteinander zusammenhängen oder getrennt voneinander vorliegen. So hat der Rechner möglicherweise eine zu schwache CPU, an das System sind zu viele Benutzer angeschlossen oder die Parameter zur Definition der Verarbeitungsreihenfolge der Jobs sind falsch im Betriebssystem eingestellt.

Um das Problem der unzulänglichen Antwortzeit zu lösen, müssen eine oder mehrere der verantwortlichen Ursachen beseitigt oder in ihren Wirkungen minimiert werden. Womöglich sind diese Ursachen selbst Wirkungen von noch tieferliegenden Ursachen. Zur Lösung des ursprünglichen Problems müssen folglich eventuell mehrere Ursacheebenen durchlaufen werden, um die zugrundeliegende Ursache festzustellen.

So kann beispielsweise das Problem vorliegen, daß die Betriebskosten eines Autos zu hoch sind. Die spezielle Ursache dieser unerwünschten Wirkung ist, daß das Auto zu viel Benzin verbraucht, was sich möglicherweise auf verschmutzte Zündkerzen zurückführen läßt.

In Bild B.1 wird diese Situation graphisch dargestellt.

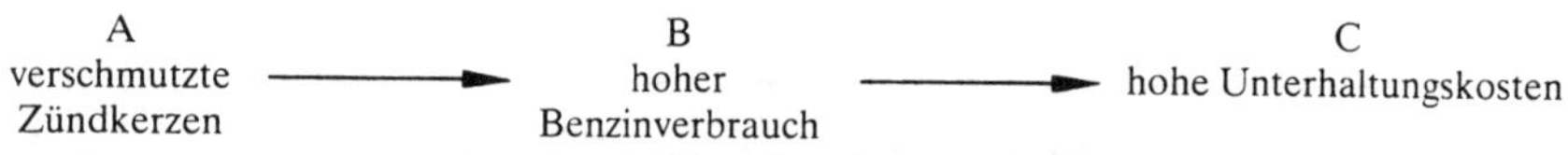

Bild B.1 *Einfaches Ursache-Wirkung-Diagramm.*

Dieses Diagramm hat die folgende Bedeutung: A ist die Ursache von B (oder B ist die Wirkung von A), und B ist die Ursache von C (oder C ist die Wirkung von B). Ist B demnach eine Ursache oder eine Wirkung? Natürlich beides: die Wirkung von A und die Ursache von C. Von daher sind Ursachen und Wirkungen miteinander verknüpft, und folglich gibt es auch keine absolute Ursache oder eine absolute Wirkung.

Zur Lösung von Problem C kann folglich die unmittelbare Ursache dadurch in Angriff genommen werden, daß man das Auto beispielsweise einhandelt. Ebenso kann die Ursache von B angegangen werden, indem die Zündkerzen ausgewechselt werden. In Bild B.1 findet sich ein einfaches Beispiel eines Ursache-Wirkung-Diagramms, das die womöglich komplexe Beziehung zwischen Ursachen und Wirkungen mit Blick auf das angesprochene Problem verdeutlichen soll. Im folgenden wird ein komplexeres Beispiel eines Ursache-Wirkung-Diagramms vorgestellt. In Bild B.2 wird A durch B oder C beziehungsweise durch das Zusammenspiel von D und E verursacht. B wird von F und G gemeinsam verursacht, und C resultiert aus G oder H. D wird von I und E von J verursacht.

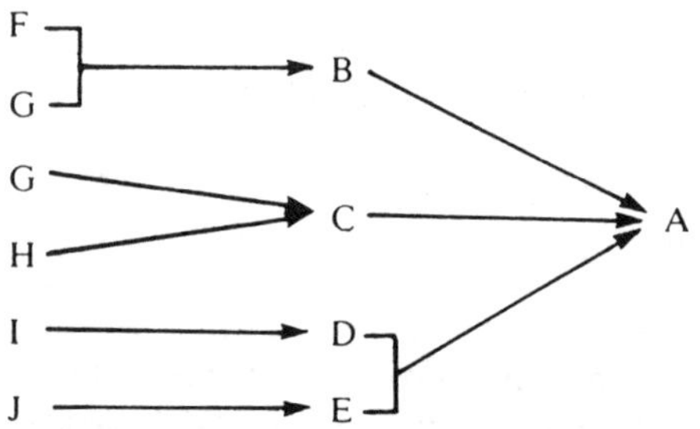

Bild B.2 *Symbole in einem Ursache-Wirkung-Diagramm.*

Ein Ursache-Wirkung-Diagramm wird erstellt, indem die zu beseitigende unerwünschte Wirkung (das Problem) rechts vermerkt wird. Auf der linken Seite werden alle denkbaren Ursachen aufgeführt, wobei auch festgehalten wird, ob die Ursachen durch logische UND- beziehungsweise ODER-Bedingungen verknüpft sind. Anschließend werden diese Ursachen als Probleme behandelt (d.h. als unerwünschte Wirkungen von etwas) und deren Ursachen auf der linken Seite vermerkt.

Erstellen Sie ein Ursache-Wirkung-Diagramm für das Problem in bezug auf die Terminal-Antwortzeit, so erhalten Sie womöglich Bild B.3. Obwohl man den Netzplan beliebig fortführen kann, ist eine Begrenzung vonnöten. Zwei Regeln sollten bei der Festlegung des Geltungsbereichs beachtet werden: Zunächst einmal sollte man sich auf den Abschnitt im Netzplan konzentrieren, der die wichtigsten Ursachen des bestehenden Problems enthält. Falls Sie beispielsweise herausfinden, daß der Hauptgrund für die unzulängliche Antwortzeit im Faktor "System ist rechenintensiv" liegt, besteht nur wenig Sinn darin, ein ausgefeiltes Ursachengefüge für den Faktor "Plattenzugriff langsam oder ineffizient" zu entwickeln. Statt dessen sollten Sie Ihr Augenmerk auf die Faktoren "CPU ist nicht leistungsfähig genug" und "Verarbeitungsaufkommen ist zu hoch" richten.

Eine zweite Regel besteht darin, sich auf behebbare Ursachen zu konzentrieren, statt sein Augenmerk auf solche Ursachen zu richten, die nicht dem Einfluß der eigenen Kontrolle, Budget oder Möglichkeiten unterliegen. So ließe sich beispielsweise die Verarbeitungsgeschwindigkeit Ihres Rechners erhöhen, falls sich auch die Lichtgeschwindigkeit steigern ließe, um diesen Aspekt sollten Sie sich aber keine allzu großen Gedanken machen. Bleiben Sie auf dem Boden der Tatsachen, und sofern Sie erkennen müssen, daß die Ursache Ihrer unzulänglichen Antwortzeit ein rechenintensives System ist, können Sie entweder die Leistungsfähigkeit Ihrer CPU verbessern oder Ihr Verarbeitungsaufkommen senken. Falls Sie derzeit allerdings eine *Crayfish Megathinker ZX/168-CPU* geleast haben, die Ihr Budget beträchtlich belastet, sollten Sie lieber erwägen, Ihr Verarbeitungsaufkommen zu reduzieren.

B.1 Der Prozeß der Problemlösung

Der Prozeß der Problemlösung läßt sich in acht Teilschritte untergliedern. Die Schritte bilden nur eine allgemeine Strategie und keinen strengen Algorithmus zur Lösung eines Problems.

1. Schreiben Sie die unerwünschte Wirkung auf, die beseitigt werden soll. Markieren Sie diese mit einem Asteriskzeichen.

2. Erstellen Sie ein Ursache-Wirkung-Diagramm, das sich über eine oder zwei Ebenen nach links erstreckt.

3. Ermitteln Sie versuchsweise und/oder im Gespräch mit Experten, Beratern und Kollegen die Hauptursache für die mit einem Asteriskzeichen gekennzeichnete Wirkung.

4. Markieren Sie die Ursache mit einem Asterisk, und löschen Sie das vorherige Asteriskzeichen.

5. Läßt sich die Ursache nicht unmittelbar beseitigen, kehren Sie zu Schritt 2 zurück.

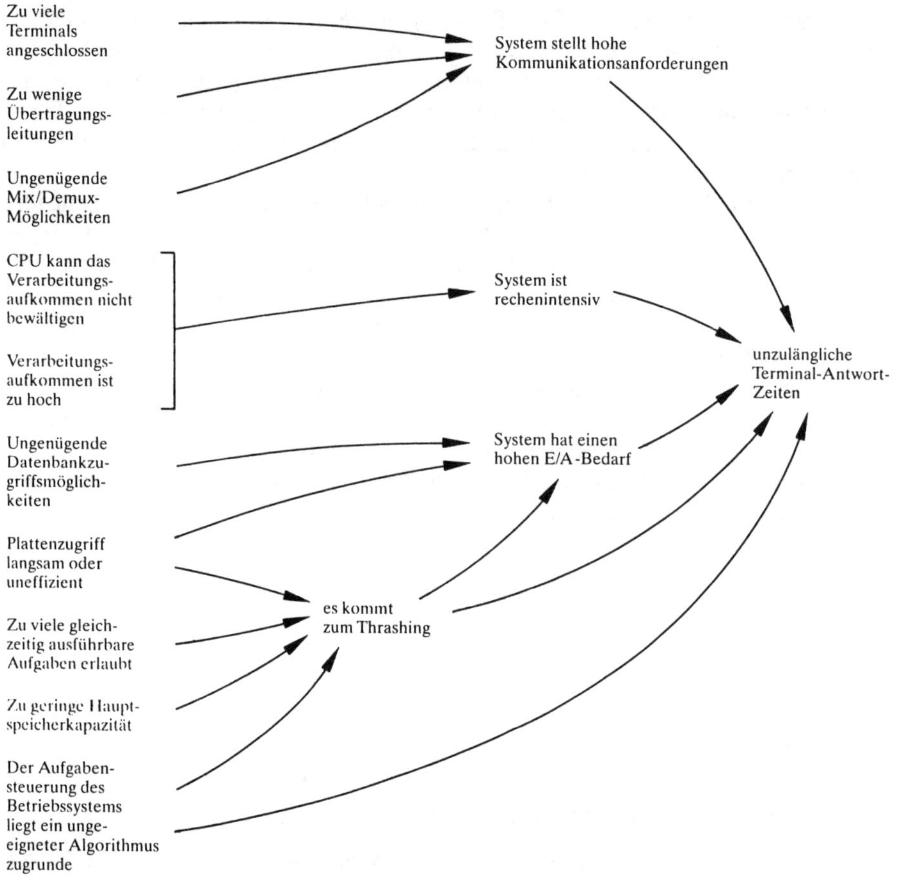

Bild B.3 *Ursache-Wirkung-Diagramm für Terminal-Antwortzeit.*

6. Läßt sich die Ursache nicht unmittelbar beseitigen, so erstellen Sie einen Plan zur Beseitigung beziehungsweise Wirkungsminderung der mit einem Asteriskzeichen gekennzeichneten Ursache. Durch Beseitigung dieser Ursache schwindet womöglich nicht nur das vorliegende Problem, sondern es werden eventuell andere Wirkungen hervorgerufen. Falls diese Nebenwirkungen allesamt unvorteil-

haft sind, so bringt die Problemlösung womöglich schlimmere Folgen als das eigentliche Problem mit sich.

7. Planausführung.
8. Feststellung, wie gut das Problem gelöst wurde.

Anhang C

Qualitäten einer guten Führungskraft

Die Qualitäten einer guten Führungskraft lassen sich genauso schwer aufzählen wie die Merkmale eines guten Weins. Giegold beispielsweise führt mehr als 200 wünschenswerte Eigenschaften einer guten Führungskraft auf, wohingegen Sinetar Führungsqualitäten drei Grobkategorien zuordnet, die sich teilweise überlappen: Menschenführung, zwischenmenschliche Qualitäten und administratives Geschick [Giegold, 1982; Sinetar, 1984]. Sinetar unterteilt jede Kategorie in Charaktereigenschaften und kommunikative Fertigkeiten. In jeder der sechs Unterkategorien werden durchschnittlich acht Fertigkeiten und Charaktereigenschaften aufgeführt, die für eine effiziente Führungskraft bedeutsam sind. Hieraus resultieren fast 50 wichtige Eigenschaften von Führungskräften.

Hier soll nicht der Anspruch erhoben werden, daß die im folgenden vorgestellten zwölf wünschenswerten Führungsqualitäten einer wissenschaftlichen Untersuchung unbedingt standhalten. Nichtsdestoweniger sind dies Qualitäten, durch die sich die meisten effizienten Führungskräfte auszeichneten, mit denen ich im Laufe der Jahre zu tun hatte. Falls Sie bereits eine Führungskraft sind oder eine werden wollen, sind dies die Merkmale, um deren Erwerb Sie sich bemühen sollten. Falls Sie nach Kandidaten für Führungsposten Ausschau halten, sollten Sie die Stärken und Schwächen eines jeden Kandidaten entsprechend dieser Merkmale beurteilen. Dies sind: persönliche Integrität, Einfühlungsvermögen, Fähigkeit der Zielvorgabe, Planungsgeschick, Ausdauer, Begeisterungsfähigkeit, Unterordnungsbereitschaft, Bereitschaft zum Delegieren von Aufgaben, technische Kompetenz, Mitteilungsvermögen, Aufgeschlossenheit gegenüber Neuem, Entscheidungsbereitschaft.

C.1 Persönliche Integrität

Die persönliche Integrität ist ein wesentliches Merkmal eines Managers. Als solcher muß man für seine als richtig empfundenen Ansichten und Meinungen einstehen und sich sowohl Intrigen als auch Kriechertum versagen. Manchmal gehört zur persönlichen Integrität auch eine Form des rechtschaffenen Zorns, um auch dann seine Meinung standhaft vertreten zu können, wenn man auf sich allein gestellt ist.

Eine Führungskraft darf keine ängstliche und entscheidungsscheue Marionette sein, die von den unterschiedlichsten Interessengruppen vorgeschoben wird. Eine starke Führungskraft ist nur ihrem Aufgabenbereich, ihren Benutzern und ihren Mitarbeitern verpflichtet, wobei ihr Merkmale wie Arroganz, Heimtücke und Machtgier fremd sein sollten.

Jedoch muß eine solche Führungskraft auch bereit sein, Fehler einzugestehen und ihren persönlichen Stolz auch einmal zum Nutzen des Unternehmens hintenanzustellen. Aus Gründen des persönlichen Vorteils darf sie nie wissentlich eine falsche Entscheidung treffen, da sie so Gefahr läuft, sowohl ihr Unternehmen als auch ihre Untergebenen zu hintergehen. Einer solchen Führungskraft ist es wichtiger, ihre Aufgabe ordnungsgemäß zu erledigen, als immer nur gut dazustehen.

C.2 Einfühlungsvermögen

Eine gute Führungskraft hat zu ihren Mitarbeitern einen guten Draht und geht auf deren Bedürfnisse und Probleme ein. Obwohl sich nicht alle Führungskräfte durch diese Eigenschaft auszeichnen, ist Einfühlungsvermögen für eine Projektgruppe und eine DV-Abteilung besonders wichtig, sofern die wichtigste Ressource, nämlich die menschliche Arbeitskraft, effizient eingebracht werden soll.

Eine geeignete Methode, den eigenen "Draht" zu den Untergebenen zu verbessern, besteht darin, einmal pro Woche oder Monat eine Verfügungsstunde anzuberaumen, bei der jeder Mitarbeiter offen jedes Thema, das ihm am Herzen liegt, zur Sprache bringen kann.

C.3 Fähigkeit der Zielvorgabe

Eine Führungskraft muß Ziele im Einklang mit den Zielsetzungen des Unternehmens vorgeben können, wobei auch immer ein rechtes Augenmaß gefordert ist. Einige Zielsetzungen sind vielleicht als solche lohnenswert, ihre Realisierung erfordert aber womöglich soviel Aufwand, daß von ihnen Abstand genommen werden muß. Stets sollte man bedenken, daß das Ziel die Mittel rechtfertigen muß.

Zudem sollte sich die effiziente Führungskraft nie davor scheuen, Zielsetzungen ad acta zu legen, die nicht länger gültig sind. Falls man sich beispielsweise das Ziel gesetzt hat, den Materialfluß bei der Fertigung von Siegelwachs zu optimieren, es plötzlich aber keinen Markt mehr für Siegelwachs gibt, muß natürlich auch das Ziel entsprechend geändert werden.

C.4 Fähigkeit der Zielerfüllung

Die Zielvorgabe ist allein noch nicht ausreichend. Die Fähigkeit einer Führungskraft zeigt sich erst darin, so planen zu können, daß sich das gesetzte Ziel realisieren läßt. Eine gute Führungskraft muß eine Vorstellung davon haben, wie man vom aktuellen Zustand zum durch die Zielvorgabe definierten Zustand gelangt. Die wichtigsten Aufgaben im Rahmen der Zielerfüllung sind Planung, Organisation, Integration, Schätzen und Revision (siehe Kapitel 6).

C.5 Ausdauer

Um ihre Aufgaben adäquat zu erledigen, braucht eine Führungskraft noch mehr als Zielsetzungen und Pläne. Sie braucht auch Tatkraft und Ausdauer. Sie muß nicht nur wissen, wie sie ein Ziel realisieren kann, sondern muß auch den zur Zielerfüllung erforderlichen Prozeß tatkräftig vorantreiben und darf sich nicht von Rückschlägen entmutigen lassen, bis sie an ihrem gewünschten Ziel angelangt ist.

Thomsett weist darauf hin, daß ein bedeutsamer Aspekt einer Führungskraft deren jeweiliges Verhandlungsgeschick ist [Thomsett, 1980]. Ein Großteil der Arbeitszeit einer Führungskraft wird für Verhandlungen aufgewendet: Verhandlungen mit Benutzern hinsichtlich Fertigstellungsterminen, mit anderen Führungskräften über die Abstellung von Arbeitskräften, mit Herstellern über Preise und Lieferzeiten, mit Projektmitgliedern über Wochenenddienstpläne usw. Eine gute Führungskraft läßt sich nicht durch Knüppel, die man ihr zwischen die Beine wirft, entmutigen. Natürlich will sie auch nicht mit dem Kopf durch die Wand. Ebensowenig wirft sie frühzeitig das Handtuch. Sie versucht vielmehr, sich mittels Verhandlungen und Gesprächen um auftauchende Schwierigkeiten und Probleme herumzumanövrieren. Auch wenn das Projekt von seiner ursprünglichen Marschroute abweicht, muß sie ihm die richtige Richtung zurückgeben und es sogar aus einer unmöglichen Situation retten können.

C.6 Begeisterungsfähigkeit

Die Mitarbeiter einer Führungskraft sind deren verlängerter Arm. Einzig durch die Mitarbeiter sind Leistungen möglich, die die Möglichkeiten der Führungskraft um ein Vielfaches übersteigen. Dieser Multiplikatoreffekt ist jedoch nur bei einer wichtigen Voraussetzung gegeben: Sofern die Führungskraft in der Lage ist, ihre Mitarbeiter so zu inspirieren, daß sie eine optimale Einsatz- und Leistungsbereitschaft an den Tag legen.

Eine Führungskraft kann ihre Untergebenen auf verschiedene Arten inspirieren. Eine Möglichkeit besteht darin, möglichst viele Erscheinungsmuster der Mediokratie aus dem Arbeitsumfeld der Untergebenen zu eliminieren, um ihnen so alle nur erdenklichen Voraussetzungen für eine effiziente Arbeitsleistung zu bieten. Eine weitere Methode der Motivation von Untergebenen besteht darin, selbst mit gutem Beispiel voranzugehen.

Am besten kann jemand seine Untergebenen begeistern, der auch Führungsqualitäten mitbringt. Die Merkmale, die für die Menschen- und Mitarbeiterführung wichtig sind, lassen sich genauso schwer wie die Qualitäten einer guten Führungskraft ausmachen. Sinetar hat einige dieser Qualitäten aufgeführt. Hiernach bringen die Worte und Taten einer Führungskraft Sicherheit, Solidarität und Zusammenhalt unter den Mitarbeitern. Ihre Sprache ist freundlich und zuvorkommend und bringt ihr persönliches Engagement zum Ausdruck. Ihr Verhalten zeugt von Stärke, Energie und Tatkraft.

Hinzu kommt noch, daß ein Manager mit Führungsqualitäten seine Untergebenen zum Erfolg und zur Überwindung von Schwierigkeiten anhält. Ebenso teilt er seinen Untergebenen seine Ziele und deren Begründungen mit, ebenso seine Vorstellungen, wie sich die Ziele realisieren lassen. Hierbei spielt er auch nicht die vorhandenen Schwierigkeiten herunter, sondern vermittelt seinen Mitarbeitern ein genaues Abbild der Realität. Anschließend schwört er seine Mitarbeiter auf eine gemeinsame Willensanstrengung zur Erreichung dieser Ziele ein.

C.7 Unterordnungsbereitschaft

Ein gängiges Klischee eines selbstherrlichen Managers ist ein Mann mittleren Alters mit Gesichtszügen, als wären sie aus Fels gehauen, der hinter einem riesigen, polierten Eichenschreibtisch thront. Auf dem Tisch befindet sich eine Wechselsprechanlage, ein Telefon, ein Plotter, ein kleiner Papierstapel und ein Füllfederhalter. Neben dem Tisch steht ein moderner Desktop-Rechner, auf dessen Bildschirm eine Farbgraphik abgebildet ist. Durch die Glasscheibe hinter ihm fällt der Blick auf die Glasfassaden von Hochhäusern.

Dieser Mann hat Macht. Er betätigt die Wechselsprechanlage und gibt die folgende Anweisung: "Frau Becker, Haberscheidt aus dem Verkauf soll sofort in mein Büro kommen, und teilen Sie Huber aus der Fertigung mit, daß ich ihn Punkt 10.30 Uhr sehen will." Nach nur wenigen Sekunden steht Haberscheidt auf der Matte.

"Haberscheidt, ich habe mich entschlossen, nach China zu expandieren. Ich will den entsprechenden Marketingplan am Freitagmorgen um 8.00 Uhr auf meinen Schreibtisch haben. Das wäre alles."

"Selbstverständlich, Herr Direktor!"

Später wird der schuldbewußte Huber hereingeführt. "Herr Direktor, ich -"

"Keine Entschuldigungen, Huber. Ich habe mir gerade den Fertigungsbericht vom letzten Monat angesehen. Sie sind gefeuert."

Und so geht es weiter: eine Folge von Ein-Mann-Entscheidungen und dramatischen Vorgängen. Für einen solchen Vorgesetzten gibt es kein Problem, das so groß wäre, daß ihm nicht innerhalb von Minuten eine Lösung einfiele. Er leitet seine Anweisungen an seine servilen Untertanen weiter, die sich sofort wie aufgescheuchte Hühner an die Ausführung seiner Befehle machen.

Dieses Klischee von einem Manager entspricht nicht nur dem Bild, wie viele Manager von anderen gesehen werden wollen, sondern auch dem, wie sie sich selbst sehen wollen. Solche Führungskräfte setzen Management mit Macht gleich und glauben nur dann gute Führungskräfte zu sein, wenn sie ihren Machtbereich möglichst umfassend nutzen. So erklärte mir ein nicht besonders erfolgreicher DV-Manager einmal: "Macht ist phantastisch. Absolute Macht ist das Phantastischste, was man sich überhaupt vorstellen kann."

Trotz dieses Klischees vom selbstherrlichen, machtvollen Manager wird gutes Management einzig und allein daran gemessen, ob man als Führungskraft engagiert die gegebenen Zielsetzungen in Angriff nimmt und seinen Verpflichtungen als Führungskraft nachkommt. Das Motto "Noblesse oblige" ("Eine Position bringt bestimmte Verpflichtungen") und das des Prinzen von Wales "Ich dien" gelten auch insbesondere für Führungskräfte. Wem dient eine Führungskraft, und worin bestehen ihre Verpflichtungen? Natürlich gibt es Verpflichtungen den Vorgesetzten und dem Unternehmen gegenüber. Ebenso muß sie den mit ihrem Aufgabenbereich verknüpften Zielsetzungen genügen. Andere Verpflichtungen, die die Position mitbringt, bestehen den Benutzern der DV-Systeme und den Untergebenen gegenüber.

Viele Führungskräfte vernachlässigen diesen Aspekt gerne etwas. Immerhin befindet sich die Führungskraft doch in der Unternehmenshierarchie höher als ihre Untergebenen. Wie kann sie da Diener ihrer Untergebenen sein? Der betriebliche Personalplan gibt nur ein verzerrtes Bild von einem Unternehmen wieder, da hier Autoritätsaspekte zum Nachteil der individuellen Leistungsaspekte überwiegen. Ich drehe gewöhnlich einen betrieblichen Personalplan um und modifiziere ihn geringfügig, so daß ich beispielsweise aus Bild C.1 das Bild C.2 erhalte.

Bild C.2 entspricht einer Landkarte, auf der Flüsse aufgezeichnet sind, die den Arbeitsbeiträgen im Rahmen der Zielsetzungen der Abteilung entsprechen. Die Mitarbeiter stellen mit ihren Fertigkeiten und Arbeitsbeiträgen die Quelle der Flüsse dar. Die Führungskräfte ermöglichen den Zusammenfluß mehrerer Arbeitsströme und führen alle Flüsse in ihrem Aufgabenbereich zu breiteren und schnelleren Arbeitsströmen zusammen. Viele Führungskräfte sehen sich folglich lieber als Auffangbekken von Fähigkeiten und Fertigkeiten denn als Diener ihrer Untergebenen.

Eine gute Führungskraft ist derjenige, der sich den Benutzern und deren Bedürfnissen, seiner Abteilung und deren Bedürfnissen sowie den Projektmitgliedern und deren Bedürfnissen widmet.

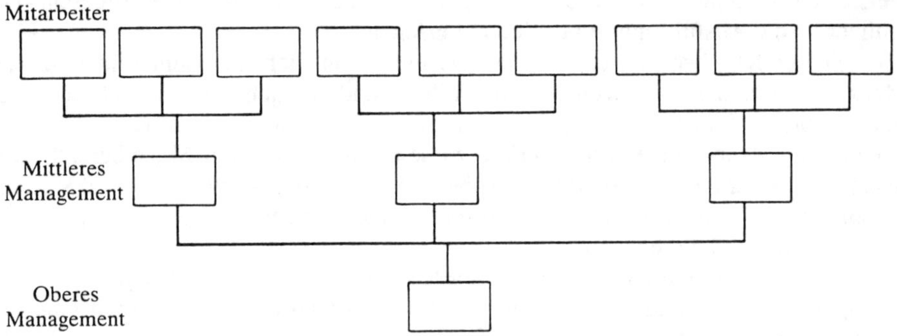

Bild C.1 *Auf den Kopf gestellter Personalplan.*

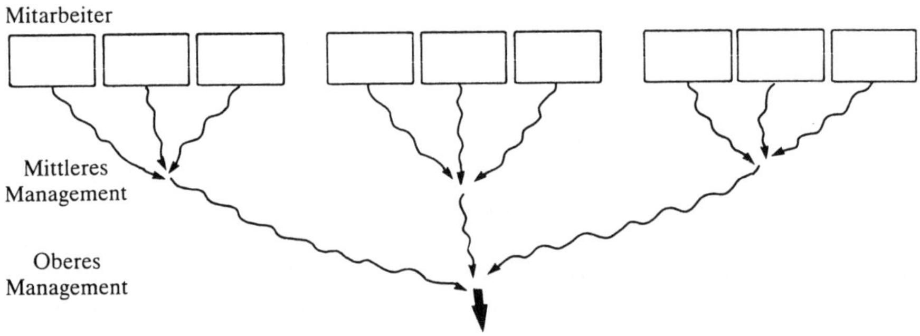

Bild C.2 *Modifizierte Grafik mit Arbeitsströmen.*

C.8 Bereitschaft zum Delegieren von Aufgaben

Ein effizienter Manager hat den Mut und die Einsicht, nicht nur Aufgaben, sondern auch Entscheidungen, die unmittelbar mit diesen Aufgaben verknüpft sind, zu delegieren. Er weiß, daß eine Zielsetzung zunächst in distinkte Unterziele aufgeteilt und jedes Unterziel anschließend den entsprechenden Mitarbeitern nach Maßgabe ihrer Fertigkeiten und Erfahrungen zugewiesen wird. Obwohl er die Verantwortung für die Gesamtzielsetzung und die Entscheidungsgewalt über alle Teilziele behält, gestattet er den Mitarbeitern, die Abwicklung jedes Unterziels autonom zu planen. Er dezentralisiert auch den entsprechenden Entscheidungsprozeß, damit die ausführende Instanz eines jeden Unterziels möglichst (aber nicht notwendigerweise vollständig) unabhängig zu Werke gehen kann. Der Manager mischt sich nicht in die Ausführung eines

Unterziels ein, solange diese plangemäß erfolgt, und interveniert nur bei der Ausführung eines Unterziels, das vom Plan abweicht.

Ein ineffizienter Manager delegiert aus verschiedenen Gründen keine Aufgaben. Womöglich hält er seine Untergebenen für nicht kompetent genug und glaubt folglich, daß es schneller und sicherer ist, die jeweilige Aufgabe selbst auszuführen. Womöglich hält er das Delegieren von Aufgaben auch für den ersten Schritt zur Insubordination und glaubt, daß ein Untergebener ihm dies als Schwäche auslegen könnte. Vielleicht will er auch nicht, daß ein anderer für eine Arbeit Lorbeeren erntet.

C.9 Technische Kompetenz

Ein effizienter DV-Projektleiter ist mit den in seinem Projekt verwendeten Techniken auf dem Laufenden. Ebenso bleibt ein DV-Personalleiter über die Techniken und Verfahrensweisen in seinem Bereich informiert. Folglich läßt sich aus einem in technischer Hinsicht inkompetenten Mitarbeiter kein kompetenter Manager machen.

C.10 Mitteilungsvermögen

Zur Fähigkeit, den Blick für die Realität bei den Untergebenen zu schärfen, gehören drei Aspekte: die Realität wahrnehmen, sie respektieren und anderen vermitteln. Der wichtigste Kommunikationskanal für die Kommunikation von Realität ist der nach oben gerichtete Kanal [Drucker, 1973]. Dies bedeutet, daß sich eine Führungskraft die Meinungen ihrer Untergebenen aufmerksam anhören und diesen ihre eigenen Vorstellungen detailliert und umfassend mitteilen muß. Diplomatisches Geschick und Takt sind wesentliche Merkmale einer guten Kommunikation. Zudem ist die Fähigkeit, Mitarbeiter für bestimmte Zielsetzungen begeistern zu können, von unschätzbarem Vorteil. Nach diesen Fähigkeiten sollten Sie bei einem potentiellen Kandidaten für eine Führungsposition Ausschau halten und solche Fertigkeiten fördern, indem Sie den jeweiligen Kandidaten die Möglichkeiten zu deren Erwerb und Weiterbildung geben.

C.11 Fähigkeit zu kreativem Denken und Aufgeschlossenheit gegenüber Neuem

Die Fähigkeit, kreativ zu denken, ist für eine Führungskraft unabdingbar. Der Gründer von IBM, Thomas J. Watson Senior, hielt diese Fähigkeit für so wichtig, daß er überall im Unternehmen Täfelchen mit der Aufschrift "Denke" anbringen ließ. Die

Denkschemata von effizienten Führungskräften lassen sich in vielem mit den Zügen eines Schachgroßmeisters vergleichen. Wie viele exquisite Schachspieler auch, so verlassen sich gute Führungskräfte nicht allein auf logisches Denken, sondern lassen in ihre Denk- und Entscheidungsprozesse logische, intuitive, kreative, erfahrungsmäßige, innovative usw. Aspekte einfließen.

Bei der Überlegung, ob ein bestimmter Kandidat für eine Beförderung geeignet ist, sollten Sie darauf achten, ob dieser nicht nur denkt, um seine Aufgabe zu bewältigen, sondern sich auch über seine Aufgabe Gedanken macht. Ein geeigneter Kandidat ist derjenige, der mit Vorschlägen aufwartet, wie sich sein Aufgabenbereich verbessern, wie er sich interessanter und abwechslungsreicher gestalten und wie er sich besser mit den Aufgabengebieten von Kollegen in Einklang bringen läßt. Besser noch wäre es, wenn er sein Aufgabenfeld von einer höheren Ebene überblicken kann - nämlich derjenigen Position, auf die er befördert werden will. Am allerbesten wäre es, wenn er auch gedanklich diejenigen Bereiche in Angriff nehmen könnte, die noch über seiner potentiellen neuen Position liegen. Mit anderen Worten: Falls er zwei Ebenen oberhalb seiner derzeitigen Position denken kann, ist er mit Bestimmtheit für eine Beförderung geeignet.

C.12 Entscheidungsbereitschaft

Ein effizienter Manager verfügt auch über die entsprechende Zivilcourage, um harte Entscheidungen treffen zu können. Es gibt Führungskräfte, die sich vor Entscheidungen scheuen, weil Sie später nicht für eine falsche Entscheidung verantwortlich sein wollen. Alle Entscheidungen bergen auch ein Wagnis in sich, und im Laufe einer Managerkarriere kann kein Manager eine absolute Erfolgsquote vorweisen.

Unter verschiedenen Alternativen eine Handlungsweise zu wählen ist nicht besonders schwer: Wählen Sie die Möglichkeit mit dem größten Gewinn und den geringsten Kosten. Dies ist in der Praxis aber nicht immer so einfach. Ein Grund hierfür ist, daß die verschiedenen Wahlmöglichkeiten gewöhnlich Nutzen- und Kostenaspekte mit sich bringen, die sich nur schwer miteinander vergleichen lassen. Wie entscheidet man sich beispielsweise zwischen einer Option, die drei Hühnchen und einen Apfel kostet und dafür ein Kamel und zwei Orangen bringt, und einer anderen Möglichkeit, die eine Ziege und fünf Zitronen kostet und zwei Enten und ein Schaf als Gewinn verspricht?

Eine zweite Schwierigkeit bei der Entscheidungsfindung besteht darin, daß einem Manager in den seltensten Fällen umfassende und genaue Informationen zu jeder Wahlmöglichkeit vorliegen. Aus diesem Grund muß er gewöhnlich Annahmen treffen und/oder Möglichkeiten miteinander abwägen, um Vergleiche ziehen zu können. Um diese Schwierigkeiten möglichst gering zu halten, sucht ein guter Manager den Rat anderer Personen. Er scheut beim Vergleich verschiedener Optionen nicht davor zurück, Informationen und Ratschläge aus unterschiedlichen Quellen einzuholen.

Der Vergleich verschiedener Wahlmöglichkeiten setzt Erfahrung und gutes Urteilsvermögen voraus, ohne daß man sich zu wilden Spekulationen hinreißen läßt. Ein DV-Leiter beispielsweise, der sich dafür entscheidet, die Benutzerkosten um rund 40.000 DM zu senken statt die Umsätze um rund 400.000 DM zu steigern (bei vergleichsweise gleichen Projektkosten), liegt mit seiner Entscheidung womöglich falsch. Falls Person A sagt, daß der Würfel auf der Sechs landet, und Person B dagegenhält, daß keine Sechs gewürfelt wird, ist die Entscheidung von B unter sonst gleichen Gegebenheiten besser, auch wenn eine Sechs gewürfelt werden sollte.

Im folgenden Beispiel soll verdeutlicht werden, wie nachteilig sich eine Vermutung einer Führungskraft auswirken kann. Ein DV-Projektleiter entschied sich dafür, ein halbautomatisches Produktionsüberwachungssystem zu implementieren, aus Gründen der Kosten- und Zeitersparnis lehnte er jedoch die Entwicklung eines manuellen Backup-Systems ab. Bei der Entscheidungsfindung setzte er voraus, daß die Rechnerhardware und -software ab dem Moment der Installation perfekt funktionieren würde. Jedoch war nicht nur das System, sondern auch die Fertigungsstraße völlig neu, so daß eine hohe Wahrscheinlichkeit gegeben war, daß nicht alles planmäßig ablaufen würde. Es lief jedoch alles wie geschmiert, und der Manager wurde für seine besondere Leistung befördert. Zwei Monate später ging dieser Manager in einem anderen Geschäftsbereich genauso vor - und fiel dabei fürchterlich auf die Nase. Bevor noch ein Backup-System hastig zusammengebastelt war, hatte das Unternehmen einen beträchtlichen Produktionsausfall, und mehrere für das Unternehmen wichtige Aufträge konnten nur mit Verzögerung bearbeitet werden.

Eine gute Führungskraft hält sich nicht übermäßig lange mit der Entscheidungsfindung auf. Sicherlich stimmt irgendetwas nicht mit solchen Führungskräften, die viele Meetings benötigen, um sich über die Installation eines Apparats für Erfrischungsgetränke zu entscheiden, jedoch innerhalb von wenigen Minuten eine Entscheidung über den Kauf eines neuen Softwarepakets treffen.

Auch eine übereilte Entscheidung kann zum Problem werden. Eine Entscheidung, die ohne Gefährdung irgendeines Aspekts aufgeschoben werden kann, sollte auch aufgeschoben werden, damit man mehr Zeit zum Überlegen hat und zusätzliche Informationen einholen kann. Dieser Vorgang sollte jedoch nie als Entschuldigung dafür dienen, daß eine notwendige Entscheidung unterbleibt. Entscheidungsunfähigkeit ist in Wirklichkeit auch eine Art der Entscheidung: Hierbei entscheidet man sich nämlich dafür, daß wie gewöhnlich verfahren wird, und hofft dabei, daß im Falle des Mißerfolgs niemand merkt, daß man eigentlich selbst für diese Entwicklung verantwortlich war. Keine Entscheidung zu treffen, ist gewöhnlich die schlechteste Entscheidung.

Zwischen zwei möglichen Handlungsalternativen hin- und herzuschwanken, ist womöglich nachteiliger, als auf gut Glück eine Entscheidung zu treffen. Ist die Zielsetzung jedoch besonders wichtig, muß eine Handlung unmittelbar in die Wege geleitet werden, und bringen beide Handlungsmöglichkeiten zudem ein hohes Risiko mit sich, so besteht eine gute Entscheidung womöglich darin, Handlung A und Handlung B gleichzeitig auszuführen, sofern die dazu benötigten Ressourcen verfügbar sind.

Eine Führungskraft, die gute Entscheidungen trifft, scheut nicht davor zurück, eine bereits getroffene Entscheidung im Lichte besserer Erkenntnisse zu überdenken und zu modifizieren. Natürlich muß man auch an einer einmal getroffenen Entscheidung festhalten, falls jedoch zu einem späteren Zeitpunkt erhältliche Informationen offenlegen, daß eine andere Entscheidung eher geeignet wäre, und falls eine Entscheidungsänderung noch möglich ist, dann sollte man dies auch tun. Obwohl es für alle Beteiligten ärgerlich ist, ist eine Änderung einer bereits getroffenen Entscheidung besser, als starrsinnig und krampfhaft an einer falschen Handlungsweise festzuhalten.

Bibliographie

Ackoff, R.L., *The Art of Problem Solving: Accompanied* by *Ackoff's Fables*, New York, 1978.

Albrecht, A., *Measuring Application Development Productivity*, Proceedings of the SHARE/GUIDE Application Development Conference, 1979.

Albrecht, M., Jr., "Managing Careers", *Computerworld*, Bd. 17, Nr. 33 (15. August, 1983).

Beizer, B., *Software Testing Techniques*, New York, 1983.

Block, R., *The Politics of Projects*, New York, 1983.

Boar, B.H., *Application Prototyping: A Requirements Definition Strategy for the 80's*, New York, 1984.

Boehm, B.W., *Software Engineering Economics*, Englewood Cliffs, N. J., 1981.

Brooks, F.P., Jr., *The Mythical Man-Month*, Reading, Mass., 1975.

Cortada, J.W., *Strategic Data Processing: Considerations for Management*, Englewood Cliffs, N. J., 1984.

DeBono, E., *Lateral Thinking*, New York, 1970.

Deken, J., *The Electronic Cottage*, New York, 1981.

DeMarco, T., *Structured Analysis and System Specification*, New York, 1978.

-,*Controlling Software Projects: Management, Measurement & Estimation*, New York, 1982.

Dickinson, B., *Developing Structured Systems: A Methodology Using Structured Techniques*, New Vork, 1981.

Donaldson, H., *A Guide to the Successful Management of Computer Projects*, New York, 1978.

Doyle, M.und D. Straus, *How to Make Meetings Work*, New York, 1977.

Drucker, P.F., *Management: Tasks, Responsibilities, Practices*, New York, 1973.

Flavin, M., *Fundamental Concepts of Information Modeling*, New York, 1981.

Freedman, D.P. und G.M. Weinberg, *Handbook of Walkthroughs, Inspections, and Technical Reviews*, 3. überarb. Aufl., Boston, 1982.

Gallagher, C.A. und H.J. Watson, *Quantitative Methods for Business Decisions*, New York, 1980.

Gane, C. und T. Sarson, *Structured Systems Analysis: Tools & Techniques*, New York, 1977.

Giegold, W.C., *Practical Management Skills for Engineers and Scientists*, Belmont, 1982.

Gotlieb, C.C., *The Economics of Computers: Costs, Benefits, Policies & Strategies*, Englewood Cliffs, N. J., 1985.

Hackman, J.R. und G. Oldham, "Development of the Job Diagnostic Survey", *Journal of Applied Psychology*, Bd. 60 (1975), pp. 159-70.

Lief, R.E., R.D. Dodge und R.L. Ogden, "Adapting DP Strategy to Management Style", *Computerworld*, Bd. 17, Nr. 49 (5. Dezember, 1983).

MacGregor, D., *The Professional Manager*, New York, 1967.

Mao Tse-Tung, *Oppose Book Worship*, Peking, 1930.

Martin, J., *Application Development Without Programmers*, Englewood Cliffs, N. J., 1982a.

-, *Strategic Data Planning Methodologies*, Englewood Cliffs, N. J., 1982b.

Maslow, A., *Motivation and Personality*, New York, 1954.

McMenamin, S.M. und J.F. Palmer, *Essential Systems Analysis*, New York, 1984.

Melcher, A.J., *Structure and Process of Organization: A Systems Approach*, Englewood Cliffs, N. J., 1976.

Metzger, P.W., *Managing a Programming Project*, Englewood Cliffs, N. J. [1. Aufl. 1973], 2. Aufl. 1981.

Mintzberg, H., *The Structuring of Organizations*, Englewood Cliffs, N. J., 1979.

Mishan, E.J., *Cost Benefit Analysis*, 3. Aufl., Winchester, Mass., 1982.

Myers, G.J., *The Art of Software Testing*, New York, 1979.

Nilles, J.M. *et al.*, *Telecommunications/Transportation Tradeoffs for Tomorrow*, New York, 1976.

Nolan, R.L., "Managing the Crisis in Data Processing", *Harvard Business Review*, Bd. 57, Nr. 2 (März/April 1979), pp. 115-26.

Olson, M.H., "Remote Office Work: Changing Work Patterns in Space and Time", *Communications of the ACM*, Bd. 26, Nr. 3 (März 1983).

Ouchi, W.G., *Theory Z: How American Business Can Meet the Japanese Challenge*, Reading, Mass., 1981.

Page-Jones, M., *The Practical Guide to Structured Systems Design*, New York, 1980.

Pascale, R.T. und A.G. Athos, *The Art of Japanese Management: Applications for American Executives*, New York, 1981.

Perry, W.E., *A Structured Approach to Systems Testing*, Wellesley, Mass., 1983.

Peter, L.J. und R. Hull, *The Peter Principle: Why Things Go Wrong*, New York, 1970.

Peters, T.J. und R.H. Waterman, Jr., *In Search of Excellence: Lessons from America's Best-Run Companies*, New York, 1982.

Porter, M.E., *Competitive Strategy: Techniques for Analyzing Industries and Competitors*, New York, 1980.

Pressman, R.S., "Software Engineering Targets Future Concerns", *Computerworld*, Bd. 18, Nr. 22 (28. Mai, 1984), pp. SR9-12.

Rockart, J.F., "Chief Executives Define Their Own Data Needs", *Harvard Business Review*, Bd. 57, Nr. 2 (März/April 1979), pp. 81-93.

Rosenau, M.D., *Successful Project Management: A Step-by-Step Approach with Practical Examples*, Belmont, 1981.

Sackman, H., W.J. Erikson und E.E. Grant, "Exploratory Experimental Studies Comparing Online and Offline Programming Performance", *Communications of the ACM*, Bd. 11, Nr. 1 (Januar 1968), pp. 3-11.

Sayles, L.R., "Matrix Organization: The Structure with a Future", *Organizational Dynamics*, Herbst 1976, pp. 2-17.

Schoenberg, R.J., *The Art of Being a Boss: Inside Intelligence from Top-Level Business Leaders and Young Executives on the Move*, New York, 1980.

Sinetar, M., "Roles Managers Play", *Computerworld*, Bd. 18, Nr. 8 (20. Februar 1984).

Singer, L.M., *The Data Processing Manager's Survival Manual*, New York, 1982.

Skinner, B.F., Science and Human Behavior, New York, 1953.

-, *About Behaviorism*, New York, 1976.

Squires, S.L., M. Branstad und M. Zelkowitz, *ACM Software Engineering Notes: Special Issue on Rapid Prototyping*, Bd. 7, Nr. 5, New York, 1982.

Steger, J., G. Manners, A. Berstein und R. May, "The Three Dimensions of an R&D Manager's Job", *Research Management*, Mai 1975, pp. 32-37.

Synnott, W. und W. Gruber, *Information Resource Management: Opportunities and Strategies for the 1980s*, New York, 1981.

Thomsett, R., *People & Project Management*, New York, 1980.

Vroom, V.H. und P.W. Yetton, *Leadership and Decision-Making*, Pittsburg, 1973.

Watson, J.B., *Psychology from the Standpoint of a Behaviorist*, Philadelphia, 1919.

Weinberg, G.M., *The Psychology of Computer Programming*, New York, 1971.

-, *Rethinking Systems Analysis and Design*, Boston, 1982.

Weinberg, V., *Structured Analysis*, New York, 1978.

Wigander, K., A. Svensson, L. Schoug *et al.*, *Structured Analysis and Design of Information Systems*, New York, 1984.

Yourdon, E., *Structured Walkthroughs*, 2. Aufl., New York, 1978.

-, *Managing the Structured Techniques*, 2. Aufl., New York, 1979.

-, und L.L. Constantine, *Structured Design: Fundamentals of a Discipline of Computer Program and Systems Design*, 2. Aufl., New York, 1978.

Sachwortverzeichnis